自有翠裳宜永石不將冷
艷逐風塵 遐翁

《梅花》

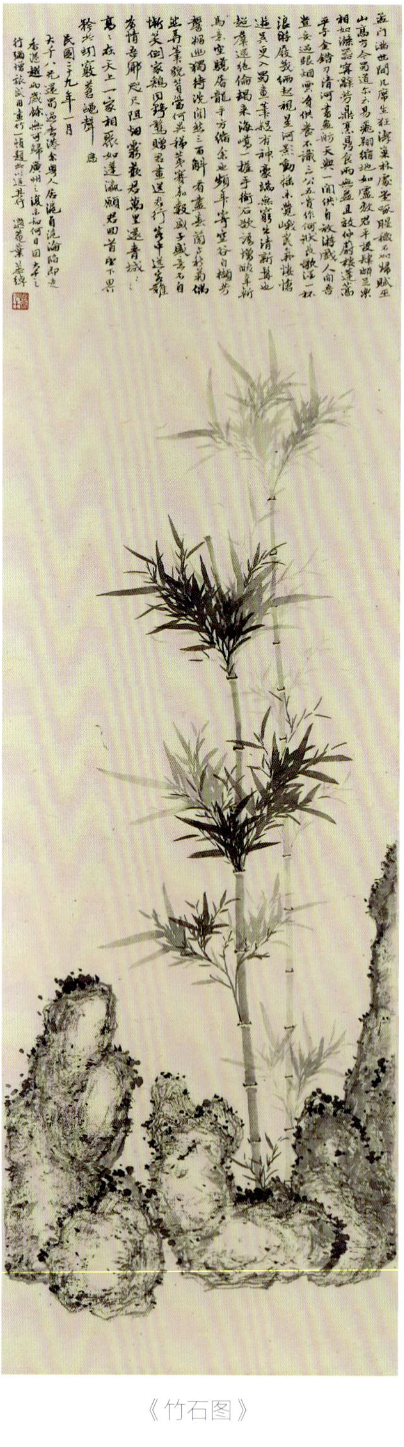

《竹石图》

《兰花图》

五彩結同心

崑山真蔎佰阿誅玉川佳廈道
蓣有盖稻且上百年前遺物余喜此乃詫人聆
稱千葉蓮乃天竺種也吾國向有蓮石本來論
之若一海棠协石榴一例推之凡蓮堂愛時对
者皆屬外来别佃圍之蓮可溲為天竺種與
疑况棠小鞴稼又不結實嫩凡連珠黑耶
諸此以訊河濮魚示同遊諸彦

前身金粟後賢讚熯束亭恨隨風渦百年
來事堂根栻渾似記夢妻宴漠渠王氣都消歇

空田貴金谷竺歓㝵人除红香逗㝏可揘愁損青
娥 楈進野珸荒甚情移波涌影悟惺河進
憶龍蕪禽松花笑禪意得證芳陀五靈深闃眠
鵾穩住天外廣刼空過好折供維摩方丈伴他

一樹抄橉 抄橉上天竺橉余近得一林

過庵榮恭繪僑書

叶恭绰与吴湖帆合作扇面

西周毛公鼎，叶恭绰旧藏

秦始皇诏铜版拓片，叶恭绰旧藏

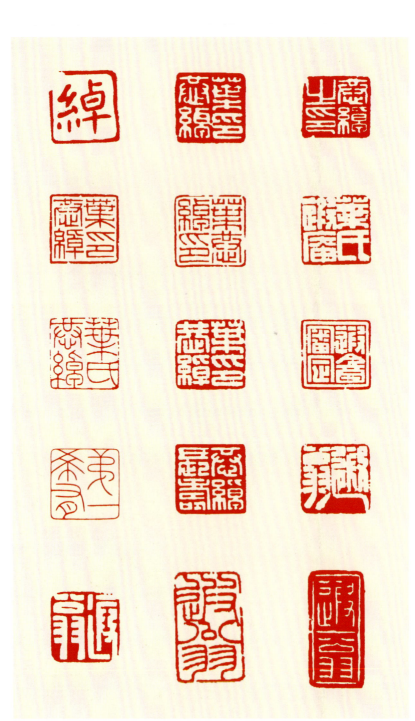

叶恭绰先生自用印

文汇传记

叶恭绰像

文汇传记

郑重 著

叶恭绰传

仰止亭畔落梅花

文匯
出版社

　　二十年前，我在写《海上收藏世家》时，其中有一篇写了叶恭绰，那时只是把他当作一位大收藏家，所记的也仅是他的收藏生涯，没有能反映出他收藏高潮所处的那个北洋时代。在遗憾中却留下了"叶恭绰与北洋时代"这样一个题目，想了多年，真可谓"有此心，没有此胆"，一直不敢动笔。

　　所谓"北洋时代"，即是清光绪二十一年（1895），奕䜣、奕劻、翁同龢、李鸿章联名专折，奏议委任袁世凯训练新军，即小站练兵开始，中经 1916 年袁世凯称帝去世后的军阀混战，国家分裂，到 1928 年国民革命军北伐成功，结束了国家分裂的局面，北洋军阀也寿终正寝。

　　光绪三十二年（1906），叶恭绰入邮传部，几经沉浮，1925 年辞去段祺瑞执政府交通总长的职务，结束在北洋时代将近二十年的宦海生涯。我想通过叶恭绰宦海沉浮的经历，应该能够看到北洋时代之一斑。

　　北洋时代是一个动乱时代，军阀割据，各方势力都想独霸中国，国家分裂，在"文统"和"武统"争论不休的情况下，发生了军阀混战。在中国历史上北洋时代是最黑暗的年代，这似乎已成定论。但我认为，中国历史从鸦片战争开始转型，北洋时代是这一历史转型期最激越、社会变化最迅速的年代。新文化运动思潮，国粹保守主义思潮，改良派思潮，马克思主义思潮，风起云涌；民间团体党派组织此起彼伏，又是一个百家争鸣的时代，各类学人从书斋走向社会，从幼发走向成熟。这样，诸多因素构成了北洋时代的特色：启蒙、思考、争鸣和觉醒。

在写作的生涯中，我比较欢喜写人物传记。因为人物传记是具体的，不只是他们的史料具体，而且他们的情感以及他们对那个时代的感受也是具体的，从人物的身上可以捕捉到历史细节。通过对几位人物的描绘，我们就可以看到一个时代的历史画卷。处在北洋这样一个时代，可以说是与北洋时代相始终的叶恭绰，扮演了什么样的角色呢？

冒鹤亭曾说："叶某的脑子大概像一个货仓，把各种货物分类地存储，要用时一样样地取出。"叶恭绰的个性和思想是矛盾而相容的，他自己也说："我一方面在讨论工业上技术问题，同时却可以谈谈宗教、哲学；一方面研究一个公司要怎样组织，同时又会想到音乐、书画上的问题。"又说："对于一切的事情来到面前，从来没有忽略过丝毫，但从来没有执滞过丝毫。只是尽心竭力去做，到不得已的时候，我却会全盘割舍抛弃，一无留恋。"（《四十年求知的经过》）叶恭绰的学生、铁路桥梁专家茅以升，对他知之甚深，对他的评论是："他不肯超越旧道德的范围来谋他个人的权位，他不肯轻试新潮流的武器来造他个人的势力。"（《遐庵汇稿·序》）这些都表明了从官僚到士绅，叶恭绰始终都是一位知识丰富、半新半旧的人物。叶恭绰有不少朋友劝他作自传，但由于他过于慎重与矜持，也有着正所谓"一部十七史，不知从何说起"之故而未作。他个人认为："我个人的历史虽说复杂，还不及我的思想复杂得厉害，思想是说不尽的。"（《四十年求知的经过》）

20世纪40年代末，叶恭绰的学生俞诚之等编著《叶遐庵先生年谱》，又经过叶氏亲自审读，虽有为尊者讳，但它是一部材料翔实而可信的著作，后来虽有几种叶恭绰年谱、叶恭绰研究等著作，有详有略，但都是以俞氏所著为依据。我在写此传记时，对叶氏的复杂经历删繁就简，避开了许多事件枝节的叙述，而是从叶氏的札记闲文及叶氏朋友尺牍中，寻找他的思想。《上海图书馆藏叶恭绰友朋尺牍》甚全，在该馆梁颖先生的相助之下，我对馆藏尺牍粗略地浏览了一遍；此后该馆编的《历史文献》又将其尺牍陆续刊载，为我提供了许多研读的机会。这些尺牍不只是叶恭绰，而是那一代人的情感、思想记录，我从中感受到时代的脉搏，可以作近代思想史而读之。所以，在撰写《叶恭绰传》时就想有别于其他作者所写的传记，而是以叶恭绰与朋友往来信札为主干，组成了本书的结构。

从立功来说，叶恭绰政事学术文章彪显，功德甚多，其中最为重大者则以交通建设为上。中国近代交通肇始于清末而发展于民国之初，叶恭绰于此时期经历邮传部书记员及交通部次长、总长，又掌管交通建设，运思极精，所经历大事及艰辛更难以计数，特别是收复铁路主权、提出铁路之独立，不属任何一家军阀所独有。正是因为交通之便利使军阀割据的局面很快结束。叶恭绰自言他并不懂铁路建设，何以能取得这样的成绩？这些只有从他与同僚、下属的通信中，才可看到他的"树人之不可缓、求才若渴、举贤如恐不及"的精神。古来的人立功多而不易立言，甚至功大的又多以文牍立言，言虽立而不传。叶恭绰与朋友往来的尺牍，使我们看到他在立功的同时又立言，这恐怕是在他的公事文牍中看不到的。就如同走进森林，不但看到主干，而且看到枝叶，避免了在人物传记写作时容易犯的"一叶障目"的错误。

风云激荡，叶恭绰时而在朝，时而在野，无论在朝或在野，他都是古代文化遗产的守护者。勘察大同石窟，拦截敦煌经卷，支持西北科学考察，对流沙坠简的保护与研究，似乎都和新文化运动的潮流有些相抵触，从他的文章诗词中也看不出他对新文化运动的态度。叶恭绰和新文化运动的推手蔡元培，相识于南北和谈时期，他们又都带着很深的传统文化烙印走向共和。从通信中可以看出他们在许多事情上共同合作，一脉相通。从整个文化发展史来看，张扬新文化和守护传统文化并不矛盾，两者互为补充，相辅相成。

叶恭绰说他的经历复杂，远不如他的思想复杂。他所说的经历复杂也就是他在朝为官的那个阶段，时而在职，时而被免职；时而复职，时而又被免职，需要他四面周旋，八方应酬，复杂得的确令人眼花缭乱。但他始终以传统道德与操守为底线，合则留，不合则去，进退自如，毫不留恋官位。经历虽然复杂，思想不甚复杂。但是对生命的意义，人生的价值与取向、宗教哲学信仰之探索、经济困境中的艰辛，以致到生命垂危之际以后事相托于朋友，经历比为官时要简单，但思想经历比为官时要复杂。对这个探索生命真谛的复杂心理，也只有从他与众多朋友往来的信札中读得出来。探索叶恭绰对生命的态度及对生命价值的认识，正是我为他立传的目的，企盼与其他作家写的传记有所不同。

叶恭绰是一位收藏家，如果说他的生活以收藏为轴，他的生命就是以这根轴为中心而转动。可以这样说，如果他不是从事文化保护及收藏，他就仅仅是北洋时代的官僚，最多只是过眼烟云的历史人物。但是，从一开始他就不以收藏为自娱自乐，而是以守护传承者的责任在肩，开展学术研究。这是有别于其他收藏家的。他对一些藏品的研究，可以持续多年，逐步深入地揭示藏品的内涵。从众多的题跋中，我们也可以看到他的思想认识的复杂性。以《凤池精舍图》卷而论，他把自己在苏州的居所名之曰凤池精舍，在请吴湖帆作图时，此园已荒芜。在吴湖帆作此图前三年的时间里，他曾数次致信吴湖帆作此图，图成后他不只是自己题跋，而且请众多好友题跋。他尤感不足，仍然念念不忘地作题。从题跋中，谈形与神、名与实之哲学。我们能从中感受到他对故园的恋情，并看到他由此图拓展开去的对吴中文化的研究。

北宋燕文贵的《山水卷》本是傅增湘的收藏，叶恭绰于1925年得之于傅增湘或颜世清，是他的早期收藏之一。叶恭绰由此旁及燕文贵的《溪山楼观图》《武夷山色图卷》等作品及几幅宋画，并对它们进行了研究。这使我想到书画鉴定大家谢稚柳研究燕文贵仅存的四幅图及李成的《茂林远岫图》所进行的研究，并编著了《李成燕文贵合集》。

叶恭绰的研究和鉴定专家有些相同。叶恭绰的藏品中有多幅佛像画，他把收藏和研究、信仰、人生融合在一起。叶恭绰收藏了不少僧人的作品及佛像，但他不信佛，不是佛门弟子，而是从佛学中寻找另一种精神世界。尘世给他带来许多烦恼，他想从佛学所提倡的精神世界求得寄托。

1968 年 8 月 6 日，叶恭绰病逝，享年八十八岁，要不是在那个特殊年代，他的寿命可能会更长一些。他爱交友，一生都在与朋友交游，即使是宦游生活十九年，也没有远离朋友，而多是文化界的布衣之交。正是因为他的交游之广，所以才能留下数以千计的友朋信札。披览读之，感到其中闪烁着"和为贵"的精神。"和为贵"是中华文化之内核，历史早已证明即使是国家的政治生活也是以和为贵。斗则伤，斗则乱，斗则败，何况朋友之间？叶恭绰与朋友交游，洁身自持，求同存异，与许多人终生为友，不背不弃。叶恭绰从青年到暮年都以白莲自喻。1934 年去仪征顾园，开凿旧池，亲手种下白莲；1958 年吴湖帆又画白莲为他七十八岁寿日祝祈，对花写照。从《五彩结同心》到《见心莲》，可以看到叶恭绰对民族、对社会、对朋友都是以肝胆相照。

整理旧稿，书香少年、北洋官僚、收藏家，叶恭绰的一个个绅士的背影总是浮现在眼前。

在撰写的过程中，得到上海大学教授严泉先生、美术评论鉴赏者万君超先生、复旦大学历史系李春博先生的帮助，同声感谢。

二〇二二年一月于百里溪

第一编　在时代变革的激流中

第一编

在时代变革的激流中

遐菴十八岁摄影

一、叶 氏 文 脉

1881年11月24日，农历十月初三上午，叶恭绰（字裕甫、玉甫，又字誉虎，号遐庵）在北京米市胡同降生了。这里本是他祖父叶衍兰的寓所。身为户部云南司郎中、军机章京的叶衍兰迎来第二个孙子，虽然有说不出的高兴，又似乎有诸多心事。看着院子里的蜘蛛网，一阵风吹来，游丝在眼前飘动，思绪也像游丝一样在微风中起伏，渐渐变粗变大，挡住了自己的眼睛。他把目光收回书案上，握笔展纸，以"游丝"为题拟了四首《游丝诗》，然后稍加润饰，又用乾隆年间藩邸所制砑光笺抄好，给老朋友寄去，表达了独倚栏杆，惹人愁绪，缠绵无尽的心绪。

也就是在叶恭绰降生后的第二年春末，叶衍兰告病辞职，但还没有动身，其原配夫人柳氏逝世。到了秋天，他才携夫人的遗骨回羊城，与之相伴的还有数竹箱书画。叶衍兰回到广州后，不再作诗，专力填词，长期主讲越华书院。对于叶衍兰的告病回乡，梁鼎芬说是因为"以忤某邸，遂告归"。叶恭绰后来说："兰台公值枢垣，以与当道不洽，请疾归。"

叶衍兰，字南雪，号兰台，道光三年（1823）三月初六生于广东番禺。叶衍兰不只是不忘叶家的文脉，还谆谆教育孙子叶恭绰，不要忘记他们是太师叶梦得的后代，和明代江苏吴江诗人叶绍袁、叶小鸾父女是同宗。叶梦得是宋朝的著名词人，活动在宋徽宗时代，经历了宋室南迁，故有"故都迷岸草，望长淮、依然绕孤城""坐看骄兵南渡，沸浪骇奔鲸"的词句。叶梦得虽然是词人，但熟悉经济筹划，除任江东安抚制置大使，还兼总四路漕计，以给馈饷，保证抗金前线的供应。叶梦得定居乌程（湖州）后，梦得的第三子叶模迁往余姚，即是叶恭绰家族的这一支系。叶恭绰的六世祖叶谦亨（枫溪）于清乾隆末年入粤为官，后幕居番禺，子孙后代都入籍广东。叶恭绰虽出生在北京，以籍贯而论属广东人，故其平生自署"番禺叶恭绰"。

1856 年，叶衍兰三十四岁中进士，改翰林院庶吉士，官户部尚书。同科进士及第的有潘祖荫的兄长潘祖同，并同官京师，时相往还。身为京官，相交往者皆一时俊彦，如潘祖荫（伯寅）、张之洞（孝达）、景其濬（剑泉）、吴大澂（清卿）、谭献（仲修）、樊增祥（樊山）等。奖掖后进，如盛昱（伯羲）、于式枚（晦若）、梁鼎芬（星海）、易顺鼎（实甫）、文廷式（道希）、康有为（长素）等，皆为忘年之交。叶衍兰有洁癖，这给梁鼎芬、冒广生、潘飞声留下深刻印象，室中书画、帘儿不许他们抚摸，熏炉盏盘，净无纤尘，待来访客人离去，必定使人洗地，后堂丝竹几乎没有人能看到。他还是位多才多艺的人物，除了制艺骈文、诗词之外，凡篆刻各体及钟鼎文，俱能临摹逼肖，又工写花卉、善篆刻。晚年蓄有短髯，双目炯炯有神，酒席间谈笑风生，肚了里的掌故，所谈者无不可入《世说新语》之中。

叶恭绰一生受祖父的影响极深，识者说他就是一个活脱脱的叶衍兰。

叶衍兰生有三个儿子，分别是佩瑗、佩玱和佩琮，告假南归，其第三子叶佩琮（叔达）和俞氏夫人（刑部湖广司、广西司主事俞政之女）携次子叶恭绰随行。长子佩瑗（伯达）、次子佩玱（云坡）都留在北京。佩瑗负债累累，无法偿还，以卖文为生的佩玱每月收入的一半用来为长兄还债。叶恭绰五岁时，祖父即为之启蒙，开始读"四书"，其生父叶佩琮就成了他的启蒙老师。七岁时，他的父亲即命他赋春雨诗，得"几晚无明月，轻阴正酿春"，祖父叶衍兰甚为高兴，并予以奖励。少年叶恭绰秉性沉默，不与其他儿童嬉戏，二伯父佩玱回粤后看了甚为钟爱，认为此儿可成大器，就向叶衍兰提出将叶恭绰过继给他。经老祖宗的同意，叶恭绰就过继给了叶佩玱为子嗣。叶恭绰十二岁时，就离开亲生父母，随二伯父去了北京，在北京官菜园街住了下来。同年，叶佩玱去江西任职，叶恭绰也随之前往。由此，叶恭绰在江西生活了六年，先后认识了文永誉（文廷式之子）、梅光羲、梅光远、桂伯华、夏敬观、欧阳渐、蔡公湛等人。蔡公湛幼年丧父，是伯母把他抚育成人。一生布衣，生活羁贫，离乡背井。涸于薄书，素于商贾，觅食养亲。蔡公湛工于诗，陈三立为《蔡公湛诗集》作序，对他的诗评价曰："格益高，味益隽，超悟明理。"

叶恭绰除了传承家学，还有两位老师对他的学养品行有着极大的影响。一位老师是文廷式，另一位老师是皮锡瑞。1894年甲午海战失败，在士林中引起震动，知耻求变在当时形成了社会思潮，在江西的叶恭绰当时就拜谒了有新思潮的学人。文廷式（1856—1904）就是典型的维新思想家。

叶恭绰摄于十八岁

文廷式居住于江西萍乡，文氏敬重叶衍兰，又与叶佩玱相交甚深。文廷式家中藏书甚富，允许叶恭绰纵览所藏，叶恭绰常与文氏切磋文史掌故之学。濡染日深，对叶恭绰日后治学有很大影响。叶衍兰得知孙子学业猛进，遂寄佩玉嘉奖曰："愿其比德于玉。"后来，叶恭绰有"比德堂"印即来源于此。叶恭绰为皮锡瑞私淑弟子。皮锡瑞（1850—1908），字鹿门，精研汉儒经训之学，讲授于南昌经训书院。贺赞元、桂念祖、欧阳溥存、梅光羲、梅光远、夏敬观、文永誉、叶恭绰等青年杰俊都是他的学生。1898年，维新兴起，湖南长沙成立南学会，皮氏任学长，悯乱犹时，力主改革变法，登台演讲，议论侃侃。夏敬观等成立"同心会"，皮氏作序，阐述"同心会"之旨趣。《周易·系辞》曰："二人同心，其利断金。同心之言，其臭如兰。"戊戌变法失败后，杨锐等六君子被害，皮锡瑞以布衣奉廷寄，革举人，交地方官管束。"皮氏门人亦多有被党议者，或逃于禅，或避于野。"皮氏逝世，夏敬观有《哭善化先生三十韵》，时人评之曰："情辞悱恻，朴而能雅，师生感契之深，于兹可见矣。"夏敬观后来把皮锡瑞的照片寄给叶恭绰，叶复信曰："鹿门先生像屡寻未得，获睹为快。鄙意尚欲得其墓碑、家传之类为作传资料，尤注重其学术大凡及著作名称、已刻未刻，已刻者板存何所，未刻者稿存何所，尚盼不吝询示为感。"

叶恭绰十七岁时捐监进京应乡试，考试尚未结束，叶衍兰去世，即回广东奔丧。叶恭绰十八岁时在广州应童子试，写了一篇《铁路赋》，深得主考官、广东学政张百熙的欣赏，因取第一名入府学，想不到他自此就与铁路结缘，可谓巧合。在二十岁这年，叶恭绰又应本省乡试，没有考中。是时，冒广生在广州，遂与相识。

1901年，叶恭绰二十一岁，肄业于京师大学堂。叶恭绰听到其未婚妻孙氏之堂兄孙屏东秋闱得捷，即写信给孙屏东的父亲孙鼎烈，除了对孙屏东"高捷秋闱"表示祝贺，还对自己在几次考试中未能取得好的成绩而入京师大学堂读书感到遗憾。他在信中说："恭绰瀺落软红，毫无毂状，肄业大学堂之举亦属不得已而然。回首风尘，息机未可，自维驽下，且恨且惭。"并说准备到京师大学堂参加肄业庆典，但"前途黯昧，未知何如，亦得过且过耳"。

1903年，叶恭绰离京，作《癸卯二月出都作》七律一首，诗中有句云"风潇雨晦易黄昏，忽漫驱车出国门""长安云日今何似，韦曲莺花只自繁""梦到津桥闻杜宇，五噫愁调怯新翻"，是颇有一些感怀的。

京师大学堂是戊戌变法的产物，由梁启超草拟京师大学堂的章程，广泛参考日本以及欧美等国学制，并考虑中国实情，拟成《筹议京师大学堂章程》，规定办学方针："一曰中西并用，观其会通，无得偏废。"此时西学东渐已经形成浪潮。学校分普通学科和专门学科，普通学科设有经学、理学、掌故学、诸子学和初等算学、初等格致学；专门学科有高等算学、矿学、工程学、商学等。由于时局变动，京师大学堂办办停停，直到光绪二十八年（1902）才算稳定下来，清廷委派张百熙为督学大臣，建立并完善各项制度，才使京师大学堂开始走上近代正规化教育轨道。至1912年5月，京师大学堂改名为北京大学。

青年叶恭绰

叶佩玱

叶恭绰入仕学馆，接受的仍然是中国传统教育。同学中有达挚甫（寿）、余乾门（启昌）、翁铜士（廉）、靳仲云（志）、唐易庵（演）等，叶恭绰与仕学馆的少年英俊多有往返。教师于式枚（晦若）、李亦之（希圣）、沈筱宜（兆祉），都和叶家有三世之交，对他亦极爱护。大学堂开放的风气，对他们以后的开阔眼界和思路也都产生了深刻的影响。

从京师大学堂肄业后，叶恭绰回到江西养父叶佩玱身边，由此结识了陈三立。陈三立为陈宝箴之子，陈寅恪之父，可谓"名父之名子"兼"名子之名父"。陈宝箴在湖南推行新政，服膺曾国藩。陈三立的影响很大，湘中名士多半与之相识，及至以"抚台大少爷"身份活跃在湖南。父子合力撰写一段惊心动魄、使人之为神驰的大喜大悲的历史。戊戌变法失败后，陈宝箴被革职，永不叙用。江西诗派以黄庭坚为开山祖师。江西诗派的影响深远，黄庭坚与陈师道、陈与义引领，使江西诗派达到高峰。后被浅夫妄人，凡无病呻吟，故作穷饿酸辛之态者，皆遁入江西诗派，后人以"西昆体"诟病之。自陈三立之出，介入了江西诗派，直接山谷法乳，八百年后再生先辉。陈宝箴罢官后，未归老家义宁，筑室南昌西山，陈三立随父移居西山。西山一名南昌山，《水经注》谓此山为"散原山"，陈三立遂别字散原。叶恭绰与陈三立交往，学养诗词都颇受其影响。

1900 年，叶恭绰在无锡与孙敏庄（字蕊漪）结婚，这是一桩遵从父母之命的婚姻，夫妻又长期分居，过着

叶恭绰赠妹照片

若即若离的生活。孙敏庄为无锡孙虎峰（祖烈）之女，虎峰与佩珧同官江西，所以他们婚后又回到江西。

1903年叶恭绰离京到了上海，不久又应少年朋友梅光羲之邀，去湖北教书。梅光羲与叶恭绰分别后，即去了日本入早稻田大学读书，归国后，先任职于大学堂藏书楼，1903年任湖北农务学堂校监。叶恭绰在该校教国文史地。1905年，叶恭绰又应曾广熔之邀，去武汉湖北方言学堂任教员。由于梁鼎芬的推荐，又去了武昌西路高等小学和两湘师范学校兼职。此时的收入尚可解除生活之忧。

叶恭绰此时只有二十多岁，精力过人，除教师工作外，又兼为报社写社评。

这时狄楚卿在上海经营《时报》，缺少主笔及驻湖北采访员，叶恭绰应聘，每月写政论十五篇、通讯十篇，得稿酬五十元。收入虽然不高，但叶恭绰认为可以借此得上访贤豪，也就不计较收入多少了。他还兼任学校教员，且须改阅课卷，经常是晚十二时方能就寝，早晨七时就要起床，每日往返二十多里。叶恭绰虽然身材矮小，但一心奋斗，精力充沛，虽忙累也不以为然。

狄楚卿字葆贤，别号狄平子，是上海著名的收藏家。叶恭绰与之相交数十年。叶恭绰、狄楚卿等十位朋友曾在程志英花园拍照留念。叶恭绰在原照片上作题：贞远往事已云烟，争识当时最少年。犹遣人间余习在，三人顾影晚风前。拍此照后二十三年，恭绰漫题。在同一张照片上，叶恭绰又题：图中十人，今只存四，

叶恭绰为曾祖诗集题签

电光石火，有如是夫。民国十八年遐庵志（亮伯今亡，又弱一个）。后来，叶恭绰又在翻拍的照片上再题：此图乃清末所成，今仅余听彝、楚青与余三人在耳。比年居沪，与楚青切磋砥砺，去华落实，颇期努力向上一着，听彝则留滞故都，罕通音问，今秋翩然南下，旅次把晤，追述此图。余乃从楚卿藏本重繙此幅，以贻二君，兼志数言以记生死离合之感。二十二年十一月，遐庵叶恭绰识。

又：二十年前溯旧游，人生离合几春秋。须知修短关天数，贱子于今已白头。癸酉初冬，程定夷题识。

又：梦中说梦影中影，泥牛入海马嘶风。生也不道死不道，来是无□去绝踪。狄平子。

照片和题识记录了人生几多感慨。

叶氏家族自叶梦得起即以文学传承。吴江叶绍袁一脉，没有离开故土，世居凤池乡，以诗传家，一门联珠，唱和自娱。叶绍袁之妻沈宛君，为词曲家沈璟之侄女，工诗词，他们夫妇生有五女八男，俱有文采，最有名的当推叶小纨、叶小鸾、叶燮，叶绍袁将全家诗文编成《午梦堂全集》行世。叶恭绰的《吴江叶氏诗录·序》云："余童时，见先大父南雪公手写《返生香》付刻。即训余曰：'此明末吴江闺秀叶小鸾之作也。小鸾与吾派同出石林公，全家昆弟、姊妹皆负清才。'因示以《午梦堂全集》。余敬识之。"迁往余姚的叶恭绰先祖一支也是文脉绵绵，叶衍兰的父亲叶英华（莲裳）以文学名世，著有《花影吹笙词》《小游仙词》《斜月杏花屋诗》多种。幼时先后师从当时的陈澧、张维屏、许文深、金菁茅、邓大林等名家读书，入士之前，与沈世良、张深、黄玉阶、许玉彬、李应田、谭莹等结花田、诃林诸词社，吟哦唱和，著有《海云阁诗》《秋梦庵词》。叶恭绰幼承家学，亦精此道，有《遐庵诗》《遐庵词》传世。

或许是祖上在战争中从北方移民南迁，使叶恭绰有浓重的宗族和乡邦情怀，对湖州（乌程）叶氏一脉也给予关注。

藏书家叶德辉（奂彬），为清理家族事务，由湖南至苏州，并打算处理完家族事务后北上访友，即写信给同宗同族的叶恭绰："有急

叶恭绰和狄楚卿、程志英等朋友合影

欲商请者：一结束贵支刻谱事，一谋刻先人集部事。公固力量有限，寒家自鼎革以后，迭遭兵祸，商业全灰。去年江浙战争，苏居又有损失。又先慈弃养，公赡亦亏计。"叶德辉在信中述说了自己的经济窘况，期望在湖南川湘鄂路挂名领薪，或可稍资补救。因为离湖南较近，日久虽有政变，但铁路根本不会动摇，期望叶恭绰能给予帮助，促成此事。叶德辉提出这一要求，主要是为儿子着想，信中说："如真有实差，则以儿子启倬名派充，亦足以供奔走。"叶德辉在信中还说："至此次来京，旅况不名一钱，闻大部有顾问名，但挂贱名以二三月之薪，即可翩然南返。"叶德辉在信中还叮嘱："请约定一日，细谈一切。不必更有外人，惟关督办不避也。"

信寄了之后，未见回音，叶德辉心中有些发急，再致信叶恭绰，说："为商问谱事，未蒙示复，意者公忙又忌之耶？"又说："家书催归甚急，一别又非数月所能晤矣。"不见回音，叶德辉又写了第三封信，说："两次邮书，未蒙示复。部虽事忙，未必至此。"叶德辉就这样怅然回归湖南了。

回到湖南，叶德辉得知他所求之事，叶恭绰均一一为之办妥，所以他立即致信叶恭绰，说："及归，乃知奉有大部聘书，备充顾问，月支薪洋二百元，殊深感谢，然前书曾言暂假旅费，不欲永久开支。"至于为儿子谋职事，叶恭绰亦为之办妥。这样就难免引起社会议论。叶德辉在信中述说了当年铁路收归国有时，他在湖南所做的贡献，因之说："故鄙人为儿子谋与其事，对于湘粤为议功议贤，对于我公陈辞则为议亲，非笑谈也。"

叶恭绰祖上数代虽迁居余姚，而他对其远族叶梦得所居之地，始终念念情怀。早年曾在苏州西美巷购卜汪甘卿宅邸，修理庭院，栽植梅花，修葺履道园，名之为凤池精舍，此名源自其先祖叶梦得所居吴县凤池乡，乃是祖籍之地。叶恭绰后来定居香港时亦以"履道"为斋号。履道，取于《易经》中的"履道坦坦，幽人贞吉"。

为了慰藉乡情，叶恭绰在离开苏州之后，曾屡屡致信吴湖帆，索画《凤池精舍图》："《凤池精舍图》本留此微尘，为蠲忿忘忧之用。且吾二人间似不可无一物以供后人考索，故企望甚切。能及时见赐，可胜感幸。"至于为什么把所购宅邸称为"凤池精舍"，叶恭绰在信中做了解释，说："弟欲得佳绘，原因甚多，近以种种感触，乃吸求了此心愿，想当怜而见许。至所以绘此园之故，兄定了然，可无赘论矣。明代曾有凤池园之名（亦吴中事）。今吾园易主，似袭用亦无不宜，或改为凤池精舍亦可，统请卓夺，至内容是否要实写，抑仅具园林大概，均无不可，祈择兴惬而趣合为之，不必拘于形象也。"对凤池精舍所要描绘的内容，叶恭绰在信中要画家择其兴趣而为之，可是在另一封信中却提出了所要画的内容："凤池精舍卷意中拟假山（拟石林也）、池台、枫、桃、梅、柳、罗汉松、栝、桐竹之类，另一佛堂，此外皆不拘，随意点泼可也。至其名称，因石林公为凤池乡人，虽明代曾有人称凤池园，然明非袭用，且含有述祖德之意耳，当无碍耳。跋语中望引及此，更为完美。"可能是吴湖帆迟迟没有图成，叶恭绰又连致数信敦促，说："凤池精舍图亦望勿忘宿诺，因此园已成空中楼阁，冀得一画为纪念，想沈石田当不吝神楼一图也。"又一信说："此外冀有遐完成凤池精舍，余不必再啰唆矣。然绘画似可因寄托而祛烦闷，故劝公不封笔也。"索画者的心情跃然信中，亦可见他对故土怀想之情状。

1931年，叶恭绰请吴湖帆画《凤池精舍图》卷，直到1937年吴湖帆才画成，并在卷前有题："凤池精舍。遐庵姻丈属写斯图，漫用王叔明笔法，不求形似，随笔成之。丁丑夏日，吴湖帆。"图中画湖石耸立，池水绕岸，杂树掩映，松石间有精舍数椽，一士人临窗，乃吴氏想象之作。叶恭绰作二题，一为七绝："凤池遗迹久榛芜，梦想家园有此图。聊与吴中添故事，可能清闷学倪迂。由来明镜本非台，花木平泉耻自哀。犹有烟云堪供养，不须料理劫余灰。余属湖帆画此图，图成而园之弃去久矣。漫题二绝，譬写梦痕。民国三十三年四月，遐庵。"钤一方长方形白文"石林"印章。"石林"为叶梦得之号，自称"石林居士"。另一题跋曰："世之构园林珍书画者，恒愿子孙永保。余不作此痴想。但冀后之得此者珍视此卷，知吾与湖帆交非恒泛，且画笔迥出时流耳。遐翁。"以图画、书法、诗文记述与朋友交往，以作纪念，是中国文人交往的常用方式，在《凤池精舍图》中，叶恭绰从构思到图成及题跋，可谓表现得淋漓尽致。

叶恭绰对诸家题咏尤感不足，复以答客问的方式作题，以抒对此旧居的眷恋。题曰：余既弃其吴门寓园之明年，属吴湖帆图其景物。越三年，图成。园固未定名也，乃名之曰《凤池精舍图》，将自为之记。客曰："固矣哉！君之为此也。君从政数十年，今乃无半椽片瓦于北都及津沪，既屡弃其宅，所僦亦不恒厥居，君之拙于计也久

余既畫其甚其門寓園之明年屬吳湖帆圖其
景物越二年圖成園固未定名之乃名之曰鳳池
精舍圖將自為之記等日圖矣夫君之為此池君
送迎越十年今功無半椽片瓦于北都及津滬
既慶幸其完畢儼儼然不惟嚴居君之拙于計也
夕矣既居其門年勤以有此盧渡不能守平素
既不必采田間舍為意不治產業非此圖圖宣觀
著傳舍而胡意為柳世方賦夢有產非佳名以
豈諸之每忘乎人生之多艱君亦不樂乎有
家行文裏雨乎圖已棄之園而名之令人
與己皆多此一物而淋其障凱郡余且好非
君之所知也夫形者神之所寓也如形之所在
神不必定寄為名者寶之所附也然名之所
貽寶未必果副為古之平泉金谷今皆何有焉
地大易主即泉石花木且罕道珠所存省猶
其名而已余之有是園奈此條仲逮塵事非

吴湖帆绘《凤池精舍图》卷（局部）与叶恭绰题记（下）（此图现藏苏州博物馆）

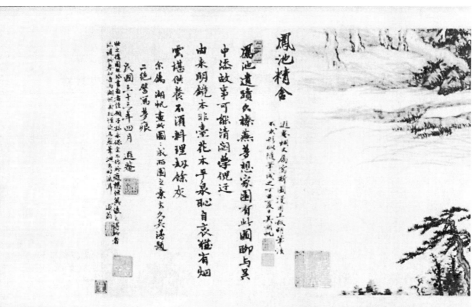

矣。晚居吴门，辛勤以有此庐，复不能守。平素既不以求田问舍为意，不治产业，于此园固宜视若传舍，而胡恋恋为。抑世方泯棼，有产非佳名，以世谛之无常，人生之多艰，君亦不乐乎，有家即又奚取乎？图已弃之，园而名之记之，令人与己皆多此一物，而滋其障执耶！"余曰："此非君之所知也。夫形者，神之所寓也。然形之所在，神不必定寄焉。名者，实之所附也。然名之所昭，实未必果副焉。古之平泉、金谷，今皆何有？不但地久易主，即泉石花木且罕遗迹，所存者独其名而已。余之有是园，本以备幽栖，远尘事，非如他人侈游观建筑之盛。余既不能有，则天地之大，何处非吾之园囿？必斤斤焉，某街某宅，乃为吾之所营，斯已隘矣！其图之也，正示不必定是地乃为是园。昔沈石田为友图神楼，乃本无是楼。而名之王谑庵为《寓山志》，谓山皆寓耳。余本不必有是园，然后图之。今既曾有一园，则谓即图是园也，固无不可。非有所恋而始图之，以存其迹也。"客口："然则口'凤池精舍'也，何居？"曰："余固吴人也。先石林公，籍吴之凤池乡，今故居之址犹在乘鱼桥西。余数典不敢忘祖，亦犹世系之称南阳云尔。"客曰："有是哉！子之辨也。斯图之传，子其永有是图，湖帆之贶子也，厚矣！今后园果何属，图又何属，殆均不必计。"余曰："然。"遂录以为记。他日志平江坊巷者，谓吴中之曾有是园，即以斯图为证，可也。民国三十三年春日，叶遐翁。

及至叶恭绰七十六岁时，刘士能、陈从周北游京华，述及苏州各名园的状况，叶恭绰给他们看了《凤池精舍图》卷，并在题跋中做了记述："此图为湖帆杰作，故七年前来京曾征求题咏。然事如春梦，不复留痕。今春刘士能、陈从周二君北来，问及吴下名园各情况，云凤池精舍已大异旧观，亭榭无存，花木伐尽，池湮径没，已成废墟，只嵌壁界石犹在，余闻之怃然，盖兴废本属恒情，况已早经易主。"叶恭绰在跋语中既有春梦般的空幻，又有顺其自然的安慰，正表现出一位老人对往事追忆的心境。

1964 年，叶恭绰将《凤池精舍图》卷捐献给了苏州博物馆。

二、初入邮传部

　　1898年，十八岁的叶恭绰在广东参加童子试，写的那篇《铁路赋》，确实是触景生情，是当时中国铁路发展的现实状况启发了他的灵感，使他临场命笔，抒发了勃郁的热情，张开双臂去拥抱在神州大地上诞生的新事物——铁路，点燃了他胸中"铁路救国"的火种。

　　日本出兵侵略中国台湾，英国人以"马嘉理案"为由，强迫清廷签订了《烟台条约》，沿海形势紧张。北洋大臣李鸿章于1874年向朝廷呈递《筹议海防折》，提出"火车铁路，屯兵于旁，闻警驰援，可以一日千数百里，则统帅当不至于误事"。加强海防建设，必须兴办铁路。可是此折呈上去后石沉大海，清廷不置可否。在李鸿章奏折呈上两年后，1876年英国在上海修建的吴淞铁路，自苏州河畔的天后宫到江湾镇的一段却建成通车了。

　　列强瓜分了上海，为了便于从吴淞口岸与公共租界陆上联系，欲修筑铁路。一开始遭到清政府的拒绝，但英国人采用瞒天过海的方法，以修"寻常

叶恭绰踌躇满志

马路"为名，骗购了筑路用地。将铁路器材以马路器材为名，蒙混进口。吴淞铁路建成通车，当时的《申报》报道了通车盛况，"男女老幼纷至沓来""顷刻之间，车厢已无虚位""田内乡民，皆面对铁路，停工而呆视"。然清政府的朝廷及一些乡绅士大夫不喜欢它，当地因造路而失去土地的农民也不喜欢它，认为火车打破了传统秩序，损毁田庐，破坏了风水，扰了墓中祖先尸骨，惊动了祖先的亡灵，由此即宣判了铁路的死刑。李鸿章派盛宣怀去处理这件事。盛宣怀无奈，只好先将铁路买下，然后再拆除。后来将这些拆下来的铁路器材运往台湾打狗港，最终变成废铁。李鸿章毕竟是北洋通商大臣，权倾一时，是洋务运动的领袖，吴淞铁路虽然被拆，但他怎能甘心。他审时度势，接受了吴淞铁路修建与被拆的教训，采取曲线筑铁路的办法，在呈送筑唐胥铁路（唐山—胥各庄）的奏章中提出，此条铁路路线较短，离京师又远，不会侵扰京师，清政府这才暂时应允。

1880 年秋冬间，唐胥铁路动工。朝中保守派得知后，仍不相让，横加反对，说："车轮所过之处，声闻数十里，雷轰电骇，震厉殊常，于地脉不无损伤。"清政府遂下令停工。李鸿章、唐廷枢以进为退，请求在已经打好的路基上铺路，但不行驶机车，以骡马拉煤车。清政府才勉强首肯。

1882 年，唐胥铁路启用，用骡马牵引车辆，时人戏称之为"马车铁路"。

唐胥铁路虽然不到十公里，但开启了中国铁路的先河，以后官办、民办、官民合办、向外贷或外国单独投资的铁路频频开工筑建。张之洞继李鸿章之后，又是大力提倡修铁路，支持实业，把筑铁路列为洋务运动的核心大事，他著有《劝学篇》，提倡"中学为体，西学为用"，广为流传，其《外篇》旨在"务通，以开风气"，内有《铁路》专篇，视铁路如同练兵，同为"救亡要政"。

1881 年，唐胥铁路铺基之时，正是叶恭绰诞生之日，命中注定他和铁路结缘。在十八年生命成长的过程中，好读书看报的他，肯定从中了解了铁路建设革新与保守相较量的故事，有感而发，写出了《铁路赋》，表明他已经在关心国家命运及发展前途，可见他的目光之远及超人的胆略。

在人生的道路上，因缘常常会成为一双无形而又温暖的手拉着或推着一个人往前走。1906年，叶恭绰离开武汉回到北京，捐了一个小官，还未赴任，即调入邮传部任职，也是在这年7月，清廷颁布了《宣示预备立宪先行厘定官制谕》，开始了立宪运动，邮传部亦是"新政"下的部门之一，首任尚书是张百熙，主持邮传部的工作。唐绍仪、胡燏棻为左右侍郎。张氏既然在童子试时取叶恭绰为第一名，当然会对他留下很好的印象并信任他，就派他到文案处总务股任"帮主稿"，应该是做些文件起草的文字工作。

叶恭绰自述：光绪末年，北京邮传部新组织成立，调我去当部员。那时的邮传部管辖的系邮、电、路、航，我样样都不懂的，不过办文书罢了。或者短中取长的缘故，长官却很说我不错。我自己觉得应当奋勉，而且应当力求在行，因此选定一门特别用心，从此便与铁路为缘了。(《四十年求知的经过》)

恰在这时，广东三水人梁士诒被任命为铁路总文案。梁士诒生于同治八年（1869），字翼夫，号燕孙，其祖上也是北宋南渡时移居广东三水的。光绪二十九年（1903），清廷开经济特科，并无侧度求贤之意，只不过是粉饰门面而已。梁士诒应征赴京，在保和殿皇帝亲临御试，共录取一等四十八人，二等七十九人，梁士诒列一等第一名。已经发榜，尚未复试，官僚中即有流言蜚语，说被录取者中多革命党人。在慈禧召见时，更有军机处大臣说一等第一名梁士诒系广东人，为梁启超之弟，其名末字又与康祖诒相同，梁头康尾，其人可知。慈禧更是不高兴，在复试时不予录取。有人担心梁士诒的安全，劝他离开北京，他说："事之真伪，不久自明，我籍贯三水而非新会，我名士诒而非祖诒，为什么要离开？"这时直隶总督袁世凯得知，即请天津海关唐绍仪介绍，把梁士诒请到天津，为北洋编书局总办，由此，北洋兵书（又称袁世凯兵书）多出梁士诒之手。在总督处，梁士诒又与叶恭绰的老师于式枚同居一室。梁士诒到邮传部担任铁路总文案，成了叶恭绰的上司。梁、叶的相识即在此时。这样，叶恭绰—梁士诒—袁世凯之间的政治关系网初步形成，使叶恭绰成为北洋军阀各派之间的矛盾缓冲调解人物。

由于叶恭绰落落大度，勤勉尽职，不只是受到张百熙的赞许，连侍郎唐少川及右丞陈简始都对他有良好的印象。叶恭绰不会忘记张百熙的知遇之恩。光绪三十三年（1907），张氏去世时，叶恭绰写了挽联悼念："痛师门沉寂，邈若山河，公自有千秋，所悲十载皈依，无路相从重拜手；嗟春事阑珊，几经风雨，时方感多难，为想群伦歌哭，吁天真欲召归魂。"

张百熙逝世后，唐、胡亦去职。胡子靖提议在北京大学为其立像，得到叶恭绰的全力支持，并由其承担具体联络事务。蔡元培时任中国教育会会长，给叶恭绰写信商量："前胡子靖先生提议为张文达（张百熙）立铜像于北大，云承先生赞同。弟复为函询孟校长，顷得复函， 时未易定夺。"

关于立像的事，蔡元培再致信叶恭绰："前奉惠函，询为张文达立铜像于北京大学事。此事非仅纪念个人，而于北大的整个布置有关系，不得不请现在之学校当局斟酌。弟提出三种办法：（一）立像于北大门前；（二）作半身像陈列于大礼堂；（三）铜版刻像，并附小传，而嵌于大礼堂之壁间，请其酌定。现得蒋校长复函，拟提出校务会议，甚善。"后蒋梦麟致信蔡元培："奉读教示，并附来叶玉甫先生函。文达公厚德流光，诚如来诲，生当秉承钧意，于秋间校务会议开会时提出，共筹办法，待决定后当再报闻。"

邮传部虽是新建，但管理机构健全，除了尚书，还有左右侍郎协助，下设船政、路政、电政、邮政、庶务五司，所辖机构有邮政总司、电政总局、铁路总局。邮传部既集中了权力，又集中了财务，因为是块肥肉，所以矛盾也就多了起来。继张百熙的林绍年，因建言慈禧太后动用海军经费修颐和园而成为名噪朝野的重臣，此时任军机大臣、邮传部尚书。他一上任即进行改革，在邮传部设五路提调处，派梁士诒为提调，对叶恭绰亦甚倚重，将其调至提调处。林绍年因与庆亲王奕劻交恶，外任河南巡抚。接任的岑春煊亦是慈禧太后的宠信，本来被任云贵都督，但他托词不去，邮传部尚书的职位就落在他的身上。岑春煊对叶恭绰也是青睐有加，加以右承郭春榆的推荐，奏请提升叶恭绰为员外郎。还没有付诸实施，岑春煊又为庆亲王奕劻所诬，只干了几个月就成为外放官员。邮传部尚书虽像走马灯一样转来转去，但对叶恭绰都有所倚重。接替岑春煊任邮传部尚书者，是原来的户部侍郎陈璧。陈璧与叶恭绰不相识，在用人时对那些勤恳工作的，即见赏提拔，任命叶恭绰兼任司章奏，给了叶恭绰一展宏图的机会。

陈璧对叶恭绰的倚重甚专，同僚们多侧目相看，但叶恭绰为感陈尚书对他的知遇之恩，不为同僚舆论避嫌，办事更加劳怨忘身。陈璧为官严正，对下属起草的文件常常否定，自己亲自动手修改。一天，叶恭绰起草的文稿交了上去，陈璧看后提笔修改，叶恭绰立即上前说："此处不能改。"并详述事实之如何如何，陈璧马上把自己改动的地方涂去，并谦逊地说："我没有细看。"又一次，路政司长不惬意，要叶恭绰代为呈稿，这时恰好陈璧看到了，告诉叶恭绰对稿件进行修改。叶恭绰很窘，就说："与司长商量后再修改。"陈不允许，取笔要叶恭绰立即修改发出。陈很不高兴地教训叶恭绰："不要学他人的圆滑。"此事使司长很尴尬，瞠目视之。

陈璧恪尽职守，严峻刚正，做事雷厉风行，极厌恶下属迂缓圆滑，在晚清是少见的能吏。一方面，他对那些饱食终日、无所事事的官员，训斥处罚不留情面；另一方面，他又很爱护有才能而又埋头实干的人。陈璧和叶恭绰并不相识，一旦发现叶恭绰的才干，即提拔重用。1907年4月补铁路政司主事，5月晋擢为路政司员外郎，8月邮传部设宪政研究所，叶恭绰任股长，9月初越级提拔为路政司郎中。11月，陈璧对邮传部又一次变革，奏请裁撤提调处，于部内另设铁路总局，专管借款及各路行政事宜，派梁士诒为铁路总局局长，叶恭绰又由郎中擢升为承政厅佥事，仍然兼任铁路总局总科员。叶恭绰后来被人说成"一年五次提升"，即是指此。

三、路在国在，路亡国亡

1908 年，叶恭绰任邮传部承政厅佥事兼铁路总局总科员，即向时任铁路总局局长的梁士诒提出：京汉路是贯通南北的干线，为国家的命脉，深以路亡国亡为惧，对京汉铁路实行收赎政策，变成中国人完全自主的铁路干线。

还在李鸿章时代，就围绕吴淞铁路的收赎问题展开了较量。英商怡和洋行在上海擅自修建吴淞铁路，李鸿章认为严重侵犯了中国主权。为此，与英商进行了严正交涉，英国以武力相威胁。李鸿章派朱其诏、盛宣怀驰往上海，会同筹商，以"务保我国自主之权，期于中国有益""洋商亦不致受损"的原则解决。叶恭绰即依照此原则，提出收回京汉铁路的主权。

京汉铁路本来被称为卢汉铁路（一作芦汉铁路），是北起保定南到汉口，长达一千多公里的贯通南北的干线。甲午战争后，清政府力图自强，依靠自己的财力筑路，需银数千万两，只靠商人的力量无法筑成。1896 年 10 月，清政府成立铁路总公司，承修芦汉铁路，命盛宣怀为督办大臣。盛宣怀追随李鸿章办洋务多年，承办过几项大的洋务事业，此时又接办汉阳铁厂。汉阳铁厂是一家官督商办的企业，并且可以造铁轨，由他主持筑卢汉铁路，就可减去许多中间环节。

盛宣怀上任后，拟筹股金四千万两，其中官股为三百万两，商股为三千七百万两，先募七百万两，把铁路总公司办成官商合办企业，由官方总其大纲，股金主要招自民间。卢汉铁路路长工巨，通车赢利，遥遥无期，且公司由官员把持，商权无保证，故绅商多驻足观望，无人入股。清政府国库空虚，一时拿不出那么多垫款。因此，铁路总公司成了官款无多的官办公司。修卢汉铁路，除借外债，别无良策。

叶恭绰身着交通部员工服照

　　听到清政府欲借款修铁路，英、美、法、德等大国都表现出很大的热情，企图把贷款抓到手。清政府考虑，大国势大，易受其控制，于是就避开大国，转向小国。张之洞通过汉阳铁厂，了解到比利时的一些情况，就提议可以和比利时进行贷款谈判。

　　比利时先以较低的要价，把贷款拿到手，于1897年5月与中国铁路总公司订立了《卢汉铁路借款草合同》，两个月后，即由盛宣怀和比方代表签订了正式合同。前后历时十三个月，每新订一个合同，比方的要价就提高一次。清政府虽有所抵制，但胶州、大连湾被德、俄占领，并分别强租二地，清政府面临被列强瓜分之虞，只得认可了比方提出的大部分条件。比利时公司贷四百五十万英镑，用以修卢汉铁路，年息五厘。在贷款谈判过程中，比方又提出贷款期限，行车管理归其所有，坚持不舍。

这样的贷款数字和条件，当时人称之为"嚆矢"，即如同一支带声响的箭，开始射向中国。合同商定将此铁路命名为"卢汉铁路"。按合同规定，这条铁路的管路权、分利权、购料权、稽查权以及铁路抵押权、银行存款权、雇用工程等各种权利，都归属比利时，再在国外发行债票、实收时折扣损失亦全部由中国承担。在运输管理上，一切军运、货运车辆的调动权亦被剥夺。

叶恭绰、梁士诒二人开始筹划赎路款项，继则擘画交涉方略，积年累月，殚精竭虑，还是遭到比利时人的多方干扰。但是合同规定，1907 年 9 月 1 日以后，无论如何可将贷款清偿。由于得到陈璧的支持，经朝廷批准，遂将贷款合同作废，依约收回全路管理权。按当时计算，赎回京汉铁路费用需白银五千五百余万两，经一年的筹备，所得款项仅四分之一，丁是又向英、法借款五百万两，国内又发公债一千万元。但比方仍不甘拱手，多方要求挟制，难端迭发，邮传部即派叶恭绰、袁长坤、李大受、卢学孟等与之谈判，严拒婉商，折腾十多个月，于光绪三十四年（1908）十二月初十京汉铁路所有权方得以赎回。

赎回京汉铁路，不但没有得到朝廷的褒奖，随着政潮兴起，陈璧反而为射鹄之的。光绪三十四年（1908），慈禧和光绪病逝，溥仪做了皇帝，醇亲王载沣被任命为摄政王。载沣当国后，康有为有一封"上摄政王"折，强调光绪之死是袁世凯所为，请"杀贼臣袁世凯"。但是遭到张之洞等大臣的反对，诛袁计划难以执行，载沣以皇帝名义下诏袁世凯"回籍养疴"。在政治上陈璧与时任军机大臣袁世凯是一路，他担任邮传部尚书便是由袁世凯举荐的。袁世凯被免职后，身为"袁党"的陈璧，自然也就成了政敌打击的对象，被御史谢远涵以"薄待大行皇帝""兴建摄政王府"罪奏章弹劾。朝廷下令孙家鼐、那桐查办。1909 年 1 月，朝廷旨下，陈璧尚书交吏部议处革职。在弹劾中虽涉及陈尚书重用叶恭绰，一年中"连升五级"，但在查处时，叶恭绰、梁士诒、关赓麟、龙建章等部员皆免议。在陈璧革职的风波中，叶恭绰虽然免议，但毕竟是受了挫折。陈璧识才，对他"一岁数迁"成了罪名，对他来说也不是光彩的事情，似乎成了他的"伤疤"，但是对陈璧的知遇之恩，他一生铭记。

对"一岁数迁"之事，叶恭绰似有隐痛，不愿提起。若干年后，他读了一篇祝颂他的文章，即给吴湖帆写信，说："两得来函，语意烦闷，又不知内容，殊郁郁。大抵为词讼耶？恐怖耶？希示一两字即明矣。吴（无）词佩谢，惟'一岁三迁'字样，往昔曾见弹文，未知可以变易否？不论何字，似均胜此也。""一岁数迁"本是弹劾中的文字，叶恭绰一直对此心中不爽，所以要吴湖帆删去。

1928年陈璧逝世，叶恭绰临丧痛哭，亲自为其料理后事，陈氏的墓志铭业由叶恭绰所作。叶恭绰邮传部同事陈君莼编辑陈璧奏稿《望喦堂奏稿》，叶恭绰作序，称："尚书一生，治事精练，卒以孤直寡合，失职以去，其是非久而始白。"又说："今观遗集诸奏疏，论列之精切，考核之详明，规划之远大，灿然俱在，读者当可一雪前疑。"序言为陈璧平冤昭雪，言之痛切，同时也感慨万千，说："绰侵寻老矣。回溯廿年前，为尚书从事时，衙斋抱牍，析疑辨难，光景如昨。而少年郎史，忽已华颠，愧南能之传衣，缺郭冲之记事，感时往昔，百感横集。泚笔序此，盖不仅惭幸交并也已。"继《望喦堂奏稿》之后，又为陈璧出版了《陈玉苍先生五城公牍汇存》，由叶恭绰作跋。所谓五城，清制北京城内分东、西、南、北、中五区。北京五区为国都，其衍成民情风俗之迹，与盛衰成败有着密切的关系。此书虽为五城之公牍，而因缘时会，所表露之事实犹多，所以叶恭绰在跋中称之为《燃犀录》或《过秦论》。叶恭绰在跋中说："余意，清室同、光之际，危机早伏，固不待辛亥而后知其必亡。先生之鞠躬尽瘁之所为，由今日观之，成败似均无意义。但疾风劲草，终殊庸众。乃即此而不容于昏浊之世，亦以见人亡邦瘁之理，固终不爽也。"

东三省总督徐世昌以袁世凯罢政，要求内调，遂继陈璧任邮传部尚书。徐亦是袁世凯系的人，上任后对邮传部的候补承参大加裁减，

《遐庵汇稿》书中所附交通图

叶恭绰不但没有丢官，反而升为承政厅副厅长，很快又升为厅长，宣统二年（1910）春，他又被任命为铁路总局提调。叶恭绰凭着在邮传部从事铁路管理的几年经验，此时更是一股雄心要开拓将来，但又感到铁路大权还没有完全摆脱外国人的控制，同时深感政治腐败之苦，于是孤军奋战，要强劲解决铁路的运费问题。当时，北方各煤矿都还在洋人手中，北洋大臣派洪述祖代表井陉煤矿要求减轻铁路运煤费用。叶恭绰考虑如果一矿运费相减，其他各矿必然会相继提出减少运费的要求，这样的连锁反应会使铁路无法承受。加上铁路车皮本来就供不应求，如果为运煤皆用车皮，其他运粮、军需从何运济，降低运费，铁路贷款将从何处取偿。叶恭绰出于这样的考虑，坚决不允许降低铁路运煤的费用。洪述祖和叶恭绰谈判没有结果，不欢而散。外国人把持的各大煤矿向中国政府表达强烈不满，叶恭绰仍然不能使政府改变决定，他一再申明强调铁路运价能否自主，关系一国经济命脉。中国关税允许外国协定，已致我死穴，若运价再受人干涉，则经济将永无复兴之日。此时，南洋劝业会设于南京，政府派侍郎杨士琦任审查总长，要求由他们自印车票通行各铁路，遭到叶恭绰严正拒绝，杨士琦大怒，成为日后政潮酝酿的一个原因。

1911年4月，清朝政府设内阁，颁布内阁官制，设立内阁，以奕劻为总理大臣，那桐、徐世昌为协理大臣，盛宣怀为邮政大臣。盛宣怀以"专权靡费"为由，"撤局留司"，免去了叶恭绰铁路总局提调的职务，只让他留任承政厅厅长。同时被免职的还有叶恭绰的政治盟友、铁路总局局长梁士诒。盛宣怀视他们二人为政敌，梁士诒隐居西山，不再到任办公。叶恭绰也自称"避嫌不事，事委蛇而已"。表面上叶、梁已经退出交通系统，交通系大伤元气，而实际上邮传部因为专业性太强，许多部门的人员都未能离职。他们都是叶、梁的同事或下属。交通系的人仍然团结一气，并没有被拆散。

在光绪朝，盛宣怀任铁路总公司督办大臣，全国铁路即归其主持，人称其为"铁路大王"，向外国借债筑铁路，列强争夺路线，闹出了许多麻烦，南方各省出现了民间筹款购路热潮，出现了民办铁路公司。由于思想不开放和经济基础薄弱，民办铁路并不顺利。在这种情况下就产生了四国银行团，由美、英、德、法四国组成，四国银行团用投资和贷款方式修筑铁路。所以盛宣怀一上台即宣布铁路国有政策，干线均归国有，支路准商民量力而行，从前批准铁路各案一律取消。由郑孝胥具体主持此事。

盛宣怀的铁路国有化政策刚出台，即遭到御史赵熙、欧家廉弹劾，称盛宣怀借款卖路罪二十余款，川、湘、鄂、粤谘议局亦纷纷致电抗争。湖北谘议局集军商学界开会，推选代表赴京静坐绝食，要求清政府收回铁路国有的成命。在广东，参加保路斗争的不仅有当地绅商，还有不少华侨，他们组织了保路会，决定反对铁路国有。以四川最为强烈。7月，清廷命四川总督赵尔丰镇压，铁路公司召开股东大会，决议罢市，学生罢课，总督赵尔丰奏川路归商办，政府不允，并命端方自湖北带兵入川查办，诱捕四川保路会会长及股东会会长，人民相率至督署要求释放，官兵开枪，射击多人，酿成"成都血案"。吴玉章宣布荣县独立，四川各地纷起效法。

四、保路运动中的政治联盟

四川保路运动直接导致了武昌新军起义的爆发。1911 年 10 月 10 日，武昌湖广总督府门前枪声大作，湖北新军第八营打响了第一枪。武昌城内各标各营群起响应，革命党人马里应外合，经三次激战，第二天七时，终于攻下了总督府。不到二十小时，起义军占领武昌，开始讨论成立军政府。革命党人自感资历太浅，遂推举湖北新军第二十一混成旅协统黎元洪为军政府的大都督，改国号为中华民国。黎元洪原是水师学堂毕业，后应张之洞之召，随德国教官训练湖北新军，由管带、统带升上了协统。革命党之所以选择黎元洪为军政大都督，因为他是稳健派，而且有相当高的声誉，他出来领导革命，对内可以稳定湖北人心，对外可以影响非革命党人，认为像黎元洪这样的人都参加了革命，具有号召力，反清革命是时代的需要。黎氏本是清朝武官，不是革命党，对革命事业并没有热情，更没有信心，面无表情，又来个一问三不知，大家只好叫他"黎菩萨"。

武昌起义成功，更激发了四川的保路运动，10 月 18 日成都发生变乱，赵尔丰复任总督，结果被杀。端方亦被他统率的新军所杀，首级送往武昌。

各省纷纷独立，清廷感到大难临头，慌了手脚，满朝文武乱作一团。但是盛宣怀倒很镇静，发电报给湖广总督瑞澂，主张对起义军实行镇压，他此时远在北方，不知道瑞澂已经临阵破墙而逃。镇守武昌的第八镇统制张彪躲在汉口张家庙中。在朝中，弹劾盛宣怀的奏折纷纷上呈，众说一词，盛宣怀成了众矢之的。10月26日，摄政王面奉隆裕皇后谕旨："资政院奏，部臣违法侵权，激生乱变，据实纠参一折，据称祸乱之源，皆邮传大臣盛宣怀欺蒙朝廷，违法敛怨，有以致之。""川乱既作，人心浮动，革党叛军乘机窃发，该大臣实为误国首恶。盛宣怀受国厚恩，意敢违法行私，贻误大局，实属辜恩溺职。盛宣怀着革职，永不叙用。"

此谕旨一下，盛宣怀于28日逃出京城，先到天津，继到大连避难，再从大连去了日本。盛宣怀革职流亡，邮传部由袁世凯派系的杨士琦继任，叶恭绰官复原职，仍任铁路总局局长、承政厅厅长。后杨士琦为和谈代表南下，梁士诒继任邮传部之职。由此，梁士诒、叶恭绰在保路运动中形成了政治联盟，成为支持袁世凯的重要政治力量。

盛宣怀搞的"铁路国有"是清朝灭亡的导火线，预示着持续统治二百多年的王朝即将退出中国历史舞台。

五、参与推翻帝制，支持共和

1909年，袁世凯在天津奉"回籍养疴"的诏旨，即返回北京，向皇帝辞行。临行前把新购置的府学胡同私宅赠给了段祺瑞。袁世凯在天津小站练兵，建立了北洋六镇，是形成北洋军阀体系之滥觞，此时段祺瑞任第六镇统制。袁世凯虽离京回老家养病，但他的实力并未受到影响。袁离开北京时，只有严复和杨度两人送行。

袁世凯回到河南项城，住在彰德门外的洹上村，购置了何氏乡村别墅，稍加修葺，题名养寿园，自号"洹上钓叟"，韬光养晦，一副闲云野鹤的样子，饮酒赋诗，游山玩水，但北京的动静、朝廷的消息他都了如指掌。袁在政治上的老搭档徐世昌，并未因袁的失势而受影响，开始任内阁协理大臣，袁一手提拔的赵秉钧掌管全国警察和内务，他的长子袁克定在邮传部任丞参。而且有北洋派的大将冯国璋、段祺瑞经常轻车简从来彰德看望他。其他智囊人物杨度、杨士琦、梁士诒也经常来彰德走动，议论朝野大事。

武昌起义的消息传到北京，清朝政府处于内外交困之中，摄政王载沣懦弱无能，庆亲王奕劻老朽昏庸，均不能有效控制政局。因此，朝野上下时有吁请袁世凯出山的呼声。袁世凯出山势在必行，也是各种政治力量合力作用的结果，包括朝廷内部的奕劻派、地方督抚、北洋新军、立宪派，以及外国在华势力。清廷对袁世凯的出山开始时还留有余地，仅给他一个没有任何实权的湖广总督的头衔，当然无法打动袁世凯，他声称"足疾未愈"，拖延而不就任。清廷没有办法，就派徐世昌前往彰德，游说袁出山。袁的出山条件是：召开国会；组织责任内阁；开放党禁；宽容革命党；授以指挥军队的全权，保证粮饷充分供应。朝廷也知道如果答应这些条件，如同放虎出山，朝廷会受到威胁，但迫于形势也只好答应。对袁世凯来说，此时他不一定想推翻清末代王朝，自己取而代之，而是希望皇帝能接受共和制度。正因为如此，所以他派代表和武昌起义的革命军代表谈判。

辛亥革命爆发时，叶恭绰与嗣父、兄长及家人仍留在北京。叶恭绰对此有着这样一段自述：

> 辛亥革命，全国震荡。恭绰居京师，于宣布共和事密有赞画。时南北尚未统一，谣诼纷起，双方均指目及之，而逻察严切，消息不通者累月。亲友多为之危，力主命恭绰避地，家严不为一动。曰："项城在彼必能默运良筹，镇宁大局，不可遽以行迹相断。"吾儿既留都，正宜竭诚为国，翊赞共和，以眢时机庶达平素之薪，尚何自扰为？未及三月，事果大定，亲友始服家严之先见。（乞言略启）

袁世凯临危受命，再度出山，1911 年 11 月 1 日，清廷任袁世凯为内阁总理大臣。由袁组阁，赵秉钧、严修、王士珍、杨度、梁启超、杨士琦、张謇、梁士诒等都入阁任各部大臣或副大臣。实际上袁内阁由赵秉钧、梁士诒等少数人操纵。

袁世凯任内阁总理后，即下令北洋军攻占汉阳，迫使革命党人停战议和，并派唐绍仪为北方全权代表南下，与南方国民革命军总代表伍廷芳谈判。11月6日，孙中山归国，到达上海。10月，各省民军代表已在南京选举孙中山为中华民国临时大总统，黎元洪为副总统。1912年1月1日（辛亥十一月十三日），中华民国临时大总统孙中山在南京就任，改用阳历，以是日为民国元年元旦，以五色旗为国旗。此时南北议和，取消了唐绍仪、伍廷芳代表级的谈判，由孙中山和袁世凯两人直接进行，这样南北和谈转入幕后，杨度和汪精卫变成了主要人物。汪已被袁世凯拉拢，南方妥协，促孙中山让位于袁世凯，利用袁推翻清朝政府，"可以事半功倍"，于是孙中山通电宣告："袁若表示赞同共和，当以总统相让，但须南下就职。"早在10月初，革命军各省区代表集会于汉口英租界顺昌洋行，决定"虚临时总统之席以待袁世凯反正归来"。

由袁世凯负责推翻清朝政府的交换条件已经确立，清末代皇帝逊位已势在必行。清朝皇帝逊位除了国内革命力量的压力，还有国际上的呼声。清驻俄使节陆徵祥联合各驻外使节电请清帝逊位。

1912年2月12日，清隆裕太后率同宣统皇帝退位，发表了退位诏书。诏书有言："是用外观大势，内审舆情，特率皇帝，将统治权公诸全国，定为共和立宪国体，近慰海内厌乱望治之心，远协古圣天下为公之义。袁世凯前经资政院选举为总理大臣，当兹新旧代谢之际，宣布南北统一之方，即由袁世凯以全权组织共和政府，与军民协商统一办法。"叶恭绰回忆说：

逊位之诏，张金坡（锡銮）早令人拟一稿，同人嫌其冗长，交与余修正。余以为时尚早，密藏衣袋中（时重要文件不敢置家中，故多在衣袋。有一次收到解款数十万汇单，亦置衣袋中，不敢告一人也）。至十二月二十日前后，方拟动笔，而南方已拟好一稿，电告北京。此稿闻系张季直、赵竹君二公所拟，遂由某君修改定稿，此稿末句"岂不懿欤"四字，闻系某太史手笔，余甚佩之。盖舍此四字，无可收煞也。

《清帝退位诏书》

逊位之将定也，深虑者恐届时有元后掷玺之事，因议不如先仿英内阁设掌玺大臣之制，以徐东海为太保，令司盖玺之职。徐之为太保实依此。其后逊位之诏，亦相沿由徐手盖御玺焉。

这篇诏书据说出自状元张謇手笔，但"即由袁世凯以全权组织临时共和政府"一笔是袁的左右所加。袁之所以敢在张謇执笔的诏书加上这一句，因辛亥年六月张謇北上参加直隶谘议局会时，路过河南去拜访袁世凯，两人有着政治合作的意向。

关于袁世凯出山入京前后的情况，叶恭绰在《辛亥宣布共和前北京的几段逸闻》一文中写道：

辛亥年底，清廷之宣布共和，其枢纽在袁项城，为众所周知之事实。袁氏后虽为国人所弃，但当时兵不血刃转移大局，其中亦煞费经画。溯由八月十九日（阴历）至十二月二十五，中阅四个月，其中遗闻逸事甚多，顾见诸记载者殊少，只尚秉和之《辛壬春秋》，叙述颇详，但系正史性质；兹篇所述，则不贤识小，类乎札记，聊供谈助而已。

武昌变起，瑞澂逃，荫昌督师而不甚负责。当时清廷即分两派：一派主张严申军令，用亲贵督师，以张挞伐；一派主张起用袁世凯。争不能决，乃奏请隆裕太后决定。太后主起用袁，议乃定。此后一切均由此发轫也。

当袁氏入京以前，众情惶惑，主张纷歧，政府已不复能加以统御。民政部尚书某，因有杀城内汉人之语，复招旗籍巡警二千人，将陆续以代巡警之汉籍者。人心益恐，几酿巨变。众以赵秉钧手创北京警察，须其来以弭此祸，密言于徐世昌及庆王，召秉钧于彰德，令任民政大臣，并先日由徐备火车星夜专开北上。秉钧至，即日遣散旗警，人心始安。

宣布共和，实隆裕所独断。自项城入京后，隆裕即主以大权授之，一切由项城逐日入宫，面取进止。自项城遇险，遂不入朝，由赵秉钧、梁士诒二人代之。唐绍仪电陈情事，亦均由二人面奏。厥后磋议优待条件，字斟句酌，隆裕意旨甚多。犹记关于禁卫军事，唐电云：民军主张禁卫军归民国陆军部编制，赵、梁据以请旨，并述并非解散该军。隆裕云："既云归民国陆军部编制，则如何编制，将来系陆军部之自由，岂能担保不解散。"赵、梁无以答，退朝后甚为焦灼。余云：明晨上奏，不妨主张加"额数俸饷，仍如其旧"八字，表示为一种保证；且可令士官兵卒，一律安心，谅民军亦无不允。二人次晨试以上奏，果承余允，遂据以复民军，此条遂告成立。时禁卫军共四旅，均驻西郊，颇有不稳之谣；且此条不成立，其他无从议及，故隆裕之决断，颇关重要也。又宗室亲贵反对宣布共和者甚多，隆裕均严拒之，或婉止之。十二月廿三、廿四日单独请起（请见也）者有多人，隆裕或见而告谕之，或竟不见。廿五日晨犹有数人拟面阻上谕之发布，隆裕告内阁全体云："我们先办了这事，我再见他们，免得又有耽搁。"遂将逊位诏书，盖印发出。逮各人入阻，已无及矣。足见隆裕之有决断，实非寻常，宜乎逝世时全国哀悼之盛也。

清帝逊位，改朝换代，中华民国正式取代了清朝。临时政府参议院接受临时大总统孙中山的辞职，选举袁世凯为临时大总统，这时，问题的重心便落在袁世凯愿不愿意到南京就职上了。这是因南京方面和袁世凯有约定，在他履行逼迫清帝逊位以后，由他来担任中华民国临时大总统，但他必须到南京就职。但袁世凯三十年政治生涯的起伏，使他懂得必须有实力才能谈政治，他怎肯离开他的老巢——北方，怎肯离开他起家的资本——北洋军队。所以他根本就不考虑去南京就职，他认为叫他去南方就是调虎离山，要把他架空，所以他在2月15日给南京方面的电报中表明了他不肯南来。

上海南阳路惜阴堂主人赵凤昌（1856—1938），原是张之洞的幕僚、心腹，后来成为上海巨商。南北和谈时，他和张謇多方联系，穿针引线，调停周旋，为结束帝制、缔造共和的许多大事、要事都商之于惜阴堂，被称"民国产婆"。袁世凯、孙中山都请他出山相助，但他都婉言坚拒，低调地隐居上海。

南京政府成立，叶恭绰的一些朋友都会集南京，邀请他南下合作，交通系统领导虚位以待，但叶恭绰仍然留在北京，以此来表示对袁世凯的支持。他回答南京方面的朋友，中国交通事业与中国建设不可分割，目前少破坏一分，他日则多得一分的用处，为了维护国家的完整，不应分南北地区，使国家分裂，外人得利。但叶恭绰从政后目击清朝的政治腐败及外交上的失利，他觉得非大变革不能补救，他主张要顺应潮流，使国家得以新生，他又积极支持南北议和，当北京宣布共和之日，全城悬挂五色旗时，他喜极而泣。

南方坚决要求袁世凯去南京就职临时大总统，并派蔡元培、汪精卫等以迎袁专使的身份到了北京，和各方面联系应酬，商讨袁世凯南下诸事。袁世凯表面也答应南下，一切都进行得很顺利。2月29日，迎袁专使在下榻处整理行装，准备回去交差。此时在大人胡同外交部袁世凯办公处，叶恭绰正在和袁世凯商量如何去南京就职事宜。外交部墙外忽然响起枪声，继之满街鼎沸，火光四射，电灯也不亮了，打电话时则线路不通，叶恭绰随袁世凯躲入地下室，形色仓皇。正想开辟一条生路逃走时，消息传来，是袁世凯所率的部队一时发生混乱所致，并不是真的发生兵变。这样，他们的情绪才安定下来。这天晚上，大家都惊恐未眠。天亮时得汪精卫来信，原来南京迎袁专使的驻地亦遭到骚扰，乱兵持枪破门而入，卫兵措手不及，无法阻挡，迎袁专使只得分路逃去。蔡元培、汪精卫等避入一室，闭门熄灯，静坐以待。乱兵们到处抢掠，志不在人，狂劫而去，南方诸人的文件、衣物均荡然无存。为了安全起见，南方迎袁专使搬入六国饭店。袁世凯命叶恭绰带着为迎接团准备好的服装和礼品，前往六国饭店慰问。

为什么会发生骚乱？社会传言是由于北方驻军反对"袁宫保"南下，反对专使们抢走他们的衣食父母，所以怀恨作乱。骚乱的部队是第三镇。第三镇是北洋军的主力，段祺瑞曾任该镇的统制，后来由曹锟接手，曹是袁氏的嫡系。这次骚乱是不是袁世凯的授意，尚无史料可证。但骚乱事件正暗合袁世凯的心意，他根本就不想去南京，而是想坐镇北京就任民国临时大总统之职。民国缔建时迎来了新闻自由，北京骚乱后许多报纸的争论都很激烈，对袁世凯进行了毫不留情的批评。但是，北京骚乱后，北方各省督抚都通电反对袁世凯南下就职，蔡元培专使亦曾致电南京临时政府和临时参议院，主张迁就。于是3月6日临时参议院议决，允许袁世凯在北京通电就职。殊不知，南方临时政府对袁世凯的迁就，使中华民国又出现了一次重要的历史拐点。

六、为袁世凯起草就职临时大总统誓词

以孙中山为代表的南京方面做出了让步，同意袁世凯在北京就任临时大总统，袁遂将民国元年（1912）三月初八就职的誓词电告临时参议院，电文如下：

南京参议院公鉴：麻（六日）电悉，所议六条，一切认可。凯以薄德，忝承推举，勉任公仆，谨照三月初六日参议院议决第二条办法电达宣誓。下为宣誓词，请代公布。其文曰：民国建设造端，百凡待治，世凯深愿竭其能力，发扬共和之精神，涤荡专制之瑕秽！谨守宪

法，依国民之愿望，蕲达国家于安全强固之域，俾五大民族同臻乐利。凡兹志愿，率履勿渝！俟召集国会，选定第一期大总统，世凯即行解职。谨掬诚悃，誓告同胞。大中华民国元年三月初八日，袁世凯。

这篇总统宣誓文，可视作中国由帝制走向共和的开步，具有历史意义。总统宣誓文是叶恭绰执笔写成，再由梁士诒润色。袁世凯自和梁士诒相识，即认为他是不可多得的人才，引为智囊。南北议和时，梁任邮传部副大臣，杨士琦南下议和，即由梁代理部务。袁世凯在彰德洞察形势，即遣人密告梁说："当前形势，南方军事尚未结束，北方政治头绪万端，正顿燕孙居中策划，请与少川预为布置。"

叶恭绰当时只是邮传部下的铁路总局局长，虽然职位不算高，但在南北议和期间的许多重大事情都有他的参与。在此前参加过议论皇帝逊位诏书，此时又为袁世凯起草就职临时大总统誓词，像他这样级别的其他官员是无法企及的。他与各方面调和，运用自如，这一方面与他的才智、办事认真及政治影响有关，同时不可否认的是与他追随梁士诒也有很大关系。袁世凯在密信中谈及的燕孙（梁士诒）、少川（唐绍仪）和叶恭绰都是广东人，梁是三水人，唐是香山人，叶是番禺人。广东人在外谋生，重乡谊，能抱团，相互提携，荣辱与共，共渡难关。

袁世凯任临时大总统后，特任唐绍仪为国务总理，梁士诒任总统府秘书长。梁士诒由幕后走到台前，由智囊人物变成实权派，掌控交通银行及铁路，变成经济实力派，袁世凯也不得不倚重他。交通银行是梁士诒于1907年倡议创办的，开始是官商合办，以振兴实业、挽回权利为宗旨，借以综合邮传部所辖轮、路、邮、电各局，本是向洋商银行贷款，改由向该行贷款。交通银行批准成立，派李经楚为经理，周克昌为协理，梁士诒为帮理（副总裁）。后因被盛宣怀排挤，梁士诒离开交通银行。袁世凯就职临时大总统后，重振交通银行，梁士诒任交通银行总理。1912年2月，叶恭绰兼任交通银行帮理，自此为始，交通银行改用新式簿记，擢用周作民、钱永铭、胡笔江等一批才俊，分掌要职。1913 年，由于梁士诒在财政、铁路、交通等部门任要职，随由他发起组织政治集团交通系，主要成员有叶恭绰、朱启钤、周自齐、汪有龄、陈振元等人，在政治上支持袁世凯。1913 年，他们又组织公民党，拉拢议员政客从事支持袁世凯的活动，时称"交通系"。

袁世凯任临时大总统后，南北取得暂时统一，邮传部遂改为交通部，3 月任命国务总理唐绍仪兼交通总长，主持路政事宜。4 月施肇基任交通总长，改路政股为路政司兼领各铁路贷款合同上督办大臣之权。按照袁世凯的意思，要叶恭绰任次长代理部务事宜。但是自北京骚乱后，叶恭绰默察南北不易合作，政治前途上会有荆棘暗礁，他认为铁路事业不当被牵入政治旋涡，再三恳辞，只任交通部路政司司长兼领铁路总局局长职权，专营铁路的事情。4 月，叶恭绰在铁路协会的演讲中提及中国铁路之过去与未来，他主张：铁路问题乃民国建设上第一件大事，当前应当急速筑路，凡是阻碍铁路建设者皆当排除。为此，第一选定建设路线，第二选定筹款方针，第三迅速组织机关，第四分途并进。为筑路筹款虽然紧张，但叶恭绰还是注意到文化教育用品的运费问题。他认为改良教育实为立国之本源之计，而文化输入教育改良以铁路为第一大枢纽，如教科图籍仪器及其一切印刷品，为直接启发人民智慧，列强政策于此类之物皆减取最低廉之运费，我国以前对此并未给予注意。因此，他提请减轻教育用品的铁路运费。

教育总长章士钊致信叶恭绰，希望以提高铁路运费来补贴教育，章士钊在信中说："午间所谈邮花附加教育费一节，细思似为简易有效之法。整顿教育，此时确是好机，弟有种种证据。审其导引得法，剥极而复，实大有望。惟不名一钱，则一切俱同泡影，交通附券停止，生机尤绝。务恳吾兄特别相助，以教育费为名，普通信件加贴半分，说来并不牵强，四分五邮率并不算高。加一分计得二百万，半分则一百万。教部获此经常可靠费，大有可以展布之基础。一线生机尽系乎此，千万至成，造福不浅。"

叶恭绰任交通总长时，曾以提高铁路运费、提高邮资及减免教育用品运费等多种方法，以补教育经费之缺。此后，朱家骅任交通部部长时，叶恭绰即向朱提出用此方法以救教育。为此，朱家骅给叶恭绰写了一封很长的信，解释叶恭绰的建议无法施行，信中说："玉甫先生大鉴：十七日惠函及俞君函敬悉。轮渡加价至数百倍，邮局实难负荷。若只求收现与清理积欠，而费率尽可改订，自可商量。惟照原额加倍，邮局已觉过巨，若照新额减半，仍增至一二百倍。折衷论定，亦属难事。"谈到铁路运费，朱家骅在信中说："铁路运费在邮运中占极小部分，因中国地面之宽，铁路之少，非特路运甚少，即大小轮船以及汽车所运，亦复不多，大都均用民船、骡驼、脚夫搬运也。"铁路运费收入本来就不多，如果再分付教育，则"各局经临费及员工薪水等开支更无论矣"。邮运费不但不能增加，即使如"南洋华侨邮资实行减半收费，亦历时数年始勉强商妥，然实行开始有无问题尚属难料"，"俞君主张轮渡价加四百倍，邮包增四十倍，事实上无法办到，势将终成为悬案矣"。朱家骅在信中谈了困难和苦经，最后还说："先生是旧令尹，用以一吐为快。"这样叶恭绰只好感叹"今非昔比"，也就无话可说了。

另一方面，叶恭绰对治理铁路车费甚严，凡文武官吏乘车皆受限制，毫不假借。一天，袁世凯召见叶恭绰，告知他的家眷将由河南彰德来京，家族成员及行李较多，可否开一专列，又家中经费不充裕，可否享受半价优待，暂行记账。叶恭绰回答说：可以先收半价，其他所欠于年终到府上收取，这样可为其他官员做一示范。袁世凯只得含笑应允，并说："此风今后不可复见。"

七、初识孙中山

1912年4月1日，孙中山前往临时参议院，正式解除职务，解职令云："赖国人之力，南北一家，共和确定，本总统借此卸责，得以退逸之身，享自由之福。"孙中山辞去临时大总统之职后即表示：解职不是不理事，还有比政治更要紧的事待着手去做。在他看来，清廷退位，民国成立，三民主义中的民族、民权两大主义已经实现，唯有民生主义尚未落地生根，也是他革命目的根本之所在，这将是他和同志们所当尽力之事。他把实行"民生主义"称为"社会革命"，与政治革命是相对应的。孙中山所谓的"社会革命"，包括实业主权。他告诉《民主报》记者：交通为实业之母，铁道又为交通之母。基于此，他提出要在十年之内，修筑二十万里铁路的豪言。这正是孙中山此次北行，与袁世凯相见谈判的重要目的。

8月24日，孙中山抵达北京。对北京这块土地，孙中山并不陌生。十八年前，孙中山还不满三十岁就踏上这块皇朝之地，那时他对清廷还抱有幻想，北上天津，上书直隶总督、北洋大臣李鸿章，为以革新救中国而献策。李鸿章以军务繁忙为由，拒绝接见，他的政见遂泥牛入海。在失望之中，孙中山与陆皓东结伴，游历京津，以窥清廷之虚实，转而深入武汉，考察长江之形势。那一年的年底，他在美

1912年9月6日，孙中山（前排右五）视察京张铁路时与众人合影。前排右四为梁士诒，孙梁后为朱启钤，梁右后为叶恭绰

国檀香山与同志者成立中兴会，正式转向革命，以后就回国开展革命活动。

27日，袁世凯设宴招待孙中山和黄兴，陆军总长段祺瑞也出席了招待会。菜上数道，酒过三巡，席间出现一些小小的波动，声音嘈杂，有人喊叫着：共和是北洋之功，同盟会是"暴徒乱闹"，"孙中山只会讲大话，是孙大炮"。袁世凯出面拦阻，说："我们今天欢迎孙先生、黄司令，不要说那些题外的话。"孙中山气量宽，面无愠色，他心中念念不忘的还是铁路。

孙中山与袁世凯会晤、会谈十三次，每次谈话时间自下午四时至晚上十时或十二时，更有三四次谈至凌晨二时后。每次会晤，只有孙中山、袁世凯和梁士诒三人，屏退侍从，所谈皆国家大事和中外局势，这在当时关系国家前途。孙、袁会谈后，孙与梁又谈了中国农民问题。孙认为中国的改革不能忽视农民问题。孙、梁的交谈有案可查，唯对孙、袁会谈的十二次会议，谈话的内容除了梁士诒，无人知道。但此后二十年间，梁士诒未言一字，直到民国二十一年（1932），他才对人说："孙、袁会晤，可写成一本专著，容吾暇时述之。"未几，梁士诒即去世。中外历史上有许多这样历史性的会见，由于没有留下文字记录，至今仍是谜案，遂成为历史发展的缺环。

在孙中山与袁世凯会晤期间，孙中山对袁世凯说："十年内，你练兵百万人，我筑铁路二十万里，如何？"袁世凯一听，自然十分高兴，任命孙中山为全国铁路督办。

孙中山前往张家口视察詹天佑设计、筑建的京张铁路，山西各界也纷纷致电孙中山，要求他前往视察。叶恭绰与交通总长朱启钤全程陪同。沿途，孙中山问了许多有关铁路政策及线路管理的问题，叶恭绰都悉心地做了回答，并对孙中山照料得很周到。他们回到北京后，9月9日，袁世凯颁布临时大总统令，特提孙中山以"筹划铁路全权"，其内容包括：（一）借款：纯然输入商家资本，不涉政治意味；（二）权限：未动工之铁路概归孙中山经营，已经修而未成之路线管理权限尚须与交通部详细商定；（三）公司：择地修建，尚未觅妥；（四）经费：暂由交通部每月拨款三万元以开资开办，日后再行续筹；（五）用人：公司内一切用人之权，归孙中山主权，政府概不干预。接着，袁世凯又与孙中山签订了《邮政大纲》，经黎元洪同意，以袁世凯、黎元洪、孙中山、黄兴四人联名公布。

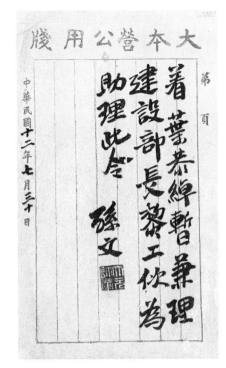

孙中山任命叶恭绰手谕

1912年6月，中华全国铁路协会在北京召开成立大会，梁士诒任会长，叶恭绰被选为副会长，此时叶还兼任铁路总局局长之职。立志于铁路发展的孙中山和叶恭绰见面，两人交谈甚欢，叶恭绰对铁路建设的许多见解，深得孙中山的欣赏，孙高兴地说："吾之北也，喜得一同志焉！"并鼓励叶恭绰继续努力筹划铁路事业。叶恭绰能与这位中华民国缔造者共事自然兴奋不已，从此努力践行孙中山"交通为实业之母，铁道又为交通之母"的实业救国思想。

孙中山回沪后即设立铁路总公司，邀请叶恭绰前往演讲。于是，叶恭绰受袁世凯之命南下，与孙中山会晤相商。孙中山集海上名流及国民党中央要员，开大会欢迎。叶恭绰在欢迎会上致答词：

此次鄙人南下，承孙中山先生特开盛大之会欢迎，鄙人实不敢当……而孙先生尚欲鄙人讲演，鄙人只好将最近的感想稍为讲讲。

我国现在处于列强竞争之下……一切生产事业实以交通事业为其根本，而交通事业之中，尤以铁路建设为其根本之根本。我国今日若不从此方面着力，一切计画均必落空，一切努力均无意义，而所谓国家之建设事业，亦一切归于空谈。由此可知，铁路交通事业关系之重大及其在今日国家政策上所处地位之重要。

……我国今日急图建设实已无可再缓，今幸清室颠覆，革命告成，前此一切之障碍一扫而空，譬如荆棘已除，吾人正可从容展步，今借此时机从事建设，实为千载一时不可多得之良好机会。且又得千载一时之人杰如孙先生者出而主持其事。凡事一有良好之首脑，诸事自可顺利进行，此可谓民国之幸，亦国民之幸也。

叶恭绰还讲了发展铁路交通的一些具体意见。他的这些见解，有许多与孙中山所见略同，彼此相当投缘。

八、推动第二次"铁路国有化"

袁世凯很倚重唐绍仪，所以他就任临时大总统之后委任唐绍仪担任内阁总理。但唐奉行责任内阁制，"事事咸恪遵约法"，在用人、财政方面遵守《临时约法》规定，都与袁世凯发生了分歧。结果唐绍仪担任总理不到三个月，便愤然辞职。袁世凯以为叶恭绰是唐绍仪的人，有一天，袁世凯对叶说："詹天佑创建京张铁路，为吾国增光不少，我打算奖励他勋章，你看怎样？"叶恭绰表示赞同。袁世凯又说："我很喜爱詹天佑，他能极端服从我的命令，如建西陵铁路很快即告成功。"叶恭绰默然相对，他心中明白，袁世凯的意思是要他听话。

詹天佑（1861—1919），广东南海人，字春成。1872 年清朝派幼童留美，詹天佑为首批幼童学员，入耶鲁大学，学土木工程。1881 年从耶鲁大学毕业回国。1905年至1909年任总工程师，主持修建京张（北京至张家口）铁路，采用近代工程技术提前完工，并培养了一批铁路建筑系统管理人才。

1913年，叶恭绰好友朱启钤主掌交通部，对叶恭绰甚为倚重。叶恭绰积多年办铁路的经验，深感人才的重要，遂派青年学子出国留学，殆及数千人。

朱启钤（1872—1964），贵州紫江人，号桂莘（一作桂辛）。朱氏为清朝官宦世家。朱氏三岁丧母，在外祖傅春彤身边长大，军机大臣瞿鸿機是傅家的女婿，也就是朱的姨夫。朱氏从二十岁起，就随姨夫瞿鸿機入川，开始了仕宦生涯。以后入京，出任京师内外城巡警厅厅承、京师大学堂讲学馆监督、东三省蒙务局督办、津浦铁路北段督办，由此开始到北洋政府期间，他又任交通总长，代国务总理、内务总长。1919年南北议和时任北方总代表。

朱启钤任交通总长，1914年提升叶恭绰任代理交通次长并兼任邮政总局局长。在梁士诒、朱启钤的支持下，叶恭绰开始进行铁路国有化的改革。

铁路国有化并不是叶恭绰首先提出的。在此之前，盛宣怀任邮传部侍郎兼铁路总公司督办时就实行过。1903年，清廷下放铁路权，出现了许多弊端，各省的情况参差不一，在集资、技术水准及工程质量上都存在许多问题。更为严重的是，所有地方自办的铁路，往往各自为政，省界分明，素不联系，这就无法形成南北和沿海各大骨干线路的贯通。

1914年，任交通次长的叶恭绰

这种情况维持了多年，清廷看到了对交通畅通的不利，又想收回筑路权。为了使这种朝令夕改的做法能自圆其说，找到法律的根据，1906 年 5 月，清廷颁发了《统筹全局铁路折》，为全国铁路制订了统一规划，这项工作由当年的邮传部去执行。这部根据各省绘制的官商铁路图汇成的总图，初步确定了全国铁路支线的走向，有助于改变各省自办铁路、各自为政、互不相通的状况。1908 年 3 月，光绪皇帝问政，关于铁路问题盛宣怀讲得头头是道，于是这个任务就落在盛宣怀身上。盛宣怀搞铁路国有，结果诱发了武昌起义，在"非诛盛宣怀不足以谢天下"的激愤中，盛宣怀被革职。

由路权下放带来的各自为政，使铁路无法形成统一调度，统一指挥，要改变这种状况，"铁路国有"势在必行。以铁路为终身事业的叶恭绰，此时主持路政，已成为铁路界的新秀，深知统一各路为发展交通首要。只是盛宣怀"铁路国有"去时不远，前车之鉴，还历历在目，如何再次推动"铁路国有"，是不能不慎重考虑的问题。此时民国成立，国体改革方兴未艾，"铁路国有"已有水到渠成之势。湘路首倡收归国有。粤汉铁路线已经向英国贷款一百多万英镑，湖南应摊七分之三，故该路成本特重，且湖南路股款有商股、房股、租股、薪股、米股、盐股的不同，罗掘俱穷，而且又耗于偿还赎路本息之中，至此虽已开工三年，成路仅百余里。恰好交通部有接收之议，湖南人亦愿将湖南境内之粤汉干路及湖南所有广东三佛支路七分之三，改归国有，但求能保住股本。此时交通部亦财力枯竭，无从罗掘。在梁士诒、朱启钤的支持下，叶恭绰和湖南路股屡经协商、议定还股实行分年摊还，分甲、乙两项，甲项自民国二年度至四年度，分期摊还；乙项自接收后第三年起，分十二年分期摊还。均先给予有期债券，并签订合约。民国二年（1913）6 月 12 日与苏路订约，8 月与豫路订约，9 月与晋路订约。民国三年（1914）3 月与皖路订约，4 月与浙路订约。民国四年（1915）1 月与鄂路订约。川路已于上年 11 月间订约。在两年的时间里，有八条铁路收归国有。之所以能有如此效果，实乃诚信相孚，运用得法。同样实行"铁路国有"政策，结果成败如此，亦足见谋事在人啊！

　　叶恭绰性格内向，与当时权贵不相往来，因之谗言百出，有的献计于袁世凯，称交通余利极多，叶谋斩不归公，竟有别图，目下度支奇绌，应命令他改变如此做法，向上移交交通款，供政府财政开支。权贵们的建议正中袁世凯的下怀，但他没有找叶恭绰，而是对梁士诒说："现在财政窘迫，交通部要帮个忙才好。"梁士诒回答："请总统吩咐，要多少才够？"袁世凯说："每月总需四五十万才够。"梁士诒回答："那么就五十万好了。"从此开了交通费被挪用为政费、军费的先例。叶恭绰虽然对梁士诒有所追随，但对梁的做法却不以为然。他认为这样做，交通事业的发展必然会受到影响。他向北京政府提交了一份《交通部特别会计理由书》，以特别会计审核制度控制铁路经费挪作他用。袁世凯对叶恭绰的做法甚是不满。他曾屡次旁敲侧击地暗示叶恭绰应交出交通费收入，但叶恭绰总是佯装不知。1915年，袁世凯为了移用陇海铁路的钱供军用，特意在交通部内设立了机要科来专办相关事宜，叶恭绰虽掌管路政，也不得过问此事。

　　由于铁路运输制度不完备，货物安全成了问题，货物遗失或损坏又没有赔偿制度，随着货运量的扩充，这方面的矛盾更显得突出。叶恭绰致函京奉、京汉两铁商议，制定保护货物办法，并提出如货栈之施置栅栏，加强站内保管，车上监护，交付手续，赔偿限额，都一一进行讨论，并提出具体解决办法。叶恭绰一直抓住货物安全问题不放。迨至民国七年（1918）、民国九年（1920），叶恭绰先后任民国交通次长、交通总长，他还行使权力，召开部务会议，专题研究解决货物运输安全问题。除了加强货物运输安全设施外，还制定了前所未有的铁路货运保险制度，设铁路警察，开办铁路巡警教练所，提高巡警素质。叶恭绰对车费问题提出严加管理的意见，凡文武官吏乘车皆受限制，毫不假借。铁路系营业性质，必须处处求其利便商民。诸如铁路沿线如何筹设载运棚车，保管人员如何设法训练，制定铁路员役的责任制度。其他如筹办京汉、京奉、京张、津浦、沪宁五路联运；统一铁路会计，制定铁路会计统计年报、铁路会计专用簿记。铁路沿线种树，既可美化环境，数年之后，又可为筑路提供枕木。

"铁路国有"实行得这样顺利，以及铁路整顿取得成功，叶恭绰心情舒畅，就更加以发展中国交通事业为己任，想一洗外国人所传中国人不善经营之耻。但他也环顾国内，政治不良，相互牵制，其原因是专门人才缺乏，矢志专业的人士不多，深感孤行之苦，故求贤若渴，所以培养后进不遗余力，前后经他吸引造就及派遣留学有专长之士聚集于铁路事业。由于他律己甚严，使那些误公徇私者不能得到庇纵，一些想得到利益者而无法达到，他们不但不能尽心尽力工作，反而谗言百出。叶恭绰即写出辞呈，说自己"似泥涂之马，鞭策不前；譬山泽之禽，樊笼是惧"。叶恭绰这时已感到政象混浊，不想再与他们为伍。袁世凯看了叶恭绰的辞呈，心中很不高兴。

叶恭绰主政铁路交通时，不但聘用了一些外国专门技术人员，派出的铁路人员到国外去实习或学习这时也都发挥了作用，会从不同角度给他写信，报告和铁路有关的见闻。其中有一位名注昭的技术人员赴英国实习期间，给叶恭绰写来一封信，称其为"誉虎部长"。信的开头说："昭于五月下旬抵英京伦敦，晋谒兆熙博士，当将嘱带各物转交。承询钧座起居饮食及近日行动颇详，爱戴之词溢于言表，惜未能详答也。"该信讲了这样几件事：（一）他们所去的实习工厂正代中国杭江铁路制造机车六辆方始进行，该厂规模不大，铸体皆由外间供给，每年可制造机车十余辆。工人智识程度及技术经验皆较我国为高。待遇既佳，失业又有保障，厂中又施行件工制，故工作效率与我国不可同日而语。（二）我国大学研究铁路机械者，仅有交大一校，而毕业生在国内铁路、工厂实习者，一限于缺乏指导人员，再限于技术幼稚之工艺及落伍之设备，所得有几何？（三）英国铁路营业所以便利旅客者无微不至，各种附业成绩亦佳，旅行游历列入大宗，且以游历为乐事。我国则民生凋敝，此种营业尚难期望实行，仍以疏通货运为急务。（四）若会计能实行独立，则扩充计划方可讨论。（五）车务则积弊至深，必须破情面，彻底改革。

在八九十年前，一个出国培训的技术人员给部长写信，竟能这样坦言，指出中国铁路之弊端，今日读之尤觉可贵。而且这样的信及报告，叶恭绰不但看之认真、批语之真切，而且广为吸收，如独立会计、运输安全、方便乘客等许多意见，在工作中都得以实现，更是可贵，值得借鉴。

关于送青年进修实习，杜镇远在京奉铁路实习两年，深以为故步自封，难裨实用，爰有梯航远游之志愿，但家庭寒素，无法实现出国学习的志愿。后来他有一段回忆写道："适公又公开征求专门人才，是时也，镇远与公无一面之谒，一言之介，将何以自效，继思公贤者也，或当不致见摈。当时以京奉铁路实习生之名，贸然请求，公即令传见，允送出洋实习，一科为期二年，复求实习四年，即蒙许准，可见公培养人才之心甚切，凡求上进者，无不予以援手也。"在叶恭绰的支持下，杜镇远赴美实习一年，即给叶恭绰写了实习体会，报告在国外铁路的所见所闻，提出改革意见。叶恭绰将杜镇远的报告分送各路研究，即传令嘉奖。杜镇远从康奈尔大学毕业后，叶恭绰又支持他辗转于美国各地铁路公司学习，后又派其赴欧洲各国考察。

叶恭绰与袁世凯的分歧越来越大，但他毕竟是北洋政治集团中交通系的重要人士，与袁世凯在政治上还有着割不断的千丝万缕的关系。1914年，欧洲战争爆发，西方列强减少了资本输出，特别是英国因为对德宣战，不可能再支持袁世凯。袁世凯的北京政府的财政发生了困难。梁士诒曾向袁世凯建议发行内债两千四百万元，获得了袁世凯的首肯。于是梁士诒以内债局局长主其事，结果募得的资金超过了定额。这笔款项被称为"民三公债"。对"民三公债"的发行，叶恭绰还是协助梁士诒，出了大力。还有，袁世凯在洪宪称帝之前，就预制两枚金印，一印用之对外，印文为"中华帝国之玺"；一印用之于内，印文为"皇帝之宝"。据经手的印铸局参事部承绪的回忆："'洪宪印'用足金四百五十两零一分""价洋三千一百一十九元六角"，印泥印盒"洋二千三百一十八元五角"；印色印箱"洋五百七十五元"；

中华帝国之玺　　　皇帝之宝

资金来源是"梁士诒交来支票洋八万元"。可见，袁世凯在洪宪称帝前，梁士诒是采取了支持的态度。

九、不支持袁世凯称帝

在中国政坛形势风云变幻中，袁世凯当了大总统。国内外各种势力都在围绕袁世凯进行较量。这样就引起了袁世凯的警惕和猜疑，尤其是对以梁士诒、叶恭绰为首的交通系。袁世凯就职大总统之后，梁士诒为总统府的秘书长，唐绍仪为交通总长，叶恭绰为铁路局局长，加上交通银行。他们三人在交通、金融系统安插了许多广东籍人士，而且以高薪增加他们之间的凝聚力，使广东籍人士的力量控制交通金融的命脉。这样也就产生了集权与分权之争。袁世凯首先和唐绍仪闹翻，使唐辞去交通总长之职，梁士诒担任总统府秘书长，不久也被免职。叶恭绰有着独立自主的意见和决断，他所制定的铁路管理措施，又不为袁世凯所接受，地位在去留之际，他认为和袁世凯分手是早晚的事。

1913年，袁世凯的长子袁克定在德国柏林养病，德皇威廉二世告诉袁克定，中国不适宜搞共和，如果改为帝制，你的父亲最能担当起这一变革。英国驻中国大使朱尔典一向亲袁，表示如果袁世凯改共和为帝制，英国定会支持。袁世凯与英国的关系非同一般。在天津接到"回籍养疴"诏旨时，何去何从，袁世凯拿不定主意，即和英国驻清公使朱尔典取得联系，邀朱见面商谈。据说，朱尔典拍了胸膛愿意担保袁的生命安全，于是袁世凯才怀着沉重的心情由天津遄返北京，向皇帝谢恩辞行。再有革命军武昌起义后，袁世凯已经预料清廷会请他再度出山，他对武昌，一方面暗示北洋军以武力攻打，一方面又派代表谈判。两位代表去见黎元洪，手持一封英国驻汉口领事的介绍信。

和历史上的草莽英雄想当皇帝制造真龙再现天意使然一样，袁世凯也搞了许多玩意。1915年，也就是袁世凯洪宪称帝的前一年，英文版的《远东时报》刊登了一则消息，称在宜昌发现了龙化石，这被认为是袁世凯称帝的"吉兆"。新闻的作者欧尔温发这样一条新闻，有没有受到袁世凯收买，尚不可知。地质学家安特生的文章却认为这条新闻是为袁世凯称帝张目，他不无讽刺地写道：

在1916年这个重要的年份里，一月发生了很多伟大而充满希望的事情，但是到了六月，时局就支离破碎了。袁世凯从来没有成为一个真正的君主，就像宜昌的龙从来都不是真正的龙，就像欧尔温先生从来没有被誉为新科学的奠基人。我只能在他的文章中隐约看到这门科学的模糊轮廓。我们姑且把它称为皇室纹章古生物学吧。（安特生：《龙与洋鬼子》）

安氏在文章中认为，所谓"宜昌的龙"的"吉兆"，不过是伪科学的演绎而已，因此袁世凯不可能成为有龙脉的真正君主，记者先生也不可能成为科学家。袁世凯用武力统一了中国之后，便在政治上施加压力，解散了国民党；国会成了他洪宪称帝的绊脚石，于是他又解散了国会，逮捕国会议员，成立政治会议以代国会；接着又停办了地方自治会，解散了各省议会；再下来就是修改《约法》，实现总统制，延长总统任期，并制定了《治安警察法》，以钳制人民言论的自由。袁世凯所希望的中央集权、元首独裁、称皇称帝完全告成了。

民国三年（1914）7月28日，第一次世界大战爆发，因为战争只在欧洲，故又被称为欧战。在中国南方共和局势已渐定，遂废内阁制设政事堂，梁士诒出任大总统府秘书长兼税务督办，内阁总理熊希龄为热河都统，袁世凯即开始酝酿恢复帝制之事。日本从欧尔温的新闻报道中得知这一消息，其公使屡屡诘问袁世凯，袁表示不便向日本吐露真情。但是袁世凯要搞帝制的内幕还是要暴露出来的，日本得知后大怒，因之借题发挥，借山东事大做文章。因欧战方酣，无暇顾及在中国的势力范围，日本要扩大在山东半岛的势力范围，遂向袁世凯提出二十一项条件，打压袁世凯。袁世凯的态度忽软忽硬，几经变化，拖延了一段时间，日本发出最后通牒，袁世凯只能屈服，与日方签订了不平等的二十一项条约。

袁克定和杨度商量，以为欧战正酣，各国无暇东顾，和日本已经签订了《二十一条》，日本也心满意足，在国际方面不再有什么顾虑；国内各省督军民政长官大半为北洋时期的旧僚，其余的也会俯首服从，示以羁縻，也不会成为阻力，唯段祺瑞掌军政，梁士诒掌财政及前内阁总理熊希龄三人皆不赞成帝制，袁克定、杨度面对国内外的形势认为恢复帝制必可成功。1916年8月4日，杨度出面，孙毓筠、严复、刘师培、胡瑛等人参加组织筹安会，支持袁世凯当皇帝，恢复君主立宪。12月11日，一心想登上皇帝宝座的袁世凯，就改变国家制度问题，通电全国，结果各地响应支持。中华帝国的成立进入准备阶段，欲改年号为洪宪，意为弘扬宪法，并确定1916年为"洪宪元年"。

帝制派策划，以惩治陆军次长徐树铮向段祺瑞施压，以惩治交通次长叶恭绰向梁士诒施压，以惩治财政次长张弧向熊希龄施压，结果段祺瑞辞职，以王士珍代之，徐树铮、张弧被免职，叶恭绰停职候传，史称"三次长参案"。袁克定乃授意都肃政使的孟锡珏、津浦路总稽核金恭寿拟定参劾叶恭绰草稿，交都肃政使庄蕴宽往上参奏，但庄不同意。袁克定又以政事堂密令派都肃政使王瑚、蔡宝善等赴津浦路密查叶恭绰，罗列十大罪状，交都肃政史周学熙参叶恭绰"串通奸商，反抗国税"，立案查办。英国驻中国大使朱尔典亦向袁递交整顿中国铁路照会。袁世凯出于策略考虑，不想因叶恭绰得罪梁士诒，就申令交通部次长叶恭绰被劾交节，查无实据，准免于置议，并撤去对叶恭绰停职处理的决定。这件事告一段落后，袁世凯对梁士诒说："叶恭绰之案本来也牵涉到你，是我撤去此参案。"叶恭绰虽屡遭袁世凯猜疑，但由于他的事业心很盛，为保国家部分行政完整，还是希望袁世凯对政治有幡然改图之日，所以他才励精不懈，眠食皆在部中，不知所处环境刺谬。最后，叶恭绰还是顶不住压力，参加了支持袁世凯称帝的"请愿会"，以后又参加了筹备大典的行列，因此落下"小妖"的臭名。

袁世凯认为"三次长参案"对梁士诒的教训还不够，他的长子袁克定又直接找梁士诒谈话，单刀直入地问：变更帝制肯不肯帮忙？梁士诒当时没有做明确答复，回家后召集了交通系的会议，开始大家都感到进退两难，赞成帝制不要脸，不赞成帝制不要头，最后还是要头不要脸，表示支持帝制。梁士诒虽然从总统府秘书长的位子上退了下来，但还是把财政大权握在手中，在财政部为筹备帝制活动募集资金，又为财政部垫款，造成交通银行库存空虚，引发了停兑风潮。

1914 年，袁世凯认为内阁总理的权力太大，就撤销了国务院，在总统府里设政事堂，派徐世昌为国务卿。袁世凯的这一措施，最难过的是两个人，一个是政治会议长李经义，他本来有十分把握当国务院总理，想不到如今落了空；另一个是以新朝宰相自居的杨度，他满以为自己是袁派的中坚人物，原来在袁府中，袁世凯指定纯一斋为他的下榻之地，以便秉烛夜谈，想不到好梦落空。

杨度参与组织筹安会，使"皇二子"袁克文甚为恼火，他对李木斋、方地山、梁鸿志等人说："杨度妄人，徒冀为开国元勋，而不顾置总统于何地。"李木斋也深以杨度筹安为非，且言此为筹乱，非筹安也。袁克文决意取消筹安会。消息传到袁世凯那里，他把袁克文训了一顿："不必多事，杨度亦无聊弄笔，不过立此一说。"按照袁世凯的意见，不要马上取消筹安会，"视将来民情如何以为进止"（袁克文

《辛丙秘苑》)。事实上，筹安会已成为袁世凯的御用工具。

　　袁世凯真正的朋友是徐世昌。两人自布衣相交，至袁世凯官居要位，仍然不忘布衣之友，如今做了总统，更要请这位老朋友出山相助。自辛亥革命后，徐世昌就决意不食民国的官俸，躲到青岛隐居了。袁世凯和徐世昌的根子都是守旧复古。徐世昌是守旧人物，他走马上任之后，有左右二相钱能训、杨士琦侍候着，徐世昌公开倡导复古，他的复古就是恢复清朝的旧制，如恢复清朝官员的名称，对总统的名字要避讳，以"恺"代替"凯"，他戴红顶花翎，恢复了清朝太傅的身份，恢复大清帝国，袁世凯洪宪登基穿龙袍……徐世昌是典型的旧时代古董，正是袁世凯洪宪称帝需要的人物。

　　1915年底，叶恭绰随养父叶佩玱离开北京，移居天津，以求退计。叶恭绰的长兄叶恭绅（道绳）任津浦路南段处长，叶恭绅受参劾连带撤职时，他因病与世长辞，时年只有三十八岁。叶恭绰甚为悲痛，于1916年初辞去交通次长之职。一年后，叶恭绰遵照其父意旨，将其兄道绳的灵柩移往江西，葬于新建县桃花山。叶佩玱曾在江西为官多年，叶恭绰亦在江西长大，故他们视江西为第二故乡。继道绳落葬之后，叶恭绰又先后将父母、大伯父、伯母及道绳夫人、弟懿卿，归葬于叶家桃花山墓地。

　　1916年，袁世凯登基称帝，改元洪宪。古董商人郭世五为督监制洪宪瓷，以之为登基纪念。朱启钤为内务总长，辅佐袁世凯筹备登基大典，主持修城阙宫殿，装修正阳门，把社稷坛开拓为中央公园，供人游览。关于正阳门的改造，刘成禺在《洪宪记事诗本事簿注》中有记："项城欲居帝位，先修城垣，以内务总长朱启钤为营造大监。"当时有善阴阳之术的部属，很受袁世凯的信任，对袁世凯说，要南面称帝，正阳门至为重要。正阳门一开，非国家多遭祸变，即国祚因以潜移。故前门封锁，从西偏门出入，明清两朝皆知，予至夜半，屡登正阳门前故楼，澄目望气，南方红气贲起，高压北京，宜先营造正阳门，尽收南面如火如荼之气。袁世凯命朱启钤修正阳门或许和阴阳家的建议有关。

袁世凯任命朱启钤为北京内外城巡警厅厅长，即当今的警察局局长，表明他对朱启钤的信任。朱启钤本是瞿鸿機的心腹，在"袁瞿之争"中，朱启钤背离了瞿鸿機，转为其政敌袁世凯的幕僚，成为袁世凯阵营中的特务头子。此事说来话长，简单地说这和徐世昌的推荐有关。1904年，朱启钤辞去译学馆监督职务，到天津办游民司艺所，徐世昌将他推荐给袁世凯。从此，朱启钤在"袁瞿之争"的夹缝中生活。1907年，袁世凯以两万两白银买通御史恽毓鼎，弹劾瞿鸿機，瞿被革职。"袁瞿之争"以瞿氏失败而告终，朱启钤彻底投向袁世凯。

1916年，因护国运动的兴起和全国人民的声讨，袁世凯为民怨所迫，于3月22日取消帝制，但仍称大总统。6月6日，袁氏忧惧而死，只当了八十三天的皇帝。

史学家多有评论：如果袁世凯不称帝，仍能以大总统的身份推进共和，中国历史不会有以后的波折。这样，袁世凯就堪称华盛顿式的伟大的人物。这只是当时中国有许多人都做着这样玫瑰色的梦，忘却了袁世凯生存的历史环境。中国皇权专政根深蒂固，袁世凯就是生活在这样的土壤中。他虽然在朝鲜生活了几年，又娶了朝鲜女子为妻，但他的生存环境是一样的，并没有丝毫的改变。足不出国门，不了解世界，在走向民主共和的发展趋势中，他虽然也实行了一些新政，只是为皇权社会修修补补，但骨子里仍然要维护帝制，实行专制独裁，集权力于一身。所以废除宪政，背叛共和是他的必然之路。

十、支援段祺瑞平定张勋复辟

袁世凯当政时，在全国十八个省任命了十八个督军，袁世凯死后，每个省的督军自立山头，中国进入军阀混战时期，最大的军阀有皖系段祺瑞、直系冯国璋、奉系张作霖，据地称雄。1917年、1918年、1919年及1920年，可谓小战天天有，大战年年有，军阀混战使中国处于分裂状态。

在北洋政坛错综复杂的背景下，叶恭绰在交通系统中扮演着重要的角色。他经历了袁世凯统治时期（1912年4月至1916年6月）、皖系军阀统治时期（1916年6月至1920年7月）、直系军阀统治时期（1920年7月至1924年10月）、奉系军阀统治时期（1924年10月至1928年12月），都立于不败之地，被称为"常青树"。袁世凯时代结束，最先崛起的是皖系军阀段祺瑞，叶恭绰进入段祺瑞的皖系统治时期。

1917年，张勋以调和政潮的名义，由南京带兵入京。7月1日，张勋深夜入宫，拥立被废的皇上溥仪复辟称帝。康有为由变法运动领袖摇身变为清朝遗老及复辟派入宫，对溥仪行跪拜之礼，恭请十二岁的溥仪复位登基。溥仪复辟登基后，授徐世昌为太傅、瞿鸿禨为大学士，周复、张人骏为协办大学士，张勋、陈宝琛、梁敦彦、刘廷琛、袁大化、张镇芳为内阁议政大臣，雷震春、萨镇冰、劳乃宣、詹天佑、李盛铎等分别担任各部尚书。徐世昌为弼德院院长，康有为为副院长，张勋为直隶都督，北洋大臣冯国璋为两江总督。在这个名单中，有不少人是学界名流。交通部仍称邮传部，詹天佑为邮传部尚书。这时詹天佑在汉口，叶恭绰劝詹天佑不要北上就职。

此时，黎元洪任大总统，但他困居府第，不能行使职权，梁鼎芬来游说，拒不承认，即电告在南京的副总统冯国璋依法代行大总统职权。成立讨逆军总司令部，任命段祺瑞为讨逆总司令。这里要说的是段祺瑞与黎元洪的关系，他们之间的关系是民国棋局中重要的一盘棋。在清朝时期，段祺瑞就做过统判、军统，相当于师长、军长，而黎元洪只不过是一个协统，相当于旅长。袁世凯当权时，段又是北洋派首屈一指的大将，黎元洪只不过是无权无勇的政治俘虏，据说黎元洪当上总统还是段祺瑞用一只手把他扶上去的。黎元洪任中华民国副总统时，与内阁总理兼陆军部长的段祺瑞不相往来。黎元洪不是北洋派的人物，所以袁世凯去世时，他表示冷淡，本来应该由这位中华民国第二任总统主持公祭仪式，也由段祺瑞总理代表了。黎元洪不会忘记政治对手段祺瑞，他只签署一道命令，即打发段祺瑞成为一介布衣，到天津过着寓公的生活。张勋复辟势力兴起时，连康有为都投奔了张勋，参与了复辟的密谋，起草了张勋为皇帝准备的复辟上谕。这时的黎元洪把希望寄托于张勋，认为张勋会支持他。张勋并没有忘记段祺瑞，他专程到天津拜见了段祺瑞。段说："你若复辟，我一定打你。"但此时的段祺瑞无权、无兵、无钱，徒奈张勋何？

这时叶恭绰住在小站，逃亡中的梁士诒马上通知叶恭绰"速助合肥讨贼，饷由津行筹拨"。叶恭绰回天津前往看望合肥段祺瑞，询问情况，但段祺瑞苦无一兵一将，虽然被任命为讨逆总司令，却一筹莫展。叶恭绰建议电召驻在廊坊的冯玉祥至天津，共商讨伐张勋之事。此时冯玉祥的混合旅旅长之职被曹锟撤去，郁结于心，和段祺瑞一拍即合，叶恭绰建议冯玉祥担任一路军司令，挂起了讨伐张勋的旗子。段祺瑞要求叶恭绰给予支持，给军队搞些给养和犒赏。一方面，叶恭绰通过天津交通银行，为段祺瑞筹措军饷；另一方面，叶恭绰即商之于京奉铁路局局长徐建侯，收购了面包、咸菜一大货车，预备军饷二百万元，又为段祺瑞备一节专坐车厢，还为段找了一件军衣及披风。一切准备就绪，簇拥段登上火车，驶向廊坊，和冯玉祥会合。叶恭绰出面支持段祺瑞讨伐复辟军，给了交通系挺身重起的机会。

段祺瑞出山挂帅讨伐逆军张勋，聘梁启超、汤化龙、徐树铮为参赞，任命叶恭绰为交通处长，誓师马厂，然后逼向京畿。身为张勋复辟时交通次长的叶恭绰，行使的却是段祺瑞讨逆军交通处长的职权，他派员四出，劝京奉、京汉、津浦各路局不要为辫子军运输，且将机车调离各大站，将客车集中在北段，以备听候讨逆军的调遣。张勋的辫子兵只有五千人，不堪一击，复辟失败。段祺瑞移国务院办公室于北京，取消在天津的临时交通处，仍称交通部，叶恭绰任次长兼邮政总局局长。

支援段祺瑞平定张勋复辟后，叶恭绰即与段祺瑞合作，发展中国交通事业。

1924 年，北京大学为了纪念成立二十五周年，举行了一次民意测验，根据得票的多少，北大学生选出了民国大人物依次为孙中山、陈独秀、蔡元培、段祺瑞、胡适、梁启超、吴佩孚、李大钊、章太炎等。其中段祺瑞排列第四。

十一、组织华工参加第一次世界大战

1914 年，奥地利皇储斐迪南及其妻在塞尔维亚被刺殒命，奥地利因之向塞尔维亚宣战，接着又向俄国及比利时宣战。德国也分别向俄国及法国宣战，随着战势的扩大，欧洲战争爆发了。1916 年，梁士诒屡谏袁世凯不要实行帝制，集中兵力对德宣战，但袁世凯不听，坚持称帝不参与欧洲战争。这样，梁士诒就到了天津，与叶恭绰商议，为了维持中国的国际地位，决定组织惠民公司，招募华工二十万人赴欧参战。设立赴欧参战总机关时，中国尚守中立，不能以政府名义直接办理赴欧参战事宜。他们先与法国驻中国公使康悌（Conte）密商，托名公司，以商人的名义，法国以军部陶礼德上校改称农业技师，代表法国与惠民公司签订合同，极力避免"参战"字样，不为德奥提供口实，以及沿途遭受袭击之险。惠民公司以梁汝成为经理，派王子祺、李兼善与陶礼德磋商工约，一洗历来"猪仔"华工之陋习，务求与法国公民一律享受平等待遇。工约条款明确了雇工年限、工作时间、死伤疾病医恤之费，并设翻译以便双方沟通。再由中国派遣外交官赴法保护华工权利，并由康悌公司担保华工到了法国只参加劳务，不参加战务。经过半年的谈判，双方正式签下字约。

开始，先选定在天津、浦口、青岛、香港四处招工。南方由梁士诒亲自主持，华北地区则由叶恭绰负责。船期虽然还未到，叶恭绰即招募大批工人以候船期，在这期间的一切费用都先由惠民公司垫付，而且大批工人如不经军法训练，不允许赴法。由此，叶恭绰又请郑洪年负责，与长江南北军人联络，对工人进行军训。惠民公司招收人员以浦口工人为最多，香港次之。青岛为山东口岸，由张势中主持。其后，英国在威海、俄国在哈尔滨招募华工，皆以惠民公司为法人代表办理。截至1917年，惠民公司办理出发赴欧华工已逾二十万人。

袁世凯与日本签订《二十一条》时，山东已为日本人蹂躏，加以发生帝制政潮，牵动内战，全国汹汹无复着眠。叶恭绰与梁士诒商定：（一）中国财力兵备不足以遣兵赴欧，可采用以士代兵，这样中国政府可省海陆运输饷械之巨额费用，而参战工人反得列国所给工资，中国政府可不费一文，可获战胜之种种权利。（二）战争发展趋势，德国必败，中国政府要与参加各国签订条约。（三）欧战以法国为最前线，法国壮丁既少而伤亡尤甚，所需华工应以法国为最急，如派遣华工应先与法国签订优待条约。（四）托名公司，由商人出面办理，并于条约上力避"参战"字样，以避免德国报复及残害中国海外华侨。

关于中国要不要与德国绝交并参战，一直存在争论。北京政府中，总统黎元洪反对绝交参战，在协约国的促使下，国务院总理段祺瑞主张中国和德国绝交并参战。对段祺瑞影响最大的是进步党人梁启超，他拜谒段祺瑞和黎元洪、其他政府要人、政团首领、社会名流，陈述自己的主张，在《申报》上发表谈话，发起成立国民外交后援会，列席政府部门召开的研究对德外交的各种会议，反复陈说对德绝交、宣战的必要性。国民党人中，孙中山坚决反对中国参战，他写信给北京的国会议员，鼓动他们否决参战案，言称"亡国之险，即在目前，否决即救国之道"。李大钊、陈独秀也撰文力主参战。上海更有一千七百余人联名通电迅速对德宣战。

1917年8月14日，中国对德国宣战，成立了军事交通部。交通部设置军事委员会，叶恭绰任会长，办理对德、奥宣战事宜，主办该会经办各事，如农商部附设战士粮食出口筹备处，财政部附设战时会计处。另外，还为战后和平会编辑各种材料，已编成的有《外交部外交事记本末》《交通部关于财政收入事记本末》《关于中国对德绝交交通部事记本末》《关于中国政府对德奥宣战事记本末》。在凡尔赛会议之前，这几则"本末"都已向大会提交。

1918年，基尔舰队起义，慕尼黑爆发革命，社会党领袖谢尔曼宣布德意志为共和国，德皇威廉二世逊位，德军从法国、比利时全部撤出，历时四年的第一次世界大战至此结束。1919年1月，欧洲停战后的和会在法国凡尔赛宫举行，各参战国以出兵人数之多寡确定列席发言权。会上，日本指出中国未出一兵一卒，宣而不战，应不下请帖，不设座位。这时，陆徵祥以前任外长的身份在欧洲发表谈话，声言：他于外长任内允许法国驻中国公司康悌照会，批准惠民公司华工出洋，欧战时，在战线中的华工二十万人，掘战壕，搬炸弹，制枪械，无论在后方前线，华工均奋勇当先，中国何负了协约！陆徵祥的侃侃抗争，各国代表皆为色动，遂定下向中国下帖设席。1911年，陆徵祥、顾维钧二人以参战二十万华工为资本、以中国为战胜国的资格出席华盛顿会议。这次中国在外交上的胜利，梁士诒、叶恭绰功不可没。

陆徵祥生于上海，其父是虔诚的基督教徒，所以他从小所受的是基督教育，英文极好。1893年，被派往中国驻彼得堡公使团担任翻译，那年他刚满二十三岁。在公使团任翻译十四年，深受中国公使许景澄的重视，许要把他培养成职业外交家。清朝皇帝溥仪逊位后，1912年，南京临时政府成立，任命袁世凯组建新的国家体制，请陆徵祥入阁担任外交总长。1919年巴黎和会时，陆徵祥虽然不在外交总长的任上，但他还是代表中国参加，而且是和会十人委员会成员之一，任命顾维钧担任委员会的中方发言人。

陆徵祥在《回忆与随想》一书中，回忆他参加巴黎和会时的心情：在巴黎和会上，代表们都极为关心中国对《二十一条》的态度，顾维钧发言结束，就有代表提出"何谓《二十一条》"的疑问，这表明他们对远东及中国的命运知之甚少，也表明中国的命运已提前被判定了。结果是我们徒劳地一次次企图阻止签订这个对战胜的协约国——中国如此不公平和带来损失的和平协定，试图避免列强让已经灾难深重的中国雪上加霜。接近和约最后签署的日期，我们仍然对德国占领中国领土问题坚持强硬态度，但是西方列强纷纷通过各自驻京公使向中国施压，迫使其对我下令。突然面对这么多国家代表的一致态度，北京政府认为我们的不签字做法会让中国陷入孤立，是一种不谨慎的做法，于是正式发来指令，命我签署和约。当天夜里，已经很晚了，和约签署结束几小时之后，政府发来电报，让我拒绝，这正是此前我通过冷静思索后所做出的举动。

中国抓住了第一次世界大战的有利契机，废除了与德、奥签订的不平等条约，从而在不平等条约体系的链条上打出了一个缺口，鼓舞了中国今后向其他国家提出修改不平等条约的勇气和信心。就中国外交而言，由于中国参战而有资格参加巴黎和会和华盛顿会议，中国外交官也在国际舞台上做了一个出色的亮相，可以说是中国外交的一大转机，使中国开始逐渐融入国际社会，也使中国外交近代化由此起步。

1915年5月7日，日本向袁世凯提出《二十一条》的最后通牒，因此将这一天定为国耻日，以后每年的这一天全国人民都举行纪念活动。在巴黎和会前后，北京学生本拟于5月7日这一天举行盛大纪念，后因巴黎和会失败的消息传来，所以提前于5月4日示威，即把中国历史推向新阶段的"五四运动"。其宗旨是"还我青岛""废除《二十一条》""讨伐卖国贼""挽回国权"，结果发展为全国性的学潮。此时的叶恭绰在野，过着悠游林下的生活。但他是一个闲不住的人，为解决留法华工的教育问题，叶恭绰又派李兼善赴巴黎，会晤中国驻法公使胡维德，访华法教育会长蔡元培及汪精卫、李石曾，讨论设立留法华工教育组织问题，彼此所见相同，继又和法国军队主持工务的将军陶礼德商量，先选华工中少年聪颖者学法文、法语普通知识，学习期间不扣工资。另外还订了工约，以当时出洋华工每月扣存工资的一小部分作为公积金，待华工回国后组织团体之用，不意在法国的中国之某人挑动华工，尽数索回。此时公积金已近一亿法郎乃尽消耗于法国，使后来回国华工团体，政府亦无暇顾及，此事不了了之，使叶恭绰感到甚为可惜。虽然如此，叶恭绰仍没有放弃自己的见解，他认为中国若要立于世界之林，一是教育要普及，二是司法要独立，必须努力于此两点，否则种种建设皆成点缀。

十二、1916：流年不利

丙辰年（1916），对叶恭绰来说可谓流年不利。《叶遐庵先生年谱》中有记载："时先生连遭大故，料理丧事，拮据之甚。"恰如年谱所言，叶恭绰在官场和家事的变故，处境的确困难。

1915 年 6 月，"三次长参案"轰动一时。陆军次长徐树铮、财政次长张弧、交通次长叶恭绰被参劾。"三次长参案"是北洋派的内部斗争，由袁世凯授意肃政使发起。参劾陆军次长徐树铮，以此打击段祺瑞政府；参劾财政次长张弧，则以打击熊希龄；叶恭绰被参劾的目的是针对梁士诒。因为段、熊、梁三人均不支持袁世凯称帝。"参劾三次长"之举，研究者分析是袁世凯敲山震虎，要给他们一个下马威。

叶恭绰的罪状和津浦路舞弊案相关。该路局的一位局长以空头支票挪用，叶恭绰因受牵连，被停职调查。该案牵涉到众多交通系要员，如关赓麟、关冕钧都包括在内。叶恭绰的哥哥津浦路材料长叶恭绅及外甥上海电政管理局局长袁长坤都涉案受审。这给叶恭绰的仕途带来了不小的风波。不久，叶恭绰复职，关冕钧免职，关赓麟交付惩戒。一时注目大案遂以无事。这些人都是交通系的成员，于是帝制以交通系为台柱，当时的报章披露叶恭绰答应加入帝制的"请愿团"，以后又加入了帝制大典的筹备之列。对于叶恭绰为什么很快复职，《叶遐庵先生年谱》语焉不详。

2月间，叶恭绰的五弟病死。4
月间，其兄叶恭绸病逝于天津，留下
遗孀赵寿玉和四个未成年的儿女子
纲、公超、崇德、崇和，由叶恭绰
抚养。叶恭绰后来在写给吴湖帆的
信中，屡次言及自己经济上负担侄
辈的生活、教育之重。

5月，嗣父叶佩玱在天津逝世，
享年六十四岁。

张如小像

在叶恭绰的四位妻妾中，张如
颇值得一说。1906年，叶恭绰受张百熙之召，入职邮传部。初到京
城，广泛交游。其间认识了青楼女子陈兰香。陈氏本姓张名如，出生
于1897年，江苏常熟人，兰香是其艺名。1910年夏，叶恭绰在词人
王运鹏的旧宅"四印斋"中与兰香相识。此时"四印斋"为罗惇曧租
住，而当时叶、陈仅是一面之缘，并未深交相知。盛宣怀任邮传部尚
书时，开始清理、整治交通系官员，又时逢"浙路风潮"，叶恭绰遂
辞职南下。次年春天再返回北京，不期又与陈兰香相遇，仅凭当年的
一面之瞥，她居然认得出叶恭绰。茫茫人海，前世有缘，两人就此定
情。1913年，叶恭绰以明珠、玉璧为聘礼，正式娶陈兰香为侧室。

陈兰香与叶恭绰结婚后，恢复了本名张如，叶又为她取了小名
"玉真"，与自己的字"玉甫"相配。叶佩玱又赠字"律芳"。明末名
士冒辟疆写有《梅影庵梦忆》，怀念董小宛。叶恭绰在张如逝世后，
写了《遐庵梦忆》一文，倾吐对她的爱恋之情。张如聪明好学，有过
目不忘的禀赋，而且极具悟性。虽然出身风尘，但却冰清玉洁，喜插
花、擅编织，好熏香，室中炉香袅袅，氤氲帘榻。叶恭绰好收藏，书
画造诣很深。张如善解人意，为求得与叶恭绰有共同爱好，她也拜师
学画，两人一同分享文房翰墨之乐。张如虽有青楼的经历，但婚后生
活俭朴，三年未添置新衣。她还和叶恭绰一样，笃信佛教，修习净土

陆维钊的《幻住园图》

宗，因此取法号净持。叶恭绰体弱多病，尤其入秋后时常患病，张如即发愿斋戒，为夫祈福。

"三次长参案"爆发后，张如自然受牵连，成为被人攻击的目标。在参劾叶恭绰的诸多"罪状"中，有为"爱妻陈兰香私挂专车"，以及陈兰香之母"免费坐车"等。张如为案子四处奔走，力洗冤情，也成了某些报纸追逐的目标，谓其车马出行，"风头如故"，似乎在影射她早年的身份。一时间的流言蜚语，给她的身心造成了极大的压力和伤害。

1915年3月，张如患病，经医生诊断为肾脏炎，即刻住院治疗，后又在天津治疗，终因医治无效辞世，年仅十九岁。叶恭绰为之"暮朝凄痛，殆不能忘怀"。净持殁后百日，叶恭绰写了感怀诗，其中有句："皈依君竟归何处，沦落吾犹有此身。"并在北京西山佛寺丛林中为净持寻找墓地，在万叶萧瑟中，仅能得一抔黄土来表达自己的心境，但仍然是"化碧九原情未已，埋忧三径意何任"。次年冬，净持落葬于西山之麓，叶恭绰守墓，夜宿灵光寺，寒夜孤灯，难以入眠，又写下七绝四首，爱妾已逝，"剩我拖泥带水行""舍身容易忏情难"。松窗对新坟，月色如雪，叶恭绰心中是何等痛苦，不难想象。隔年清

明，叶恭绰又为净持扫墓，仍是悲情难已："一棺如隔万重山""爱河纵有春风到，萎尽琼枝不再开"。自恨不如随净持而去，"活人医国两无方……鬼门关外少沧桑"。又过了一年，净持坟墓被籍没，叶恭绰听到这一消息，简直有些控制不住自己的愤怒，他在诗中写道："未知白骨何仇尔，苦念重泉不待人。大地固知终幻影，一抔犹想伴闲身。"六年之后，也可能是出于这个缘故，叶恭绰在净持墓地附近盖了一幢小楼，名曰"幻住园"。"遐庵"或即指此。"遐"有远去意，语出张衡的《东京赋》："望先帝之旧墟，慨长思而怀古。俟闻风而西遐，致恭祀乎高祖。"薛综注："遐，逝也。"叶恭绰自署笔名遐庵。他的别号很多，唯"遐庵"与之相伴一生。

张如在生前曾与叶恭绰同游颐和园、昆明湖，曾拟请林纾（琴南）画昆明湖风物。张氏殁后，叶恭绰再请林纾画《遐庵梦忆图》横卷，林跋曰："玉甫社兄与其宠人玉真女士曩游昆明湖，即徵余画，未曾遽应。近则玉甫社兄以《梦忆》见示，哀感幽绝，爰就其意，以作此画。"吴湖帆题了《华胥引·遐庵梦忆图》词。其他还有陈方恪、程颂万、梁鸿志也各有题诗。1945 年，叶恭绰又请陆维钊画《幻住园图》，陆氏曾协助叶恭绰编《全清词钞》。图成，陆氏题诗中有云："举目西山百不堪，灌园人老树毵毵。"叶恭绰后来又请齐白石画《幻住园图》，叶于1954年题画云："幻住园为余京师西山墓地，故名幻住。有小楼已坏不可居。白石翁与余有身后结邻之约，为余图此，戏题四绝。"其中有一首云："人生有分共青山，卖尽痴呆只是顽。幻住那有无住好，剩添话靶落人间。"

叶恭绰与张如的夫妻感情，可谓刻骨铭心，终生难以忘怀，他一生为她写了许多诗，每当张氏忌日，他就以作诗来悼念。如《净持殁十年矣，忌日感赋》："刻骨愁丝可得渢，微波重展桂风前。浊流久分终同尽，膏火何期永独煎。半死僵蚕虚作茧，离群哀雁尚惊弦。伤心人月同圆梦，触拨寒灰十二年。"其后又作有《净持殁后十六年》《净持二十三周年忌日》等，字里行间，一往情深。其中《望江南·中秋好》词云："中秋好，孤赏翠微旁，小筑幽栖原幻住。安心是处更无乡。惆怅不能狂。"词后有注云："北平西山秘魔崖下幻住园，净持葬地也，花木萦翳，景殊幽寂，余中秋数宿此。"

附：不可不读《遐庵梦忆》

叶恭绰可谓著作等身，他的著作集及友朋信札，累积数尺，从奏折、公文、诗、词、书画题跋，多在20世纪40年代都已刊行传世，但唯不见《遐庵梦忆》一文。我在撰写《叶恭绰传》之始，即知有此

林纾《遐庵梦忆图》

文，寻找多年而未得，也因未读到而感为遗憾之事。在迷茫之中，邻居芗芗在上海一家区的图书馆寻到，并拍照携归给我。伏案读之，方知是为已亡人张如写的悼念文字，顿时感到这是一篇近当代的《影梅庵忆语》。明清易代，风云变幻，颇负盛名的江左四位诗人，钱谦益、龚鼎孳、吴梅村都成了降清的"贰臣"，唯有冒辟疆偕宠妾董小宛归故里，在水绘园隐居起来，以琴棋书画诗词为乐。待董小宛病逝后，冒辟疆写下了《影梅庵忆语》悼亡文字。冒辟疆是当时的才子，诗词歌赋及骈文写了不少，但都被人忘却，唯独《影梅庵忆语》成为文情并茂的美文，至今为人们传诵。

《遐庵梦忆》之于叶恭绰何尝不是如此。对他那数百万、数千言的文字，可以忘却，可以不读，唯有《遐庵梦忆》不能不读。叶恭绰的文章及诗词，多为记事之作，情感则是藏而不露的。而《遐庵梦忆》是记事，更是言情，倾吐了他对青楼女子之爱，更为重要的是一位青楼女子对他为官、为人所产生的影响，他结束了宦海生涯到上海"去富安贫"是否也是青楼女子的遗愿呢？这些隐蔽的私情当然为官僚所忌，故不收入他的著作中，给人们留下了不该忘却的忘却。今将此文摘抄于此，见仁见智，各自为之吧。

余与玉真相见于四印斋，时尚雏年，举止褰涩而姿致温朗，如鲜苞含露，淡月笼云，不数语即逃席去。时余方南下养疴，遂未再面。逮辛亥春北上，偶一间写，适相遇于某氏之门。玉真犹识余门巷，经过春风，重唱幽情，冥感一往遂深。自此每日必面，无间昕夕者凡七百四十余日，顾一茗之余，默坐而已。凡诸俗嗜，两俱屏除。余以孤怀，忽逢同调，双烟一气，沆瀣天然，亡友黄远生常以两小无猜为戏，玉真鞶然而已。

玉真幽怀高致，自少不凡。十四岁时，一日与余偕坐芥子园西轩，时白茶花盛开，余偶手擘花瓣为戏，玉真愀然曰："胜事不常，名花易谢，睹其萎落，犹且伤心，况擘之为戏乎？"余乃为之却手。当时即念稚齿韶颜，而感时伤逝之心，随在流露如此，殊非尘寰中物，讵知昙香槿艳，果皆作如是观乎。

玉真归余，尼之者颇多。以清河翁媪极端赞成，而玉真又宣言非余不嫁，事得以谐。癸丑暮春，余乃以明珠白璧二事为聘，渤海君为篆"珠联璧合"四字于珊瑚笺上，一时见者咸相顾称美焉。孰知今者镜破钗分，无处寻珠联璧合也。

余性不谐俗，从公十载，谤议滋多。玉真归余后，以是非不明，每深窃叹，恒戒余急流勇退，且谓古人所谓盖棺定论，不过拟议之辞，其实盖棺何能论定？君以真介之操，当泯棼之世，椒兰莫辨，或竟赍志以终，岂非大不值得，不如食贫避世，犹可自得其乐。余心是其言，而因循未果，复有去年六月之案，玉真焦愤，为之不食久之，益劝余曰："此次事虽出意外，然颇有线索可寻，宦海风波，于斯为极，吾虽不谙外事，然以君平素清慎计，必有以自全，但事即得白，慎毋再入樊笼，须相时而动方吉。"余复不能用其言，致悔吝迭乘。加以连遭父兄弟之丧痛迫切，致无以自处。今虽欲相从食贫避世，其可得耶？余再为冯妇，时仅半年，而所种烦恼之因不知几许，及今思之，深悔多此蛇足，亦不省当时何以昏瞀，不从玉真之言也。天壤虽大，知己难逢，余之愧负知己，真一言难尽也。又玉真劝余时，余恒以家累过重为忧。玉真谓君可收合余烬，缩小范围，省节过度，并愿尽斥卖其衣饰以资补助。余谓君之衣饰所值几何，尚不足供吾三月家用，休矣。余当别为计画，一笑而罢焉。

余以孱躯适膺繁剧，入秋辄时不适，玉真每以余疾焦急逾恒，广求医药，劝余服饵，并发愿清斋为余延年却病。今岁七月斋期时病已垂危，犹不肯破戒。呜呼，丹心蜜意，刻骨难忘，又岂期未叨益算之方，先遭悼亡之惨哉。

余迭膺家难，㷀然独存，玉真之心，或其稍慰，而余以八阅月之期，苦思力索，终不能救玉真于死甚为愧，负更复何言。余每有不适，玉真辄为之日夕傍皇，扶持抑搔，躬任婢仆之事，至愈乃已，虽劳不顾也。逮玉真之病，余委之医院，仅时往临视，至绵惙之际，适值奉先大夫讳后，公私丛集，复未能躬亲看护，复误徇医言，不恒相面。厥后闻侍婢言，玉真昏瞀中，恒呼余不置，然逮余至则又无言，或仅一二语而罢。盖其时脑力已不甚自由，故一切思想旋起旋灭，而实则无时不萦注于余也。犹忆先兄殁时，玉真已入医院，犹强言慰余勿过悲苦，以重堂上之忧而声容惨戚，泪已承睫矣。逮先大夫之丧越一星期，余往医院视之，执余手不禁痛哭，旋又告余云：我现已不甚哀痛，但冀病之速痊。其意盖虑余因彼病而再加焦灼也。呜呼，岂意天不与人，更赋我以无涯之摧悼乎？

玉真性高淡，不喜浓妆，归余数年，新制衣不三袭，亦仅一再服而已，其余服玩，一无增饰。去岁严寒，余欲为购鸭绒被一事，坚拒不许，至今春因病骨支离不胜棉衾之重，始取用焉。今其物已用为殓具矣。悲夫，玉真性爱山水，尝梦想西湖、洞庭之胜，心焉慕之。余求得画册及摄影与观，一展览辄为欣然，并指湖山佳处谓，他日于此构小园亭，得双栖偕隐足矣。余流转尘网，心目昏霾，每引斯言以自慰藉，殊不意此些小清福，亦成空想也。吁夫。

玉真归余后，余名之曰如，先大夫为字之曰律芳。玉真复览余为题小字。余拟数者均不惬意，继乃谓必取中一字与余之字同者，乃以今字，字与玉真对，余复省去一字，自称为玉，余为刊小印代押篆焉。兹者玉殒香销，忍重忆好嬉遗事乎。

玉真笃志好学，归余后，日促余授之书。余以从公少暇，乃聘潞河潘君为之指授。性慧甚，不一月，辄尽数册，遂能作小笺，与余约不以示人。故余收得旋毁之。遗墨丛残，所存无几，每一展玩，清泪弥襟。

玉真又肄习横行文字，余为聘法朗西贾白兰夫人授之，读三阅月而略能酬对，夫人绝爱赏之。厥后以病废读，夫人犹念之不置，时寄声问讯焉。今则书堂阒寂，翠幔生尘，问字花前，无夫春风倩影矣。

嗟夫，玉真性好薰香，迷迷都梁，氤氲帘榻，每当风清月白，辄下帷默坐，或抚琴一曲，幽逸琼远，情为之移。病中遇建兰盛开，犹以数本绕床，曰：吾领其色香，可稍减苦痛也。兹者，香尘阒灭，残梦微茫，悼风景之不殊，痛返生之无术，拗莲捣麝，同此缠绵三复，八叉诗不胜呜咽。

玉真髫年奉佛，信根甚深，近年专修净土，持杀戒尤虔。病中吃语喃喃，皆念阿弥陀佛。自医院迁归后，余重供佛龛，复觅旧日念佛珊瑚数珠与之，不料入室时，玉真已弥留，遂握数珠而逝。两掌仍柔软如绵焉。

玉真性好画兰，露叶风枝，辄满几席，十五岁时赠余以小影，余不期录陈斐之赠紫湘七言绝句于其上，意盖取"辜负画兰年十五"句，情事相合云尔。讵知清才薄命，与紫湘同。昔日题诗，适成恶谶哉。

去秋余与玉真泛舟昆明湖，时红蓼萧疏，绿波澄淡，小艇溯流，出山背，断桥苇曲，野景天然。玉真顾而乐之，属延画师写其景张之壁上为卧游焉。等拟请林琴南先生为图，后竟未果，今则胜地重临，哀甚，斜阳画角矣。

玉真性耽幽静，归余后卜居韶九胡同，所居有竹木之胜，院西小亭，名曰迎旭，绿阴清昼，万籁俱沉，玉真徘徊其间，恒至移晷。洎移城西郁肖罗台之侧，小楼三楹，正对西山，兼可望琼华岛，每当雨余，日夕遥睇，烟岚翠霭，辄不胜情。一日谓余曰：予他日遗骸窃欲藏之山水佳处，君许之否？余讶为不伦，乱以他语而罢。今者彩云遽散，仙蜕空留，余漂泊半生，迄无寸椽片瓦为归宿之地。风尘转徙，卜葬何期，思之只增凄黯。

玉真天性善感，每遇落花飞絮，辄致缠绵，不喜折枝，曰伤物之生以供吾玩，所不忍也。繁英堕地，辄聚而藏。殁后，琅玕县君为致杂花数事，以伴灵帏，余体其意，属所事者日浇以清泉，俾恒供冥赏焉。

玉真冰雪聪明，每事一经耳目，无或忘者，始习风琴，教两过即能自鼓。购日本编物教科书阅之，遂谙各种编物，又插花刺绣，并具巧思。今则音尘阒寂，狼藉巾箱，回首思量，都如隔世矣。

十三、出国考察，参加巴黎和会

叶恭绰与曹汝霖的关系非同一般。曹汝霖是江苏上海人，发迹于上海，他曾给叶恭绰写信："上海特别市以公赞助，竟能实现，沪上人士同拜嘉赐。唯军使已撤，督办未来，青黄不接之交，办法毫无标准，且兹事体大，万端待理。即驻兵问题亦应有相当之替代，有实力然后能讲中立，维持治安犹余事也。诸公经纬大政，谅必豫计及此也。"除了对上海的治理问计于叶恭绰，并对交通系送以秋波，信中又说："弟对于交通之关系自不能置之度外，苟微力所及，无论有无名义，自必竭诚协助。"信中又感谢叶恭绰对其婿的栽培照顾。"小婿刘家骧辱荷逾格栽培，同深感谢。刘甥服务辛店厂长历有年数，颇有兴趣，虽以家务，亦不敢一日旷工。此次擢补技正，在弟之愚，无非求公趁此机会得补一官"，"如荷于经济上稍加体恤，则不次之赏出自鸿恩，不敢再渎清听矣"。(《上海图书馆藏叶恭绰友朋尺牍》)如果没有很深的交情，曹汝霖不可能向叶恭绰提出为其甥婿升官提薪的问题。后来，叶恭绰将邮、电力两局及铁路局中京绥线的提派人事权留给曹，后曹任交通总长也是叶恭绰推荐的。但曹却认为叶居心不良，在自述中说有朋友告诫他：誉虎自知资望不够，又恐他人来长部，破坏他们的基础，知君易与，故阳为拥戴，实则为他们看守大本营而已。后来，曹汝霖掌握交通大权之后，想让自己的女婿升京奉路副局长，被舆论指责为"任人唯亲"，曹汝霖怀疑是叶背后搞鬼。

　　1918 年，中国政府以发展交通名义向日本贷款，此事由曹汝霖、陆宗舆、章宗祥协商议定，借款一点四五亿日元，时称"西原贷款"。此次借款的目的是加强皖系军阀的实力，以推行其"武力统一"中国的政策。诸项借款中，凡以交通部名义借贷的，均须由交通部偿还本息，事实上这次借款是政治、军事借款，和交通部无关。叶恭绰办铁路向来以国家主权至上，铁路交通保持独立，不涉政治，段祺瑞、曹汝霖的做法违背了这一原则。叶恭绰根本就无法接受，他把段、曹的借款行为透露给了报界，报界披露了借款的内幕，曹汝霖就向叶恭绰发出警告，要他"承担责任"，叶恭绰立即以辞职作为回答，表明自己反对借款的立场。再则，叶恭绰认为铁路问题常常涉及国际上的矛盾，国内的政治派系的矛盾会引起国际纠纷，将会损坏国家主权及利

叶恭绰与韩汝甲（右）、王景春（左）1918年冬游欧摄影

益。由此，国内各派之间的政治斗争形成了政潮爆发，其中一派政治
力量以叶恭绰反对贷款而对他不满。

　　叶恭绰辞职即出门远行，约王景春、韩汝甲同行。他们这次远行
不是观光旅行，而且担负着任务。这年冬天，巴黎和会开幕，交通部
派叶恭绰赴巴黎协助中国各代表出席和会。同时调查欧战后各国复兴
各种设施，帮助交通银行调查商订国外汇总，还要视察、抚慰惠民公
司在欧洲的华工，任务繁重。12月23日由北京起程，经奉天、朝鲜，
29日到达大阪，考察汽车制造会社、三菱制练所及大阪朝日新闻社。
叶恭绰考察了日本的铁路、造船工业，会见了实业商会及华侨商会。

　　叶恭绰在日本期间，日本当然很关心巨额西原贷款事件，询问叶
恭绰是否反对西原贷款，他很明确地回答对西原贷款持反对立场。并
说，如果两国确讲亲交，则应当互助，采取正当途径。西原贷款之方
式与内容，徒损两国亲交原则，对两国都没有好处。

　　1919年1月23日，叶恭绰由日本横滨乘船，2月2日到达美国
旧金山，开始了对美国的访问。叶恭绰在美国期间，考察了美国铁
路、长途电话、电报同用一条线的设施，参加各种实业家招待会，发
表演说，讲中国海域的历史及铁路状况，还应邀参加了威尔逊总统的
阅兵式，会见了美国代理国务卿，会谈中国铁路问题。离开美国前，
他还以五百美元悬赏中国留学生征文。3月1日，叶恭绰离开美国，
转道英国。他到了伦敦，谒英国将领戈登墓，访问孙中山落难伦敦的
故居，中国驻英国公使罗忠诒设宴招待，然后即去了法国巴黎。

叶恭绰到了巴黎即住在中国参加和会代表团的驻地，被聘为中国代表团之顾问。安定下来之后，叶恭绰即往法国东北部及比利时，参观欧战战场及要塞。这时欧洲战场刚停战，劫灰未尽清理，森林还残留着战火遗迹，白骨盈野，到处都是散乱的军械，所过繁华城市也都被毁为平地，不辨本来面目，凋敝景象远在中国吊古战场文所描写之外。在战场中，叶恭绰捡了一些战争残留之物，准备送给中国华工以为纪念。在途中，叶恭绰见到许多华工及小贩，乡音无改，叶恭绰感到特别亲切，他发表了演讲，除了向华工赠送从战场上捡来的遗物，还送了中国国旗。接着，他又参观了中国华工医院及华人墓地，见道旁坟茔累累，大多为自己招募的华工，他不禁怆然涕下。

　　叶恭绰参观了巴黎市政建设。这时巴黎地下已经形成另一个世界，沿街有许多深沟，皆砌成圆拱形，高七八米，宽三四米。圆拱上面再开一渠道供排污水用，全市污水经过许多支线，汇于总渠然后引流注入数个污水处理场，经层层过滤，废物皆析出，渣滓经过处理加工成肥料，然后再由巨管引到距离数十里的地下备用。拱内顶部，则铺设电线、煤气管及自来水管，或其他管线，这样，巴黎街头地面上不见管线。叶恭绰不顾疲劳，爬上爬下，实地考察并做了平实记录。在一渠道出口处有一墓，用人骨分类砌成花纹图案，如头骨为一类，颈骨为一类，叶恭绰认为是奇观，做诸多记录。叶恭绰还到巴黎郊区考察葡萄和香花的种植，调查了法国铁路运价问题。

　　在巴黎，叶恭绰目睹中国代表团之涣散，做事没有准备。当时，法国为参加和会代表提出印刷宣传资料，法国驻中国访员询问中国代表有什么宣传品需要印刷，代表团竟无人应答。访员和叶恭绰商议，叶即奔波各处想方设法予以输入。直到和会结束，中国编印的宣传材料才发出，其中有叶恭绰在国内时为参加和会编制的材料。叶恭绰深为感叹中国国际宣传之落后，如何能与外国竞争呢？这时巴黎有国际新闻俱乐部，日本记者有三十多人参加，中国参加的只有胡政之和谢东发两人。谢是生长在法国的中国人，不会讲中国话，实际上中国只有胡政之一人。叶恭绰和胡政之谈及中国宣传之落后，只能唏嘘长叹，无力改变当时的那种局面。

此次，叶恭绰赴欧美，除考察政治、经济、交通诸问题外，尤注重宣扬中国文化。他提出中国的发展要以"道德为体，科学为用"。为了沟通中西文化，他和法国学者议定在巴黎大学设中国学术讲座并创办中国学院。

结束了对法国的访问，叶恭绰又去了英国，考察飞机制造业。回国后，他曾屡次提议拟创建中国飞机制造事业，但由于内争纷纭，旋即作罢。

1919 年初，梁启超、丁文江、陶孟和也有欧洲之行，或旅游，或求学。在此期间，梁启超以非官方代表的身份参加了巴黎和会，虽然过着"穷学生般的生活"，却在努力为中国代表团工作。后来，梁启超写了《欧游心影录》，在书中不只是描述了欧洲经济危机，而且对科学及科学精神进行了控诉，强调了物质文明及精神文明的"两点法"，无法统一。丁文江、陶孟和接受欧洲教育，崇尚欧洲价值观。他们都是叶恭绰的好朋友。但叶恭绰似乎没有受他们的影响，而是要在国外办通儒学院，宣传儒家学说，而且要把中国的价值观及生活方式传播到外国去。

十四、铁路要独立，不受政治干扰

1918 年冬，叶恭绰以总统顾问的名义出访法国，辅助巴黎和会的谈判。除此之外，他还受国内几个机构的委托，解决一些财政金融问题，如交通银行的外汇兑换、中银公司委托与各国银行团接洽、惠民公司委托他慰问华工，这些都是以外国"新银团"为背景的。

经过欧战，西方列强商业萎缩，金融停滞，欲求战后经济复兴，于是重新把注意力转向远东。特别是美国在欧战之前在中国没有什么特权，日本在中国取得种种特权，获得了许多利益，引起美国的反感，美国谋划打破这种局面，借助西方列强在中国已经取得的势力范围，使美国资本能向远东发展。于是执其牛耳，提议组织新银团及列强协同管理中国铁路，得到英国的支持。因为英国在中国的势力范围已经巩固，中国多数铁路受英国监督，若以现状为基础，英国仍是操纵实权，所以英国积极支持美国的提议。英银公司代表梅尔思发表统一中国铁路计划书，铁路会计顾问美国人贝克也发表了美、日、英、法、中共同管理中国铁路计划书，并游说当时一些外交委员会委员。委员林长民赞同其说，另一委员梁士诒反对此案。当时，中国政府的各院部、军队长官及各政治团体为此展开了激烈争论。

叶恭绰任职铁道部期间，对外国银团垄断对中国输出，集中统治中国的对外借款，共同剥削中国的本质，已经很熟悉了，并对银团多次做过抗争。列强的银团组织行事，早在清朝末年就开始了。列强国家在中国划分势力范围，首先是攫夺铁路"让与权"。列强为了争权夺利发生激烈冲突，为了维护"均衡"，便酝酿组织"银行团"，以便联合起来，共同控制中国。1904年，英、法两国首先在商业和外交政策

1914年10月1日，铁路会计会同人参观古物陈列所后在武英殿前合影，前排持帽者为叶恭绰

上携起手来，组织联盟，由银行共同对铁路投资，组成控制中国的中央铁路公司，共同承担长江流域的铁路建设。1908年，英、法两国银行团对清政府邮传部订立《汇丰汇理银行借款合同》，在伦敦、巴黎两地同时发行债券，显示出合作的优越性。德国加入后，成立英、法、德三国银行团。1909年，美国总统塔夫脱看到英、法、德三国银行团在中国取得利益，有些银行推行"金元外交"，便与国务卿诺克思派出美国银行团出访欧洲，成立了英、法、德、美四国银行团，形成了共同对中国铁路贷款的格局。1911年，四国银行团与清政府邮传部大臣盛宣怀签了六百万英镑的湖广铁路借款合同，同时还签了一千万英镑整理币制和振兴东三省的借款合同。四国银行团的行为引起了日、俄的不满。列强为中国铁路借款引起纷争，引发了"铁路风潮"，湖南、四川掀起"保路运动"，革命党人发动武昌起义，导致了清政府垮台。

1912年，中华民国成立后，四国银行团仍然活跃在中国，袁世凯政府得到列强及四国银行团的支持。是年6月，英、法、德、美、俄、日成立了六国银行团，共同进行对华借款。不久，美国退出六国银行团。1913年，英、法、德、俄、日五国银行团与袁世凯政府订立善后大借款，支持袁世凯，镇压了"二次革命"。1918年5月，美国总统威尔逊向英、法、日三国建议，重新成立一个国际联合机构对中国共同投资，这个组织机构即"新银团"。中国政府交通部美国顾问贝克在说帖中提出七个统一，即统一建筑、统一运输、统一材料、统一会计、统一车辆、统一语文及统一行政，包括中国境内各国承办的铁路以及国有和民营铁路。

"新银团"的说帖，在国内虽然引起激烈的争议，但新银团的策略对中国的实际利害却无人研究，叶恭绰就是带着这种忧虑出访欧美的。他到欧洲对各方的经济做了考察之后，认为战后的列强都自顾不暇，并没能力帮助中国，国内之争已经处于无谓的状态，即向国内各方发电报，表明自己不受任何方面的支配，电报内容有言：

现各国银团大会巴黎亟应预定宗旨，免成坐误，查国内主张大约可括以两言曰：欲破势力范围而反对共同管理，注重之点虽别，而为国之意则同，只以权衡轻重之间，易有毫厘千里之谬，故百虑未归一致，广益犹待集思。其实二者之间似非绝无取益防损之法。考取消势力范围之用意，无非为防止特殊势力起见，俾政治性质之路能发生各国共同关系，并此后无论何路可办到，妥善之公共投资，既杜交涉之纠纷，复助交通之发展，自为最善。惟投资条件倘果如贝克等所拟，自必招国人反对，断不可行。故目下要端在自行速拟办法大纲，按事势所能行顺与情之希望，相机措置，庶佳果可期。

叶恭绰在电报中提出了相应措施。此外诸事务，如铁路会计独立账目，由专家审核；铁路机关如何分级设立，中级华洋员工一律考试任用；中国员工的素质教育；铁路次级员工一律用华人；铁路警察自行编练管辖。

1919 年 5 月，美、英、法、日四国银行团代表在巴黎召开组织新银团会议。1920 年 10 月，新银团成立合约签订。新银团包括美国三十六家银行、日本十九家银行、英国七家银行、法国九家银行，总共七十一家银行。此时任交通部总长的叶恭绰得知这一信息，于 10 月7 日即致电中国驻英公使顾维钧："新银二次会议，前由施公使电知内容大概，此事彼辈筹度甚久，此次又有梅尔思等在内，结果恐未必有利于我。与其事后反对，不如先露端倪，或可转移消弭。新团团卷已由法使送我外部，我尚未承认。惟忖度情势，能如如下各部办法，或可望得我国上下同情。"叶恭绰在电报中提出九条办法，要旨在其中的两条。一条是："已订合同，未售债券，或未订约而许可建设者，应由我国按国情势，与财团代表协商。其分合存废缓急，另行支配，另订合同条件，期我国利益标准，不能在各该原合同之下。"另一条是"如不能按上条办理，则只可暂照原合同办理，其未订者缓议。但如此办法，则新银团条件无法实行，结果等于锁闭，然非我之责"。顾维钧于 15 日复电叶恭绰，报告了按照总长的意见已通知新银团。

新银团是第一次世界大战后国际新格局下的产物，是西方列强战后卷土重来，与日本重新争夺中国的产物。这样势必侵犯日本的在华利益，日本明为参加，暗中反对作乱，加上也不受中国欢迎，新银团最后就在无形中解散了。但是，参与四国银团的国家，对在中国所获的利益仍然念念不忘，一旦有了机会就要讨债。

历史虽然向前跨步了半个多世纪，但是湖广铁路的债务仍然节外生枝。1979 年中美建交后，美国公民杰克逊等九人向亚拉巴马州联邦地方法院对中华人民共和国政府提出诉讼，要求偿还清朝末年发行的湖广铁路债券本息二点二亿美元。

湖广铁路债券是清政府于 1911 年 5 月与西方四国银行团签订借款合同后所发行的，期限四十年。但是自 1936 年起，无人要求支取利息，1951 年本金到期时也无人要求偿还。紧接着，美国又有三起诉讼要求中国偿还旧中国政府发行的二十六种债券，本息合计亿万美元，此金额相当于中国 1980 年财政收入的十倍。中国政府认为，美国法院是故意拿着久已不在市场流通、一文不值的旧中国债务向中国政府发难，决定拒绝美国法院的出庭应诉，退回传票。

但是，1982 年 9 月 1 日，美国亚拉巴马州联邦地方法院仍然做出缺席判决，命令中华人民共和国偿还原告杰克逊四千一百余万美元，外加利息和诉讼费用。还扬言要强制执行中华人民共和国在美国境内的财产。在美国政府的直接干预下，1984 年 2 月 27 日，亚拉巴马州联邦地方法院终于撤销其于 1982 年所做出的缺席判决，事情才算了结。《湖广借款合同》虽然只是一段历史插曲，仍然为后世留下隐患，好不容易才把这一页历史翻了过去。

十五、特派劝办实业专使

1920 年，叶恭绰任特派劝办实业专使。就职之后，在北京设立总公所，上海设立分所及实业访问处，以萨福懋为分所长兼处长，妙选才俊，广聘专家从事指导，一批知名之士如翁文灏、俞同奎、卢毅、萧友梅、谢恩隆、利贡、林竞、吴匡时、王季默皆在其中，同时聘用北京教育会会长章桂陛等组成劝业讲演团，在城厢内外及四郊庙会等处分设讲演所二十处，逐日分组巡回演讲，以期唤起民众，共图实业的发展。由北京辐射开去，沿京绥、津浦两线沿线共设讲演台十四处，讲演团沿线宣导，讲演的人背携各种实业电影幻灯片与劝业浅说，分别演播，内容涉及植棉、养蚕、制纸、造革、榨油、酿酒、罐头、制粉工艺、炼瓦、造碱、水泥、染织、制糖、玻璃、机械、化工、采矿、农牧等专门知识，向民众宣讲。他还向政府递上专呈，企望在全国推广铁路沿线的演讲办法，在各县设劝业所，负起筹策督促之责，各乡镇分区设劝业委员会，以资利用。可是各地当局因循敷衍，使叶恭绰的劝办实业理想破灭。

叶恭绰认为实业非只空言提倡，一定要采取积极主义推进。他不只发言提倡，而且以京兆为首进行调查，带专门人员到区域内各公私实业工场、学校详加考察，接见绅商，共商兴办实业的大计。他和农林总局协调，在北京郊区因地制宜，推广种植棉花、蓝靛、烟草。北方不习蚕桑事业，他在北京郊区推广南方种桑养蚕的经验。虽有行政命令，但农民还是拒绝接受。在工厂推广技术创新精神，如锅炉的改良，机械设备的革新，商标是否新颖，对工厂的卫生特别注意，培养工人搞好环境卫生，支持中国产品与洋商竞争，酌情免税，介绍洋商的推销经验。为了支持实业的发展，便利借贷，动员殷实绅商设农工银行储蓄，这样既可代理同库兼可吸收游资。叶恭绰向来重视教育，主持铁路工作时期，同时兴办各类铁路学校。这次劝办实业，他又把职业教育放在重要地位，对已有的农业专门学校、工业专门学校，进行经济支持，改革教材，豁免学费，还开办实业学校，招收各县学徒进行培训，开展中小学教育改革，增加农工商科目，使学生毕业后即可谋生。

交通治国思想已经根深蒂固的叶恭绰，在考察时特别注意交通的发展、实业的发展、原材料的运进、产品的运出，只是铁路还不够，必须发展公路及水上交通。他认为自欧战以来，马路之用与铁路同等重要，已为全球所公认，对北京发展公路诸线开辟哪些线路、每条线路的起点与终点都有详细考察意见，并提出国道与省道及县道的概念。一方面要扩拓铁路固有线路，提高运输能力；另一方面还要发展电动火车，提高火车速度。对北京郊县的通州的发展，还做了专题考察并提出发展实业的建议。通州为京师门户，交通主要靠运河，但铁路的发展使通州的地位骤变，繁盛景象大逊，原来计划北京至热河的铁路经过通州，在其境内设站，但没能实现。叶恭绰到通州，召集富商筹商，对如何创建水陆交通进行了讨论和规划。在实业方面重点发展纺织、面粉等。

3月下旬，叶恭绰又率领卢毅、李徽、俞同奎、谢恩隆、吴匡时、王季默、李文权、林竞、石蕴华、谭鸣鹤、沈士淳、杨醒一行十二人，赴东北三省——奉天、吉林、黑龙江推行"劝办实业"的调查与宣传。他认为东北三省富藏深厚，地利未辟，各国又出兵西伯利亚，远东局势骤变，偏于一隅的东北三省利益为环球所关注，在这样的外交环境中，各列强对东北三省正虎视眈眈，所以我们加强内政建设尤为急迫。他亲自到三省省会及营口、长春、辽源、哈尔滨进行调查，还派员分赴抚顺、呼兰、阿城、旅顺、大连、安东各地详加考察，汇筹劝业之方。所到之处，同地方长官接见绅商，传达中央意见，商计发展实业办法。

关于东北三省的实业发展，叶恭绰认为要采取"包举之势，不宜于枝节之为，须采取殊途并进之方针，不宜于畸重畸轻之政策，而主旨则求人力与地力相应而已"的方针。他提出了以下四点建议：一、化流为归，从关心移民到东北，诸如绥远一县只有男子四百余人，女子四人，各种事业发展几成绝望。他以辽东半岛的发展为例，辽东半岛也是自元明之后，山东人或荷耜出关，或乘桴泛海，辽东半岛始呈繁荣。如今，在荒芜地方引入关内农民代为耕作，名曰"榜青"，辗转流徙于三省境内，或入俄之西伯利亚，春出冬归，不肯挈家室以著土籍，坐使数千里土壤没于荒烟蔓草之中。要改变这种状况，必定要关心移民定居入土籍，做安定长久的打算。二、在货币上要化散为整，东北三省金融之混乱几不可究诘，日币、俄币交相灌注，主客地位渐已易形。东北三省之币也出现大洋票、小洋票及各种官票，彼此不能流通使用，奸商操纵，经济恐慌，偶价偶摇，有业受害。要实行币制改革，建立庞大实业银行，变通押款章程，发展乡村金融，使人民得资助机会。三、鉴于东北交通滞后，铁路仅中东、南海、安奉诸线，其权皆操自外人，水道黑龙江、松花江、嫩江航线每累于枯涸，不复能通运输之利，旧有驿路日久不修，冬寒困于积冰，春暖则陷于泥淖，大车重载，使道路受到极大毁坏。这样东北三省几无交通可言，致使货物拥积，成本不能周转，生产无可增加。针对这种情况，叶恭绰提出极宜设法沟通松、辽二水，择要疏浚松黑两江，奖励各江航业，并另开辟东南北满之铁路，开辟葫芦岛，以求辐射。四、化保守为进取，就地取材开拓实业。他们经过调查发现，东北三省所缺棉、稻、糖、麻、纸靛、烟草、酒精之类，每年购入洋货已达七八千元之多。东北三省土壤肥沃，要化保守为进取，这些缺乏之物完全可以自给，而且要做到输出总额超过输入总额。其他还调查了教育及技术人员的培养。叶恭绰所组织的劝办实业调查团，以上都是首要调查项目。叶恭绰对铁路沿线及东北三省的两次调查，都写了详细报告呈交大总统。

结束这两次社会调查后回到天津，叶恭绰又开展了中国能源现状的调查，提出了筹办全国水力发电厂的计划。叶恭绰从"劝办实业"的宗旨出发，提出要振兴中国机械工业、化学工业及农矿交通各业，宜先从动力方面着手。动力中尤以水力发电为主，可取用不竭，较之煤炭量有一定程度的不同，水力经费比较便宜。煤炭产量在东南、西北尤缺，欲图工业化尤非广用水力发电不可。几十年前，叶恭绰就提出发展水力发电的建议，可谓有先见之明，这不是空谈，而是切实可行的。

为了发展水力发电，叶恭绰还具体提出五处可以建水电站的地方：

（一）永定河上游取水口。关于在永定河上游建水力发电厂，叶恭绰还召集在上海的两位法国工程师同往测究，制订了水力发电厂施工计划及预算计划，水力发电厂建成后，八达岭铁路可改用电力输送。日本人闻讯后遂由支那兴业株式会社向国务总理靳云鹏提出由中日合办，叶恭绰认为这样有违他的本意，遂搁置了下来。

（二）长江上游宜昌、巫山段及下马滩之下游水力发电计划。叶恭绰拟定《扬子江即长江上游利用改良河道发生水力暨便航路说帖》，此说帖数千言，对这一段长江的自然环境，水的深浅、流速和流量，几处取水口和江水的对接，如何筑坝，每座水坝的高度，从重庆沿江而下沿途所经过的长寿、涪州、丰都、忠州、万县、云阳、夔州、巫山诸县州，每段需要投资多少，以及电力输出路线，沿岸移民和轮船航行的情况，都做了具体说明。这反映出叶恭绰脚踏实地、一丝不苟的负责精神。

（三）广东北江上游英德县狮子口地方。

（四）黄河上游壶口及龙门两处水力发电计划。

（五）贵州境内红河上游黄果树等地水力发电计划。

这些计划都是经过实地考察后制订的，叶恭绰都逐一写了详尽说帖，呈送给国务总理，期望付诸实施。

十六、以工代赈渡难关

民国中华邮政开办二十五周年纪念邮票。叶恭绰与徐世昌、靳云鹏

1920年8月起，叶恭绰历任靳云鹏、梁士诒、颜惠庆内阁的交通总长。

靳云鹏也是一位极为复杂的人物。1911年，他对抗新军起义被段祺瑞赏识，任第五师师长。1918年任参战督办公署参谋长，代表段祺瑞政府与日本签订《中日军事协定》，次年任陆军总长。他是段祺瑞的四大金刚之一，是张作霖的亲家，是曹锟的换帖兄弟，旋代国务总理。1920年，直系军阀曹锟、吴佩孚对段祺瑞不满，他们联合奉系张作霖讨伐皖系段祺瑞，结果受日本支持的皖系失败，史称"直皖战争"。段祺瑞被迫辞职，北京政府由直系军阀与奉系军阀共同控制，他们的背景分别是英、美与日本。1920年，靳云鹏在张作霖的支持下，再度组阁，任国务总理。叶恭绰被任命为交通总长，这是他首次任交通部主管。

叶恭绰面对靳云鹏这样的复杂人物，并不把注意力放在处理人际关系上，仍然是思想开放，接受新事物，在铁路事业上锐意改革。在交通部设立线路审查委员会，筹划全国铁路网，建立中央铁路总站，汇总全国之交通。

作为交通总长的叶恭绰还要关心如何使火车跑得动、跑得快，这就要解决机车用煤问题，因此他支持丁文江对北票煤矿的改建工程。

北票煤矿在光绪元年（1875）用土法开采。在未开采前，曾向地方政府领取大清龙票四张，又因其地处朝阳县城以北，故称北四票，简称北票。光绪二十九年（1903），清廷颁布了《公司律》，之后就出现了商办和合伙经营的公司，北票煤矿得到发展。民国初年，北票煤矿已经有了一些名声，京奉铁路局为解决机车用煤问题，便选中了距离锦州较近的北票煤矿。民国四年（1915），京奉铁路局呈报清廷批准，领取了"北票矿山开采许可证"，成立了京奉铁路局直属北票煤炭公司。民国六年（1917），京奉铁路局派刘厚生、丁文江及英国人摩勒到北票煤炭公司。

叶恭绰任交通总长时，关心机车用煤问题，1921年为改善北票煤矿的生产状况，提高煤的产量，决定开凿冠山大井。但开工不久后，因资金枯竭，工程难以继续，经交通部批准，由原来的商办改为官商合办。叶恭绰任董事长，刘厚生任董事，丁文江任总经理，商股持股者多为政府要员。官商合办后，不但顺利地凿通冠山大井，还建立了直通煤矿的铁路支线。

在叶恭绰致丁文江的信中，多涉及煤矿事，诸如"矿事偏劳，至深感荷"，"目下电线是否已通至矿内，拨款如何办法，地方尚好谧否？均念"。煤矿的董事由选举产生，谁人竞选，谁人当董事，谁人当选任董事，其间的利弊，叶恭绰在一封信中谈了许多人事关系之复杂多绪，今天也无人能搞清楚，但在当时这诸多事情给叶恭绰带来烦恼，所以叶恭绰在信中说："致生种种烦恼，此弟所以心灰意懒，万事皆从消极者也。所幸此事于公司事业前途可称无甚关系，此可以稍慰也。至于厚生等所拟调停办法，弟概无何等主张，听之各人之间接洽结果可耳。"在另一封信中，叶恭绰对煤矿标志亦给以细致关心，"北票矿质化析成分表弟处所存已遗失，望再饬钞一份见示，因时有人以此见询也。又矿应有标识，北票似尚未议及，弟意不如即用一'北'字，蓝地白字，隶书，显明简单，兄谓如何？"叶恭绰还向丁文江要了北票公司最近的职员名单，以便了解公司的情况。

叶恭绰由北京南下，在半个月的时间内，一直在考虑北票煤矿发展前途的问题，他致信丁文江，提出了具体意见：

一、前此所采之劣煤，应责成摩勒及陈国士停采，由公司筹所以销出已采之煤。鄙意不宜运销远地（尤不可运沪），以坏招牌。不得已在近地廉售或搭销，或是一法。

二、阳历本年一年各项计划应速拟定（股本、官利、周转用款，采销各问题）。并望见示。

三、车辆仍不宜购，须俟发达后再议。

四、今年议收股本与否乃至要问题，望兄等计度见示。

五、矿地近况望撮要见示。

对北票煤矿是官商合办或是收为商办，叶恭绰向丁文江明确表示："前得凤池函，亦曾说及进行顺利情形，望时局稍见安定，可以一气呵成，则公私交利矣。完全改归商办，固是一法，然决非此等时局所宜，盖合办合同一动摇，则危险必然百出，宁可苦捱下去再说，且经济情况恐亦未易骤语及此事也。"

丁文江，字在君，1887年出生于江苏泰兴。曾赴英国留学，回国后任中学教师，办地质调查所，自任所长。丁文江不但主管北票煤矿的开采经营，还创办了《努力周报》杂志，他为杂志写了《科学与人生观》的讨论文章。他是叶恭绰办交通时得力的技术助手。1936年丁文江逝世后，胡适写了《丁文江传》。

铁路修通，除了解决军队的调运，更多的是方便了物资流通，特别是煤炭等能源的运输。地质学家丁文江对铁路建设表现出极大的热情，因煤炭运输与叶恭绰多有书信联系。丁文江在致叶恭绰的信中说："玉甫总长钧鉴：适奉手谕，敬悉一切。江于二月杪自矿回津，旋即来京。本拟即时趋候，因欲请将锦朝支路警察段长与他段长对调，托人调查各段警长历史，尚未得复，故拟稍俟数日，一并陈述。矿场进行状况甚佳，日可出煤四百吨。唯支路缺少货车，本地大车多供军用，销煤因之不畅，尚须设法救济耳。厚生于前日到京，现寓福来饭店，因胃病大发，呕吐不能饮食，故未出门。昨日已介绍张福泉君就卧榻一见，厚生亦极称许。一俟江回津，当即照派，勿以为念。《天工开物》因制图加注，故至今未能出版。现著一小册子，名《中国军事近纪》，一俟抄胥完竣，拟呈请指正。日内贵恙稍愈，恳即电示，以便走陈为荷。专此，敬颂痊安。丁文江顿首。二月四日。"为了说明南方煤矿的藏量，丁文江对西南地区煤矿的储藏量做了调查，根据煤矿的藏量多寡，对修筑铁路提出建议。他还把《川广铁路报告》的专题调查呈送给叶恭绰，并致信说："两广无可采之煤，贵州亦极少希望，四川则川东或可供给。云南则产煤甚丰，非其他西南各省所比拟，惟煤量亦远不及北方耳。本问题拙作《川广铁路报告》中曾略言之，兹奉上一册，乞指正。外寄《独立评论》一至十期，中有旧日记游，或可供暑日消遣。现寄居西山秀峰寺，交通极不便，又无笔墨，不恭草草，请予原谅。"（《上海图书馆藏叶恭绰友朋尺牍》）

叶恭绰发展全国铁路交通的意愿，从部属尤寅照写给他的一封信中也可表现出来。尤寅照本来奉叶恭绰之命，赴山海关铁工厂，计划全路段桥梁加固工作及实施方案事宜，历时半载，竣工之后又奉密令测定平唐军用铁道路线，经星夜测量，择定津卢线一线，绘定测量详图呈报，然后又奉命办理杨村至潘家庄一段工程，即使在"百堵皆作"的情况下，仍然"加工赶筑"，最后还是完成任务。然后铁道部下令要尤寅照回部晋谒部长。但还是未能和叶恭绰见面，又被派去察勘绥新公路路线。尤寅照在临行之前，给叶恭绰写了一封信，说："同行者计瑞典顾问赫丁等四人，分任探险、机械、地质、医药四项职务，另中国天文学家一人，而担任测量工程者仅受业（尤寅照）及龚继成共两人。"信中又说："此行须经绥远、宁夏、哈密，历天山北路以达伊犁，复循天山南路经兰州回京。值此马、盛正在冲突，吐鲁番、鄯善一带能否安然通过，则须看届时情形若何矣。"信最后写道："刻日西行，不及面禀，俟入玉门再行详陈。"

进入民国以后，叶恭绰和铁路工程技术人员，虽然都有着像尤寅照信中写的那种理想和热情，可是筑铁路的现实又像凌鸿勋致叶恭绰的信所写的那样"致对内对外迭生困难"。广东人凌鸿勋当时任陇海铁路局局长，奉叶恭绰之命，主持陇海铁路灵潼段的筑路工作。当时的中央政府正倡言以俄国退还的庚子赔款完成陇海铁路的修筑，可是修至灵潼段即财源枯竭，凌在信中说，"中央于开发西北事，在过去两年高唱入云"，"俟俄款解决即可积极动工"，"于六月间开投动工"，"所谓每月十万，乃毫无着落"。"自开工迄今，只领过十六万余元，仅敷潼关至华阴二十四公里土方及购地之需。"其实潼关以西的筑路工程并不困难，成效也较易显现，如果"不于此时继续展至西安，实觉可惜"！在这种青黄不接的时刻，此二事如何继续都成问题，"况中枢改组，我公主持路政，倘于此时宣告

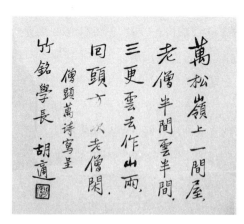

胡适赠凌鸿勋诗

停工，必令国人异常失望"。凌鸿勋在信中提出种种渡过难关的办法。凌鸿勋，字竹铭，也是胡适的朋友。胡适曾书写显万和尚的诗相赠，上款即写"竹铭学长"。诗曰："万松岭上一间屋，老僧半间云半间。三更云去作山雨，回头方羡老僧闲。"

1920年，华北大旱，直隶、山东、河南、山西、陕西、甘肃等省大旱，灾区数千里，灾民死者数百万人，枯骸塞途，道馑相望，梁士诒、叶恭绰发起组成华北赈灾会，并捐出赈款十万元。于是中外闻风，巨款立集，首办紧急救灾。接着，交通部又设赈灾委员会，主管交通部关于赈灾事宜。不但铁路职工捐款相助，凡铁路运送赈济物品粮食，免收运费。灾民乘车亦可免票。经国务会议通过，付诸实施。

这次救灾，北洋政府各慈善团体、文化人士纷纷筹措赈灾。北京艺术核心人物陈师曾创作的《读画图》，上有一则题跋记录了当时艺术界以现货形式赈灾义捐的场面，跋语写道："丁巳十二月一日，叶玉甫、金巩伯、陈仲恕诸君，集京师收藏家之所有，于中央公园展览七日，每日换新，共六七百件，取来观者之费，以赈京畿水灾，因图其当时之景，以记盛事。"

捐款救助只能解决灾民的燃眉之急，交通部又用以工代赈的办法招收灾民参加筑路建设。叶恭绰呈文致大总统，雇募散工，先修铁路支线，从事土石工程，既可以容纳灾民，又能进行路政建设，于民于国两得其利。

凡好事都多磨。叶恭绰以工代赈的方案一提出，各报浮言四起，妄相猜疑，某部总长还百般阻拦，唆使慈善团体来交通部诘问。面临这样的情景，叶恭绰通电交通部各机关团体，呈文大总统说明情况，公布赈灾账目，在国会上做演说，将事实说明。经过叶恭绰锲而不舍的努力，以工代赈的办法得以实行，规划中的路基都已修成。

叶恭绰认为铁路发展竞争激烈，进益日新，故步自新，相形必绌，非得有专门人才各尽所能，群相策进，断难自立于今日之世界。所以在用人制度上，叶恭绰做了大胆改革。为了打破官僚请托转引，交通部特制定了征求专门人才的办法，以书面考试及面试的办法，招收铁路管理及铁路工程两大门类的专门人才。不论学历，留学回国的专门人才；本国国立大学与高等专门学校毕业者；素未出洋，也未受过专门教育，但积学有年，确有实践经验的，都可投寄个人资料。而且规定所寄材料要添封，要亲笔填写，以便录取后核对笔迹。通告发出三个月后，经笔试、面试，应征合格者共一百四十二人，经铁道部分发至各路及西北汽车处。要求各路处将分发任用人员所任职务及办事成绩，详细列表加以评语呈报铁道部。如学识平庸，不甚得力者，由局长切实告诫，察看三个月，仍无成绩者，则分别撤差。叶恭绰爱才、用才的精神始终不变。

创办铁路职工教育。叶恭绰组织人员对职工状况进行调查，编制职工教育大纲，编写职工教育教材。职工少的地方办职工讲习会，职工多的地方办职工教育学校，选拔知识丰富的人组织演讲团，巡回各地去给铁路工人上课。另外，还办了职工教育旬刊，把教育内容刊登在旬刊上，有点像函授教育，以方便工作学习。叶恭绰认为劳动问题将是社会问题之中心。交通事业为各种事业之枢纽，办职工教育不只是教授铁路职工普通知识，更为促进其铁路业务的提高及发展社会生产力。

叶恭绰离职后张志潭继任，即令各路职工教育停止；迫使铁路职工教育委员会委员长李鉴銮辞职。叶恭绰再任交通部总长后，复任郑洪年为交通部次长，重新整顿职工教育，恢复演讲团，充实图书，创办旬刊。叶恭绰办铁路职工教育，目的不只是向工人传授知识和技能。铁路员工文化水平较低，平日唯工头之命是听，如果工头被把持或受人煽惑，则易发生出轨行动，工人福利也无人过问。因此，叶恭绰要通过教育引导工人思想向上。

在铁路沿线，叶恭绰还办了一些铁路职工子弟学校。先组合京奉、京汉、京绥、津浦四路同人，正式组织铁路同人教育会，专司铁路团体教育事务，于适当的地方设立高等学校以下的各级学校。募集资金并筹集职员储金以图生息补助。另提取各路每年脚行盈余十分之一奖励金五十分之一，并将各项罚款全拨作办学经费。另外，交通部每年再拨巨款支持。各校定名皆称扶轮学校，开始有天津扶轮第一中学、北京高等小学、山海关沟帮子、西直门、石家庄、济南、营口、唐山、张家口、长辛等中小学十一所。以后又陆续在丰台、徐州、大同、焦作、新乡、信阳、

叶恭绰 1926 年为《扶轮》校刊题字

阳泉、彰德、德州等地开设扶轮学校。据《叶遐庵先生年谱》记载，办学开始时"一切规制及执行，先生皆躬亲其事，纤悉匪遗。各路员工闻之皆深为感动。盖路延途各站厂多不在市镇，且下级员工多无力求学，今有此设施，十数万员工子弟咸有免费就学之希望"。

身为铁路总长的叶恭绰，不只是要管全国铁路路线的布局、路桥的建设、运输等方针大计，对细小的事也都给予了许多关注。胶济铁路不只是运输重要，而且是国内外的政治敏感点，各派政治力量都参与其中。胶济铁路局局长阚铎为胶济铁路的鲁籍与其他各省员工的矛盾，写了一封长信向叶恭绰报告产生这些矛盾的根源、影响及解决的办法。叶恭绰在此报告上批语："此事误在举动欠沉着老练，已嘱速来面商壹是。"(《上海图书馆藏叶恭绰友朋尺牍》)从这简单的批语中，亦可看出叶恭绰的办事风格。

在军阀混战时期，无论是哪一派都把铁路视作"肥肉"，都要从中挖一块为己所用。在靳氏内阁执掌铁路期间，奉系军阀张作霖屯兵关外，侵占了京奉铁路的全部收入，直系军阀曹锟、吴佩孚则把持京汉、津浦两条干线，在直鲁豫巡阅使衙门内专设"铁路公署"，收受路款。吴佩孚不但抢夺路款，进而扣押车辆，破坏铁路。叶恭绰对军阀们的这些做法非常气愤，指斥吴佩孚胡作非为。靳氏内阁建立没多久，直、奉两系军阀为了争夺对北京政府的控制权而相互拆台。在两大军阀关系紧张的背景下，国务总理靳云鹏只好于 1921 年 4 月召集曹锟、张作霖，以及在直、皖、奉三系之间左右逢源的两湖巡按使王占元到天津商讨时局，时称"四巨头"会议，解决政治纠纷。会后，靳云鹏根据"巨头"的意思，对内阁进行了改组，同属交通系的交通

总长叶恭绰与财政总长周自齐被排挤出内阁。理由是，梁士诒为解决国库空虚的困难，制订了化整为零、化短期为长期、化重利为轻利的方案，指定以盐余、关余及交通部收入各一半部分为还本付息之用。靳云鹏认为这个方案反映了"交通部在财政上拆政府的台"。

叶恭绰去职之后，曾一度流亡日本。

十七、短命的梁士诒内阁

北洋时代已经形成了一个传统，财政收入税由地方军阀所把持，海关税收要用于偿还外债。中央财政相当拮据，主要靠举借债款与挪用交通银行进项来维持。正在这时，徐世昌当了大总统。徐世昌，字菊人，本是直隶天津人，早年随父移居河南，与袁世凯相识并订交。在袁世凯的经济支持下，进京赶考，1886年中进士，授职翰林院编修。他在政治上一直追随袁世凯，以超然的姿态成为一大政治力量，袁克定说他是活曹操。袁世凯死后，他隐居天津。此时，徐世昌六十四岁，当选民国以来的第五任总统，前任有孙中山、袁世凯、黎元洪、冯国璋。他本身不是军阀，是北洋元老和重臣。他于1918年当选总统，中枢严重困窘，遂邀避居香港的梁士诒出山组阁。

当时，梁士诒并不是不想当内阁总理。他遂与叶恭绰商量，如何取得军员的支持。

1919年底，总统冯国璋逝世后，直、皖两大军阀矛盾开始激化，身为皖系但却又与直系关系密切的靳云鹏成为各方都能接受的总理人选。当时内阁经济困难，所以靳云鹏三次登台，在经济问题上不得不依靠旧交通系。8月，叶恭绰复出任交通局局长，周自齐任财政局长，他们都是旧交通系的人。但因没有改善内阁财政状况的局面，靳云鹏将叶恭绰、周自齐解职，准备以自己的私僚来代替。1921年5月，靳云鹏第三次组阁时，将旧交通系全部排挤在外。交通系马上组织反击，梁士诒筹划自己代替靳云鹏出任内阁总理。

出掌内阁需要军队实力派的支持，梁士诒与叶恭绰谋划，要叶出面联络。叶恭绰因段祺瑞的事与皖系已经决裂，平时与直系又无往来，他又想到关外的张作霖。张作霖虽是土匪出身，但重情义，对读书人也还比较尊重。《叶遐庵先生年谱》上尚未见到叶、张之间在此之前有什么来往，但叶在东北的勤工调查应该给张留下印象。再说，叶恭绰在主管铁路时也在东北留下不少业绩，如向俄方收管东清铁路，为张作霖发展东北实业做了多方面的规划。奉系军阀张作霖表示支持。

梁士诒虽然支持袁世凯为大总统，但他和唐绍仪、叶恭绰三个广东人都主张实现共和，完成统一。以后他在政治上几多沉浮，但对统一的主张并没有改变。在他担任议长期间，冯国璋和段祺瑞交恶，西南七省独立，梁士诒建议同时取消南北政府，改组统一政府，选徐世昌为大总统。曹锟竞选副总统活动甚力，但梁士诒反对，他主张副总统的位子应留给南方代表，因此得罪了直系，于是为避开矛盾，去了香港。当梁士诒启程北上时，直系吴佩孚即致电浙江督军卢永祥，说梁士诒这次出来组阁，"将合粤皖奉为一炉，垄断铁路，合并中央，危及国家，殊甚憬憬"。

12月24日，梁士诒到了北京，谒拜大总统徐世昌，徐要他出山挽危局。梁士诒说，目前的形势对外交、财政，似有挽回希望，唯军阀专横，调驭不易，谢绝组阁。

徐世昌也是眼观六路、耳听八方的人物，把东北三省巡阅使张作霖、直鲁豫巡阅使曹锟请到北京，二人都表示支持梁士诒出面组阁。内阁总长共九人，唯司法总长王宠惠、教育总长黄炎培、交通总长叶恭绰三人是梁氏中意的人物。

赋闲只有半年的叶恭绰，因政治盟友梁士诒组阁而重新出山。梁士诒本想邀请叶恭绰出任秘书长，但叶恭绰怕惹致政敌攻击，再三推辞，还是做了他热爱而熟悉的交通总长。

和叶恭绰相比，梁士诒深知政坛水之深浅，他出面组阁，有着如履薄冰之感。所以他组阁后即致信梁启超：此次自跳火坑，知者无不为痛苦，况身受者欤！并求梁启超见面会谈三小时，说："人当危难时，辄呼旧侣，三十年旧交，当不吝援手也。"

叶恭绰任交通总长，不是没有体会到梁所面临的困难境况，自己又有几上几下的阅历，但他并没有畏缩，而是勇往向前地开展铁路事业。他上任才一个月，就根据欧美各国的经验，公布铁路员工养老金章程。铁路职工养老章程，光绪三十三年（1907）陈璧为邮传部尚书时就提出了，并有章程二十一条，但未执行。叶恭绰重提此事，除职工养老金外，还有强制储蓄，使职工退休后不会再为生活发愁。这一章程已在一些路局贯彻实行。

设立电政会计委员会统一邮局委员会，凡会计法规之厘定簿记之组织、内外债务如何清理，均由该会详加研究陆续审定。邮局委员会的任务是处理外国汇兑与邮船商订运送合同。

梁士诒组阁之日，正是华盛顿会议举行之时。此次华盛顿会议的议题是解决山东问题，尤以胶济铁路的赎回最为突出。胶济铁路赎回自办，也是国内争论的热点。梁士诒组阁后，即以国务院交通部会同外交部的名义，发出通电，对于华盛顿会议，中国政府仍遵守以前的方针，对胶济铁路赎回的筹款或发债券，或发库券，不论向国内外筹款，均以收回自办为要义。此时，吴佩孚发出通电，说梁士诒、叶恭绰允日本使者要求，借日款赎回胶济铁路。接着梁士诒发表通电，辩明并无直接与日使小幡谈判外交事。接着吴佩孚再发通电，因为事先有布置，各省响应的电报如雪片飞来，当时记录之各地电报"如出一手，甚至上海四马路青莲阁亦领衔通电"。青莲阁是经营书画笔墨纸砚的商店，所用信笺皆为青莲阁制品。叶恭绰也向全国发通电，称"吴佩孚佳电，诬及交通部"。吴佩孚又发通电，敦促梁士诒下台。这时，张作霖电请梁士诒内阁办理胶济铁路的情况通报全国，表示对梁内阁的支持。

文人官僚与武夫军阀之争，由笔杆子发展到枪杆子，1922年3月26日直奉战争开始。这场战争只是以胶济铁路为导火线，奉系和直系都在扩大自己的势力。自皖系失败后，曹锟、吴佩孚图谋极力扩张自己的势力，张作霖亦欲伸展自己的势力于长江各省。吴佩孚以直鲁豫巡阅副使兼任两湖巡阅使，挥兵南下，恢复直系在两湖的势力范围，奉系张作霖在长江发展计划完全失败，而梁士诒、叶恭绰和奉系关系素有渊源，梁士诒组阁，吴佩孚则尽全力以倾之。吴佩孚以胶济铁路有卖国行为进行抵制，两方相峙，战祸遂迫，直奉战争爆发。奉军以护卫京畿治安为名，陆续由京奉铁路运兵入关，分驻军粮城、马厂、通州，吴佩孚本有积极准备，迎战奉军。5月5日，奉军败退粮城。

梁士诒组阁整顿政治中枢，首先从交通下手。前交通总长高恩洪素以权谋私，以籍贯关系接近直系，听到梁士诒组阁即密布阵势，游说直鲁豫巡阅使曹锟，谓梁谋组阁必偏袒奉系，一切财政收入必为奉系把握。开始时曹锟不为所动，于是乃令人赴洛阳，游说吴佩孚。吴佩孚被说动，利用山东问题迫梁士诒下野。

徐世昌应是民望所归，自1918年被安福系国会选为总统，便拈出"偃文修武"四字昭示天下，表示和北洋时代的武治划清界限。但作为手无实力的文人总统，要做到"以文辖武，废督裁兵"，要武夫交出军权，等于与虎谋皮，"偃武"也就成了纸上谈兵。在北洋诸军阀之中，谁的势力强，徐世昌的天平就倾向强者一边。奉军战败，徐世昌即下令："奉天军队，即日撤出关外，直隶各军，退回原防各地点。"又说："此次近畿发生战事，残害生灵，打伤军士，由于叶恭绰、梁士诒、张弧等构煽酝酿而成，误国殃民，实属罪无可逭！叶恭绰、梁士诒、张弧均着行褫职，并褫夺勋位勋章，逮交法庭依法讯办。"

直奉战争的结果，不只是对这几个文人强加以罪，张作霖也被免职查办。但东北三省议会、商会、农企工会联名通电，不承认张作霖被免职，遂举张作霖为东北三省保安司令，宣

叶恭绰《交通救国论》（商务印书馆，1924年初版）

布独立。吴佩孚通电各省，主张恢复第一届国会，废除新国会。因徐世昌是新国会所选，乘机倒徐。6月2日，大总统徐世昌宣布辞职。

梁士诒、叶恭绰被革职后，即结伴去了日本。叶恭绰不愿住在东京，认为神户交通便利，而且清静，遂卜居郊外上筒井，未尝一日废书，暇时闭门写作，著有《交通救国论》《交通部特别会计之存废问题》《论广九与粤汉铁路接轨问题》及《五十年来中国之交通》等书与文，对中国交通方面的问题进行研究，提出了不少创见。影响较为显著的有《交通救国论》，经上海朋友为之印行，后重印至十版，又译成英文。叶恭绰在《绪论》中写道："著者向罕著书，尤恶空谈，今兹所述，盖几经审采而后下笔。盖交通之为物，其为国家前途关系之重要，及吾国人对其观念之不明确，即如文中所述，而十余年来，迄无不避嫌忌，深切痛快以言之者，著者深虑今后影响于国家之前途者盖巨且重，故忘其地位与历史，敢本平日经验所得，抒其管见，以饷国人。"此书正是叶恭绰从办交通几十年的经验所得，不但讲述了交通之与政治经济之重要，而且抒发了胸怀。他认为："此书虽略掳怀抱，然只为救时之用，非正抱负所在也。"在卷首自题四绝句：

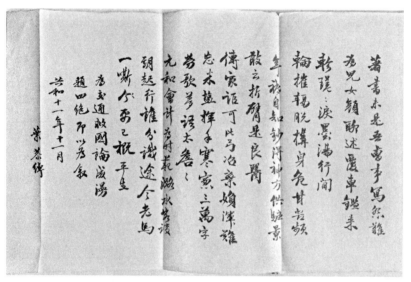

叶恭绰《交通救国论》手迹

著书未是吾曹事，写怨难为儿女颜。聊述覆车鉴来轸，琅琅泪墨满行间。

轮摧辐脱构身危，甘苦频年只自知。钞得神方供驻景，敢云折臂是良医。

传家讵可比弓冶，弃妇浑难忘米盐。挥手寒窗三万字，劳歌梦语太詹詹。

元和会计为时范，潞水客谈期起行。谁分识途今老马，一嘶要已概平生。

"交通救国"是叶恭绰主管交通部时一贯提倡的精神，前文多有论及，此"交通救国"之说更加完整、系统化而成专论。叶恭绰认为重要的还是《交通部特别会计之存废问题》，是针对当时交通界的实际情况而提出的，尤为重要。他在文章开始一段就声明："编中事实皆有根据，且就事论事，毫无成见杂乎其间，读者鉴焉。"但是他看到"时论之纷呶失实及军阀之专横、官僚之阿附，常私忧慨叹，不得已而文"。此文投寄上海各报，考虑到读者会疑为政争私见，不重其言，所以文章发表时用了笔名。以后叶恭绰又接着写了《再论交通部之特别会计》和《关于交通部特别会计之我见》两文，继续申述自己的主张。

叶恭绰旅居神户期间，听到陈炯明向英国供款条件中有关广九铁路与粤汉铁路接轨事。广九与粤汉铁路对接为他平生策划，他有着深入研究，遂作《论广九与粤汉铁路接轨问题》，他认为"此事在英人，一方面系一种多年政策，至今日始克贯彻著，英之坚忍，吾之愚昧，两两相照，可为痛心，今请披露其内幕以饷国人，识者鉴焉"。

叶恭绰在流亡日本期间，结识了正在日本铁道专科学校留学的魏武英，彼此引为知交。魏武英对新银团的研究颇为深入，议论到"铁路共管"，叶恭绰仍然激愤，说："近日沪上报纸虽略有论列弟共管之议，发自英人，沪报强半生存于沪英租界中，殆无敢极端攻击者，呜

叶恭绰手迹（真美善）

呼，吾国之受外力支配亦已久矣，君于新银团事曾所研究，试问渠等之甘言，有何法可以取信。"他在另外的信中又说："军阀纵横，强邻环伺。""国人至今未有彻底觉悟。""近日往往作亡国之后的打算。""弟在此长斋奉佛闭户不出，耳目清净，惟感触时所不免则上所论诸事。"看来叶恭绰虽流亡境外，所触所感仍是国内诸事，他的心如何能平静得下来呢！

除了国事，叶恭绰对家事亦有许多牵挂，想到了侧室潘善持。张如净持病逝后，他续娶侧室潘氏，取名善持。潘氏生平、籍贯不详。叶恭绰有《赠善持》诗云："婉娈天涯意不期，清霜零雨一相携。安心是药回羁抱，往事如云足梦思。坠羽渐深同命感，看花应斗耐寒姿。蓬莱西望休萧槭，珍重秋闺病起时。"诗中对潘氏有许多关怀和许多嘱咐，也包含诸多希望。抗战前夕，叶恭绰携九妹、善持及女儿崇范游丽娃栗妲村。此为度假村，由旅沪白俄人经营，有水木清华之胜，乃远离尘嚣之所，叶恭绰写了两首纪游七绝，其一云："惠师漫貌烟波景，小米犹多水墨痕。弹指楼台轰七宝，可知世有丽娃村。"其二云："暂忘魑魅横行地，来就犁轩善幻家。眼底由旬虚净土，可容摩诘作毗邪。"

叶恭绰有独生女叶崇范，小名桑，是张如净持所生。净持病逝后，叶恭绰把对她的怀念寄托在女儿身上，对女儿宠爱有加。崇范就读于上海启明女中，生性大胆且有叛逆精神，常着男装，骑自行车在南京路上"飙车"。长相不错，曾议婚于钱锺书而未成。1932年8月，叶崇范与汪有龄在上海结婚。婚后，叶、汪两人前往北平祭扫母亲之墓。叶恭绰将自己四首七绝诗及新婚照片托他们焚于墓前。其中一诗云："昔年怀抱临危属，今日佳儿挈婿来。十七年间万千恨，期君姑暂笑颜开。"后来，崇范生女，叶有《燊儿生女告净持》："谁遣新荄发旧根，强缠藤蔓役心魂。梦中憧憬廿年事，昔汝重髫今抱孙。"崇范生儿子后，叶恭绰再写《燊女生儿，适值日本宣布废止华盛顿约之日》。叶恭绰未育有儿子，1944年，将二房恭徽之子崇武立为嗣子，三房侄子崇勋之子九皋立为嗣孙；又将恭徽之女崇美立为继女。叶恭绰此举是为叶氏家族尽承先启后之责。

叶崇范

附：外国记者眼中的民国群雄

北洋时代渐去渐远，军阀们的混战也已过去百年。如今再走进那个时代，除了公文文献，很难再找到令人有身临其境的记录文字了。北洋史著作不少，也都是后人用文献写成。新闻记者和报纸应当是时代的触角，但是中国报纸似乎是置身于军阀混战之外的，很少能看到这方面的记录。报纸虽有所载，也多是从在中国的英文报纸抄来，新闻的"出口转内销"一直延续至今。而外国人在中国办的报纸《字林西报》《文汇西报》《大陆报》及晚刊《星报》的记者非常活跃，常现身于混战的现场，或对重要人物采访。《大陆报》的女记者宝爱莲是较为突出的一个。

1922年，奉系军阀和直系军阀恶战在即，欧美媒体对此事非常关注，纷纷派记者采访报道，宝爱莲即是在此时代表两家媒体机构，从美国来到中国，不但奔赴战争前线，而且直闯军阀们老巢，采访了张作霖、张学良父子，吴佩孚，曹锟，冯玉祥，并采访了孙中山、蒋介石和弥留中的伍廷芳。

在北洋时代初期，中国还是有言论自由的，无论是学人的著书立说，或是新闻记者的采访报道，都还可以畅所欲言，秉笔直书。随着军阀们的扩张，混战的升级，新闻则禁忌多出，失去出版自由，以著名记者邵飘萍被杀为先声。邵飘萍因揭露奉系军阀的内部矛盾与分裂，遭受张作霖的忌恨，但邵飘萍采访初多在北京，张作霖对他无可奈何。待奉军入京之后，张作霖则下令逮捕了邵飘萍。邵的报界友好和新闻记者十三名联袂拜见张学良为邵请求，仍难免邵飘萍一死。奉系发表公报说邵飘萍宣传"赤化"，应予处死。接着又发生了《社会日报》社长林白水被枪决一案。林白水从被捕到枪决前后不到三个小时，但林白水留下遗言，希望自己的儿女永远不要做新闻记者。林白水被枪毙的第二天，《世界日报》和《世界晚报》社长成舍我也被捕。成舍我的被捕是因为他主持的报纸讲是非，别善恶，从不接受任何金钱上的贿赂，记者也都是经考试录用。他们和那些寄生虫一样的记者不同，都是负载正义能征善战的文人。最后，成舍我还是经九九八十一难，死里逃生。在军阀们的眼中，那些敢讲真话语、刚直不阿的记者就是他们的敌人。

读了经过翻译的宝爱莲当时写的新闻报道，有不少是写花絮的文字。如行程之见闻，战场之风险，会见枭首之波折。但经她访问的枭首形象都生动而真实地呈现在纸上，让读者听到他们对时局的看法及自己的雄心。

宝爱莲采访张作霖时，首先见到的是少帅张学良。在张学良的引见下，她采访了张作霖。张作霖不是在帅府，而是在家中的豪华的客厅里接见了她。在宝爱莲的眼中，张作霖穿着缎子长衫，外套黑丝绒马褂，头戴黑色缎子瓜皮帽，帽子前镶有一颗闪着奇异光泽的明珠。他外表更像一位富有教养的学者，声音极其柔和，握手时散发出一种迷人的羞怯。

张作霖说："中国已病入膏肓了。就像一个病人，他需要动大手术，手术过程会很痛苦，但我希望结果可以证明这是正确的。"

张作霖声称："我并没有当总统的野心。我只是为中国的利益而做事。"

张作霖赞许了孙中山的爱国精神，他们都异口同声地说要铲除那些"阻碍国家统一、重建以及和平的障碍物"。这自然是指吴佩孚了。

在采访中，自然要谈到张作霖当过"土匪"的事。张作霖说：部分原因是在清朝时代，他和他的家人因政治分歧而被满族统治者逼上梁山。

宝爱莲回到北京，张作霖身边的贝克尔的太太送来一条白狐皮草，说是张作霖私人送的。

采访了张作霖父子之后，宝爱莲回到北京才采访到徐世昌。徐世昌是中华民国的总统，是宝爱莲的第一位要采访的人物，中间经历了不少的波折，她终于还是采访到了徐大总统。她在故宫摛藻堂客厅遇见《星期六晚邮报》记者马可森，他也是采访总统徐世昌的。在宝爱莲眼里，徐世昌最外面套一件黑色缎面织锦马褂，里面是深蓝色的丝质厚长衫、满头银丝，脸上并无皱纹，饱满有力。他是一位深谙国际事务的现代政治家。他伸手给宝爱莲时有些迟疑，可能平时很少与妇道人家握手。

徐世昌在回答宝爱莲的提问时道："我已是竭尽所能来阻止中国爆发内战了。这几年，中华民国被分割为好几个阵营。在世人看来，这个国已经因为内部纷争而四分五裂了。因此，对我来说，国家统一是首要目标，即使付出再大的代价，也是值得的。"

直奉战争在开战前，宝爱莲到了洛阳，访问直系首领吴佩孚。开始，吴佩孚在元帅府接见了她。在宝爱莲眼中，吴佩孚的瞳仁是琥珀色的，光芒四射。他身材修长，却男子气十足。她看到他的办公室里挂着美国首任总统华盛顿的肖像。吴佩孚说："华盛顿是一位正直的、有教养的绅士，一位刚正不阿的政治家，一位不为己只为美国人民的利益而战斗的英勇战士。"说罢，就出示自己的诗，是用毛笔工工整整写在纸上，第一首就叫作《乔治·华盛顿》。他真诚地说："我的雄心是学华盛顿。他为美国人民所做的贡献，我要能为中国人民做到几分，就心满意足了。华盛顿将北美各州统一成一个国家，我希望能统一中国各省，让我们国家繁荣与富强起来。"说完这些，他顿时又目光如炬起来。刚才的那种诗人和梦想家转瞬就不见了，一下就变回了威风凛凛的巡阅使。

吴佩孚最终把矛头指向了张作霖："要统一中国，就必须把中国大地上那个土匪铲除掉，因为那家伙贼心不死，从来没有受到改造。"

后来，宝爱莲随吴佩孚的夫人张佩兰去了保定，直接到直奉战争的前线。

吴佩孚身为军阀，但史书对他还有好评。吴佩孚令人尊敬就因为他光明磊落，失败也失败得光明磊落。在直奉战争中，直系失败，吴佩孚偕夫人张佩兰经南阳、襄阳等地，假道入川，退出江湖。

宝爱莲从直奉战争前线，仓皇南下，在火车上遇到了另一军阀冯玉祥。他正在带领军队去增援吴佩孚。她在冯玉祥乘坐的火车车厢看到桌子上方挂着几盏防风灯，照着桌子上的一张军用地图，地图上插满了小旗子。与她在吴佩孚的总指挥部所见的如出一辙。桌子上还有一本翻开的《圣经》，一本赞诗集。那本诗集上没有乐谱，只有一列一列的大字写在宣纸上，扯开嗓子唱起了"耶稣爱我万不错，因为圣书告诉我"。它本是主日学校孩子们的歌，从这些军人嘴里唱出来，却变成了慷慨激昂的战歌。冯玉祥正式入教，基督方面的人都称他为"基督将军"，他所信仰的上帝，乃是《旧约》里的战神。

宝爱莲南下到了石家庄，她又突然改变计划，从正太铁路去太原，访问了阎锡山。她在新闻中报道了阎锡山的话："从我就任山西省长开始，便决心努力于全省的发展，而不是只想着穷兵黩武。"阎锡山向她介绍了耗资数百万推出的一个宏伟计划，重建和改造山西。他在山西办教育，植树造林，从美国引进一些农作物新品种，凡种鸦片或私贩金丸（鸦片），一概处死。阎锡山说："这方面，但愿山西能像酵母一样，对中国起到潜移默化的作用。不过，中国这块面包实在太大了。"

宝爱莲几次访了孙中山，向《大陆报》编辑部及美国新闻发去了孙中山对她的谈话："所以，我一定要唤醒所有的农民和工人，将他们团结起来。我一定要拯救他们，就像列宁拯救俄国人民一样。"她回到《大陆报》编辑部，编辑看到了她的稿件，说："孙中山的革命观点，在过去几年里反复报道过了，再重复这些有什么意义呢？"老编辑说：采访孙中山"是要问他们那帮人是不是打算转向赤党"。

宝爱莲还参加了蒋介石与宋美龄的婚礼。

从宝爱莲的报道中可以看从总统到各种的军阀，他们都有着共同的理想：中国要统一。但走向统一的道路不是彼此合作走向共和，而是穷兵黩武，以武力至上，实行人专制独裁。在宝爱莲的访问中，写了枭雄们的一些细节，而从这些细节中可以品味被访者的性格及心理状态。这是在公文报告中所难以看到的，尤为珍贵。这些报道访问记也告诉我们，每个军阀都有外国人当顾问，也可以说都有外国背景，如徐世昌的顾问福开森即是美国人。他1891年就到了中国，落户北京，和光绪、慈禧、宣统及袁世凯都打过交道。他欢喜中国文化，又是收藏家，和胡适、陈垣等学者，以及金城、颜世清、景朴孙、郭葆昌、马衡、袁珏生、叶恭绰等收藏家都有交往。

十八、投奔孙中山："如怕死，即不来矣"

叶恭绰旅居神户已有十余月。1923年2月，孙中山在滇桂军的支持下，逐走陈炯明后，第三次在广州设大元帅府，遂邀梁士诒相助。梁士诒虽没有同意加入孙中山的阵营，却向孙中山推荐了叶恭绰。孙中山对叶恭绰有着很好的印象，自然乐于任用。1923年5月，叶恭绰应孙中山之召，离开日本，转道香港，到了广州。

叶恭绰到广州的前一天，广东军务督理、桂系军阀沈鸿英受吴佩孚嗾使攻打广州。叶恭绰到广州时，看到孙中山正在炮声隆隆中汗流浃背地指挥战斗，孙中山见到叶恭绰笑着说："君乃来观战！如畏，可暂回香港。"叶恭绰也笑着回答："本来共患难，如怕死，即不来矣。"孙中山十分高兴。

战事平息后，孙中山把叶恭绰请到密室，屏退左右，孙说："余请君来，非为一时关系，不料省城情况忽紧，不得不先其所急，但大计未定，枝节何裨。君知我约君回国之意乎？"孙中山告诉叶恭绰："在广州政府内部派别分歧，一些政令不能贯彻。即行政事务，亦相牵制，各为其私，其何以济？君既意志坚决，我想将一切政府事务，交君主持，我专务其大者远者何如？"遂将财政部部长及广东财政厅厅长的重任交给他。

叶恭绰以后回忆说："余闻之出于意外，惶恐无地。稍息，余心神略定，乃对曰：余以党外之人，未尝追随先生从事革命，且军务尤非所习，怎能当此大任？且先生何为而出此言？日下军队虽然庞杂，财政更形枯竭，党内诸先生或不相互融合，然对党纲政策及先生命令，当不敢违背。且精卫、汉民随先生有年，即有不合，亦不致有大出入。言至此，中山先生欲言又止，旋曰：今且姑谈应急之策，今孤守广州，财源枯竭，君意计将安出？余曰：余去国经年，离乡廿载，情形极为隔膜，容细思来咎。"

此时，胡汉民、谭延闿、廖仲恺、杨庶堪、程潜、宋子文、孙科、邹鲁、吴铁城等人均在孙中山的大本营，他们彼此会面或通信，共商大计。

在广州大元帅府大本营财源枯竭的情况下，由叶恭绰任财政部部长，他可谓临危受命。在就职之前，孙中山集党政军各重要人物，宴请叶于大元帅府，席间说，叶先生来助本党是个好兆头。叶恭绰深为感动。随后几天，叶恭绰就到广东为孙中山筹款二十万元，帮助李烈钧进军江西。

叶恭绰在孙中山大元帅府大本营身兼许多重要职务，除了财政部部长外，还代理大本营建设部长、盐务督办、中央银行董事等。孙中山督军东征讨伐盘踞惠州的陈炯明时，战务紧急之际，两次致信叶恭绰，其中一封信写道："所虑者则财政之困乏耳。对于此事，深望兄与诸同人之尽力。倘财政之困难能解决，则军事敢说必有把握。"另一封信写道："我不灭敌，则为敌灭，此必然之势也。兄等既来赞襄

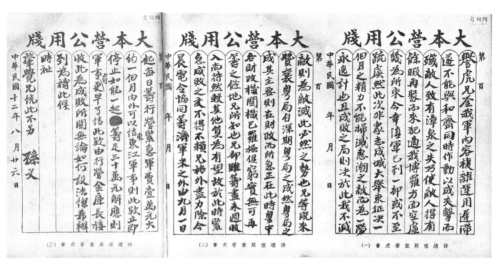

孙中山致叶恭绰书

粤局，自深期粤局之成。然粤局之成，其主要则在财政，而所急正在此时。粤中各财政机关，几已罗掘俱穷，实无可再筹之余地，兄所知也。兄部虽筹画未周，收入尚待，然较其他算为有望，故于此时紧急成败之交，不得不赖兄格外尽力。"孙中山在信中要求如能筹足三十万元，则军事必可更早了结。

为了完成孙中山交代的任务，叶恭绰参与处理许多重要事情，以此来改变财政窘困的状况。如统一财政，整顿纸币，筹备造币厂，改革军费发放办法，发行债券，统一税收，制定管理制度细则等。他还通过与外国使团的反复交涉，以和平方式截留了粤海关的关税，解决了大本营开展东征军事行动的燃眉之急。

直系军阀先后战胜皖系、奉系军阀后，控制了北京政府，其势力遍及黄河流域及长江流域。1923年，直系军阀首领曹锟唆使军警"逼宫"，驱走总统黎元洪，又通过贿选手段，当上大总统。10月8日，孙中山颁布讨伐曹锟令，并致电天津段祺瑞、奉天张作霖、浙江卢永祥，"约共讨贼"。11月，孙中山委派叶恭绰为大本营特派员，到浙江与卢永祥接洽，又北上天津、奉天，联络已经下野的北京政府国务总理段祺瑞及东北三省总司令张作霖，以便一致行动，讨伐曹锟。叶恭绰临行前，孙中山以军事多种方案转交段、张，并嘱与段说明如何与段氏分负建国之责。叶恭绰到上海，与汪兆铭、许崇智同访卢永祥，卢本皖系，是段氏之嫡派，对合作表示支持。段祺瑞身边唯徐树铮、许世英头脑较明晰，然其势颇孤。叶恭绰到了奉天会见张作霖。当时在座的有张学良、杨宇霆、吴光新，张坦然表示拥护。张作霖表示："我是粗人，坦白言之，我是捧人的，我今天能捧姓段的，就可以捧姓孙的。"张作霖手下的干将杨宇霆致信叶恭绰，表示支持孙中山和张作霖的合作，但对段祺瑞则有提防，说："致于合肥左右颇有眼光浅陋之人，即有所陈，此间皆不可信。"张学良在信中则认为叶恭绰"为当代人豪，世所共仰，家君钦佩之余，辄有景行仰止之叹"。后来张作霖回到沈阳，致信叶恭绰，在信中表现了犹豫，说："方今群雄角逐之时，人心趋向未定，多方容纳，犹虞不至，若持之过急，适为他方操纵之资耳。"胡汉民、廖仲恺、汪兆铭联名致信，说："政府问题，闻由外交触起，先生谓只自治己事不与合作主旨违反，如前案能得同意，仍然遵照原议办理。惟弟等仍主缓进，仅视为有讨论宣传之必要，不愿其遽急实现也。"各方的态度都从信中反映出来，对孙中山发兵讨伐曹锟的事，意见并不统一，连孙中山身边的人也都认为此事只是作为宣传的舆论，并不打算急于求成。但是在叶恭绰的游说撮合下，孙中山、段祺瑞、张作霖结成了"三角同盟"，决定共同反直。

在晚清，安徽出了两个人物，一个是著名政治家、北洋大臣、洋务派领袖李鸿章；一个是北洋派系中有名的将领、皖系军阀领袖段祺瑞。在漫长的历史帷幕下，段家和李家还有着许多瓜葛。咸丰年间打太平天国时，段祺瑞的祖父段韫山就跟刘铭传等地方豪强一起拉队伍，办团练。李鸿章办淮军时，段韫山又随刘铭传等转到李鸿章麾下。段祺瑞的一位叔叔也在淮军中。段祺瑞在十七岁前往威海投靠叔叔，从站岗放哨做起，渐露才干。在他二十岁时，李鸿章创办天津武备学堂，段祺瑞去投考，一举考中，遂进入炮科学习。学制一年，毕业后被分配到旅顺港监修海防炮台。

段祺瑞二十四岁时，李鸿章选派优秀者赴德国，段祺瑞考了第一名，被送往德国柏林，进入德国军事学校，仍旧攻读炮兵科，见习时在克虏伯兵工厂实习炮科。从德国回来后，段曾被派往北洋军械局委，在威海随营武备学堂教习。几年后被袁世凯看中，在小站练兵时，被袁奉调到身边，协助训练新建陆军，任炮兵学堂总办兼炮兵管带。李鸿章去世后，他又随袁世凯来到河北保定，任保定军官学校总办，是北洋的正统血脉。北洋系统的军官多是他的学生。

从民国九年（1920）直皖战争败后，段祺瑞即从北京政坛上退了下来，一直栖隐天津。袁世凯死后，段祺瑞应是北洋军阀的正统继承人，只因他迷恋于武力统一中国，对两湖用兵，导致直系、皖系分家，终于兵戎相见，被直奉联军击败。1924年10月23日，冯玉祥发动"北京政变"，把曹锟赶下台。

"北京政变"后，由黄郛组织执政内阁，冯玉祥是支持这个执政内阁的，他想通过黄郛控制北京政府，在南方联系国民党，关外联系张作霖。这只是冯玉祥的一厢情愿。首先是张作霖不会默许冯玉祥一手把持执政内阁，加上皖系段祺瑞也不甘雌伏。张作霖入关到了天津，邀请冯玉祥到天津与段祺瑞会面。这时东南八省组织联防自治，既反对北方势力南下，又和国民军对峙，段祺瑞既受张、冯的支持，又得到东北各省的推举，当然是唯一的适当人物。段祺瑞在天津会议上接受了出任中华民国临时政府执政的方案，于1924年11月21日发表通电，宣布就任执政后的大政方针，以"美国费城会议先例""解决时局纠纷，筹备建设方案"。经过第二次直奉战争，段祺瑞执政府谋求结束军阀争战，实现"和平统一"，段祺瑞试图建立新的权势中心地位。应当说这是顺应时势之举。

段祺瑞于1924年11月24日，由天津到了北京，冯玉祥、黄郛到东站迎接。第二天他宣誓就任中华民国临时执政，并公布《中华民国临时执政府制》六条，执政府只是临时过渡性的组织，执行总揽军民政务，统领陆海军；不设内阁总理，另设国务员赞襄执政，处理国务；实行民主集中制；孙中山南方局势奠定之后，曾致电叶恭绰南下，发挥他的联络作用，但叶没有南下，而是留在北京，在段祺瑞的执政府任交通总长。

段祺瑞就任执政之后，背弃誓言，不顾全国人民及国民党的反对，决定召开善后会议。参加会议的各路军阀及实力派各有不同的目的，顺其意则设法维持，拂其意则竭力拆台。这就使善后会议有着先天不足。时人对善后会议多褒扬肯定，非政府人士多诽评贬斥。身为交通总长的叶恭绰即是政府派的代表，他认为善后会议与民更始，"一时海内贤达之士，靡然向风，相与挟策，来会兹土，阅时凡五十日，而内政改造之方，国家大法之的，罔不具备。虽其间论见不无异同，大抵出乎探讨之意，谋国之诚，非徒向之借邀功利者可比也"。非政府派则认为：会议代表系执政府指定，具有"御用"性质，是一次"政治分赃"会议；制定国民会议组织法是越俎代庖，违反民主集中制原则。

善后会议还决定，只有孙中山和黎元洪二人有勋劳于国家的资格，国民党中央执行委员会发表宣言，声明对于善后会议的召开不能赞同。孙中山明确表示善后会议不合法，不予支持。北方新兴的势力冯玉祥集团的冯玉祥、胡景翼、孙岳、李石曾、鹿钟麟、邓宝珊等十多人联名电请孙中山北上，电报称"万望速驾北来，俾亲教诲是祷"。

10月27日，孙中山在韶关致电冯玉祥等答应北上，电称："义旗聿举，大憝肃清，诸兄功在国家，同深庆幸。建设大计，亟应决定，拟即日北上，与诸兄晤商……"另将同一电文致段祺瑞。孙中山此次北上的目的，是想与冯玉祥、张作霖、段祺瑞组成"政治联盟"，实现国家的统一。

袁世凯逝世后的北洋时代，叶恭绰周旋于各个军阀之间，和皖系段祺瑞的关系尤为密切，和奉系张作霖、张学良父子的关系还可以，曾致张学良，希望他能信奉孙中山的三民主义，和直系军阀的关系虽然若即若离，但他并不交恶于直系。也许孙中山看中了这一点，常常要他辗转南北，进行调和。

11月13日，孙中山离广州北上，其目的也是与皖系、直系交好，共同对付直系，使国家安定，走上和平统一的共和道路。在北上途中，所到之处都要做演讲，宣传他的建国方针。孙中山一直反对"善后会议"，认为善后会议不能代表全国各党派和各阶层，因此并不是解决国事的机构。演讲积稿十多万言，积劳成疾。再加上海行风浪险恶，北方天寒地冻，朔风吹拂，到天津时即寒势剧作，肝、胃旧病相继发作。12月4日中午，孙中山、宋庆龄乘坐的"北丸号"轮船抵达天津利昌码头，叶恭绰上船迎接。下午，孙中山在叶恭绰等人的陪同下，拜会了张作霖。对叶恭绰的活动所取得的成效，孙中山深加赞赏，在病中还说："玉甫真吾党之继者，吾在北方之翼，玉甫殆其中之一人也。"

12月18日，段祺瑞派叶恭绰、许世英作为代表来见孙中山，敦促孙中山早日赴京共商国是。

叶见到孙中山，代段祺瑞问候，在病榻前报告北京的政情。此时段祺瑞的对外政策是"外崇国信"，孙中山早有所闻，甚是不满，当他听到叶恭绰说："段执政已正式向外交团承诺，临时执政府外崇国信。"孙中山听了即问："外崇国信，信守什么？我们和外国之间的条约都是不平等条约，外交团要求尊重这些条约，听说执政府已照会答允，有无其事？"叶、许两人答称确有此事，不过照会还没有送出。孙中山勃然大怒，说："我在外国要废除那些不平等条约，你们在北京偏偏要尊重不平等条约，这是什么道理呢？你们要升官发财，怕那些外国人，要尊重他们，为什么还来欢迎我呢？"作为孙中山追随者的叶恭绰，看到在病榻上发怒的孙中山，痛责段祺瑞，但他作为段的内阁成员，也不好争辩，其复杂的心情可想而知。

12月31日，孙中山在宋庆龄的照顾下，挟病进京，北京市有三十万人集会往迎，全体官员及叶恭绰到前门火车站迎接，并把孙中山安排在北京饭店，以便医治。此后，虽经治疗，孙中山的病情仍不见好转，病入膏肓，每况愈下。叶恭绰常来探望，安排治疗，聆听教诲。

1925年3月12日九时半，孙中山病逝于北京铁狮子胡同，临终时，叶恭绰侍立病床之侧，送了孙中山最后一程。

叶恭绰撰文悼念孙中山

孙中山的逝世，使南北政治联盟也告结束。叶恭绰很是悲恸，他手书两副挽联。其一为："一生超是非毁誉祸福而前行，万古云霄终独往；举世正困辱憔悴悲哀而无告，八方风雨迁安门。"另一副是："人道先生未死，我惟知己难忘。"

孙中山逝世后，治丧时国民给叶恭绰以最高礼遇。治丧一结束，在北京的国民党中央执行委员就筹备安葬事宜，推张静江、汪精卫、林森等十二人组成筹备委员会。18日，丧事筹备处在上海成立，推杨杏佛为筹备处主任干事，孙科为家属代表，负责办理丧事。关于墓地选择，遵照孙中山的遗言，由宋庆龄、孙科及委员会代表到南京实地勘察。当得知勘察墓地需要交通工具时，叶恭绰马上给上海和南京铁路局下令，尽快予以解决，随即安排了一辆挂花列车，往返于沪宁之间。

1929年8月，孙中山的遗体从北平运抵南京，在紫金山举行了隆重的安葬仪式，叶恭绰以"总理亲故"的身份参加了"奉安仪式"。

在中山陵建设的过程中，因叶恭绰懂建筑设计，曾多次提出意见。国民政府主席林森把中山陵周围开辟为风景区时，正是经济困难时期，惨淡经营，经历数年，所创办的植物园三千余亩早已划定，集有花木两千五百种以上，蔷薇科花木区及植物分类区更为可观，但进一步建设，经费更加困难。林森给叶恭绰写信说："先生对于陵园事业素极关切，又最热心提倡文化事业者，发展植物园于陵园，必乐于赞助也。祈请提议将敝会请求之款如数按月照拨，于纪念先总理及提倡文化两得之矣。"叶恭绰所在的管理中英庚款董事会在叶恭绰的提议下，批准了总理陵园管委会的要求，每月拨款六千元，作为发展植物园的经费。这时，叶恭绰给陵园写信，表示愿捐五千元在陵园建一纪念亭。1929 年 10 月 9 日，陵园管理委员会讨论了"槟城华人及叶恭绰各捐款五千元以为建筑纪念亭及布置花木区之用来函请即以便施工款案"，决议为"函复叶恭绰先生，请先汇款，以便兴工"。1932年，纪念亭落成，亭畔植梅花松柏数千株，叶恭绰给其取名"仰止亭"。"仰止"二字出自《诗经·小雅》中"高山仰止，景行行止"，叶恭绰命此亭为"仰止"，是为了表达他对孙中山先生无限敬仰的心情。在中山陵的所有纪念建筑中，此亭是唯一由个人捐建的纪念性建筑。

1935 年，国民政府又在中山陵园建筑经楼，刻孙中山《三民主义》，分列两侧。林森委托叶恭绰筹划。叶恭绰介绍工程师卢奉璋担任设计监工，自己则从中指导，并亲自参加《三民主义》的书写，《三民主义》共十六章，十五万余字，共用刻石一百三十七方，由冯玉祥提供，叶恭绰完成了第五章的书写。叶恭绰还与孙科一起筹建中山文化教育馆，孙科被推为理事长，叶恭绰当选为常务理事。

还是在孙中山逝世的时候，国民党内部的权力之争就激烈起来。这场领导权的争夺在胡汉民、汪精卫以及凭军事后起的蒋介石之间展开。1927 年南京政府成立，蒋、胡合作将汪精卫排挤在外。到 1930年秋，汪精卫提出约法，得到各界的响应，而胡汉民持否定态度，这样又激起了蒋、胡的矛盾，蒋介石即下令软禁胡汉民于汤山。胡汉民和叶恭绰是"总角之交"，他们是少年时代的朋友，叶恭绰还到南京去看望胡汉民。

蒋介石的这一做法被舆论声讨，被他排挤的汪精卫和国民党内反蒋力量在广州集结，成立了"非常会议"。在这种压力下，蒋介石于 1933 年 12 月通电下野，其后在国民党四届一中全会上，孙科（1891—1973）继任行政院院长。此次组阁只是缓兵之计，使各方面的势力得以调和，国民党内部的矛盾与分裂势力也得以缓和。

十九、创建中国独立自主的通信系统

孙中山逝世之后，冯玉祥、张作霖、卢永祥支持段祺瑞出山，任民国临时大总统执政。叶恭绰在段祺瑞执政府任交通部部长，还的确做出一些成绩。交通部设有路政、电政、邮政、总务各司，另有技术、秘书、参事各厅。邮政司比较特别，除了邮政司，还分设有邮政总局，因邮政司是比较清闲的部门，司长为蒋尊袆。邮政系统多有外国人参与，如电报顾问丹麦人伊立生，线路工程顾问丹麦人毕德生，北京话务总局工程师为日本人辻野，北京电话总局顾问技术工头亦为日本人铃木。丹麦人主要担任邮政技术顾问，日本人除了担任技术顾问外，还因借款关系兼负监督财务及回收债务之责。当时交通部电政人员比较保守，只知重视电报而忽视电话与无线电，高恩洪任交通总长时，曾一度认为无线电只供军用，非一般通信用，拟将无线电移交海军总部。

叶恭绰任交通总长后，对邮政、电政采取了一系列改革措施。维护中国通信的主权，对外国私设电台予以取缔，独立自主地建设自身电台。中国海军部曾与日本三井洋行订约建双桥无线电台，以三十年之专利，并限制中国不得自建电台，损失了国家主权及荣誉，叶恭绰视此为精神负担，常思挽救之策。1921 年 1 月，叶恭绰以中国交通总长的身份与美国费德理电信公司签订中美无线电合同。合同共十九条，以期开放中国无线电事业而免受一国之垄断，其合同的宗旨为完全平等互利。合同规定在上海建设总电台，安装的无线机器设备与美国合众电信公司的设备功率相同。除了在上海设立总台，还在哈尔滨、北京、广州设立分电台。与此同时，和法国交涉撤除在上海法租界私设的无线电台。1920年，上海法租界当局私设无线电台于顾家宅，经中国外交当局与之交涉撤销无效，叶恭绰即派人与该台直接交涉，先将该台华籍报务人员调交通部另用，并严令各台局督察不准华籍员工参加该台工作。这样，该台方将商务电信停止，只留少数法籍人员拍发徐家汇天文台之气象，以为航海安全通信。另一件事即是收回哈尔滨中东铁路无线电台。俄国在哈尔滨中东铁路局设有大规模无线电台，与赤塔、伯力、海参崴通信，并任意收发华洋商务电报，侵犯我国电政主权。开始时俄方推诿，经多次交涉与抗争，按中国电报章程方法，接收成功，又添购机件，扩大通信范围，遍及国内各地，除原有与赤塔、伯力、海参崴等处通信条约加以修订外，又直接与莫斯科及欧美各地相联络，使各方都感到便利。

收回通信独立自主权之后，叶恭绰又采取一系列措施改革发展中国电信事业。1921年1月18日，中国邮政诞生二十五周年纪念，这时全国各地区大小邮局一万有余，叶恭绰仿照西方，饬令邮政总局印行特种邮票以为纪念。此纪念邮票被集邮爱好者视为收藏珍品。

倡导电报用国音字母。但电报不能传形，叶恭绰联系教育部，研究用中国字母通电。当时服务于北宁四洮铁路的谭耀宗已经研究多年，用之于实际，叶恭绰以此为典型，组织铁路系统参观推广。

倡导发展广播事业。当时英商在上海南京路设有小型无线电音乐电台，每月发放音乐唱片。一般人认为这只是供娱乐消遣，没有引起重视。叶恭绰卓见宏大，认为此种播音最大功用可以用国语将各地新闻、各地歌曲传播遐迩，既可使全国语言统一，风俗民情沟通，一般政情国策、教育建设，无不可借此向各地民众宣传，亦可进行商情传播。叶恭绰视此项事业为政府宣传之利器，遂派员将原设于北京、天津两处电话局内的无线电话机，先行播音。并将日本定名为"放送"一词改为"广播"。叶恭绰不再担任交通总长后，仍向政府建议，筹集资本组织一官商合办的公司，命名为中华全国广播无线电公司，派吴梯青为总经理。上海方面见北方广播事业之发展，纷纷自设电台，由交通部订立规则，发放执照，准予商办。

1925 年 1 月，创办长途电话。开始只在天津、奉天段有长途电话设备，后延长至长春，经哈尔滨东达绥芬河，北达满洲里，后发展至铁路，乃至全国，使人们相距遥远，如晤对一堂。当时人们称赞"洵为创举"，不特为国防军政所利赖，即一般商民亦获益匪浅。

这种开创性的事业，只有在叶恭绰的主持下方能取得成功。留学法国归来曾在交通部邮政司任职管理工作的于润生回忆：当时北京衙门相当官僚腐化。如上下班均极随便，向国外借款多取回扣，风月场中更有若干官场丑事。但当时的总长亦不乏领导人才与才智之士，如交通总长叶恭绰、外交总长顾维钧、司法总长王宠惠皆属杰出之士。他们在方针政策方面有卓越的贡献，在运筹立法方面有独到的措施，故不能一概抹杀。至于如交通总长高恩洪、吴毓麟、龚心湛、常荫槐等，多依附于军阀以图生存，学识方面既乏专长，施政方面更少建树。

在华盛顿会议上，美国提出"门户开放"，得到各国政府的支持。1925 年，段祺瑞临时执政府决定于 10 月在北京召开中国关税特别会议，叶恭绰此时任关税特别会议委员，于 8 月中旬发出请柬，邀请美、比、英、法、意、日、荷、葡、西班牙、丹麦、瑞典、挪威十二国代表参加。叶恭绰在提案中发表了"关税自主"的意见：（一）为了使中国企业不受新的遏制，要打破各国关税的"自我保护"政策；（二）关款存放关系到中国金融命脉至深，不能由外国银行垄断，中国银行有自主伸展的余地；（三）实行关税互惠。日本特使为这次会议专访叶恭绰，叶专门开诚商谈，说："此次会议中国所望日本者甚厚，日本如率先承认中国关税自主，则中国人对日恶感自必消除，将来单独商订互惠办法，必能适合双方需要。"

世界关税会议还在北京进行期间，段祺瑞政府瓦解，北京局势纷乱，叶恭绰发出通电呼吁关税会议休会，待中国"较有力""较自由"的政府产生后再继续开会。会议暂停，许多问题都悬而未决。

二十、自动辞职，以谢国人

1931 年 12 月，南京国民政府进行改组，蒋介石下野，林森为国民政府主席，孙科任行政院院长，负责组阁。孙科深知叶恭绰是铁路交通界的元老，卓有才能，又是父亲孙中山的好友，即邀他出任铁道部部长。此时叶恭绰已经离开政坛六年之久，本已无意仕途，孙科曾六度托人劝说，叶恭绰都婉言拒绝，并提出辞职。孙科给叶恭绰写信，以示挽留之意，信曰："昨日常务理事会第九次会议，关于先生请辞秘书主任及财务理事兼职事，当经议决慰留，仍请继续担任。"信中又恳切要求"合极奉达，务希勉为其难，照常任职，无任感纫"。叶恭绰考虑到孙中山对他的知遇之恩，又希望借此调和政局，就勉强答应了孙科的要求。

叶恭绰本已退出政坛，自谓"避嚣就寂，辞富居贫"，隐居上海几年。此时复出任国民政府铁道部部长，社会舆论多有议论，叶恭绰无法解释，心中郁闷。这从他后来写给吴湖帆的一封信中表现出来，信中说："弟之出山，纯为友谊关系。弟屡次登台，皆缘与人共患难，实则宦情。素淡今度尤毫无所图，一切以无我相临之，或有入水不濡之果。日来忙极，然尤能作书与君，足征学养之有素也。"（《叶恭绰致吴湖帆尺牍》）

叶恭绰任职后的第一次演讲说："今天是民国二十一年举行的第一次总理纪念周。本部所负的使命，是实行总理计划的铁道建设。"他还说，孙总理的铁道实业蓝图十分宏大，曾计划要建设十万里铁路，这个计划只能分期一步步完成，而"我们负有继往开来的责任"，要培养专门人才去实现它。

在任国民政府铁道部部长期间，叶恭绰视之为天职，殚精竭虑，恪尽职守。1932年1月6日，叶恭绰发出通电：（一）通电各路，召集应急货运会议，叶恭绰以近年各路货运山积，商民怨苦，阻断了各地的供需，使经济失去平衡，严令各路将积货以最经济最迅捷的办法限期运完。（二）通电各路整顿客车设备及增挂车辆，令各路严守行车时间，使列车整点安全。特别是客车缺少，代以铁棚敞车凑杂成列，敷衍行驶，使乘客饱受风露之苦，客车一切设备改良，遇有旅客过多，挂车均须加配座位。（三）解决新疆、甘肃、宁夏与内地交通，疏通西北国道，对一些重要路段限期通车。（四）由张静江督办的杭州境内铁路属于省办，为图省费，所用铁轨重量、枕木尺寸、铁轨接法、站台高度及路基石碴之截面，均与部颁标准不符，待将来营业稍能发展，应将一切工程及材料之不合标准者逐步改善。（五）令各路段严行商业市场化，为公众服务。铁路虽属官营，实属商业，铁路服务员在接待客商承运货物时均应诚恳亲切，不得稍加傲慢，不得稍加官场习气，希望"铁路业务完全臻于商业化之境界"。

在这期间，叶恭绰主持行政院所属英国退还的庚子赔款用来修建粤汉铁路（广州—武昌）。粤汉铁路北连平汉，南通欧航，水陆相连，是纵贯中国南北的第一条纵线。叶恭绰呕心沥血，从晚清之季即参与商办之局，到民国初年实行铁路国有政策，又与四国银行团议定开工提款担保、查账等各种办法，拟于1916年底完成武长段（武昌—长沙）。欧洲战争爆发，金融阻滞，遂与英、法、美三国借款存项，继续湘鄂线武长段的修建，到1918年竣工，与长株段衔接。自此以后，政潮起伏，内乱频发，各国战后疮痍未复，自顾不遑，粤汉铁路遂陷停顿。1921年，叶恭绰再任交通部部长，派关颖人（赓麟）督办株洲到衡阳段修建。不久政局又变，铁路工程又停工。1925年，叶恭绰三掌交通部，仍派关颖人督办此事。此时关税会议举行，叶恭绰建议应该拨新增关税十分之三用于交通建设事业，最先着手的还是粤汉铁路。最后以英国退还的庚子赔款解决经费困难，在孙科的支持下才完成粤汉铁路的建设。叶恭绰为粤汉铁路的筑建四起四落，足见其任事及办事的恒心。

在修筑铁路的进程中，常常遇到古文化遗址或市政改造，每有此事，叶恭绰总会把古址的保护放在重要的位置。在修筑粤汉铁路株洲到韶关段时，遇到韶关的街道要改造，拟拆去风采楼。此楼不是一般建筑，是在北宋天禧年间为纪念诗人余靖而修建，经历代重修，为粤北名胜。叶恭绰即与胡汉民一起给广东省省长陈铭枢写信，协商保护古建筑的办法。陈铭枢还曾给叶恭绰写信说："栖霞寺事经函请于杨耿光矣。中佛铁路官商合办一事，前读尊函，所论各节，洞中肯要，经录示哲生兄，想渠亦称善。现拟积极进行。若得先生登高一呼，则群响斯应，到时尚望特垂注为感。"

叶恭绰还列席国民党中央执委会议，报告铁道部的施政经过及今后的发展计划，报告中有完成浦口轮渡工程的计划。南京和浦口之间，大江横隔，京沪、津浦两路火车未能直接通渡，旅客颇感不便。1925年，叶恭绰就提出在浦口建一浮桥，南北来往的火车可以直接通过。开始拟建一浮桥，投资较大。集资办法一是发行两路浮桥公债票，二是酌收渡江费；并准备在1926年开始修建，还未动工，叶恭绰即去职。叶恭绰重提旧案，获得通过，经设计决定用活动桥梁式在江边筑车辆轮渡码头，并拨英国退还的庚子赔款付诸实施。

1931年，日本侵略中国的"九一八"事件爆发。1932年1月24日，叶恭绰在交通大学的欢迎会上发表演说，其中说道：

东北事件发生已久，以前后并无准备，已陷于既不能和，又不能战，守无可守的境地。我国人民并不是没有力量，但因为平时缺乏组织，故一切力量不能集中表现及运用，如要应急，非有十分决心毅力不可。今假使全国一致应付困难，则总动员系意中的事。而国民总动员的当中，则以我交通界动员最为重要，今试问交通界动员应如何办法，恐怕说得出来的很少吧。我国因为平时没有准备，致不能战，因不能战，故不能守，又以种种关系亦不能和。如欲应付此种事变，在此时期必须探本求源，仍在自行准备兵力与财力。

现在我国国民大有求生不得求死不能的现象，此后能否打破这个难关，殊属一个疑问。如欲打破此种难关，应付非常之变，须有充分的准备。关于交通方面，我信吾同学的能力是不错的，唯一平时欠少组织，以致非常散漫，吾人如要渡过此种难关，则唯有大家团结起来，共同努力。

近年世界有两大潮流，一为资本主义，一为社会主义，在此两大潮流的当中，断没有容人中立的可能。如欲抵抗此两大潮流，则须所以谋生存于现代，仍须我国国民顺应世界潮流自行奋斗与努力。此两大潮流，以前世人认为是一种理论，现在事变境迁，已一天天地见诸事实了。处于现代国际的当中，必须具有现代国家的形式。我们中国国家的情形对于现代必具的条件是否完全，国际间颇多疑问。盖国家之所以成立，一为人民，二为土地，三为主权，此为国家成立的要素。现在我国人民不知究竟有若干，我国的土地亦不知有若干，而我国的主权因受帝国主义者压迫也未尝完整，以个人而言，如他不知道家中的财产的数目，则可以说他是一个法律上无能力的人。若我国自己对于国家的情形或不知道，或知道而不精确，也可以说是没有国格。故此，我国民对他人之诋毁虽极愤慨，然不可无自知之明，赶求补救。以往的事实吾人深刻地自责，可以说是自作自受，今后我国如欲免除国难，恐怕是不可能的，而且还有接二连三的苦痛出现。吾国民必须认真，有以自立，才可谈到捍御外侮，且须苦心孤诣，取法他人。若我们只美人国的强与富而不去努力，是一点没有用处的。

中日关系日紧，国民政府外交部部长陈友仁主张对日绝交，孙科遂提交中央政治会议，未能通过，蒋介石派宋子文（1894—1971）又有意刁难孙科内阁。孙科遂于1932年1月25日辞去行政院院长之职。叶恭绰虽然后至，但他还是说："吾等本调和政局而来，今日的已达，不宜以自身而成纷扰。"1月28日，日军夜袭上海闸北，即"一·二八"事变。是日上午十时许，日军飞机集中轰炸，不仅使闸北陷入火海，而且集中轰炸上海火车站，造成该站全部文件卷宗及机车均毁于兵火，荡然无存。叶恭绰偕参事俞棫登上南京路国际饭店十四楼顶，远望火海焦土之景象，不禁临风挥涕，因致电中央政府自劾，并恳请辞职，以谢国人。

孙科辞职后，由汪精卫出任行政院院长，得叶恭绰辞去交通部部长之电报，即派顾孟余为代表到上海予以挽留，暂由陈公博代理铁道部部长，并致信叶恭绰劝其即日回南京就职。但叶恭绰决心与孙科同去留，并退出政坛，大隐隐于市，再度在上海开始了隐居生活。

第二编

传统文化守护者

一九二八年余影印光祖南雪公所于自缮写之清代学者象传曾风行一时其时余即拟续辑第二集径廿年之久蒐集又得二百人以时局不定资力又窘且各人传记不易着笔故迄未付印解放以来从事文史方温旧业而精力已衰恐及今不为後无可託不惟已集诸象虑致湮没有辜夙顾且无以慰频年亲友相助之劳因斤责炉馀藏物以为象先付影印其传则待续编行貌躬短景而微尚考僅与六卿茔治近代史者之参考而已略例具于左方敢希同志指教

一九五三年四月叶恭绰

一、首倡"精神文明""物质文明"并举

大清王朝的摇摇欲坠，使中国社会面临着千年所未有的变局，洋务运动的兴起，的确是要力挽狂澜，办实业，筑铁路，欲使中国走上自强之路。但是由于先天不足而带来的软弱性，过分依赖外国的资本、技术、设备、资金等，洋务运动处处受到钳制。国内又有遍及朝野的保守势力的反对，故洋务运动并没有使中国真正走上自立富强之路。光绪二十年（1894）的甲午战争，显现了洋务运动的成果未必失败，但中国还是战败于日本，即宣告了历时三十多年的洋务运动失败。即使如此，中国仍然向现代化迈开了第一步，洋务运动留下的物质或精神遗产，仍然在发挥作用，开启了知识分子实业救国、科学救国之路的探寻。叶恭绰的铁路救国无疑是洋务运动的后续，是一股健康的救国力量。叶恭绰的为官生涯虽然始终没有离开铁路、邮政系统，从事的是技术层面的筹划管理，但他始终是一位"文人官僚"。与"技术官僚"不同，他的目光比较长远，所关心的不只是铁路、邮政等技术问题，还关心到文化教育问题。他认为中国的富强，铁路固然重要，提出"交通救国""路亡国亡"，但只靠修铁路仍然无

叶恭绰摄于三十九岁

法救中国，还要以文化来提高从业人员的素养，甚至用文化来提高国人的素养。他利用手中的权力，对中国文化投入了极大的关注，而且把毕生的精力献给了文化事业。

叶恭绰对文化的关注，开始还只局限于铁路职工教育的问题，前文已有提及，他首先在铁路沿线办了许多铁路职工子弟学校，由小学到中学，乃至大学。他办学的初衷是考虑铁路职工散居在铁路沿线，那些离城市较远的铁路职工子弟受教育的问题，使铁路职工不再为第二代没有文化而操心，能安心工作。

为了使铁路职工有较高的素养，除了招工时进行文化技能考试之外，叶恭绰还对在职的铁路职工进行技能和文化考核，对成绩优秀、业绩优良者即进行量才擢用并循质晋薪。采用这种做法的宗旨是为了"打破官僚请托援引之积习，使真正有才能的人得以自见，庸劣之辈才不会滥竽充数"，一时风尚大为改进。

1920年12月，身为交通总长的叶恭绰，所关心的虽然还是铁路职工教育的问题，但教育的思路放宽，把目光转向和铁路有关的高等教育，把交通部所属的上海工业专门学校、唐山工业专门学校、北平

交通大学第一次校务会议摄影

铁路管理学校及北平邮电学校，合并建立交通大学，由交通次长徐世章办理此事，由他自己兼任校长。经过学科的调整，健全学校系统，使各校学制得到统一，提高教学质量。

叶恭绰在讲话中还提出交通大学要创建研究院，以适应国内工业发展的需要。他说："国产材料之试验，制造方法之改良，管理学术之研究以及其他方面科学之应用，及较大规模之研究所，为寻求真理发展学术之地……新理层出，利用日宏，其重视研究之精神几引为工业学府之天职。"

叶恭绰在交通大学校友会上发表讲话，提出精神文明和物质文明不可偏废，两者要相互适应，在均衡中求发展。他说：

近百年来，科学大昌，物质文明遂为一般人所注重，发明创造接踵而起，实业日益发达，交通日益便利，国力民生胥赖以臻强盛繁荣之境；然使极端提倡物质文明而轻忽精神文明，其流弊必至驱诱人类尽入竞争私利之途，此则事实昭然可以复按者也。鄙人游欧

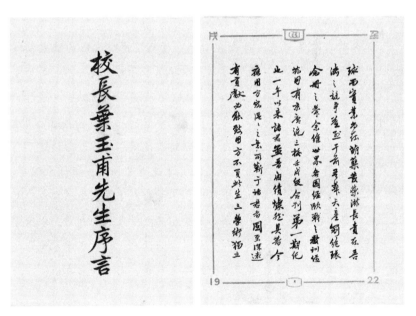

叶恭绰校长为交通大学毕业纪念册题序

时亲闻各国远识之士，多以为此次大战当归咎于极端物质文明之弊害，纷纷集会著书研究此项问题，即如新近来华之罗素氏即主持此说最力者。

叶恭绰认为中国科学还处在极为幼稚的时期，侧重于物质文明的提倡，还不至于产生什么大的弊病。既然看到了外国的覆辙，我们当引以为戒，正宜预先防微杜渐，若能取他人之经验，以为我用，避害就利，保持两者的平衡，则事半功倍且无后患。

何谓精神文明？叶恭绰认为：

所谓精神文明，可概括于宗教、道德、哲学三者。物质文明不过人生之工具而已，至于人生根本之修养，必有赖于宗教之信仰，道德之范围，哲学之学理。

交通大学举行开学典礼，叶恭绰到会发表讲话，提出学术和人格的独立境界，他说：

鄙人前自欧美归来，目击其新潮，颇有思感，尝以为诸君修学当以三事为准衡：第一，研究学术当以学术本身为前提，不受外力支配，以达于学术独立境界。第二，人类生存世界贵有贡献，必能尽力致用方不负一生岁月。第三，学术独立斯不难，应用学术愈精应用愈广，试申言之，夫学术之事，自有其精神与范围，非以外力逼迫而得善果者。我国积习以衡文为进取之阶，于是百艺均废，惟儒术仅存。虽科举之制为其历阶，亦由学者不察，不能辨科名学术为两事也。美国工艺之盛甲于世界，然说者谓其偏重出品之量及成功利益，以致学术之精神不敌欧陆，此又不辨利禄与学术为两事，是故求学术造诣之深，必先以学术为独立之事，不受外界之利诱，而后读书真乐，此所谓学术独立，非必与致用分离。

二、促印《四库全书》，推动传统文化传播

叶恭绰访欧期间，与巴黎汉学界有识之士接触，与巴黎大学协议设立中国学院。译学馆的韩汝甲创议用《四库全书》作为两国文化交流的媒介。法国总理班卫和素喜儒术，尤以沟通中西文化为己任，他建议退还中法庚子赔款，影印《四库全书》。

访欧归来，叶恭绰的心胸和眼界都大为开阔。他认为：

窃维五华立国垂数千年，古代文明不在人后，自近百年间，暂种突兴，一日千里，吾犹自封故步，彼此相形，遂瞠乎后矣。骄慢自是足召侮亡，苟且偷安亦复无济是，宜淬砺精神，毅然奋发，尽力为新文化之运动，以求适合于世界之趋势，谨举数事为大总统陈之。

因此，他毅然向大总统徐世昌上陈建议：设立通儒院，经营国立图书馆，影印《四库全书》，保存公私藏书、释道藏书版、军机处档案等。

关于设立通儒院，叶恭绰提出：

通儒院宜极设立也。查各国类有最高学府，慎选全国通儒研求最高深之学术，发表于世，以当继往开来之任。其资格皆极严加重，位望皆极清高，学术皆极渊邃，于以导扬文化，启迪新知殊非浅勘。

弘扬儒学，拯救中国文化，唯一的办法即是保护前人的文化遗产，因此，叶恭绰又提出：

吾国号称文化最古，而历代储藏图籍迄无妥当之法，致损等于焚

坑。比岁以来，士不悦学，各地大抵不知文化为何物，消沉散毁，尤有文武道尽之虞，宇内藏书非荡为烟尘，即贩随海舶，其保存遗佚者亦不绝如缕，并无持久之策，再阅数载，恐收拾益难。

对中国古籍之损毁，叶恭绰忧心如焚，因此他提出由公家经营一所国立图书馆，搜集宇内稀有珍本。在建议中特别提到《四库全书》及《图书集成》这两套丛书，虽有刊本、石印本或传写本，但经过太平天国、义和团运动及英法联军侵华之战乱，已多散佚，如今区区难保。因此叶恭绰提出刊印《四库全书》：

宜速将文渊阁本，由政府提倡，集资影印，以广其传，不独国内都会可各储一部，即东西各国，孰不欢迎？发扬国光，莫此为盛。（《叶遐庵先生年谱》，第 158 页）

叶恭绰提出刊印的《四库全书》，是我国最大的典籍，清康熙、乾隆二朝，在前世内府藏书的基础上，又征集了部分民间藏书纂修而成，分藏于文渊、文溯、文源、文津四阁，屡经兵燹，文汇、文宗、文澜、文源四处皆已损毁，唯文渊、文溯、文津仅存三套，若不极为广印流传，恐遂群蠹。叶恭绰不但力陈影印的重要性，而且提出发行的方法，并提议由陈垣（援庵）整理、张元济的商务印书馆影印出版。总统徐世昌同意，拟用法国退还的庚子赔款影印出版，分赠法国总统及中国学院，并命示朱启钤督办此事。

事情决定之后，叶恭绰电约张元济赴京商计出版事宜。张元济到京，首先访问叶恭绰，商讨印刷出版《四库全书》之事。后来，朱启钤、叶恭绰又和张元济谈出版事宜。张元济认为商务印书馆能力有限，需要先了解全书的规模，要知道共有多少页和拟用什么版式方能估算。最后，张元济提出：有多少款办多少事，不能过速。叶恭绰为此去询问教育总长，过了几天，回了一封信，说是八十余万页。叶恭绰认为这个数字不准确。经教育部同意，由陈垣组织一个六人班子冒暑入宫，逐册清点。清点的本子是文津阁的藏本。文津阁在热河行宫，乾隆每年前往避暑，早时说书，故抄写校对不敢马虎从事，所以比较完整。陈垣的助手樊手执、杨韶、王若璧、李倬均、李宏业等，于1920年6月15日正式开始调查清点文津阁本《四库全书》。京师图书馆目录科谭新嘉回忆说：计划经始于本年6月15日，竣事于本年8月22日。时政之争剧烈，近畿枪林弹雨，京城各门白昼仅启一二小时者二十余日。樊君诸人每日挥汗点查，未尝一日间断。而余与宜宾爨颂生（汝僖）、泗县杨鉴溏（宪成）、京兆李翰璋（文琦），编辑本馆各直省志目录，亦未尝一日间断。当戎马倥偬之际，得以从容镇静各事其冷淡生涯，几若世外桃源，谓非无独有偶，难得之遭逢欤！

陈垣的学生徐乃和回忆调查工作的详细过程：陈垣自己设计了一张表，表上分部别、类别、属别（如史部、职官类、官制）、书名、作者、卷数、函数、每书册数、每书页数等栏。历时三个月检出《四库全书》三万六千二百七十册，二十九万零九百十六页。工作完成后，陈垣邀请参加者拍了张合影作为纪念，他在照片上亲笔写了"民国九年八月"几个字。

叶恭绰得到这张表后即寄给已经回上海的张元济，商务印书馆有了这个列表，估计出此书出版成本的数字，认为可以承担。由于教育部的某些人以为影印此书乃有利可图，多方阻抑，以印教科书的成本要求印《四库全书》，而不知此书卷帙之多，一切工料之筹措运输之困难，中间的损失皆难预料，不是印教科书可相比的。教育部与商务印书馆的意见不合，而时局变化日多，工料皆已飞涨，《四库全书》再无印行的可能。但叶恭绰始终保存着陈垣的制表，以作留念。在抗日炮火中，流离转徙，居然都未失去。叶恭绰退居上海后重见此表，感叹恍如隔世。

教育部与商务印书馆的意见不合，只是表面现象，实际上是对叶恭绰的排斥。袁同礼致叶恭绰信，道出其中内幕："关于影印《四库》事，平中诸位数度集议，拟以甲编为《四库孤本丛刊》，乙编为《四库善本丛刊》，为迁就事实起见，决定先完成甲编，但为学术前途计，同人精力将侧重于乙编。弟曾拟一草案，主张由委员会积极负责，始终主持其事，不仅审核蒋君之目已也（此目列有刊本者约六十种，而遗漏错误之处不一而足）。惟沅老、援庵均以教部既无诚意，吾人何必自讨没趣，故拟在建议书中将弟之主张一一列入，亦一圆滑之办法也。惟部中所聘之委员，原有我公在内，并有专电到平，后又临时撤回。盖疑上次公函为公所'主稿'者也。部长度量之小，未免可笑。而此次发表之规程，仅请各委员审核蒋君之'未刊本草目'，而置平馆呈部之'罕传本拟目'于不顾，予吾人以难堪，同为国家机关，相煎何太急耶。"对教育部印《四库全书》所产生的矛盾，《大公报》发表社评："吾人为爱惜文化事业，殊不忍缄默不言，愿以局外地位，略陈戈戈之意，幸教育当局与商务印书馆主者察之。"《大公报》的评论还说："查四库所收，不尽善本，学者指摘，众论佥同，故'以善本代库本'之说，不特忠于学术者义应有此主张，其实主持文化事业之政府，对于此种大工作，尤应甚重将事，力求精善，应几无负中外学术之期望。虽库本善本，不妨并印，实则既有善本，何必重复影印库本，多此一举；矧就由政府令委办理，本非牟利之商业行为可比，现代学术，业成国际化，此事如以轻率出之，足令世界学者齿冷，此亦中国之体面攸关事也。"由于存在种种矛盾和经济问题，《四库全书》还是未能印行。

三、开启敦煌学研究的大门

叶恭绰四十三岁时即吃长斋，对佛学研究颇为关注。他以僧人多无学，创办观宗弘法社，组织僧人学佛法经典，并且影印中国典籍，保护中国传统文化，于佛学著作著力尤多。1925年9月1日（《叶遐庵先生年谱》误记为1921年1月），他发起组织的敦煌经籍辑存会在故宫午门举行成立典礼，并在海内外寻找散落的敦煌经卷。

敦煌自古即处西域与中原文化交流的要冲。自东汉以来，此地即是译经所在地，从印度传来的佛经多在此翻译，旁及儒学，所传文献多为写本。西晋末即有僧人在山间修建洞窟礼佛，以后历经南北朝隋唐至五代，伽蓝迭起，辉煌数世，汇集经卷，难以计数，即世所传藏经洞。宋时避西夏之乱，洞窟为之封闭，经黄沙逆风所侵，寂然无闻，数百年不为外人所知。清光绪年间，湖北人王圆箓，由行武转身为道士，既无师承，又无寺院，流浪到莫高窟安下身来，在一个偶然的机会中发现了藏经洞。王道士请城中士绅来观，士绅等不知可贵，谓此佛经流落于外，诚大造孽，要王道士仍归窟内。

王道士颇为机灵，遂带几卷写经到了酒泉，献于安肃道台满人廷栋。廷栋亦不知此经卷的重要，并以为经卷的字还不如自己所写，无足轻重。王道士甚为沮丧，随即离去。此时，匈牙利籍学者斯坦因自印度来中国，至新疆，听到此事，遂来敦煌。王道士为斯坦因赠银三百两所动，允许斯坦因设帐于沙漠中。斯坦因夜晚入窟检视佛经，历时多日，取其经卷完整者及佛灯、绣像，捆载四头骆驼之上而去。此事轰传国外，法国人伯希和接踵来到敦煌。但王道士已知此批经卷可贵，不肯轻易许诺。但伯希和以银元宝相赠，伯希和终得载去十大车。伯希和到了北京，在士大夫间扬言此事，并对梁启超说："吾载十大车而止，过此亦不欲再伤廉矣。"宣统元年（1909），北京学部强令甘肃将余下的八千余经卷尽缴北京。当运经卷的车行到京城打磨厂时，何彦升之子何震彝先将大车接到其家，约同岳父李盛铎（木斋）、刘廷琛（幼云）及方尔谦（地山）等人，选其精品，悉行窃取。而将经卷之较长者，一拆为二，以充八千之数。此事为宝熙所知，准备上章参劾，恰巧武昌起义爆发，事遂作罢。

1909 年冬天，叶恭绰和罗振玉、王仁俊、蒋凤藻，前往伯希和住处，观看伯希和在敦煌所得经卷。叶恭绰在题敦煌石窟所出《大般涅槃经疏》亦写道："在敦煌鸣沙石窟所出经卷，乃光绪末何震彝所赠。先是法兰西人伯希和方拥戴敦煌经籍及法物数千事以归，朝野大哗。伯希和过北京，吾国人往访者不绝，吾与罗叔蕴、王扦郑等亦造访焉。目眙国宝，心焉痛之。辗转闻于朝，于是有悉学部之举，即令所存北平图书馆八千余卷，而散失于外者亦不少。"闻法国伯希和逝世时，叶恭绰作七绝二首相悼，诗前有记："忆自清末与之在北京相识民国九年，继会于巴黎，民国廿五年又会于上海，今此敦煌专家遂永离人世，悼以二绝。"1930年，伯希和到了上海，由叶恭绰陪同在张葱玉的木雁斋相见，张葱玉的日记记有这次见面。诗中有"联袂四人今剩我"，句后有注：伯希和在北京，余与罗叔蕴、王扞郑、蒋伯斧访之八宝胡同，四人惟余未有撰述，今三人皆逝矣。诗中有"辑存总目编犹待，更向何人借一鸥"。句下有注："余拟编敦煌经典辑存总目，将世界所有敦煌文物汇编一目，君极赞成其议，因时局多故未有成，今余处尚存各草目不少。"(《遐庵汇稿·中编》)

此时尚书陈璧被革职，梁士诒、关赓麟、龙建章、叶恭绰也被免职。不久，徐世昌继陈璧任邮传部尚书，任叶恭绰为承政厅副厅长，接着又升任厅长。叶恭绰此时官职在升降之间，对敦煌经卷之事没有注意，所以在十多年之后，稍有安定，才有机会关注敦煌经卷之事。

"考敦煌自东汉以来，恒为印支、宿德安般之地，梵胡原夹，传译初文，乃至支那撰述，旁及儒道文献，多存乎是。故经典写本，富冠诸方。五季之世，全州为流沙所没，莫高灵窟遂同幽闭，降至清末，始以缘会，剖尘而出。而当时学士鲜复顾察，迨欧西诸国尽撷精英，携渡重海，我方觉而求之，则已皆遗余，而莫由窥其全豹矣。"对此情景，叶恭绰感慨系言："遭丧法宝沦亡为惧，若不及时掇拾，广咨博采，则妙典不存，法云焉转。"为抢救敦煌经卷遗珍，叶恭绰提出组织敦煌经籍辑存会，对散落的经卷进行搜集、整理、编辑出版。

孙科题"遐庵汇稿"

敦煌经籍辑存会成立后，设有采访部、考订部、流通部和总务部。叶恭绰即请李盛铎、王树枏、罗振玉等从事搜集。叶恭绰自己则设法搜集流散在英、法、德、日诸国的敦煌经卷目录，京师图书馆所存的经卷目录则请陈垣、李正刚等编订。此时徐世昌任大总统，梁士诒任国务总理，叶恭绰任交通部总长，陈垣任教育部次长兼京师图书馆馆长。

陈垣对此事自述云：民国十一年（1922）春，予兼长馆事，时掌写经者为德清俞君泽箴，乃与俞君约，尽阅馆中所藏，日以百轴为度，凡三越月，而八千轴毕。知其中遗文异义，足资考证者甚多，即卷头纸背所书之日常账目、交易契约、鄙俚歌词之属，在昔视为无足重轻，在今矧为有关掌故者亦不少，特目未刊布，外间无由窥其蕴耳。陈垣和叶恭绰合作多年，对叶恭绰深有了解，在写给儿子的家书中，叫儿子少跟叶恭绰接触，因为他觉得他有"官气"。郑逸梅和叶恭绰相识，并多有接触，说叶即使退隐上海当了寓公，仍然是"叶恭绰官交通总长，既卸任，犹喜人称之为叶总长"。可见此风源远流长，今日之官退休之后，仍然喜人称之为某局长、某部长、某常委。人一当了官之后，就很难淡泊名利，而且争名夺利相伴终生。

由于该会成员共同努力，取得成绩，1923年，罗福苌编成《伦敦博物馆敦煌书目》《巴黎图书馆敦煌书目》，叶恭绰自己动手，于1926年编著了《关东厅旅顺博物馆所存敦煌出土之佛教经典》，国立历史博物馆亦有《海外所存敦煌经籍分类目录》，陈垣也于1931年编成《敦煌劫余录》并出版。

当此之际，叶恭绰写了《敦煌经籍辑存会缘起》一文，除了表述他发起成立该会的初衷，更讲了法典对振兴国家的重要性，"《坟》《典》散佚而周京覆，图籍收聚而汉室兴"，"妙典不存，法运焉转？无道而欲兴邦，岂可得之数哉"！他把这次编辑保存敦煌经卷看作是"更生法季"之壮举，讥笑那些不看重遗传经典的人是"井识管窥，知无当于智海；蜩蚋鸠莺，窃有慕于溟鹏"。感谢"玄览高贤，明达开士，予以智力，助其圆成。是所馨香劝请、祷吁无尽者也"。

叶恭绰无疑是中国敦煌学的开拓者之一，不只引导了国内学者对敦煌出土的经卷进行研究，而且开了研究敦煌壁画的先河。对敦煌经卷的藏递流向，叶恭绰一直都很关注。1934 年，李盛铎在天津逝世，李盛铎的后人要出售家中所藏经卷，叶恭绰给徐森玉写信。信中说：

> 久未得惠书，昨晤伯郊，得知近况甚慰，荏苒又过数月，毫无聊赖，此心终未得安定处，足征多年致力，所无受用，日西方暮，为之奈何。虚老来穗，年百有一岁矣，气象非凡，弟为之震惊，失次，竟不能有所叩挈，真可恨也。兹有陈者，前此所介木老敦煌经卷，兹又有一批到沪，且较前益胜，弟前曾屡劝慰堂专收北平图以外藏珍，未知渠对此尚有意否，或有何人能以收藏，盼与来人细商一切。弟近年已主聚不如散之说，然终希法物之得所，不致毁灭，想之定有同情也。

叶恭绰此时已脱离政坛，隐居广东。风风雨雨出入政坛多年，也还是风生水起地做了一番事业，虽然过着隐居清寂的生活，心中也难免有一种失落之感。他对敦煌经卷的存亡，仍是念念于怀。信中慰堂即北京图书馆馆长蒋复璁，徐森玉此时任故宫博物院副院长兼古物陈列所所长。胡适在 1937 年 3 月 2 日、5 月 26 日、6 月 15 日的日记中，都记有和徐森玉讨论收购李盛铎所藏敦煌经卷的事。李盛铎去世后，国外有人曾要购买这批经卷，但李氏的后人不愿将经卷流散去国外。这次商谈的结果是，这批经卷的总价为四十二万元，但家属坚持要五十万元，徐森玉也没法确定五十万元的价位。后趁"庐山茗叙"，胡适向蒋介石陈述。最后，满足李氏后人的要求，将其所藏书及部分经卷收归北京大学图书馆。

1950 年，叶恭绰又致信徐森玉，仍然在谈李盛铎所藏敦煌经卷事，信中说：

> 昨有友人托售敦煌经卷，曾介一函，不知直达览否？世兄来，得悉。近况为慰。此者北平书画古物纷纷流散，弟颇劝亲友合资往购，

但应者寥寥。木斋所藏精品都有人购之来粤（晋人写经于帛上，兼有佛像，又晋写道德经，乃索纨所写），金山寺被焚，藏经悉缴，金焦同遭浩劫矣。《广东丛书》第二集出版，弟愿已了，第三集只可待后人为之，弟不能从事矣。病躯勉强支撑，终不得养，亦只可听之，此吾心也。乘流可耳。子羽久无消息，似颇恼恍迷离，真是爱莫能助，奈何。

对索纨写的道德经卷，叶恭绰写题跋，其中有云："此卷书，纯从章草蜕化，与西北出木简之属晋初者正合。足证书法自有其时代性。东晋诸名家，如何演变为今所流传之晋人书体，亦殊堪研讨耳。"题跋中还说："索氏为敦煌望族，且多以学术名。故非抄胥经生之比。"

徐森玉接到叶恭绰信后，即与当时任文化部文物管理局局长的郑振铎商议，收购天津李盛铎藏敦煌经卷。1950年1月，郑振铎致信夏鼐，谈及此事：李家敦煌卷子事，我们为什么不收呢？这有原因。这批卷子是森老（徐森玉）介绍的，我也和李氏主人见过面，国家不可能买也，因为李某在敌伪时代做过重要官，解放前才被释放出来。如由国家收购他的东西定会发生问题，即他本人的刑期未满问题和财产没收问题。弟等为了森老的关系（森老是李木老的门生），不便声张。故非无力也，是不能也。至于弟自己则力量有限，虽羡慕不已，而无力得之。现此卷已落入商人手中，不久即可由北京图书馆收得。

从信中，可以看出郑振铎想得周到，但也透露出他当时那番无可奈何的心情。至此，叶恭绰对敦煌经卷的关心表露无遗，但也不得不画上句号了。

四、《历代藏经考》和《碛砂藏》

除了手写的敦煌经卷或手写本佛门经典，叶恭绰花了许多精力组织进行挖掘，收藏整理，还对刻板印刷的佛门经典进行了考证。1936

年，他曾撰有《历代藏经考略》一书，对所考证之书做了详细记录，在序言中详细介绍了中国佛经雕版的史实。他写道："佛教经典，入吾国一千七百余年，其汇集储存、析分经律论而合称之为藏，盖始于唐（依吕秋逸说），但其初止传写校录，间有雕版，亦止别出单行，其全藏之付刊，不能不推北宋开宝之蜀刻。故论佛教大藏之雕版，必以开宝为鼻祖。自时厥后，代有继兴。然历史渺绵，卷帙沦佚，欲详知诸藏付刻之经过及其内容，盖极不易。近岁学风丕变，因研求略录之学渐涉及于佛藏者遂多，而以信仰关系，知宝衣珠，因悉力网罗遗佚，从而发现深山穷谷者，亦复不少。""除清藏外，现存者殆无完帙，而刻印始末，求如径山藏之有详细记录，且流存至今者，亦复无有，仅凭旁搜追溯，事极劳费也。"从中也可以看出他为什么要对历史藏经雕版进行考察研究。

在这项调查研究的过程中，叶恭绰和蒋维乔（竹庄）多次通信讨论《大藏经》的有关问题。叶恭绰在给蒋维乔的一封信中说："弟所任之题目为《我国历代刊刻〈大藏经〉考略》。"叶恭绰搜集的这一专题的许多资料，尚待深入研究，为此他向蒋维乔求教：（一）武林版印本从无人见过，不审有法可觅一两叶，或此版刊刻之缘起经过有见他书否？（二）尊处对弘法藏之资料有无可以见似者？（三）赵城新发现之金藏中有元代补版，蒋唯心以为补版中多弘法版在内，此公谓然否？

叶恭绰致蒋维乔信中，感谢蒋赠他《华严经疏》第一册，遂使他有如完璧之愉快。叶恭绰听到《普慧大藏》拟改为《中华大藏》，即给予关注，向蒋询问详情如何，谁来主持并提出自己的意见："鄙意如此大事付之三数人轻率担任，绝非善策。"并在另一信中表示："普慧藏事弟始终以诚心善意对之，无奈人各有心，不能了解，故从不过问，今果进退两难。今后如欲维持下去，必须另行一番计划，忘记以前之事，从新由一张白纸做起。若以商店招盘式、官场接任式等等来处理，无有是处也。"

《普慧大藏》由《大藏经》改名而来，因为改名遇到许多曲折。在没有办法的情况下，推戴季陶为理事长，叶恭绰、李赞侯为副理事长。

叶恭绰很不高兴，在致蒋维乔的信中说："似乎这是一种权利，由彼等挈来分配，真是笑话。弟如高兴此种凑合分配的事，不知会揽了几千种的事在身，何待今日！"又说如当时不用"普慧"二字，目下毫无困难，功德人人可做，时时可做，虽办五十年告成，毫无不可。

叶恭绰致蒋维乔信提及："碛砂有无由宋逮元之说，弟寡陋，未敢臆断。公对此必有确见，能开示否？"不知是否因为蒋维乔有明确回答，才使叶恭绰下决心影印《碛砂藏》。

《碛砂藏》原为平江府碛砂洲延圣院所藏佛家经典，后来延圣院改称碛砂禅寺，故此经改名称"碛砂藏"。《碛砂藏》在南宋宝庆至绍定年间开始雕版，至元代至正二年（1342）竣工。1931年，朱庆澜在陕西开元寺发现全藏，拟影印流通，即向叶恭绰求助。叶恭绰即组成上海影印宋版藏经会共举此事。叶恭绰致蒋维乔信也当在这个时候。在叶恭绰的主持下，经过四年的努力，于1936年完成影印工作。影印本《碛砂藏》共六十函五百九十三册，收入经书一千五百三十二部共六千三百六十二卷，印五百零二部，耗二十三万四千两银元。在影印《碛砂藏》期间，叶恭绰又通过某僧人在各地搜集该藏的缺漏，又意外在河北赵县广胜寺发现了疑似宋代藏经孤本一部，其所收经典有不少为别藏所无。叶恭绰在致蒋维乔的信中亦提到《赵城藏》："《赵城藏》事细想仍以先查存在赵城各经卷，期得其真相为第一步要举。盖一，此藏经究系何时何地所刊所印？二，有无完善目录及尚有罕见及孤行珍本否？"

1935年秋，叶恭绰与影印宋版藏经会同人对《赵城藏》择要复印，名为《宋藏遗珍》。抗日战争期间，日军攻占河北，即派军队寻找《赵城藏》。聂荣臻得消息后，即派部队抢救，将《赵城藏》运往解放区，后藏于北京图书馆。佛学居士欧阳渐（竟无）亦热心于佛教经典，致信叶恭绰说，有朋友来信称北宋藏又出现，末世斯人何福之原也。该藏有印度撰述十九种四十二卷，支那撰述一百九十卷，皆系孤本。目录已寄尊处。

叶恭绰把整理出版的《碛砂藏》及佛门经典分别送给有关寺庙，虚云法师称之为"居士总儒释之宗，名灿神州"。

五、不做清朝遗民

清朝消亡，民国肇建，中国社会又面临着一个大转捩的时代，各
种思潮纷呈，人们都在设想以过往历史来寄托自己的情怀，表达自己
的愿望。在清末民初的几十年时间里，人们一直没有停止这样的历史
思考。梁启超在其《中国近三百年学术史》中，对"晚明学术"和
"晚清政治"做了比较，列举了明末遗民和清初几位思想家如黄宗羲
（梨洲）、顾炎武（亭林）、朱之瑜（舜水）、王夫之（船山）等人所写
的许多文章，但在过去二百多年间，却熟视无睹，充耳不闻。但是
到了清末忽然"像电气一般把许多青年的心弦震得直跳"，他们提倡
"经世致用之学"，虽然有许多不适用，然而那种精神"能令学者对于
二百多年的汉宋门户得一解放，大胆地独求其是"。对于他们"痛论
八股科举之汩没人才"，"反抗满清的壮烈行动和言论"，而此时"读
了先辈们的书，蓦地把二百年来麻木过去的民族意识觉醒转来"。他
们有些人曾对君主专制做过大胆批评，而人们"拿外国政体来比较一
番，觉得句句都餍心切理，因此从事于推翻几千年旧政体猛烈运动"。
梁启超说："总而言之，最近三十年思想史之变迁，虽波澜一日比一
日壮阔，内容一日比一日复杂，而最初的原动力，我敢用一句话来包
举他，是残明遗民思想的复活。"

梁启超上述的这些话，直接提出晚清与晚明两个朝代殊途同归
的使命传承。"明室遗老凭身"的章太炎，于1913年执笔起草了民国
《稽勋意见书》，将"明室遗民洪、杨、李、石诸公，皆宜表扬，以彰
潜德"。遵叶恭绰之嘱整理编辑敦煌经卷的陈垣，对晚明历史的兴趣
颇浓，早就著有歌颂明朝英烈的《述绍武君臣冢》。据说袁世凯也来
凑热闹，编造家谱，表明自己是明末抗清英雄袁崇焕的"亲戚"。叶
恭绰的同宗叶楚伧为明末遗民叶绍袁后人，对晚明事迹尤有兴趣，不

但创作小说，而且刊行叶氏一门的唱和之作《午梦堂集》；还去寻访叶小鸾之墓，即请黄朴人、苏曼殊、蔡哲夫、王一亭绘《汾湖吊梦图》，以作纪念。冒广生（鹤亭）与叶恭绰为世交，可谓少年朋友，此时对其先人冒襄之遗墨、文稿抄本、遗民小像进行发掘、收藏、阅读、刊印。叶恭绰的朋友柳亚子，曾"依体步韵"吴梅村之《圆圆曲》而成《迷楼曲》，又次韵《圆圆曲》作《乐国词》，南社社员王葆桢有《题河东君小像集钱牧斋句》，吴梅作《浣溪沙·河东君小像集牧斋诗》。

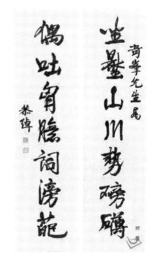

叶恭绰赠孙奇峰作品

叶恭绰脱离政坛，回到广州无处安身，即寄住在好友孙奇峰家中，孙奇峰是以"遗民"终老的人物，表示"以举人终其身，不再谋仕民国"。

这种遗民思潮，不只存在于士人中，报章杂志也做通俗宣扬，以明朝事件为题材的通俗演义、章回小说，多有出版，流传民间，大众化的报纸也广为宣扬。1911年12月30日，《申报》发表了署名"甬上子枚"的文章《明清末造之比较》，以隐喻之笔把晚明与晚清的社会做了对比，诸如"明末北先亡而南后失，晚清南先失而北后亡"，"明季川民受张献忠之害，清季川民受赵尔丰之惨杀"，"清之亡明，恃火器之利，民之亡清，恃炸弹之烈"，"明亡薙头，清亡剪辫"，"明末亡国诸臣好蓄姬妾（如柳如是、顾横波、陈圆圆等），清末亡国亲贵更多外宠（如杨翠喜、天香楼、苏宝宝等）"，"明末直谏之臣率遭廷杖，清末直谏之臣皆被革职"，"明末着满族冠裳，清末仿泰西服式"，"明末士多讲学，清末士多游学"，"明末亡于东林党，清末亡于革命党"。这段话即使载于报端，也只不过是戏谑之言，但它反映了当时士人与民间对晚明与晚清之间的历史与现实做了"神似"的比对与认识，似乎成了一种集体的想象或记忆。

这种士人或朋友中的遗民意识，叶恭绰是如何对待的呢？从他的作为来看，他并未沉湎于时歌时哭、沉醉诗酒的遗民状态中，他是有着积极进取精神的新型官吏。但他毕竟是一个极为复杂的人物，做过清朝的京官，支持过袁世凯，周旋于北洋各军阀之间，最后又投向孙中山，加上他的传统文化的深厚根基，对明朝文化人物心怀景仰，其出发点不是为了家国，而是为了文化。这和那些对明朝怀有幻想的遗老，在精神深处迥然不同，这也可以从他对古物遗址的保护及整理编辑前人的遗著中体现出来。

明亡之后，许多遗民不愿入清，而是逃到南方，出家为僧，或者做了居士隐居起来，但他们没有放下手中之笔，仍在吟咏或撰文并流传下来，因为是民间刻本，流传甚少，叶恭绰如有所遇所得，即整理重版再印。如流传在南方的《海云禅藻》即是其中的一种。道光年间虽有"惠依原本"重刻，到了叶恭绰时代，此书原刻本已久不可得，即使重刻本亦如星凤。叶恭绰从朋友处觅得重刻本，再刻印，书成后，叶恭绰作《重刻海云禅藻·跋》云：

余维明末、清初，不愿降服异族者，多遁入空门。其时，文网尚疏，故各地缁流尚得开堂辟宇，为收纳地。如苏之灵岩、浙之灵隐、北京之红螺山等皆是。粤之丹霞、顶湖、海云，则事迹尤盛，且与各省大刹皆通声气。而地方当道亦竞为护法，殆以颇寓暗销反侧之用焉。

是册所纪，虽只诗篇，而宗旨与事实均隐约可见。编刻者诚非无意。且道光年尚有人重刻，固之海隅人心思汉之切。殊不知何以独遗屈翁山耳。（《遐庵小品》，第 248 页）

类似《海云禅藻》这类佛门著作，叶恭绰主持集资编辑出版的不少。这种有些禅意的佛门著作，不是经典，应该说其质量也不高，叶恭绰之所以这样做，就是因"其中颇与明末、清初史事有关者"，表现了人们"思汉之切"的心情。叶恭绰把民间的这种思想脉络以文化现象视之，并未将家国的政治理念引入其中。在提议编印《中华大藏》时，他这种近文化远政治的思想表现得更为明确。他对当时文坛于刊印佛教经典《大藏经》未予关注，表现得颇为不满，他说："宗风寥寂，藩部乖离，数典多忘，补牢宜亟。"从1925年前后，叶恭绰就有想法，但一直未能实现。多年后他发出建议，重提此事。颇可注意的是他在建议中的一些提法。他认为历代编辑《大藏经》，每由帝王、宰官意趣取舍，如明太祖抽去"元藏"中的密宗某些部分，清世宗抽去禅祖某些部分，都是从政治出发，而脱离了"以宗教学术立场为标准"。新编《大藏经》应该发扬民国开创精神，且符合佛教平等之真意，兼示佛教的全貌。元、清二世在当时的政治理念看来，都是异族入侵当国，在编辑《大藏经》时，如何对待元、清两朝的文化遗产？叶恭绰提出，不但要采纳这两朝的译本，而且元、清两代刻"藏"，皆经通蒙、藏文字者参加校刊，故颇能是正译述音义之讹，"应乘此采访遗逸之际，将以前译述之本，加以精详之校勘"，对元、清两代的"合堪之功，不能专美"。

在这期间，叶恭绰还与徐森玉等学者筹划印行《碛砂藏》《宋藏遗珍》的工作，发现宋代流散在全国的《大藏经》，历代都未收入。叶恭绰发了一通感慨，说："金源文化较盛之地，而竟屏遗不载欤？譬之古僧之入定，兀坐于风云草木之中，寂寞不求人知。历数百载，而时节因缘相会，始以真示人。"

与此同时，叶恭绰对京城的许多古迹都进行了修葺或重修，如房山西域寺藏隋代石经。在这里，值得一提的是重修袁崇焕墓。

袁崇焕，祖籍广东，出生在广西，为明崇祯朝蓟辽督师。明崇祯时清人举兵入京师，袁崇焕率大军驰救。保卫战刚开始，崇祯朱由检逮袁下狱，寻找一个理由把他杀了。清军欲图中原已久，最所惧者即袁崇焕。袁死，清军入关更利。经甲申之变，吴三桂作伥，清人遂入关称帝。当时对袁功过评论，如同水火，初无定论，至乾隆时才承认用离间计，诱使崇祯杀袁，并说"明实自坏其长城"。于是，是非功过始定。袁死，家族同诛，遗骸未收，其仆人余某，将他葬于

叶恭绰书《袁崇焕墓志》

广渠门广东义园。其后，乡人即立祠于左安门龙潭，祭吊不绝，"每岁清明，粤人之官京师者，咸于是日携遗像至墓前展拜，十岁以为常"。"拜者莫不唏嘘欲涕。"晚清以后，袁崇焕墓、西照寺、万柳堂成为京城的旅游景点，康有为有多首游袁崇焕墓所作之诗。清朝遗老冒广生为庆祝生日宴集之地即是西照寺。清末民初滞留京师的名人，都会有"万柳堂前清照寺，清明墓上督师碑"的感慨，袁崇焕墓和顾亭林祠一样，几乎是带着血迹的历史遗存，也成了他们游览咏叹之地。

在清末民初对明代的幻想中，明末三学人顾炎武、黄宗羲、王夫之的学说也热闹起来，"均反复研究，以求至深"。过去对他们因

"其言不用，而神州陆沉"，而且将晚明的三家学说针对晚清时局有着"对症下药"的作用，即是顾炎武与地方自治问题，黄宗羲与民主专制问题，王夫之与民族独立问题，这时都一一落到实处。尤其是对顾炎武表现出极大热情，有清一代，对他的著作陆续出版，到1912年前后几乎达到了高潮，仅《日知录》就出版有多种注释本。对前人的著作有为我所用的思想背景，也难免有断章取义，甚至曲解篡改的弊端。

叶恭绰对顾炎武虽然有景仰之情，但他并没有加入这个遗民"大合唱"中，而是冷静地对顾亭林祠进行重修和保护。北京顾亭林祠位于清道光年间由何绍基、张穆创建的旧大报国慈仁寺西，年代久远，渐已废圮。1921年，叶恭绰与徐世昌、曹秉章、傅增湘、王式通、范源濂、王宠惠等集资修建，并在祠中添建佛殿。叶恭绰为什么要发起集资修建顾亭林祠，是像那些遗老对明贤的凭吊以抒胸怀吗？非也。《叶遐庵先生年谱》中记云："民国肇建，而前清之晚忠祠巍然存在，非法也，国人头脑不清，此种印象关系非小。"所以叶恭绰以"恢复名迹"之名，集资修建。为了避免误会，取得重修的合法性，叶恭绰还向内务部写了报告，以作备案，报告中说："该项建筑陈设等，本为国人公共出财所办，既非官产，亦不属何人私有，理合附请备案。以祛误会，合并声明。"

六、保护大同石窟及西北科学考察

宣统元年（1909）冬天，叶恭绰和法国人伯希和相识。此时伯希和作为汉学家、探险家已对中国西北古文化遗址、古物做了调查，所获甚多。此时，他把在敦煌所得的经卷及古物在北京举办展览。同叶恭绰前往参观的有罗振玉、王仁俊、蒋凤藻。由此，叶恭绰对考古产生了浓厚的兴趣，也产生了保护历史文物的责任感。

修筑铁路，所到之处，都会遇到古物遗存，见证现代文明与古代文明相撞击。叶恭绰爱古不薄今，修筑铁路和保护古代文明，有同等重要的地位，而对古代文明的保护尤为急迫。他认为铁路的修筑可以改道，也可以重修，但古代文物一旦遭到破坏，就会改变面貌，甚至消失，无法再造与重生。云冈石窟在1902年被日本学者伊东忠太偶然发现，而中国对它知之甚少。京绥铁路进入勘测阶段，工程师报告，在山西大同附近有一大批摩崖石刻，亦有寺院建筑，听说是明代建筑。听了工程师的报告，叶恭绰怦然心动，回忆少时读郦道元的《水经注》，武州川雕刻绵画二十里，"烟堂水阁相望"，其盛况可以想见，但足迹未到，不知其地所在。叶恭绰查了资料得知，工程师所报告的地方即《水经注》中所记，此窟为北魏拓跋氏所建，距今已有一千四百多年。于是他关照工程师多拍照片，以供研究。一见之下，即觉其迥异非凡，可证其为魏代所作。石窟造像无一不生动，各窟壁画皆极工致，所用纹饰皆混合中印，无一不精。看到如此珍宝，叶恭绰即与中国古物保存会商量，派人去大同调查，兼筹保护经费及修补的方法。叶恭绰与蔡元培联名致信山西省主席阎锡山，请其切实保护。叶恭绰又给古物保存会委员张继发电报，请他就近维护。张继复电说，大同云冈石像被损事已由敝会北平分会特派专员前往实地调查，据大同县长称，该处地势广阔，附近村民与外来军人勾结古玩商，夜间偷凿，寺中僧人防不胜防，自五日至八日已被凿去佛头九十余个。虽由该县拿获首犯数人，正在审讯，而石像被毁者已不可复续，实堪恨。除该县严行禁止外，尚拟商议保护之法。

叶恭绰的关心使大同县政府下了禁止令，实际上也只是敷衍了事，盗挖盗卖之风，仍无法终止。

1916年，在天津闲居的叶恭绰做了中原之旅，历时一个月，与朋友乘火车游览了太原、郑州、洛阳、开封和徐州，考察了古迹名胜，对商情民俗都做了研究。

1918年重阳节前，叶恭绰约陈垣前往大同，同行者有铁路工程师俞人凤（翩梧）、郑洪年（韶觉）、翟兆麟（瑞符）、邵善闻（文彪）。

他们到大同车站后，乘骡车前往。此时秋高气爽，他们循武州川溯流而上，经观音堂，入武州塞口，见石壁峭立，凿山为岩，因岩镌佛，岩高二百余尺，佛高六七十尺，雕饰奇伟。往前行，则见石洞千孔，如来满山，鬼斧神工。窟内多半裸体神女，振翮凌空，宝相庄严，拈花微笑。摩崖之碑，风雨剥蚀，文字漫没，形廓犹存。清代屡有修饰，金碧辉煌，徒取炫目，尽失原形，致使古意泯绝。其未经修饰之窟，虽甚剥落，然远望缥缈，容态转真，窟窟异形，没有相同。但古洞荒凉，荆榛满目，多为村民占居，居卧烧饭，尽在佛前；断瓦颓垣，道路受阻，或土埋佛身，已过半膝，有的被盗偷凿，斧痕犹新。此情此景，久非《水经注》所言的盛况，令叶恭绰、陈垣仰天感叹："过此不图，日即湮没，则是有斯之责也！"

叶恭绰在《大同云冈发现经过》中说："余思石窟，远在元魏之前，且艺术含有外来成分，极富历史意味。吾人必应自有访寻研究，方免外人掺越。但此事非私人所易办，而当局复无可言者。不得已，商之阎锡山，渠允令地方文武保护，拟筹五万元办此事。"阎锡山将此事交给大同镇守张汉帜。叶恭绰曾与张氏商讨石窟的保护方法，若以细绵土强补其缺，致尽失真相，而用现代科学的方法，涂注一种液汁，使石质增加凝固，不易受气候之侵袭。但询科技专业人员，亦未得其法。面对古遗址的损坏，则不如不修之为愈，叶恭绰只好"徒付之浩叹"。

1932 年，叶恭绰与南京古物保存所所长卫聚贤，学者刘福泰、汤用彤、宗白华，前往南京考察栖霞隋塔及江宁城外萧梁古墓。当时随行者濑川有记："由下关乘八点五十分火车至栖霞站，步行约二里，抵栖霞寺。时满山枫叶，丹黄驳错，红墙白塔，隐约云表，景致幽静，至门则枯荷败苇。浮雕佛像，精妙绝伦，惜屡遭兵燹，损裂多处，又为无知者多所刊镌。幸大部分犹未损坏，固议保全之法。"

在此之前，香港商人曾出资修复，但寺僧不懂，乃用细绵土遍身涂饰，致全失原形。雕刻之工，不复可见。叶恭绰他们商议了修复的方法，清理过去修复的涂料，涂一种药料于石上，可以避天气之侵害，此系美国科学家保护石刻的发明，云冈石刻的保护，用的就是这种药水。蔡元培得到栖霞石刻得以保护的消息，即致信叶恭绰："承示栖霞塔工对于雕刻人物不加修补，石质松脆，决用注药，甚佩。"

离开政坛之后，叶恭绰没有让自己清闲下来，仍然参加各类文化活动。1927年，中华全国道路建设协会推叶恭绰为名誉会长。从主管铁道部或交通部的经验，他得知铁路和公路的修建和考古发掘有着极为密切的关系。可能由于这层关系，他于该年4月积极推动组织科学考察团，动员民间力量，在经济上支持西北科学考察工作的进行。据有关文献记载："北京学界同人，深恐吾国学术材料之散佚，早有组织团体自行采集发掘，并严禁外人私行窃取之议。"

1927年1月，曾三次到中国西北进行探险的瑞典学者斯文·赫定（Sven Hedin）率领远征队来华，与中国合作进行西北考古。当时学术界反对者很多，北洋政府则采取接纳的态度，赫定获得了张作霖的接见。在北洋政府农商部矿政司顾问、瑞典地质学家安特生的引见下，赫定拜访了地质调查所所长翁文灏和前所长丁文江，签订了合作协议"翁-赫协定"。于是"主张自行考察或与之合作者颇多，但经费无出"，经叶恭绰协调，赫定与中国学术团体协会合作进行西北科学考察。叶恭绰"乃自与诸友筹集，已有眉目"，与远征队几经交涉，始于是年4月，由双方代表签订合作办法，组织西北科学考察团，4月16日签订合作考察办法十九条，并组织西北科学考察团理事会，依据合作办法监督指挥该考察团一切事务。理事会成员有：刘半农（北大中文系教授）、周肇祥（中国画研究会会长）、李四光（北大地质系教授）、高鲁（中央气象台台长）、袁同礼（北京图书馆馆长）、俞同奎（北京工业专门学校校长）、徐协贞（历史博物馆馆长）、徐森玉（故宫博物院古物馆馆长）、梅贻琦（清华大学教务长）。嗣后，有北平研究院和中央研究院加入工作。

西北科学考察团由中国和瑞典的考古人员组成，中国团员共十一人，欧洲团员共十七人。中国团员：团长徐旭生（炳昶）、袁复礼（希渊）研究地质、考古画图，黄文弼（仲良）研究考古学，丁道衡

（仲良）研究地质及古董，詹蕃勋（省耕）研究地象图学，考察团气象学生有崔鹤峰（皋九）、马叶谦（益占）、李宪之（达三）、刘衍淮（春昉），龚元忠（狮醒）为考察照相员。

欧洲团员：斯文·赫定为团长，兰理训为队长，指挥旅行一切事宜；郝默尔为考察医生兼做人类测量，那林研究地质并作图，贝格满研究考古学，丹麦人哈士纶为副队长，德国共十一人。后来考察团又陆续增加了一些人，队伍逐渐扩大。

徐旭生在《西游日记》中说："我此时，住在北京甚闷，也想跟着出去玩玩，大家就以团长相推。"这也可以证明，西北科学考察的最初，中国不是以官方的名义参加，而是由中国学术团体协会和欧洲学人合作，带有民间团体的性质，所以才遇到经济上的困难，由叶恭绰出面筹划解决。

西北科学考察团于民国十六年（1927）五月初九自北平出发，民国十八年（1929）一月初十回到北平。这次西北科学考察，在历史学、文物学、民俗学、地质学、气象学上获得学术成果累累，尤其是居延汉简的发现，对中国学术界产生了深远影响，当时评论就认为西北的科学考察"开一代风气之先"，"推动了中国学术界认识西北、研究西北、考察西北、开发西北的热潮"。在这次科学考察活动中，叶恭绰虽然名不见公开，但作为幕后推手，促成这次考察，不只可以看出他思维敏捷，对他以后的学术思想也产生了不小的影响。

西北科学考察团取得了许多成果，其中最引人注目者是贝格满在额济纳地区发现一万多枚汉简，史称"居延汉简"。居延汉简是继斯文·赫定、斯坦因等外国探险家在中国西陲发现简牍之后的一次大规模的发现，引起了国内外学者的关注。根据中方规定，"凡有文字的材料归中方所有，交北京京师图书馆保存"。汉简送到北京后，先后存放于北京图书馆善本室，由马衡和刘复负责整理和研究。抗日战争爆发前夕，对这批汉简要不要南迁，引起了争论。在上海图书馆藏胡适致叶恭绰的信札中有一通残札，说："（前文缺）西北科学考察之汉简，乃系瑞典人 Bergman 所发现，委托三个专家在华整理报告。因

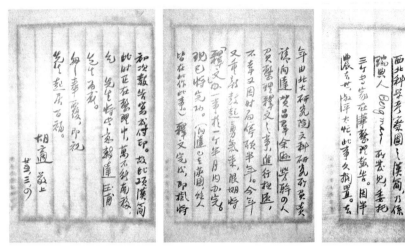

胡适信转叶恭绰谈汉简不宜南迁事宜

半农去世，叔平太忙，此事久搁置。去年由北大研究院文科研究所负责请向达、贺昌群、余逊、劳幹四人负整理释文之事，进行极速，不幸又因时局停顿半年。今年又重新鼓起勇气来，限期将'释文'一事于半个月内办完。现已将完功（向达已去英国，余人皆在此作此事）。释文完后，即拟将初次报告写成付印。故此项汉简此时正在整理中，万不能南移，乞先生将此意转达玉甫先生为感。匆匆奉复，即祝先生起居百福。胡适敬上，廿五、三、四。"抗日战争爆发后，日本侵占北平，西北考察团理事会干事沈仲章等将汉简偷偷运出，藏在北大图书馆后面的徐森玉住处，后再由沈仲章运往天津。此时，沈仲章住在天津租界六马路五号交通货栈，孤立无援。徐森玉得到信息后，1937年4月14日从长沙动身，经广州会宿新亚酒店，然后乘佛山轮船到香港，会见许地山、马季明、陈君葆，购买赴天津船票，用香洋一百三十五元。徐森玉的这段经历见于徐森玉之子徐文堪所藏徐森玉日记残页中，他到天津后，如何把居延汉简运到香港，沈仲章的文章有详细记述，这里不再重录。

从胡适的信中可以判断，在日本侵占北平前，故宫文物南运，叶恭绰曾建议汉简也随之南迁。故胡适在信中要收信人转告叶恭绰，汉简"万不能南迁"的话。胡适的这封信可能是写给蔡元培的。之所以做如此判断，是因为蔡元培致叶恭绰的信中有言"承询汉晋木简，自刘半农先生逝世后，由孟真兄等继续整理，闻进行颇速，是否可以南迁（原函以下缺）"。此残札可和叶恭绰所藏胡适残札相接。

汉简运到香港后，徐森玉曾写信致傅斯年，告知"木简已全运香港，拟用公及仲章、鸿宝三人名义存香港大学。务希电允。排此影印亦拟进行，并盼指示。回电由许地山转"。经当时在香港大学任教的许地山联系，汉简存入香港大学，并由沈仲章负责整理和照相，准备由商务印书馆在上海制版印刷。1940 年 6 月，徐森玉又建议把汉简运往昆明。当时自香港运往昆明必须绕道越南，杭立武曾致电傅斯年运往菲律宾的马尼拉。傅等认为马尼拉天气潮湿，不利于汉简存放，主张改运美国。

徐森玉得到傅斯年"运美尤佳"的回复，因此改变计划，由已到香港的叶恭绰两度致电驻美大使胡适，希望胡安排一切。7 月 12 日，徐森玉另外致信胡适，说明始末。胡适在 7 月 31 日复信叶恭绰、徐森玉，说："前日又得森玉先生 7 月 12 日长函，接读后百分兴奋，百分感叹！沈仲章兄之冒险保存汉简，森玉兄之始终护持，皆使适感叹下泪。适在当日实负典守之职，一旦远行，竟不能始终其事，至今耿耿。幸得仲章、森玉诸兄保存护持，又得玉甫、孟真诸兄大力，使汉简全部得整理摄影，留一副本在人间……以后保存之责，适当谨慎负担，务求安全无险，请诸兄放心。国会图书馆现有王重民、房兆楹、朱士嘉诸兄，皆足襄助木简之储藏等事，并闻。"

1940 年 8 月 4 日，汉简由中国香港起运，10 月顺利到达美国。1965 年 11 月，汉简又原封未动地运回中国台湾。居延汉简运美后，徐森玉于 1940 年间到上海，和上海文献保存同志会的张元济、张寿镛、郑振铎、张凤举一起，在上海秘密收购古籍，购得善本书三千八百余种，秘密运往香港，经叶恭绰安排，存放在香港大学冯平山图书馆。

1927 年秋，继推动西北科学考察团的成功之行后，叶恭绰又组织了北京大学国学研究馆，自任馆长，执掌教育部兼掌北大的刘哲，每月发给他经费三百元，但只是杯水车薪，叶恭绰募捐私人相助，在艰难中得以维持。由于叶恭绰的人脉关系和社会影响力，当时一代著名学者陈寅恪、陈垣、徐旭生、徐森玉、马衡、李四光、钱玄同、刘半农、袁同礼、朱希祖等都应聘担任导师。董作宾、陆侃如、商承祚、储皖峰、魏建功、姚名达、容庚都是国学馆的研究生。在风雨飘摇中，弦调不辍。为了解决国学馆的经费问题，叶恭绰向美、法两国庚子赔款会陈请补助，《陈请书》曰："本馆自去秋改组以来，仍继续北京大学研究所国学门之事业，而于考古学及明清两代史料之整理尤为注重，故本馆职务除指导研究生作高深研究外，实兼有欧美之古物馆及档案局之性质者也。"

除了明确国学馆之性质，叶恭绰在《陈请书》中还列举了藏品之丰富及研究课题之广泛。关于文字者有殷墟甲骨刻辞、商周彝器铭文、汉宋之镜铭、历代钱币、汉石经后记、汉黄肠石题字、汉代封泥、六朝唐宋墓志、北魏李相海等造像记、汉魏故宫残瓦、古希伯来文字、石刻等。关于形制图像足供参考者有石器时代之石器、三代之铜器及车马饰、汉之画像砖、历史陶器明器俑，以及端方陶斋、缪荃孙艺风堂的藏书，清宫大库档案……

平时低调藏而不露的叶恭绰，为了能申请到庚子赔款会的支持，不惜把国家馆的家底和盘托出，又附上《请求补助费预算表》，总共经费七万两千元。作为民间学人，叶恭绰已完全放弃了昔日久经官场的心态，谦恭到无以自容的地步了。

在此期间，经孙中山情报人员韩汝甲介绍，国学馆聘请英国人包乐成和尚做顾问。从韩汝甲致叶恭绰的信中可知，这位洋和尚很难侍候。包氏到北京后暂居听鸿楼，他不满意，又迁入广化寺。不料只住一夜，又觉饮食居处不大舒适，再迁到五台山佛教会，这里有暖炉、热水、澡堂、客厅、译员可享用，方得满意。韩汝甲在信中说："察包之为人，和尚其服，绅士其心，似非释氏刻苦真信徒也。"国学馆条例中有"买稿"一条，即向国内外购买有研究价值而尚未出版的书稿，韩汝甲又趁机向叶恭绰推荐关伯衡的老师姚大荣著的《西王母》书稿，韩汝甲劝其售稿出版，姚要价五万元。这部用毛笔小楷写成的六十五万言的书稿，在韩汝甲看来"虽五千元亦不易售出"（《上海图书馆藏韩汝甲致叶恭绰信》）。接着，韩汝甲又向叶恭绰推荐了自己的著作《反切简法十九种》及王氏父子编撰的《清季外交史料》，都已出版，韩氏建议国学馆购进。韩氏在信中说："拟请文教馆购买此书若干部赠给各机关，似较买稿办法价廉而易办，尚乞鼎力维持。"未见叶恭绰复信，购买书稿的事结果如何，无从得知。信中提到的关伯衡即关冕钧，系叶恭绰的下属，曾代表叶恭绰在山西与阎锡山谈同蒲铁路之事。

寿县有李三孤堆，经乡绅组织发掘，有一千多件文物出土，有的流入上海古董市场，被认为是楚国王墓的文物。张凤从文物市场得到这一消息，亲自去安徽商人处查看这些文物，从器铭、释文考证，器主为"酓肯"，即楚文王"熊赀"之名。张凤致信叶恭绰，信中说："此器索价万金，近急于脱售或抵押。"对张凤提供的信息，叶恭绰将信将疑。虽然如此，叶恭绰对楚文字、楚文化及简牍的关注，由寿县出土文物引发，至晚年兴趣未衰。1952 年出土的五里牌、1953 年出土的湖南仰天湖及 1954 年杨家湾陆续出土的楚简，他都进行了研究和考辨。1955 年，他在《长沙仰天湖出土楚简研究·序》中还提到张凤编印的《汉晋西陲木简汇编》，又提到仰天湖出土的竹简，他写道："仰天湖出土的竹简，曾于一九五四年来京展览，我始得亲眼看见，简上虽未标年代，然按其笔迹和字体，为秦以前物，固无疑义，盖其字体既非秦的小篆，又非周的大篆，而与楚铜器字体相近，可以断为战国时物。"他进而核对《仪礼》，并断为记载遣送死者明器的"遣册"。古文字学家于省吾和叶恭绰通信，也是讨论楚文字问题。于在信中说"楚王戈错金完整，毫无剥落，色泽浅绿，计十八字"，对这十八个字做了解释，还感谢"承赐新莽莽器墨本，篆文朴茂"。信中还说："公所藏彝器如有拓本，尚乞见赐为瞩。"（《上海图书馆藏叶恭绰友朋尺牍》）

七、支持营造学社和故宫博物院

　　1918 年，朱启钤作为北方总代表到上海出席南北会议。他路过南京时，在江南图书馆见到清初钱谦益绛云楼旧藏的影宋抄本《营造法式》。该书是北宋哲宗绍圣四年（1097）将作监李诫编修的一部古建筑学著作，全面记述了宋代建筑设计、施工、计算工料等各方面的知识，正是朱启钤梦寐以求的"异书"。朱启钤见到此书后，非常兴奋，立即集资石印出版公之于世。1921 年，他与陶湘（兰泉）开始校勘影宋抄本《营造法式》，并于 1923 年校毕，1925 年仿宋崇宁本行款格式雕版刊行。1925 年，朱氏创立中国营造学会，搜集营造学资料，着手编纂专为历代所作工师立传的《哲匠录》，开始专门从事中国营造学文献的整理研究工作。中国营造学会会址最初设在天津，后迁至北京东城宝朱子胡同，经费由朱氏个人承担。1928 年，中国营造学会在北京中央公园举办了一次展览，展出学会历年搜集的营造学图书、图样、模型等，得到社会好评。

　　营造学会得到蓬勃发展，应该是在 1930 年叶恭绰筹划支持，得到中英庚款中华教育基金会的资助后，朱启钤把自己创建的营造学会更名为中国营造学社，正式成立，叶恭绰、陈垣、马衡、袁同礼等人成为学社校理。次年，中英庚款董事会成立，叶恭绰被推为董事，自此他开始在这一职位上积极为营造学社募集经费。对此，朱启钤致信叶恭绰，说："奉接手示，殷殷为学社前途谋出路，筹划周详，至深感戢。"这封信列出庚款补助部分支出细目，中国营造学会 1933 年度预算书，并报告了学社干部名单：

　　社长朱启钤
　　干事会朱启钤、叶恭绰、袁同礼、陶湘、陈垣、徐新六等

文献部主任刘敦桢

法式部主任梁思成

编纂瞿兑之（《中国建筑史》）、梁启雄（《哲匠录》）、谢国桢（《营造书目提要》）

会计朱湘筠

从朱启钤致叶恭绰的信中可以看出，由叶恭绰谋划获得中美或中英庚款补助，绝不是一件容易之事。朱信云："美庚款以拨付尚有阻力，致董事常会临时延期，本社补助问题悬而未决，虽前途希望未曾断绝，然未免使人觊觎，数米为炊。既如上述，设竟无米为炊，更不能不别求出路。"由于美国庚款之助未能成功，叶恭绰又用中英庚款董事长之职，促成中英庚款的补助。朱启钤在给叶恭绰的另一封信中又说："惟闻英款用于补助一项者，为数有限，故仅请求酌量补助，未确定数若干，俾有伸缩余地。如能成为事实，不论多寡，只求与庚款发生关系，将来即有进一步请求之希望，未审高见以为如何。"营造学社的发展可谓步履维艰，朱启钤在信中称叶恭绰的支持如"强心剂"，屡屡谈及需要"施强心剂"才能支持下去，常常感到"惫甚，强起作书，殊不能耐"。正当营造学社发展困难的时候，南京的中央大学又要刘敦桢（士能）回校任建筑系主任，陶希圣又要调他到内务部筹组建筑科。朱启钤在致叶恭绰的信中大谈苦经，说："士能若去，思成一人不能独担社务，弟亦更无所倚重者，前功尽弃，坍台必矣。士能

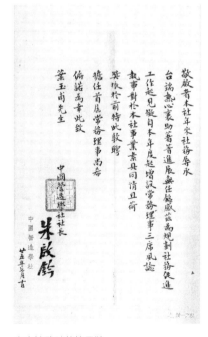

朱启钤致叶恭绰尺牍

在社，事劳而薪少，上下协调，且自刻苦以励同事，从未提及薪资厚薄，弟为应付难得平衡，亦实愧对中央挖角手段，亦知校薪不过如社中待遇。若兼部员，则可增多不少。"但"士能对弟表示，如社不关门，绝不放弃研究功（工）作，其坚决可佩"。朱启钤希望叶恭绰从中说情，希望陶希圣不要"挖角"，"如尚不能谅解，是非迫我关门不可也"。看来，营造学社的生存离不开叶恭绰的鼎力相助，他也是朱启钤的精神支柱。

1937年，叶恭绰筹办了中国建筑展览会，这是他为在筹划中的上海市博物馆举办的第一个展览会。自4月12日至19日展览会办了八天，每日观众一千余人。中国营造学会成立后，在朱启钤的主持下，梁思成、林徽因等人对中国古建筑做了许多调查、测量研究，取得了当时最前沿的成果。在建筑展览会开办期间，叶恭绰做了《我国今后建筑的作风应如何转变》演讲，他说："我国的建筑在世界建筑史上本来占一大派，而且具有特长，但近来因文化衰落，这种学问艺术日见低下，而且有许多不合时宜的地方，如不改良，将连固有的特长同一湮灭。"他认为："一国建筑乃文化之代表，亦可说是一种结晶，尤其是与民族意识有特殊的关系，故至少应保全固有之特点与精神。"他在建筑展览会上还发表了《中国建筑展览行政院文》《中国建筑展览会宣言》，并代朱启钤草拟了《祝中国建筑展览会闭幕》演讲稿。

1925年，故宫博物院成立，聘叶恭绰为顾问。随着溥仪出宫流寓天津、东北，北平故宫文物陆续流散，建立了奉天故宫及热河行宫。民国初期，这些流散在东北的文物有的陆续返回。叶恭绰"夙重文化事业，于故宫遗物探讨弥勤，爱护亦弥切，阁议时有以蜚语中伤故宫博物院者，先生偕内部总长某莅临故宫视察，见其办理皆井井有条，报告于内阁，而谗口以塞。又有劝张雨亭（作霖）迁回奉天故宫原物者，先生语张曰：'京奉同隶昽矇，何迁为徒，示人以不广。'张闻言而止。至是故宫博物院正式成立，先生被聘为该院顾问。厥后，先生久任理事，虽不居要职，但仍隐然为其保障焉"。（《叶遐庵先生年谱》，第226页）

《叶遐庵先生年谱》内页

　　叶恭绰受聘于故宫博物院各类专门委员会委员，这固然表明他与故宫关系之密切，但这并不太重要，因为当时受聘于此类委员会的人很多，上海收藏家张葱玉二十岁时就被故宫聘为书画专门委员会委员。叶恭绰从法律上提出对故宫文物的保护，并参与斡旋处理发生在故宫博物院的一些事情。

　　在故宫博物院成立之前，北洋政府就制定了《保存古物暂行办法》及《古物调查表》，向来重视古物，对古物有保护意识，叶恭绰视此条文"然有劝无诫，纯任自然，守土者视为具文，盗卖者依然如故"。他于1920年上书徐世昌将《古物保护法》提请国会议论。

　　1924年，溥仪出宫。在他之前，宫中文物已大量流失。对清宫文物何去何从，由黄郛主持的摄政内阁下令组织清室善后委员会，接收公产，妥善保管。委员长为李石曾，委员有蔡元培、汪兆铭、鹿钟麟、张璧、范源濂、陈垣、俞同奎、沈兼士、葛文，清室代表为绍英、载润、耆龄、宝熙、罗振玉，特聘吴敬恒、张继、庄蕴宽、徐森玉以教育部佥事参加清室善后委员会工作。

　　故宫博物院老人庄尚严到台湾后回忆这段历史说，黄郛下台后，段祺瑞担任内阁总理，由于陈宝琛暗中活动，支持清室，使清室气焰复炽，提出清室优待条件，反对出宫，于是发生冯玉祥盗宝案。据史所载，到清宫逼溥仪出宫的是鹿钟麟、张璧和李煜瀛，冯玉祥根本未进清宫。溥仪在《我的前半生》中也是如此记录的。所谓冯玉祥盗宝案绝非乌有。内务部还是提出清宫善后委员会清点不善，派内务总长龚心湛和叶恭绰去突击检查，虽然没有检查出什么问题，但清宫善后委员会的清查工作还是中断了。

故宫博物院还发生了"易培基盗宝案"。邢志良的《典守故宫七十年》一书中详细记述了事情的起因：有一天，张继的夫人陪几位朋友去故宫参观，因为没有票，检票人不让她进，她一气之下走了。在故宫博物院的门前，她发现易培基的女婿李宗侗与故宫博物院秘书长在那里卖布，随即引发"易培基盗宝案"的风波。这实际上是故宫博物院内部的派系斗争。故宫文物南迁时，迁移费总共六十万元，文献馆馆长张继，要从南迁费用中提取两万元，遭到李宗侗的反对，卖布只不过是导火线。

"易培基盗宝案"牵涉许多人，副院长吴景洲首当其冲。他在《故宫盗宝案》一书中回忆，徐森玉建议他躲起来，不要出庭。法院给吴景洲发了传票，并到故宫博物院要见吴景洲，徐森玉出面接待。晚上，吴景洲、易培基、李宗侗三人聚集在徐森玉的住处三时学会，他们的一致意见是不出庭。徐森玉当时就打电话给检察长祁瑾，探听他的态度。

从《上海图书馆藏易培基致叶恭绰信札》中，亦可看到叶和故宫的关系。因故宫博物院要出版《天禄丛书》，易氏致信问叶："请兄加入，何如？"并派李宗侗去见叶恭绰，当面陈述编辑出版《天禄丛书》的计划。易氏在致叶的另一封信中说："故宫整理稍有头绪，仓库建筑全院办理，消防亦在进行，大概今年十月前后可以竣工也。《天禄丛书》已提宋元本最精者付印，约计六个月内可以出书。部署多疏，望公随时指教，以匡不逮。"在另一封信中，易氏又说："本院景印《天禄丛书》第一集十五种日内即可出书，拟请题签。另纸附上，务望从速见寄为感。"蓄意成立故宫博物院协会，易培基致信"鄙意申江人海之区，中外交通枢纽，宜有分会，共策安全"。拟请叶恭绰等在上海组织分会，蔡元培、张群等与故宫关系攸深，吴铁城此时又任上海市市长，有地方关系，请叶恭绰出面洽谈，如此诸人"均有参加发起之必要，另有书寄"。后来又发生易培基故宫盗宝案，易培基又屡屡致信叶恭绰，请其帮助解决，信中说："前日最高法院检察长郑烈受溥泉夫人之托，派检察官朱树声到北平故宫调查案卷，吹毛求疵，锻炼周纳，无所不至，对于玄伯尤有恶意。石兄（李石曾）以子侄之关系，愤郁甚深，然不欲有所表示。稚、静诸公已向两方调解，似有允意，法部方面，乞公力言。故宫多难，敌多于友，弟真废然思退矣。再及，故宫得彼方贿串证据，请暂勿提及。"之后，易又致信叶恭绰："北平来电，张（张继）对故宫控案似有和解希望，承兄易书郑次，务望详为解释，托其从速设法撤销。"故宫图书馆拟收购松江韩氏藏书，韩氏意见为"如公收购，需洋十五万元"。即使如此，易培基觉得价钱仍然太高，故宫无法承受，致信叶恭绰："请公转旋，如在十万元内，尚可设法。如此盛举，非鼎力难期有成，待命之至。"叶恭绰办事认真，从不推诿，总是给人以希望。

八、宣传组织书画家联合会

1925 年 11 月，叶恭绰从政坛急流勇退，辞去段祺瑞执政府交通总长的职务。他从 1924 年担任交通总长到辞退恰好是一年的时间。由他自己审定的《叶遐庵先生年谱》讲了辞退的原因："去年，先生奉孙总理命北上谋与段、张联合，及总理逝世，先生伤所怀之未遂，感时事之日非，遂翛然引去。"

叶恭绰辞去执政府交通总长之职的原因，除了孙中山逝世，

段祺瑞为叶恭绰题匾

使他感到无法实现孙中山的理想外，还有对段祺瑞执政府面临局势的分析判断。段祺瑞上台，左有冯玉祥，右有张作霖，使段祺瑞不得不两边讨好，谁都不敢得罪。此外，还有军阀群雄逐鹿，更不把段祺瑞放在眼里，临时执政府处于风雨飘摇中。对段祺瑞威胁最大的，是吴佩孚要抬出已经隐退的黎元洪恢复总统职务。黎元洪本是段祺瑞的冤家对头。对段祺瑞的处境及退路，叶恭绰应该是很清楚的。他感到没有再周旋于政治舞台的必要，于是就辞职栖居天津。

天津曾作为清末直隶总督的驻地，这是其中心城市地位确立的历史源头。李鸿章和袁世凯兴办洋务和发展北洋势力，让天津不但是北方的工业基地，而且是北京之外的另一个政治中心，出现在中国历史舞台上。北洋集团也就成了中国近代史上无法绕过的名词。李鸿章、袁世凯、段祺瑞、冯国璋、吴佩孚等北洋人物在天津轮番登场。从1916年至1928年短短的十三年中，北洋政坛更迭，有三十八届内阁，最短的只有六天。他们长袖善舞，文武兼施，一次次地激荡着中国现代历史的进程。

天津作为北洋的发祥地，又凭借外国租界，更是北洋各系人物麇集的城市，他们不少人在天津有房产、实业。无论是驰骋政坛，抑或是息政隐居，他们都依托天津，坐观政治动静，观察政坛风云，奔走于京津之间，许多政治大事都是策划于津，实施于京，演出了一幕又一幕"你方唱罢我登场"的闹剧。

叶恭绰从1925年辞官隐居于天津，行走于津京间，应该也有这种观察风云变幻的意图。1926年，国民革命军进行北伐，全国喊起了"打倒列强！除军阀！国民革命成功"的口号，北洋集团大势已去，无东山再起的希望。

此时的叶恭绰离开他独当一面的政治舞台，栖迟于京津间，观望时局及思考何去何从。叶恭绰虽然对广东有着深深的眷恋和浓浓的乡情，但他没有选择去广州，也没有选择蛰居颇久的天津。1928年5月，叶恭绰离京，乘船去上海。在大连候船时，因小病而暂居星浦友人家中一段时间。6月4日，"皇姑屯事件"爆发，张作霖被杀的消息传来后，叶恭绰不再逗留，马上出行，星夜抵沪，在建国西路的懿园居住了下来，另外把他的发妻孙敏庄安排住在愚园路柳林别业。叶恭绰之所以把落脚地选择在上海，或是他看到了此地是隐居后开展文化活动的大舞台。

一切安定之后，他即以私人名义给张学良发了电报。此时张学良徘徊于关内外，态度不明，所以叶在电报中说"愚以为潮流大势所趋，决无局部可以孤立之理"，劝张学良等服从三民主义，与南京国民政府合作。

叶恭绰自踏上了上海这片土地，即开始了"因当局所忌，以文艺自晦"的隐退生活，从此不再关心政治，把视野转向艺术，立下了写一本中国艺术史的目标。

蛰居上海，首先要解决吃饭的难题。叶恭绰致信夏敬观，请他帮助找一个厨娘，信中说："弟到沪后急欲觅一厨娘（译称烧饭孃姨），须能做素菜而通粤语或能粤语者，月薪在三十元以上（无外快），不超过四十元。须勤谨不生事，年不过老过少，可否乞为访觅？闻尊处曾因米不佳而女仆乞去，若是则田间来者亦复不能用，殊难其选矣。近摒挡米盐，深觉支持不易，卖字润格已发出矣。"隐居生活和官场相比，相对清闲，叶恭绰致力于词的研究和写作，不断向夏敬观写信求教，说："弟于词眼高手低，今后能否再进亦无把握，如承奖措，得厕词坛之末，俾克绳祖武，为幸何如。"叶恭绰凡有新词作，即请夏敬观披览，屡屡致信谈填词问题。填词虽是痛快的事，但也不能在挨饿中进行。但笔一转，仍然是"厨娘"问题，信中说："厨娘未知有无办法，此

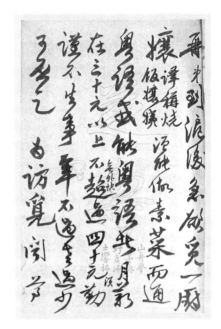

叶恭绰致信夏敬观请觅厨娘事

请夏敬观为词集作序

请夏敬观润饰为父写墓志事

于吃饭问题大有关系，不可一日无此君也。"

夏敬观（1875—1953），江西新建人，字剑丞，号映庵，室名忍古楼，是叶恭绰少年时的朋友，长叶恭绰七岁。他们都是文廷式的学生，先后学词于文氏，与著名词人郑文焯、朱孝臧、陈三立、陈衍、龙榆生、夏承焘，多有唱和，于1930年成立同人词社沤社。叶恭绰移居上海后，填词兴趣不减，积稿要整理出版，致信夏敬观，请他为词集作序。信说："公为弟切磋词学最早之人，如承不弃，为之斧正，俾不至过受讥弹，非敢请也，是所望也。又有无厌之求，欲乞为作一序以光篇幅。公昔许'苏辛不一脉'之语为知词，又以学东山为勖，东山何可冀及，免求不落南京空疏饾饤窠臼尚非易事，兹之发布，亦等于飞鸟行云，略留遗影，非欲以名世，故非凤好如公亦不欲请教也。"夏敬观不负叶恭绰所求，果然写了《叶遐庵词序》，有云："余与君皆曾从萍乡文芸阁学士游，君为词最早，其论词之旨，盖承先世莲裳、南雪两先生之绪，而又多本之学士。晚年益洗绮罗香泽之态，浩歌逸思，恒杰出尘埃之外，又微近东山。"近世词人，唯君之才气最近。""君年六十有二，犹若四五十许人，精力过于流沛，达此一间，犹反掌也。"（《夏敬观著作集》卷九，第84页）

叶恭绰为自己的父亲去世二十年未写墓志，深怀愧意，请陈三立作文，但三立"高年，倦于笔墨"，叶恭绰代拟墓志草稿，请夏敬观润饰。叶恭绰在信中说："此文本不求工，但不可贻笑大方，故先以请教。弟非自缚于桐城者，故乞勿以彼之格律绳之，但极望严加绳削，使罕疵类。"

叶恭绰闯荡江湖，深知江湖之世态炎凉，不管曾是什么样的人物，一旦失势后退居地方，必须与地方的势力融合在一起，以此来护得一己的平安。广东人叶恭绰，一经落脚上海，很快就参加了"上海浦东同乡会"。"浦东同乡会"是上海很有势力的民间乡愿组织，担负着聚集、保护乡人，为地方事务尽力，介绍工作、募捐赈灾等职，该会的重要人物有王晓籁、杜月笙、黄炎培、王一亭等。叶恭绰既非上海人，更不是浦东人，他也参加了浦东同乡会。此时叶恭绰虽然作为"文化绅士"定足上海，但已经失去政治背景的支持，参加浦东同乡会除了可求得保护外，另一方面他也是对上海有贡献的精英人物。杜月笙六十岁生日，举行大庆，叶恭绰写《杜月笙先生六十寿言》，称杜月笙"先生平素声誉行谊，久洽众心之所致也。先生劳身焦思，所以贡于国，益于众，惠于乡里者一如往时，岁月不居，倏逾两载，而先生亦六矣"。

上海中华照相馆摄制叶恭绰像

叶恭绰的大隐隐于市，使他的隐居生活并不寂寞，他还在发挥政府要员所产生的影响，活跃在上海及至中国的文化舞台上。先是舒展心情，与冒广生、赵叔雍等出游，先到虞山，拜谒钱谦益、柳如是两墓，去苏州游了寒山寺。赵叔雍中途返沪，他们继续西行，至镇江，游金、焦两山，至鹤林、招隐两寺，转至扬州，过平山堂、小金山，游程半月。叶恭绰此行，诗兴勃发，共作诗五十首，名曰《苏游杂咏》。后来将《苏游杂咏》、冒广生《戊辰纪游诗》和赵叔雍《苏虞纪游杂事》编为一册，铅字刊印，名曰《吴游片语》，由陈三立题写书名。

叶恭绰在每首诗后均有注，文字长短不一。从中可以得知他们在出游之前，曾拟定行程、预算旅费，确定"不靡费，不耗时"的旅行计划，做到像顾炎武一样"有体国经野之心，而后可以登山临水"。在旅途中，叶恭绰所关心的还是各地的古物遗存。在寒山寺，他考察"夜半钟声"的大钟是明代所铸，唐代大钟已在明末流往日本，而现存寒山寺的大钟实是 1905 年日本人所铸赠。游沧浪亭，拜谒五百名贤祠，述及其祖父叶衍兰所编《清代学者象传》，多取材于此。镇江是叶恭绰重游之地，想到《瘗鹤铭》的拓本，感叹"病僧老去无新拓"，连当年看到的六朝古柏，此时也是旧根已无，不知所在。登多景楼，自然联想到围绕米芾《多景楼诗帖》所引起的真伪之争，自己也曾一度陷于其中。登北固山，也会和辛弃疾有着同样的沧桑之感，今世谁是"气吞万里如虎"的英雄？北固山下的米芾海岳庵旧址，早已改建为宝晋书院，成了一所乡村小学。叶恭绰一路之行，看到了许多古物遗存，野禽荒草，斜阳残照，只留下难言的声声感慨。

由于做了对古迹的实地考察，他由此对甪直保圣寺提出修复保护的意见。江南古镇甪直，是唐代诗人陆龟蒙的故里，其墓旁有名刹保圣寺。相传此寺建于萧衍天监二年（503），寺内有十八罗汉像，为唐杨惠之手塑造，壁端山岩树石云水配景，均极生动。1916 年，顾颉刚游甪直时，惊为绝艺。过了五年，顾氏重游甪直，保圣寺已坍塌不堪，塑像亦毁损及半，请同游者陈万里摄影数张，分发各处，努力保全。日本著名学者大邨西崖闻悉此事，即赴甪直参观，摄照二十张。

叶恭绰（右五）与保存甪直唐塑委员会同人在保圣寺

回国后著有《吴郡奇迹·塑壁残影》一书，考据甚详，后经高梦旦、任叔永向江苏当局提出保全。蔡元培、叶恭绰即前往参观，均认为有保护的必要，乃于1929年春发起募捐，江苏省教育部设立保存甪直唐塑委员会，聘叶恭绰为委员。叶恭绰执笔起草保存甪直保圣寺董事会的规则及古物馆规定，由蔡元培修改订正。改建工作就是在保圣寺大雄宝殿原址建一新屋，为保圣寺古物馆，将唐塑罗汉及寺内古代建筑物置于馆内。寺内罗汉损毁处请名手修塑完好。塑像工程师为滑田友，建筑工程师为范文照、施嘉干，塑壁主要部分得复旧观，罗汉像九成之毁坏部分则不加补缀。须加工稳固者，亦仅令足以支拄为止，罗汉像原来的位置已不可改，彼此间要传出联属得俯仰之意。塑壁之木结构均附以细绵土填之铁筋，古物馆则全体不用木材，借防水火。保圣寺维修工作于1933年10月告竣，11月中旬举行开幕典礼。叶恭绰撰有《重装甪直保圣寺唐代塑像记》。

但是宦游生活仍然是叶恭绰头上的一道光环，上海文化界的一些名人，仍举着他这块牌子，不失时机地办了一些文化事。叶恭绰与上海金石书画专家黄葆戉、吴待秋、刘景晨、张善孖、楼邨、张红薇、马孟容、郑曼青、郑午昌、许徵白、方介堪、马公愚、王师子、商笙伯等，数次商议创办中国文艺学院，重振中国画家精神，经过数年的努力终于在 1930 年正式成立。1929 年 1 月，发起成立第一届全国美术展览会总务委员会，会长蔡元培，秘书长林文静，委员有丁衍庸、马公愚、江小鹣、何香凝、李毅士、徐悲鸿、方介堪、潘天寿，策展人为陈小蝶。叶恭绰与王一亭、庞莱臣、狄楚卿、易培基等多方接洽，参展画家达六百五十余人，展出作品一千三百五十多件。4 月 10 日，展览会在国货路新普育堂举行开幕典礼，千余人到场。叶恭绰在开幕式上致辞，提出美育以美术教育为核心，眼前最低希望有两点：一是保存古代美术；二是培养美术家，对传统美术进行整理和研究。叶恭绰还参与了中日现代绘画展的鉴别工作，展览在上海康脑脱路（今康定路）徐园大礼堂举行。画展结束，叶恭绰致闭幕词，并撰有《参观中日现代绘画展览会》一文，刊发于《申报》和《湖社》杂志。

近代中国画坛画家麇集上海，画展此起彼伏，叶恭绰深感书画家要改变一盘散沙的状况，有必要联合起来，切磋画艺，振兴中国画，有必要成立一个全国范围的书画团体。叶恭绰和黄宾虹商量，嘱陆丹林起草宣言。1930 年 7 月，陆丹林起草了《国画家应联合起来》，发表在蜜蜂画会创办的《蜜蜂画刊》上。1931 年 3 月，叶恭绰又与黄宾虹、钱瘦铁、贺天健、郑午昌继续商量落实中国画会成立的事，画会要编辑出版月刊、出版画集、举行画展、开办讲座、组织写生。为维护画家权利，制定书画润例。1932 年，叶恭绰参与政府主办的刘海粟欧游作品展览会，在湖社英士纪念堂开幕。孙科、史量才、王济远、潘序伦、王晓籁、杜月笙、严慎予、黄涵之等人参加。蔡元培、叶恭绰等在会上致欢迎词，对刘海粟的艺术加以赞赏。

1932 年，叶恭绰任管理中英庚款董事会董事。这以后所有关于交通事业的审

叶恭绰为陆丹林题写"观瀑图"

查，皆在他的主持下进行，如完成粤汉铁路林韶段、招商局添购商船、派出留英学生八十多人，都由此款支持。安徽寿州发现楚文化古物，这是继黄河流域仰韶村及安阳殷墟后，长江流域文化的重大发现，可惜当时无计划，挖掘不深，而又散失过多。1932年，叶恭绰组织寿州古物考察团，并联合安徽大学、金陵大学、上海市博物馆等团体参加，仿西北科学考察队、殷墟发掘团，前往考察发掘，叶恭绰被推为团长。经费六万元即是中英庚款董事会资助，由叶恭绰写了说帖，称寿州考古发掘有利于吾国，有利于我国文化。我国文化向有南北之分，故《诗经》与《楚辞》文字迥异。过去的考古只注意黄河流域而忽略长江流域，实因资料缺乏。在说帖后面还附有一年发掘期的经济概算书。

九、文化运动，与蔡元培并驾齐驱

多年来，叶恭绰鼓吹欧美各国多设中国学院，在巴黎已经做出先例，于是欧洲注意中国文化者日多。1932年，德国方面建议与中国共同举办艺术展览会，在柏林专设中国近代及现代绘画作品展览。中国驻德使节刘崇杰及刘海粟与德国商量之后，即向叶恭绰求教。叶恭绰认为这样的事应由政府出面，可壮声威，但教育部因资金问题而踌躇。叶恭绰即为之策划筹款，并帮助解决征求展品诸事。此时，蔡元培致信叶恭绰，言及："柏林中国美术展览会又增委员数人，前拟规则等是否再经全体委员会议通过后方发表。抑援法律不追既往之例先印布？请酌定。""一星期内拟开全体会议一次，以何日为最相宜，请示及。又增聘请委员之名单马孝焱兄未及抄出，现正在旧报中检查，如尊处有之，请抄示。"待一切准备就绪，政府才答应举办这次展览，推蔡元培、朱家骅、叶恭绰等十六人为筹务委员，接着又推蔡元培、陈树人、高奇峰、刘海粟、叶恭绰为常务委员。看来，是叶恭绰和蔡元培共同协力筹办柏林艺术展览会。

在筹办柏林展览会期间，蔡元培还给叶恭绰写了一封信。信中说：闻柏展画品近日交到甚多，想审定付装亦颇劳神矣。兹有三事奉商：

（一）庄君泽宣在广州中山大学办理教育研究所数年，成绩甚佳。现中大停发该所经费，势必辍业。惟该所设备系由中华教育文化基金会拨款购置，约值数万金，弃之可惜，欲请中山文教馆接受此项设备，而设一教育研究机关，想中山大学及中基会必能同意。至每月经费，庄君预计可在千元以下，弟忆馆中计画本有教育一门，现闻政府每月二万元补助费业已照发，此种不需特筹设备费而即可成立之事业，似乎值得一办。

（二）接上虞谷伯旸君来函，称有《明藏》一部待人整理，而又说内有几种宋版书，未知贵友中有愿尽此种整理之义务者否？谷君原函奉览。

（三）何叙甫君有古物本拟三万元售诸研究院，后因款项生波折。现款项有著，而吕戴之君又以已发委托押款书，本能即日履行前约。如先生与吕君相识，祈劝其玉成。

看来，经过叶恭绰的周旋，吕戴之方面有了转机，蔡元培又致信叶恭绰："闻昨日吕戴之君在尊处与济之兄等谈判绘园古物问题，备承开导，大有转机，不胜感荷。"

蔡元培在信中所谈三事都不是什么大事，但需要叶恭绰帮助解困。叶恭绰与蔡元培相识，应是民国初期南北和谈，蔡元培作为南方代表赴京，劝袁世凯就任临时大总统的时候。政治上两人都主张共和，追随孙中山，信仰三民主义。叶、蔡两人在交往时，谈论的都是类似这样的文化问题。

为修复甪直雕塑的筹款问题，蔡元培致信叶恭绰："甪直工程将竣而款项待筹，甚感偏劳。教部第五期款弟即当函催。廿号左右弟大约尚不离沪，如召集会议弟可以到，日期请公酌定。"

为何叙甫出售古物事，蔡元培三次致信叶恭绰，希望叶从中给予帮助。蔡在一次信中说："前曾谈及之何氏古物，初闻其索价颇昂，而傅孟真兄欲以三万元购得之，疑必无成，今何氏竟愿照此价售脱，是否真值得购不能无疑。欲请先生助为鉴定。如有贵友可约请共同鉴定者，亦请代约一位，敝院方面当由孟真、济之诸兄随时与先生接洽。诸承费神，不胜感谢。"当吕戴之与李济之谈判古物经费成立之时，忽有消息传来，吕已将何叙甫古物抵押于新加坡华侨，蔡元培又立即致信叶恭绰祈求相助，信中说："惟闻吕君说曾托林唐侯君以古物抵押五万元于新嘉坡某华侨，与《时事新报》上所载抵押于美国银行不同，未知公能一询林君，并请其助劝吕君否？"对于如何处理这批古物，蔡元培在信中说："至教育部强制执行之说，弟与济之兄均以为不妥（与尊意同），济之兄已详告孟真兄矣。足疾未愈，不能趋访，专此奉托。"

为处州延福寺年久失修，蔡元培致信叶恭绰："顷接杭州友人来函，称处州宣平县有延福寺，为宋仁宗时建筑，年久失修，颇虑倾圮。先生可否为设法修理，或先请营造学社梁君先去视察一次，再定办法何如？节略奉上，诸希酌行。"

为国立音乐学校筹募基金之事，蔡元培致信叶恭绰："现值国内战事，财政竭蹶，该校一切建筑设备均待扩张，而竟以费绌不能进行，殊为可惜。兹与该校同人商洽，金拟组织国立音乐专科学校基金委员会，主持该校筹募基金一切事宜。素仰先生热心音乐教育，敬恳鼎力襄助进行，无任同感，敬候示复。"

为向刘晦之购买古器物，蔡元培致信叶恭绰："惟弟近接刘半农君函，谓风闻刘氏有出售此钟之说，属弟提议国府，由政府倍价购入（刘氏售得时费一万元）。但此事未可造次，万一刘氏家况尚裕，并无出售之意，而我等公然提议收买，殊不妥当。如先生素识刘君，或有友人与刘君相识者，请先为一探何如？"

《上海图书馆藏叶恭绰友朋尺牍》中，尚有蔡元培致叶恭绰信，有关在北京大学为张文达（百熙）立铜像事、北京图书馆事、应叶恭绰之求为上海市博物馆推荐人才事、回答德国人葛乐泰提出之问题九条等事。叶恭绰与蔡元培私人友谊不错，蔡元培生日时，叶恭绰送礼相贺，蔡元培以信致谢："弟生日未敢惊动亲友，猥荷齿及，并赐唐人写《无量寿经》一卷，至不敢当，汗颜拜领，谢谢。"

可见，在民国的文化运动中，蔡元培、叶恭绰是不相上下的重要人物，并驾齐驱，都有很大的影响力。

蔡元培以教育救国，提倡美育；叶恭绰以"铁路救国"，同时也不忘教育，提出"精神文明，物质文明"，两人都是要通过教育提高国民素质。蔡元培以北京大学为阵地，支持《新青年》，推动新文化运动；叶恭绰则以保护大同雕像、敦煌经卷、简牍为己任，从保护传统文化入手，保护和拓展中国文化精神。从中国文化发展运动来看，促进新文化运动和抢救、保护传统文化，互为补充，相辅相成。

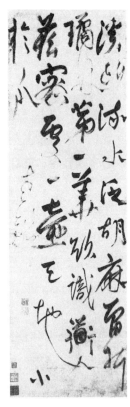

叶恭绰藏杨铁崖行书轴

十、向世界传播中国艺术精神

1934 年至 1935 年间，中国政府和英国政府商定在伦敦举办中国艺术国际展览会，成立"伦敦中国艺术国际展览会筹备委员会"，叶恭绰、吴湖帆在该会中担任保管委员。展品以故宫博物院为主，兼及古物陈列所、私人藏品。行政院聘请了专门委员有庞莱臣、叶恭绰、吴湖帆、张善孖、张葱玉、陈小蝶、徐邦达、王季迁、张乃燕、狄葆贤等。吴湖帆有记录，有《烛奸录》和《目击编》两种，前者记录了故宫书画之伪品，后者记录了四次鉴定的情况。《故宫书画集》《故宫周刊》《故宫》三书还印了唐五代、宋元明画类排比目录，并记"借便将来确定国宝部分之参酌也"。这次送英国伦敦参展的作品有一百七十五件书画，主要是绘画，书法作品仅有宋四家册页、宋徽宗诗帖、朱熹尺牍、赵孟頫及文徵明的书法作品。

1935 年，中华民国政府和英国政府商定在伦敦举办中国艺术国际展览会。展品以故宫为主，兼有私人藏品，马衡、徐森玉、叶恭绰主持展品的鉴选工作。展品几经审议方得确定。

书画方面由叶恭绰撰写《中国画家之概述》。对中国书画之本质，叶恭绰在文章中写道：

> 我国书画之学有极悠久之历史存在，其特色尤在书法与绘画之学互相贯通，故足于世界艺术上占一重要位置。盖各国只有画学而无书学，日本虽有书学，乃以我国之书学为书学者也。我国之书与画，皆以表现内心之感想为前提，其间书与画息息相通，互无止境，凡人格之高尚学识之深邃，皆本精神之所寄内蕴而外发，与仅止描写物象实体者所不同，而技巧复足以副之。

接下来，叶恭绰讲了中国书法发展的历史，分为五个时期，即由商周至秦汉，由含图画性之文字演进为籀文小篆。第二期为秦末创八分法，汉复创隶书、章草草书，魏钟繇、晋王羲之，亦如今体之行楷，六朝之末北朝雄奇峻整，自具别调。第三期为隋南北会合，遂开

叶恭绰藏《大明宫图卷》（局部）

唐代之先声，唐太宗、欧阳询、虞世南、褚遂良、薛稷、陆柬之、张旭、颜真卿、怀素、柳公权、李邕、徐浩各具专长，自立门户，文人中如李白、林藻、杜牧皆以书传，至五代杨凝式集成各家，堪称后劲。第四期，两宋代兴，斯道日昌，宋四家开书学之专派，徽宗独倡瘦金体，文人如蔡京、周邦彦、范成大、张孝祥、姜夔、陆游、吴琚、朱熹、岳珂亦皆善书，金之任询、王庭筠，元之赵孟頫联翩而起，至赵孟頫集大成。其余元之鲜于枢、康里巎巎、虞集、张雨、揭傒斯、俞和亦皆独具之特色。第五期，明衍之余绪。自清道光以后，人厌台阁体之无生气，一转而学碑刻，风光为之一变，书道亦复稍振，如包世臣、邓石如、张裕钊等辈即为代表。

叶恭绰将绘画分为山水、人物、写生三个专题叙述。对山水画，叶恭绰推崇南北之说，南宗以柔取韵，在实处得虚，神重于用笔；北宗以刚取势，借虚处见实，力重于用墨。人物画始于殷周，盛于汉六朝，因之而稍参外画之影响。他从唐阎立本讲至清之改埼、禹之鼎，或写事实，或摄神韵，工草兼施，各擅胜概。写生画主要是讲花鸟画。一派在工丽之中，仍具神韵，调色敷彩，备极精能；写意派善用减笔，着墨不多，而神气具足，且不流于粗犷。在讲了山水、人物、写生花鸟三个系统之后，叶恭绰写道：

> 以上三系，不过就各人所专精者而言，往往一人而擅三长，兹以毋庸赘述。惟中国之画几于纯全，可以表现作者之人格性情兴趣，此一点为研究中国画者所必须明了及承认者。其所以如此之故，一因艺术与人生几于打成一片，二因画法完全与书法相通，三因所用之工具及使用之方法均甚微妙，故得形成此项结果。

对中国绘画工具所用的毛笔、纸绢、颜料，叶恭绰做了详细分析，这是中国画形成特色而与西方绘画的区别所在。叶恭绰述说：

> 中国画固有其真面与精神，然历来所受外来之影响亦复不少，如

佛教之传播，使节之交通，物产工艺品之输入，皆曾令绘画之作风发生极大之冲动，但大半皆能咀嚼融化而形成以本国色彩之作品，此世界画派中之东方画派所以必推中国画为巨擘也。

在这篇论文中，从绘画的产生、形成、发展及风格的演变，以及外来绘画对中国的影响，叶恭绰都做了系统全面的阐述，足以体现他的艺术观念。这也表明他在为官时，仍然心系艺术，而且进行了研究。是否从这时候起，他就有要写一部《中国美术史》的打算了呢？

继英国伦敦展览之后，1937年教育部举办了第二届全国美术展览会，叶恭绰、吴湖帆被聘为筹备委员。展览会于4月1日开幕。叶恭绰的藏品有杨维桢的《草书轴》、丁云鹏的佛像、吴彬的《洗象图》、程嘉燧的《西涧图》、梅青的《敬亭山图》等参加展出。其中还有牧溪的《写生卷》，下半卷藏于故宫博物院。两本半卷在展出中做了对比。梁颖整理的《吴湖帆文稿》一书，在3月22日有记："晨七时归家早膳，即出访叶誉翁，略告全美审查经过。又及牧溪画，上半在叶公处，下半在故宫，乃商得誉翁同意，与故宫半卷同时陈列，以成全豹。下午叶公亲携牧溪卷来，交余带办，托博山带京陈列，以尽保护之责，因博山为古画陈列委员也。"徐邦达为第二届全国美术展写了评论文章，以后又对故宫博物院的藏画做了研究，写了长文，在陈小蝶主编的《万象》上连载。

此间，中国画学研究引起画家的注意。第二届全国美展常委会委员中有滕固，滕固对清末画家做了评述，极为推崇吴昌硕。叶恭绰曾委托滕固整理《历代画家系统标准表》，表成，又请吴湖帆做了审读。吴即给叶写了一封信，在信中表示与滕固有不同看法。此信在美术评论中至关重要，故抄之于后：

交办历代画家系统标准画表目录，昨晚费一黄昏，赶编呈教。内有数家无真迹可找，只付○为别。想此事滕君既然以统系为前提，当然不能混拉赝迹以充数，又不能偏废各家地位。原稿中明清二代缺漏太多，前后不能呼应，故更为补续若干人，使系统不致断络。在清末时代，在滕君目录中似以吴仓石（为）中心人物。然在吾辈专行画家方面观之，吴仓石虽有偏裨的地位，究不能当砥柱，总以直接董王一脉下来为正觉，故汤戴自为关键。同光以还，则先尚书公与顾若波、陆廉夫、顾鹤逸诸人皆正式山水专门家。但尚书公之画，外面多以金石家视之。其实不然。金石学有金石学的地位，画家亦有画家的地位，非普通纱帽头，文人画家可同例也。此非侄之私，实丈亦洞鉴之。吴昌石仅榜门耳。若师曾之画虽不俗，仅文人画耳，究不能当画苑柱石也。故以顾鹤逸为断，不知尊意若何，滕君以为何如。在滕君以统系为目标，当还以拙见为非乎？附上原稿及代拟三纸，专上，遐庵世丈，侄湖顿。

十一、《清代学者象传》

《清代学者象传》（"象"与"像"为假借字）是叶衍兰、叶恭绰祖孙二代，经六十年的努力，方得以编撰完稿出版。

《清代学者象传》分第一集、第二集两册，第一集为叶衍兰所编。叶衍兰在幼时即喜好书画，在未入仕之前，就留意搜集历代名贤画像，其中清代学者的画像尤富。自入京师，交游既广，诗酒之余，搜罗唐、宋、元、明、清五朝人物遗像，清朝人物尤多，亲手自勾摹本，仅清代即得一百六十九人的一百七十一幅肖像，其中部分画像系顺天大兴（今属北京）人黄小泉摹绘。叶衍兰还为每一位像主撰了小传。"弥珍之秘，不示客人。"及至辞官回乡之后，主讲广州越华书院，康有为回到故乡，频陪文宴，笙歌酒酣之时，叶才尽出珍藏。康有为看到这些清人画像，赞叹恭敬，曰"色相如生，惟妙惟肖"，建议出版，布之于天下，以启后人。但是，叶衍兰未能等到画像出版，即与世长辞了。叶恭绰"亟图赓续，期成完帙"，三十年后，张元济主政的商务印务馆愿成其美，于1928年出版，《象传》由康有为、王

叶恭绰辑印《清代学者象传》

秉恩、沈尹默、樊增祥作序，谭延闿题签，风行一时。

樊增祥为《清代学者象传》题《沁园春》词，序云："光绪六年庚辰（1880），余散馆，居家伺候铨。番禺叶兰台前辈特枉高轩，访余于圆通道院，齿牙奖借，不啻韩之于温、石，苏之于秦、晁也。屡于寓斋招作近局，时相赓和，伯蘧、仲鸾、叔达三公子，尤深契洽。盖公之年辈在七科以前，故北海并发长文，柯山平交叔党也。及甲申再入都，则公已还粤，南北修阻，音讯长疏。年逾六旬，始与仲鸾在江宁一见。未几而国变矣。壬子居沪，于易实甫斋中晤玉虎世讲，私谓，实甫曰后生可畏，其在斯乎？及来北京，与玉虎同客山社，唱酬谈讌，不缄五十年前与兰翁接袂时。兰翁主盟坛坫数十年，才彦争归，收藏尤富。尝见其摹绘国朝名人画象，积至百数十人，历世保存，霜燹无恙。誉虎将付珂罗版印行，属余题咏，因备述三世交情如右。"樊增祥的题词中讲了他和叶衍兰祖孙三世的交往。

一九二八年余影印先祖南雪公所于自绘写之清代学者象传曾风行一时其时余即拟续辑第二集经廿年之久蒐集又得二百人嗣尚不定资力又薄且各人传记不易者笔故迄未付印解放以来从事文史方温旧业而精力已衰故及今欲为後难无可托已集诸象虑致湮没有平凤颜且无以慰频年观象愿致湮没物以为象光付影印其传则待续编行貌躬短景而犹为考僅此六册算治近代史者之参考而已略例具于左方敬希同志指教

一九五三年四月叶恭绰

叶恭绰为《清代学者象传》题跋

《清代学者象传》出版之际，叶恭绰亦有文叙其事，文中有言："恭绰无似，思承先志。因念先大父所辑，断自同治以前，同、光、宣三朝未及列入。又，同治前诸学者象，缺者尚多，亟图赓续，期成完帙。顾日月易得，人事无常，虑先人手泽或至湮晦。又，比岁治国学者于清代学术，竟致研求，此书尤为一最良之参考品。"

关于叶衍兰辑录的《清代学者象传》，叶恭绰认为所辑学者多为同治之前，同、光、宣三朝未及列入，又同治前诸学者像缺者尚多，所以他为继承祖父遗志，拟印《清代学者象传》。叶恭绰于刊物发表了《征求清代学者遗象启事》，其中有言："兹拟继续访求，以期完备。谨具已有各像氏姓名及待访各像氏名，各一分，奉呈照察，敬乞赐助采集，蔚成巨观，岂惟叶氏一家之幸！"《启事》列凡例数则：一 小像不拘尺寸及摄影或写照，最好能附以事迹小传；一 小像如须辗转钩摹，请先示知，如果需要，谨当酌奉应需费用。如愿以原本寄绰勾摹复印者，谨当妥慎从事，并将原本奉还，不敢污损毁失。一 二传以外诸贤，倘诸公认为有应增入者，亦望不吝赐示，当为配列。《文字同盟》在刊出此《启事》及叶恭绰致编者信札时，该刊加了编者后记："前交通总长叶遐庵恭绰先生晚近以来，不谈政治，寄迹津门，闭门读书，其高怀并非时流所及也。先生先大父已有搜集清儒遗像之事，自顾亭林至魏默深，凡一百八十人，已得索影。先生继志述事，再通告海内有志，征求遗像，行拟辑刊成册，以供献于学界云。"

经二十余年搜集得二百
人，自钱谦益至李希圣，由
杨鹏秋描绘，只有像而无传
记文字。叶恭绰自云因"以
时局不定，资力又窘，且各
人传记不易着笔，故迄未付
印"。新中国成立之后，叶恭
绰任中央文史研究馆副馆长
等职，所以他说"解放以来，
从事文史，方温旧业，而
精力已衰，恐及今不为而后
无可托"，在亲友的帮助下，
"斥卖烬余藏物，以各像先付
影印"。1953 年，经顾廷龙编

梁鼎芬

辑安排，交袁樊（安圃）上海安定珂罗版社影印出版，是为《清代学
者象传》第二集。

叶衍兰、叶恭绰祖孙均未言及为什么要下如此大的功夫编辑《清
代学者象传》，不能以一时之兴趣可尽言。1928 年，冒广生与叶恭绰
相约作常熟、苏州之游，写下了这样一段文字："游虞山过吴门沧浪
亭，摩挲五百名贤石刻，若不胜其仰止之思者，士生千百载后，不见
古人过其庐墓，与其约游之所，辄徘徊眷恋不忍去，若其地之父老能
述琐闻遗事，或其人之声音笑貌，则倾耳忘倦。"冒广生的这段话或
许可以帮助理解叶氏祖孙辑录《清代学者象传》的初衷，让后人能从
《象传》的形象或文字中了解学者的声貌，和古代学者以神交倾谈。
画像摹橅者注重对学者的内心刻画，以传神为上，并不是编绘者的臆
想，而是有所根据。叶恭绰对此有言："每像底本取诸家传神像暨行
乐图绘或遗集附刊及流传摄影，皆确有所据。"

叶恭绰评论《清代学者象传》是一为"清学术史之先河及缩影"，

张百熙

足见他对此书之重视。

《清代学者象传》至今仍未失去研究的价值。新加坡学者何奕恺著有《〈清代学者象传〉研究》，对其文献价值做了深入研究，并对叶氏祖孙对学者的选择做了对比。《象传》的主要特点是大量地吸收了经学、小学、史学、文献学等方面的学者外，还大量收录了诗人、词人、文人等文学家，以及书画、篆刻等方面的艺术家。这些人物总体上倾向于"传统主流"，趋向于"雅"。通俗文艺方面的作家很少入选，重要的才媛肖像并不难找，但都没有录入，叶衍兰在第一集中有的学者只有传中提到，没有绘肖像。第二集和第一集不同之处在于，叶恭绰选了一些科学家的肖像，而对清末民初的罗振玉、梁启超、章太炎、黄侃、陈寅恪、陈垣等人均未录入。可以从对学者肖像录选的标准上，对叶恭绰的学术思想做进一步研究。

十二、《全清词钞》与《词学季刊》

叶恭绰对清词有较全面的研究，并有很高的评价，于是组织词学家编辑《全清词钞》。

1929 年岁末，叶恭绰和赵尊岳联名邀请沪上词学名流朱祖谋（孝臧）、董绥经（康）、潘飞声（兰史）、夏敬观（映庵）、刘翰怡（承幹）、陈方恪（彦通）、易大庵（孺）、黄孝纾（公渚）、龙榆生（沐勋）、吴湖帆，会饮于觉林素菜馆，决议设立《全清词钞》编纂处，推举朱祖谋为总编纂兼审定，编纂及名誉编纂达四十人之多。

朱祖谋，原名孝臧，字古微，号沤君，又号疆邨，晚仍用原名，世为浙江归安人。祖上为清朝地方官吏。朱祖谋为父母之长子，幼聪颖，博雅擅文学，举壬午乡试，明年成二甲一名进士，授编修。历充国史馆协修等职，至侍讲学士。他久居馆职，经历了一些事变，屡有章疏，皆识议明通维大体。庚子（1900）义和拳兴起，导至京师，朱祖谋廷上面奏："义和拳终不可用。"遭权臣反对，所幸竟得免危祸。八国联军入侵北京，慈禧西狩，祖谋仍有早定大局之奏，得到慈禧欢喜，擢礼部侍郎兼署吏部侍郎，后即出为广东学政。经两年，因与总督龃龉，即称病辞官。回溯江海之间，揽名胜，结朋友以自遣。祖谋能诗，及交王半塘鹏运，弃诗专为词，勤探孤造，抚古迈绝，海内词家以宗匠尊之。晚年居海上，身世绝历，故其词独幽忧怨悱，沉抑绵邈，莫有端

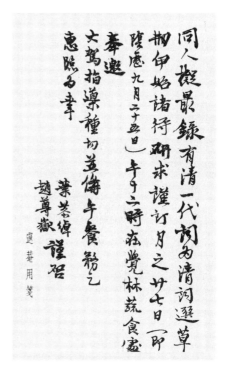

请夏敬观赴宴商讨全清词事

朱祖谋

倪。辛未（1931）病逝于上海。所辑唐宋、金元一百六十三家词名《疆邨丛书》最为完备。其他著作汇刊为《疆邨遗书》，行于世。在叶恭绰友朋信札中，多见汇刊《疆邨遗书》事。

朱祖谋病逝后，由叶恭绰担任总编纂。他亲笔起草了《编纂清词钞征书》，其中有言："词始于唐，盛于宋。而有清一代，搜集之富，视前代且尤过焉。近顷沪上朱祖谋、董康、刘承幹、叶恭绰等，鉴于历代诗余之选列于官书，四朝词综之编汇为巨制，而深慨乎有清乐府之雅词，尚缺声家之总集，爰有《清词钞》之编纂。上年十月二十七日集海上名流于觉林，议决设《清词钞》编纂处，从事编纂，期以一年观成，并推举朱疆邨为总编纂兼审定，编纂、名誉编纂达四十余人之多。现正函向各地图书馆征求书籍。兹将简则附后。"《清词钞编纂处征求书籍细则》对征书、借书、还书、代抄、抄写费都做了详细的规定。叶恭绰邀请张元济参加《全清词钞》的编纂出版事宜，遭张氏婉拒，复叶氏信说："编辑《清代词综》事，商之敝公司同人，殊欠踊跃。工潮澎湃，令人懊丧，正亦无怪其然也。""纂辑《清词综》事，商馆虽不主办，然借用书籍，弟自当勉任其劳。至列名纂辑，则似可不必，尚祈鉴谅。"

在编辑过程中，叶恭绰还经常给参加编纂人员写信，提出要求，指出不足，提醒要注意之事项。如他在一封信中说：

清词选录迭费精神，属在同仁至深纫感，兹有二事欲陈者：（一）历来选本多列批评或附载遗闻轶事，此项选词亦拟参仿，曾经函请于选录之际即行命笔，以省复查之烦，惟承寄选本尚未经思辨者，应请注意附撰，以成合璧。（二）清代词家数逾五千，有专集者不及千人，见选本者亦只过半，余多附见旁出，应请于选录各专集时，将选词和作均加遴择，一并摘抄，并注明附见某某集中，庶免遗珠，兼例编次（此项作者之姓氏、别号、籍贯、集名，并盼依表详列）。

选者寄来选词，经他审阅后，发现重复甚多，他又写信指出"实令本处抱歉，而又不安，盖虚糜诸公精力，致令效果较少，于本书之成功上关系颇巨"，因此对选词又提出一些具体要求。

朱祖谋致函叶恭绰："遐庵仁兄道席：一昨奉书，敬承一一。公渚函亦至，选词办法甚善。谭君词，容卒读奉缴。王、况二公词（王集以下，方印朱围者为定），就鄙见各择十余阕，备箧中采览，故用严格。若《清词钞》则尚可多录也。拙词不足选，姑随尊指记出，仍候雅裁。复颂起居。"

《清词钞》选编之始，到底是依据钞本还是依据汇刻本，曾经有不同意见。龙榆生致信叶恭绰时说"选钞不如汇刻"，叶恭绰回复说："《清词钞》开始时曾屡经讨论，意在网罗一代所作，以彰其盛，且免遗佚散失，故主选钞而不主汇刻，以汇刻势不能多也。清代词家约计四千人，有集者恐不过千，且多巨帙（如陈迦陵），势难遍刻。将来或选三四十家最著名者汇为一编，仍加别择，如《绝妙好词》与《词钞》相辅，一主精严，一主广博，庶无遗憾，尊意以为然否？"

从致吴湖帆的信札中，亦可见叶恭绰寻词之辛苦，有云："旅苏邓孝先、宗子戴二君藏词闻颇多，可否设法钞一目录？曹君直元忠之《云瓻词》能代觅得否？""前请代索吴瞿庵及金松岑自作词，望为代促。又：宗、邓及他家藏词目亦望设法取得，此皆为苏地选词用，不过非见其目不能定重复否，此属不能省之手续，非有他也。又此举于汇编词学书目亦有助益。""仲清选词处已告公渚具函，请再另函相托。又：已嘱公渚送上空白征求函廿份，请随时填用可也。"在致龙榆生的信中也说："《怡云词》并无人任选，已列入兄任选中。《绛跗宧词》则已选就矣。周癸叔词收到盼即示。沈寐叟遗照向以为随时可得，故适无之，尊藏请假一用。"

几年间，汇集清人集词已逾五千种。1937年日本发动侵华战争，上海沦陷，叶恭绰避居香港，请杨铁夫、饶宗颐帮助，继续从事《清词钞》的工作，没有中断，直到1952年才出版，题为《全清词钞》。饶宗颐回忆说："叶老搞《全清词钞》收集的资料，在那时可称天下第一。"钱仲联认为叶恭绰"编《全清词钞》，收集词人达三一九六家作品八二〇〇多首，使有清一代词学之源流正变得以探寻，有功于艺苑者匪细"。

赵尊岳（1898—1965），原名汝乐，字叔雍，斋名高梧轩，为赵凤昌之独子。幼时从况周颐学填词，成为著名词学家，是叶恭绰编纂《全清词钞》最为得力的助手。其妻王季淑是著名书法家，为王世襄的姑母。赵凤昌为上海《申报》之大股东，赵尊岳服务于《申报》二十多年。1944年出任伪宣传部部长。抗战胜利后，赵尊岳被捕关押在提篮桥监狱。刑满出狱后，1948年寄迹香港。不久，即应马来亚大学之聘，在该校中文系任词章教授。

叶恭绰对词的兴趣特浓，少年时代在祖父叶衍兰以及词坛人物文廷式、王以敏的指导下，广泛阅读清词，尤爱读谭献编选的《箧中词》。但他认为《箧中词》的编选亦有美中不足之处，由此萌发了编选一部新的清词选的念头。他致信夏敬观："柏林画展出品约下月归国，弟近拟赶出《广箧中词》，此书虽不敢谓能继复堂，然近三十年词家佳作颇已搜集不

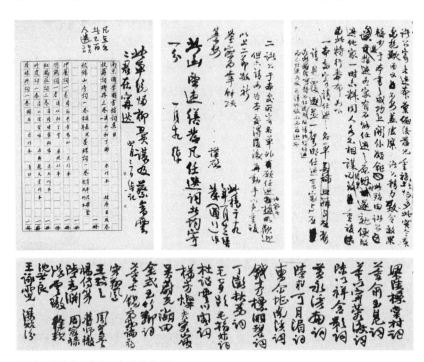

《全清词钞》《广箧中词》的信札批语

少。兄为今日词坛尊宿，能否为玄宴以光是集？"由于继《箧中词》而成，所以称之为"不尽属后起，故称之曰广"。因为从政，无时间去实现自己的想法。至20世纪30年代中期，终于编成《广箧中词》，于1935年刊印，由夏敬观作序。叶恭绰致夏敬观信："近缘无俚，赶刊《广箧中词》，已印成大半。卷首叙文本交朱居易付印。近朱归里，觅原稿不得，大作计必有存稿，乞另属人钞副见赐是荷。"叶恭绰在该书的例言中说，《箧中词》"原书断自清初，以迄同时，兹以从同。编录款式悉依原书，期成合璧。原选已收，而以当时全稿未出现，或未见，致有遗珠者，谨择诸大家之作，酌量续收；其余之作，如其人已故者，其词已多采入《清词钞》中，故此编不再详选；反是，其人尚存者，则辑录稍多"。

谭献在谈到《箧中词》的编选目的时曾说过："予欲撰《箧中词》全本。""选言尤雅，以词兴为本，庶几大廓门庭，高其墙宇。"谭献自榜"予欲撰《箧中词》以衍张茗柯、周介存之学"，是以继承发展常州派词学为标志的。《广箧中词》无论是编选宗旨和评词方法，都与《箧中词》一脉相承，选录的重点一是清初，一是晚清。他指出"清初诸家，实各具特色，不愧前茅，远胜乾嘉间之肤庸浅薄，陈陈相因者"。对于晚清，《广箧中词》选了二十多家，对晚清四大词家及文廷式、朱祖谋的词选录最多。1935年，《广箧中词》刊行，由夏敬观作序曰："谭氏殁于光绪中叶，于近人词固不见，今遐庵取而广之，又补其所当有而缺者，录其所当取而遗者，都为若干卷，合谭选观之，于一代盛衰之故，与夫后胜于前之迹，可朗然矣。"（《夏敬观著作集》卷六）

其实，叶恭绰对《广箧中词》的编纂着力不多，他说："愚之助精神，自此始皆集中于此，反视《箧中词》之续编（《广箧中词》）颇觉其不足称道。特以多年心血，不忍弃之而已。且其间现存作家不少，不能列之清词，遂姑以为仓库。"这时他从事《清词钞》事，更无暇顾及《广箧中词》，避难香港时，即将全部底稿留在上海居所。到了香港之后，《清词钞》既成现无日，若《广箧中词》又复湮没，未免可惜。他便托上海的朋友，将《广箧中词》选词加以编辑，付之印行。钱仲联评论《广箧中词》时说："选录之精，不亚谭氏。"《广篋中词》对社会的影响很大，龙榆生编《近三百年名家词选》，即以《广篋中词》和《篋中词》为蓝本。

《词学季刊》是民国期间颇有影响的刊物，1931 年 4 月，龙榆生、夏敬观、易孺、赵叔雍、夏承焘商讨筹办。创刊于 1933 年 4 月 1 日，由龙榆生任主编。龙榆生致叶恭绰信："值邦国多难之秋，我公毅然出膺艰巨热忱毅力，薄海同钦。"龙在信中提及印《疆村遗书》事。创刊号由叶恭绰题名，吴湖帆绘制封面，题曰："旧赏园林，喜无风雨，春鸟报平安。周清真《少年游》句，为《词学季刊》制图。癸酉春至，吴湖帆。"叶恭绰在《广篋中词》撰文："榆生承疆村之教，以词传播东南，莒溪一脉，可云不隘。近年余与诸友倡《词学季刊》，榆生实任编辑，主持风会，愿力甚宏。"开设栏目有论述、专著、遗著、辑佚、近人词录、词林、文苑、通讯、杂缀、附录等。叶恭绰担任该社董事长，实为该刊的经济后盾。这可从龙榆生致叶恭绰的信中反映出来。龙氏在信中说："屡承公许以经济上之援助，拟乞拨下百金（不必每期分拨）作为特别捐，于银行立一存折，与其他社费同存一处，编辑可不需费，惟外来稿件有多索赠书（词刊）为酬者，又有寄书求交换者，百册不敷分配，前两期勋已自买三四十册补充矣。"对《词学季刊》做经济援助者，尚有吴湖帆、林子有、沈慈护、赵叔雍、周湘舲、林铁尊，龙榆生给叶恭绰信一再叮嘱，"不复与他人道也"。龙榆生协助叶恭绰办《词学季刊》，不但没有收入，还要自掏腰包买书送人，亦可见经济之窘迫。《词学季刊》稿源不易，龙榆生还屡屡致信叶恭绰空暇时撰稿，说："（《词学季刊》）每期至少百页，总在十万字以上，当先期征稿，所缺仍为新著一类，勋意最少须有通论三四篇（勋及夏瞿禅当各撰一篇）。公对清词网罗最富，或就已选定各种稍加综核为清词概说（题乞公自酌定）一文，俾想望风声者得先窥词钞之旨要，亦大快事，又不独为季刊增光彩而已，稿为一探何如。"他们当年办刊物不只为稿源着急，校对、发行同样是麻烦事。龙榆生在信中说："顷所苦仍为校对方面，勋自校二三遍（有时不能得代劳者，以学生程度仍不足也），书局常不遵改，至堪怅怅。"另一封信中又说:"昨晤叔雍商季刊事,据称此事不难于搜集资料,而难于发行推销,欲长远维持,必须设法由书局承印。"龙榆生拟将《词学季刊》改版,致信叶恭绰,叶在回信中说:"季刊改为诗词,弟不赞成。或改为词曲亦可,因诗太泛滥,将来必流于肤浅无价值。可不必也。"因之没有改版。

叶恭绰所撰的《款红楼词跋》《毛刻宋六十家词勘误序》《东坡乐府笺序》《清名家词序》《衲词楹帖》等序跋多篇和词作数阕等,都在该刊发表。此外,他还为该刊提供了前人的墨迹、遗像,如《叶南雪先生摹李太白画像》《王晋卿手书蝶恋花词稿真迹》《焦里堂手书红薇翠竹词卷》《王半塘先生遗像》等。郑大鹤的《论词手稿》,也是经他整理后在该刊发表的。

叶恭绰与《词学季刊》相互影响,他的声誉固然提高了刊物的声望,但刊物对他发起组织《全清词钞》也起到了一定效用。

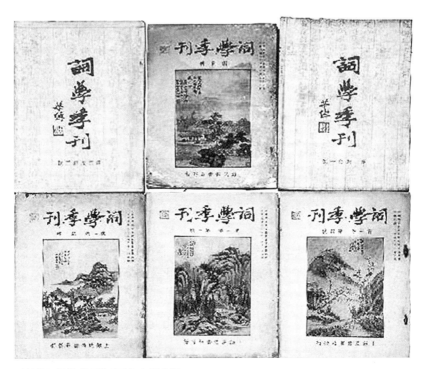

叶恭绰题签的《词学季刊》六册书影

得到叶恭绰支持的还有容庚等创建的考古学社和社刊《考古》。《考古》和叶恭绰的关系虽不及《词学季刊》那样密切，但在叶恭绰经济已处于困难的情况下仍然慷慨解囊，对《考古》伸出经济援助之手。在他收到《考古》第五期时，即致信容庚："廿八日大函及《考古》第五期均收悉。第六期印费无着，极思念。不知以前各期印费能否收回若干，可资挹注否？弟去年一年支出超过预算甚巨，诸须撙节，六期印费拟担一百元，余者如何筹画希示。"叶恭绰也是作者，考古学社社刊《考古》第四期刊载了他的文章《碛砂延圣院小志》。

1954 年，叶恭绰在北京已任许多文化机构要职，当年参加《全清词钞》编辑工作的陆维钊致信叶恭绰，谈如何把《全清词钞》做些修订，使之更加完美，叶恭绰复信曰：

近因文字工作较忙，以致稽复，清词重加校订颇费筹度，此刻势不能太求完善矣。至长编所在，我亦忘之。不过记得已无遗珠，诚如尊论不能论量不论质，徒滋烦扰，故搜遗一节，竟可作罢。至于仕履我意已有者亦已足用，且有些尚嫌冗赘，此系词集非史书，不必求详，至于年辈先后，如有所见当随时见示，因再迟照垂不易。

陆维钊在信中谈到近代词人的词，叶恭绰复信曰：

现人词选及每人之仕履等人已大略就绪，然其中缺漏错误仍然不少，手边书籍太少，目力日逊，助手乏人，以此至感困难，现只求大至（致）不差而已。

陆维钊在另一封信中谈到编索引事，叶恭绰复信曰：

索引则须俟一切编好才能着手，亦可由此间从事。近又发现有些作品非其人之代表作，如时日可及，可以抽补，不过原来钞贴，功皆疏率，致每时均成百纳鱼鳞之状，令人入目不快，无法补救矣。

十三、汇校《淮海居士长短句》

秦观，字少游，和黄庭坚、张耒、晁补之人称"苏门四学士"，少豪隽，慷慨溢于文词，尤擅长短句。"山抹微云，天连衰草"，"春去也，飞红万点愁如海"，"可堪孤馆闭春寒，杜鹃声里斜阳暮"等名句，为古今传诵。和叶恭绰同时代的词人吴梅、夏敬观、龙榆生都欢喜秦观的词，吴湖帆更甚之，称之为"上承晏柳，下启周辛，啸傲苏门，自擅雅操，虽香囊罗带，见讥于眉山，而飞盖华灯，盛传于洛下，况挥毫万字，一饮千钟，其豪情岂让大江东去哉"。所以在那个时候，叶恭绰汇校秦观的《淮海长短句》，又得同辈词人的相支助，就绝不是偶然的事了。

秦观的《淮海长短句》传世者三种：一为南宋乾道间杭州所刊《淮

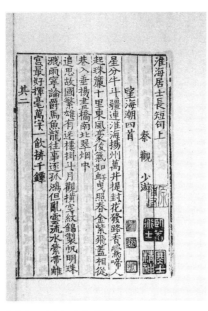

《淮海居士长短句》书影

蔡元培题签"淮海长短句"

海全集》之《淮海居士长短句》三卷，二为南宋长沙所刊《百家词》中之《淮海词》，三为南宋某处所刊《琴趣外篇》中之《淮海琴趣》。汲古阁藏词虽富，称《淮海词》从无宋本，乾隆修《四库全书》，亦未一见宋本。到了叶恭绰时代，唯一可见者只有杭州刻本两部，一为无锡秦氏所藏，后入故宫；一为苏州滂喜斋潘祖荫所藏，后归吴湖帆。而且这两本都有残缺，并非全貌。叶恭绰有将此两宋残本合刊影印的打算。吴湖帆说："遐庵丈为《梦秋词》系家学相承，采翰不辍。近居沪与余间日过从，谈艺甚欢，论及秦词，世无定本，将以故宫及敝笈两宋残本合影印之，并以宋以后各家刊本十三种汇校其字句异同。"吴湖帆藏本即为黄丕烈（荛圃）的批校本。此本为朱之赤（卧庵）钞补，先后为明吴宽、文彭、周大球、李日华、清朱之赤、黄丕烈、张笑川、沈树镛藏，最后归潘祖荫，后为潘静淑的陪嫁进而入梅景书屋。

叶恭绰在吴湖帆家看了《淮海词》的残本，又和袁同礼联系，说及影印《淮海词》的事。数月后，袁氏即将故宫藏本寄沪。叶恭绰数度审谛，感到宋刻本的佳处不一而足，并且可以校释明清本的疑误。于是，他将《淮海词》十三种汇而校之，编为四表，对《淮海词》版本系统，《淮海词》经见各种版本概述，《淮海词》经见各本字句异同及现存两种版本的比较，都一一做了说明、比较、研究，校刊记数万言，条分缕析，致力不怠，经此整理成书，"版本字句之异同变迁，胥可嘹然"。书后又录严绳孙、黄丕烈两家的跋。由赵叔雍题签"宋本两种合印淮海长短句"，吴湖帆作跋并画秦观"斜阳外，寒鸦万点，流水绕孤村"词意图于扉页。

朱孝臧跋记中称赞此汇校本曰："遐庵既幸两宋本之复见，又伤两宋本之仅存，乃取两宋本之属于原版者并合影印。其两本之缺者，则取潘氏补叶，以其出朱卧庵手校精审也。遐庵又以历代所刊淮海集今存者尚十余种，乃钩考其源流统绪及字句异同，为淮海词版本系统表，淮海词经见各本概要表，淮海词经见各本字句异同表、现存淮海词两宋本比较表各一，复别为两宋本校记及两宋本各序跋摘要汇印于后。"朱孝臧在序中历述叶恭绰影印本《淮海长短句》的特点之外，并称赞叶恭绰："精密贯串，得未曾有。余闻遐庵治事精干，不图治学翔实亦如此。遐庵先德三世以词名岭海。家学所承，远有端绪，其所作亦把臂前贤。成连海上，能移我情，载览兹编，迥然神往已。庚午孟冬之月，朱孝臧跋。"在跋语中，朱氏对叶恭绰的治学精缜，颇有刮目相看之意。

《淮海词》的出版，在叶恭绰的词学生涯中固然是一件重要的事，但他不居功自傲，独享学术成果，他在《汇合宋本两部重印淮海长短句·序》中写道："至是书之校勘、借录，多赖张菊生（元济）、徐积余（乃昌）、袁守和（同礼）、赵斐云（万里）、赵叔雍（尊岳）、龙莫生（沐勋）、吴瞿庵（梅）、吴湖帆（湖帆）诸先生之力。其缮写则赖何君志航、时君巽庵。合并声谢。"

《淮海词》出版之后，叶恭绰即致信吴湖帆："《淮海词》已印好，如从者暂不来，当寄上。"（叶致吴信第七札）叶恭绰又将此书赐予饶宗颐。后饶氏在日本内阁文库看到《景宋乾道高邮军学本淮海居士长短句》三卷本，发现叶本由于合印之原本皆有残缺，以旧校抄补，乃非完璧，认定叶氏所据实为乾道癸巳高邮军学本，而非杭郡本。1965年，高邮军学本由香港龙门书店影印出版，饶宗颐为序称之"为现存《淮海集》仅有之完本"。

汇校《淮海长短句》完工后，分配朋友，叶恭绰在致龙榆生的信中说："癸叔词既有全璧，似以就全集选录为妥，并附上淮海词二册，请分赠癸叔及瞿禅（已各写款，请勿误寄），前日夏宅之集中止为怅。弟渡江云尚未成，读大作惟有愧佩。即日赴青岛做劳山之游，须下月方归。"

十四、建立"诗、词、歌"新的文学体系

叶恭绰不以诗词作品名世，足为一代写手，且对词学理论素有研究，企望在这方面有所建树。1930 年 5 月 15 日，他应龙榆生之邀，

到暨南大学做《清代词学之撮影》讲演。

词学的历史"应有一个清账"。他说："昨始想到《清代词学撮影》这个题目，因为鄙人近来正在编辑清一代的词，其间略有所见，特行说明于下。不过，许多系一时的感想所及，恐尚不能据为定论。民国继清之后，对于过去的这二百六十余年，应有一个清账。历史就是最好的账簿。不过《清史》至今没有编好，前次清史馆出版的《清史稿》，其中虽有《艺文志》，但亦不足为清朝文学的统计表；鄙人因为好词之故，所以打算把词的一部分归拢起来，做一个清账，以作文化史和学术史的一部分。因此搜罗词家很是不少，截至现在止，已得四千余人。"

叶恭绰在演讲中介绍了清代词人产生的地表，以词人的多少，对江苏、浙江、安徽、广东、福建、江西、湖南、满洲、直隶、山东、四川、河南、贵州、湖北、山西、云南、广西、陕西、奉天、顺天、甘肃、内蒙古的词人做了介绍。江苏、浙江的词人最多，绥远、察哈尔、吉林、黑龙江、新疆则没有人写词。

叶恭绰说："不过，此种统计倒也很有趣味。词是文学当中的一种。它的发达，实与其他文化学术有密切的关系。观于上表所列，可知江、浙文化之盛，亦可知扬子江流域文化传播来得容易。安徽居第三位，亦因扬子流域灌输较易之故。广东是属珠江流域，江西和四川也是为着长江的关系……最少是甘肃、内蒙古两地，与江、浙比较，相差数十倍。可知词之发达与否，与文化学术适成正比例。"

叶恭绰在演讲中，对清词的发展又做了对比研究。顺治一百八十八人，康熙一百十七人，雍正三十六人，乾隆三百六十二人，嘉庆三百二十八人，道光四百四十人，咸丰二百零二人，同治一百十人，光绪一百七十八人，宣统一百三十二人。从此表上看，道光朝词人最多。颇足怪异。据他的理想，或者为承常州词派盛兴之后，风气大开的缘故。顺治朝人亦不少，不过多是生于明代人物。综合清代词人，约有六千，比较元明两代，固然多得多，即宋代为量，不过二百余家。这或许因为年代久远，湮没了。

对词的质量，叶恭绰在演讲中亦做了分析：清词之超越明代，而上接宋、元，这是可以断言的。词发源于五代，到两宋，总算登峰造极了。清词能上接两宋，实因为有下列两种优点：一托体尊，二审律严。因为以前的人，往往视词为一种游戏作品，而不认为高尚，所以词人作品虽然很多，但是除了诸大家的词饶有寄托外，都不过写些流连光景的话。固然体格不见高尚，而多伤于率野，无深情及高远理致。元人也多是如此，而且多流入纤碎一路。及至明代，连词的体质多未辨清。他们的词往往不是浮丽纤巧，就是粗犷叫嚣。直到清初，还是染的这种余习。嗣后，浙江朱首领朱彝尊出，觉得词学日渐颓靡，便想方设法挽救。标出宗旨，汰去不少恶习，渐将词的品格提高。于是，词学渐渐走入正轨。康、雍、乾几朝，几乎全受浙派势力的支配。厉樊榭可以说是里头最有心得的。直到嘉庆时代，又有常州词派出来，首领是张惠言、周济。他们以为浙派专于义字上做功夫，磨砻雕琢，遗神取貌，弄得外强中干，流弊不可胜言。因为这样，所以张惠言主张以词上接风骚。其重视之如此，而词的风气因为之一变。光绪间，浙、常两派均由盛而衰了。因而，复有桂派的发生。其代表人物，即是王鹏运、况周颐。他们以常派为根底，而又稍加变化，因之词风复又一变。清词共有三变，而其不谋而合的，都同是提高风格，增进词的地位。

词与音乐。叶恭绰认为"词本合乐"。但到南宋后，歌词的乐谱渐渐失传了。自元迄明，大家就都不讲究了。在清顺治、康熙两朝之词，不合律的也很多。直到万树、戈载编著的《词律》和《词韵》，归纳各大家的作品，很少不合律的。不但讲究平仄，即四声阴阳亦不容混。这也是清词的独优之点。

词的情、景、理三者融合。叶恭绰说：前人讲词注重的两点，（一）情——属于内的；（二）景——属外的；或使情景融合。但是否可以再加一个"理"字呢？据我自己设想，应该是可以的。王国维标举出"意境"二字。此境界可以说包括情、景、理三者。即前人所没有的境界，我们何妨取来入词，而成为新的境界。我想，这个是可以的。

叶恭绰这种弘扬中国传统词学的主张，亦见于他序徐礼辅的《渌水余音》一文中。他说："次公之道无他，不会学者读宋以后词，犹学诗者从风骚入，习字者从篆籀入，虽芜言累句，拙体败笔，犹为风骚篆籀，而非俳谐钉铰馆阁体也。昔曹子桓《典论》谓请将军捐弃故技，唐名乐工教其子弟，须十年不近乐器，以涤前习。盖学之云者，乃神识间事，一经镌刻，深入无间，迷途迂道，不远而复。盖犹易于伐毛洗髓也。故次公之法，似远而实进，似拙而实巧。"

在香港期间，叶恭绰于 1939 年应邀去岭南大学演讲歌的建立，提出中国文学的发展，经历了诗经、汉赋、宋词、元曲四个时代，应该是一个歌的时代。他说：

文学经二三百年总有一个变更，诗之后有词，词之后有曲，而曲的承继者是什么呢？上面已很明显地说出梆子二黄一类东西多半没有文学的价值，这岂不是曲之后便成中断的趋势吗？在文学传统方面有中断的可能，在国家社会文化立场有这样大需要，我们应该有什么办法？鄙人最近的主张以为，最低限度应将音乐与文学配合的关系，使之回复元代的情形一样。现在我国门户大开，最易吸收外来文化，我们可以将我国古代音乐优点保存，加以外来音乐的优点而制成一种中华民族的音乐。

叶恭绰在讲演中又说：

一种新的产物在音乐前提未决定以前，亦可假定这个产物的体裁：（一）一定要长短句；（二）一定要有韵脚，因为要适合唱的原因，故需用韵脚，韵脚不必一定根据清的诗韵；（三）不拘白话文言，但一定要能合音乐。如此经音乐家与文学家合作努力，相辅而行，这个希望不难可以实现。这就是用文学之优点以激发新音乐，以音乐之优点以激发新文学。倘若将来产生了这样的一个产物，我们可以给它一个名字叫做"歌"。（《叶遐庵先生年谱》，第 366 页）

叶恭绰在讲演中提出建"诗、词、曲、歌"新的文学体系时说：在"诗、词、曲"三个字已成为另外的一种专有名称了，所以拟用"歌"这个字作为这个新产物的名字，将来"歌"字自然成为一个专有名词，一说到"歌"，一般人都知道是指什么。因此，现在我们可以将"诗词歌曲"四个字的顺序改为"诗、词、曲、歌"。

从 1930 年在暨南大学讲"词"，1939 年在香港去岭南大学讲"歌"，前后九年的时间，中国历史有着繁复的变化，自己的生活又经历几番颠簸，但叶恭绰始终没有放弃对中国文学未来发展的思考。

在开拓词学领域的活动中，夏敬观是叶恭绰的得力助手，但在抗日战争中，夏敬观致叶恭绰信有言："弟近况日窘，前托张菊翁为致函汪精卫，述明先世交谊，约以莅沪即先往谒，未言所求目的，伊复信极诚，切云来沪辄匆匆，如下次来当过访菊生，借与弟谋一面。此后伊来仍不过一宿即去，贵人事忙，固未有闲情逸致及此。弟闻其来惜在其去之后，始终不得造谒。弟意欲谋文化委员会或顾问，得月领数百番以救贫困，未知公能更为先客否？如蒙允许，当再走陈大概。"看来夏敬观与汪精卫的关系并不怎样深切。只是因为他为谋生存在汪精卫南京政府文化委员会得一职。因即蒙上失节的耻辱，以后即以卖画度日。夏敬观于 1953 年病逝。2021 年，《夏敬观著作集》九卷、《夏敬观家藏尺牍》三卷、《夏敬观友朋书札》六卷，经整理由复旦大学出版社、上海辞书出版社出版。

从叶恭绰弃官归隐上海到抗日战争之前，词学的发展活动广泛，编书、办刊、校勘、辑选、批评、创作的各个领域都兴起波澜。文廷式、郑文焯、朱孝臧以及后起的夏敬观、赵尊岳、叶恭绰等，冲破笼罩词坛的况周颐常州词派，上接唐五代及宋人，尤其是对南宋词家周清真、吴梦窗、姜白石极为推崇，探索词的音乐性，把学人的学养襟袍与词人的灵动率真结合起来，形成了学人兼词人之间的词学的新境界。再有沤社、声社、午社等词家结社的兴起，可以说把海内词人联系在一起，为衰微的词学开创了重振复兴的局面。但词学的好景不长，只是一时的回光返照，便逐渐从文学领域中消失了。

十五、筹建上海市博物馆和上海文献展

　　弘扬中国文化，振奋民族精神，是叶恭绰魂牵梦萦的事情，已深入他的骨髓，他时刻都在寻找普及中国文化的机会和方法，想使更多人由文化的提高而觉醒。他认为展览会是一种很好的方法，与那些常设的文化机构相比，展览会更为方便，而且是比较经济的方法。早在1917年、1921年，叶恭绰在北京就参与组织了京师第一次和京师第二次展览会，提供展品的多是收藏家，如完颜景贤、颜韵伯，外国收藏家福开森拿出藏品参展，京师第二次书画展览会展出的目录中有叶玉甫藏品十余件：

唐褚遂良真书《阴符经》
唐高闲草书《千字文》卷
唐罗隐代钱镠谢赐铁券表卷
宋黄庭坚砭柱铭卷
宋文彦博《三札卷》
宋米芾多景楼卷
宋米友仁海岳庵图卷
明文微明手书《庄子》册
明王宠手书《庄子》册
明倪元璐山水轴
明张瑞图大楹联

　　在叶恭绰的倡导、组织和参与下，各类展览应运而生，除了在上海举办专题性的建筑展览会外，还组织一些弘扬乡邦文化的地方展览会。1936年，浙江省立图书馆举办浙江省文献展览会，展期十八天，有七万六千人参观；1937 年，苏州图书馆馆长吴吟秋发起举办吴中文献展览，每日签名的观众就有三四千之多。乡邦文献一时风起，嘉兴、淮海、建瓯、漳州等地也都陆续举办了地方文献展。对乡邦文献之搜集、地方掌故之整理，学术机构都视之为应负的使命。为了弘扬乡邦文化，除了展览参观外，还辅之以学术讲座，使人们对乡邦文化有了更深入的了解。如浙江文献展在展期内举办了四场学术讲座，张寿镛讲"两江哲学之观"，朱希祖讲"章太炎先生之史学"，张凤讲"浙江考古之发现"，朱庭祐讲"浙江之地质"。浙江展览搜集了六千余种两万余件展品，苏州展出了文献四千一百余种。叶恭绰在《上海文献展览会概要·序》中说："此两年来，本位文化、自力更生诸种意义，颇印入吾人之脑中，复因时局关系，痛感史地研究之必要。而群众对孙总理遗教所屡屡诏示'保存固有文化道德'之说，亦多具深切之认识。故各地文献之展，亦应运而兴。"

叶恭绰还亲自寻找吴中文献，交吴湖帆带到苏州参加展览，此事使展览会陈列部主任吴湖帆甚为感动。

1937 年 5 月，叶恭绰将苏浙两地文献展的成功经验移植到上海，在上海市博物馆举办上海文献展览。吴湖帆在 5 月 2 日的日记中记："誉公自去年浙江文献展之后，吴中文献展继之，今春南京开全国美术展览方终，而上海文献又起，无殊传染病也。"看来吴湖帆对叶恭绰热衷于地方文献展览有些不以为然。

5 月 10 日，上海文献展览会在八仙桥青年会召开发起人会议，到会的有柳亚子、沈恩孚、黄炎培、潘公展等五十余人，由叶恭绰任主席，会上商定成立筹备会。由叶恭绰任会长，沈恩孚、陈陶遗为副会长，名誉理事有蔡元培、马相伯、张菊生、王一亭、胡肇椿、吴湖帆等。推选徐邦达、吴湖帆、姚虞琴为"特展征集主任"，他们受叶恭绰的委托，开始撰写《上海文献展览会古今书画提要目录》。

6 月 7 日，文献展览会在吴湖帆处讨论展品征集的事，叶恭绰与林俊卿、姚虞琴、徐俊卿、徐邦达、王季迁、陈小蝶均来参加。徐俊卿携来恽寿平的《古槎绿筠》，严长卿携来吴历的《仿云林山水》。从5月15日到6月20日共征集参展作品八千件。

上海、宁波、杭州、苏州、无锡、太仓的文物机构和私人藏家都提供了藏品，展品以书画艺术为主，其他还有典籍、图像、金石古物、史料和乡贤遗物。为征集展品，叶恭绰还多方写信邀请参展者，他首要邀请图书馆和商务印书馆。北京图书馆馆长袁同礼慷慨相助，他在给叶恭绰的信中说："敝馆出陈之书准于二十日以前送到，已告驻沪处李君照办。"另一封信中说："关于青浦、川沙、奉贤地方文献，容开单后再行寄奉。"又说："关于浏河资料，所藏甚少。"（《上海图书馆藏叶恭绰友朋尺牍》）任凤苞在信中说："单开四志，弟有康熙《太仓》、乾隆《镇洋》二种，可以出展，但以不损坏及克期交还为条件。"任凤苞在信中顺便提及"便间能为弟作一扇见惠，感谢不尽"。叶恭绰随作了一片扇面相赠，任氏赞之曰："挥洒之妙，不同凡俗，谨当配以佳木，奉扬仁风也。"（《上海图书馆藏叶恭绰友朋尺牍》）《太仓志》正是叶恭绰欲觅不得的。

博物馆董事长叶恭绰（左）与馆长胡肇椿（右）在"文献展览"布置后留影

张元济是上海文献展的直接组织者，为此次展览，他和叶恭绰书信往来频繁，共商大计。他还检出了涵芬楼三十三种善本及自己所藏的《宋太宗实录》《嘉靖二年会试录》两种参展。上海市文献编委陈乃乾编写文献展览出品的提要，不断致信提醒叶恭绰有哪些文献应当入展。在张元济的推荐下，常熟铁琴铜剑楼瞿凤起选定书籍字画二十件及家藏精抄本《大元海运记》参展。

潘承弼、潘承厚是吴湖帆的内侄，更是叶恭绰的晚辈，他们对上海文献展也都热情投入，最后提供展品三十五种。潘承弼还帮忙草拟了上海十县的金石目录。

颇可注意的是《上海图书馆藏叶恭绰友朋尺牍》中有陶湘致叶恭绰的尺牍数封。陶湘是盛宣怀的亲信，当年盛任交通总长时，把叶恭绰撤职，叶、盛可谓政治冤家。叶恭绰在组办上海文献展时，盛宣怀已去世多年，风雨苍黄，可谓相逢一笑泯恩仇。陶湘在信中除了谈购书的事，还动员盛氏后人拿出藏品参展。展览结束后，叶恭绰将盛氏后人的展出品原物奉还，故陶湘在信中说："顷奉电话传知展览会盛宅书籍等均已收回，饬人去取等因，兹派人乘汽车来取，即请饬交，能将盛氏原单并交尤感。又徐紫珊七言隶联一副、又恽南田墨迹二册一匣亦祈饬交是叩。"从中可以看出盛氏家族参展作品之一斑。

在上海文献展览会上，吴湖帆准备有若干件精品参展：元张子正的《芙蓉鸳鸯图》，明吴尔成、董其昌合作的书画卷，明孙克弘的《花阴猫蝶》，明陈廉的《雪江归棹》，明莫是龙的《仿大痴山水》，明王鉴的《关山秋霁》，还有《隋董美人墓志》拓本轴、《郑斋三代秦汉金石文字》二册等。

吴湖帆负担书画审查，对参展作品有所评述。

庞莱臣（虚斋）出品八种，其中吴湖帆有点评：曹知白八十岁作《翠壁银涛图》、王鉴仿梅道人六尺大幅，至精湛；董其昌仿巨然山水大卷，笔法如草书，苏洵是宋元革命大家；赵左补唐人诗意卷，董其昌书唐诗，笔带北宋，墨光浮动，乃赵氏极构；吴伟业的《松风万籁图》，绫本真迹；李流芳的《雪意山水》，至精；管仲姬的《修竹仕女》卷，明伪本；王时敏绢本大山水，王石谷代笔，真款而已。

孙伯渊（石湖草堂）出品两种：吴历的《平畴远风图》，乃渔山精作，翁同龢旧物；王原祁七十四岁仿古山水大册，干老而精神奕奕。

徐俊卿（甃庵）出品两种：李流芳仿古山水册十帧，潘博山旧藏；吴历仿山樵，无味。

余伯陶（医生）出品十种：唐时升（叔达）甲午仿石田山水，唐画从未见过，唐题有"长蘅、孟阳同至披览，一叹"云云。吴湖帆称之为"奇遇"，此为余氏藏画第一，次为赵左山水，余不足观。

谭敬（和庵）出品刻帖两种：宋拓《绛帖》一册，宋拓宋翻刻本、宋拓《大观帖》两册，皆康有为物，不见佳。

张大千（大风堂）出品一种：董其昌四十五岁画小卷，越年庚子补款，真精构也。后有弘光元年杨龙友题及万寿祺，顾大申、张照二跋；吴云及吴大澂观款。此卷为董氏早年中最精者。

陈小蝶（醉灵轩）出品两种，元李升的《授经图卷》，朱令和一册十帧，均为吴湖帆的旧物。（《吴湖帆文稿》，第87页）

6月30日，叶恭绰又和吴湖帆、陈子清、张善孖、徐邦达去展览馆布展。在审评参展作品时，吴湖帆还悠然自得，有着欣赏之乐，可是要他具体参加布置展览，他则感到力不从心了。他于是给叶恭绰写信，说："奉示敬悉，幸公勿误，好在侄与公非三朝两日之初交，谅亦知我素来体弱，致身负痼疾，近三月来更觉偃卧时多，益形憔疲，正觉自恨不能振拔，素以相知见爱，故侄亦不自一切举止之不拘。但初开文献会筹备时，侄以素未闻过一切大小任何会务，不知事实轻重之多少，初应征集亦不过照例接洽而已（此次敝处□来大约几人中最少），第二日阅说明，不断如此之多，初以为只尽一日之工可了，不料源源不绝，已觉精力为之不济，且素性既任之役，不愿草草了事，以为说明书交会之后可以息事，且以将届阳历六月底，种种经济所迫，遁出时间为奔走乞求之事，所托王季迁代张之事（此种私事本不足告），亦成利刃代俎之讯。十日之间，心绪纷乱，正不知所措，而公前日要侄参加陈列事，此□分配既难，侄何能轻诺以误公乎！公私互迫之苦，想丈总不能再有不惊乎！昨日会上王佩净兄言叫侄当副会长之说，抑使凡人居高名则万事皆可应允，此种见解未免误解，幸公便告之，侄岂为此事名乎！"平时不从事具体杂务琐事的吴湖帆，实在是难以应付，但在叶恭绰认真态度的感召下，他只好强打精神，在信中说："神精已觉不够，故绝不误公所托，一切拉杂奉复，统希见谅。"

展览会于 7 月 7 日开幕，正是日本侵略军发动北平卢沟桥事变这一天，上海文献展览会如期举行。叶恭绰在《上海文献展览会概要·序》中说："上海为吾国第一都市，襟江凭海，含育发挥之力极为巨大。目下居民逾三百万，文化设施殊苦供不应求。比年，市政各当局力征经营，稍具轮廓。以云美备，犹然有待。"参加上海文献展览会的除了上海人，还有与上海相邻的松江、金山、青浦、川沙、奉贤、南汇、宝山、嘉定、太仓等地的人。展览内容分典籍、图像、金石、书画、史料、乡贤遗物。叶恭绰特别提出"乡邦文献可以采集靡遗，以供我市民之阅览与研究"。

7 月 12 日，叶恭绰带着姚虞琴、徐邦达来到吴湖帆家，对不太理想的展品，叶恭绰提出要更换，这可使吴湖帆慌了手脚，甚至感到不满。他给叶恭绰写信，鲜明而且强烈地表示了自己的意见。吴湖帆在信中说：

> 遐丈大鉴：书画出品内容侄已知其杂芜程度，至于陈列方面，当然由胡肇椿兄主持计划。审查情形，侄于日常生活上有妨，绝不能负责办之（绝无在四五小时内可办）。且当日征求对外面发表，托人尽量应征，今忽改变为大事删削，摒弃不列，必徒遭人骂。若实在不佳者别去，当然挨骂不去管他，今为人名重复而别去，在应征人必然愤怒，侄故对删节省检一事（刻佩诤所云之方法）只得卸肩。如不能容，只为请陈列主任多事更换一法也。

7 月 16 日，文献展会结束之前，叶恭绰、吴湖帆、陆丹林等在上海通志馆开会，商量展览会闭幕之后，展品退还的事。散会后，他们又去看望张大千。这天晚上，张大千要去北平。7 月 18 日，上海文献展闭幕，所有展品都运到办事处所在地卫乐园六号，叶恭绰要吴湖帆、徐邦达办理书画退还事。吴湖帆这天的日记写道："今日报载日准备动员四十万来华，真如狂如疯了。暂静数日，恐大战即在眼前。"

这次上海文献展览会是由上海市博物馆、通志馆联合主办。在这里，叶恭绰对创建上海市博物馆和上海文献展是一脉相通的，其贡献应载于上海现代文化史册。

1933年9月，上海市政府通过上海市博物馆筹备会议决议，聘请叶恭绰、王一亭和刘海粟等三十余人为筹备委员，叶恭绰又兼任设计组主任、博物股成员。经过一年的筹备，次年9月博物馆建筑正式开工建设。1935年3月，筹委会议讨论上海市博物馆的宗旨规定，"博物馆之性质以历史、艺术为主"，并选举叶恭绰为董事长，加聘吴湖帆、狄葆贤等为临时董事。

1937年1月5日，在博物馆即将展出前夕，叶恭绰致吴湖帆信曰："弟今晨赴苏，本拟与兄商定沪博物馆各手卷事，因需用甚亟也。（已决定十日开幕，故七日以前必须陈列完竣。）恐兄今日或归，故留此代面。弟在沪已觅得六件，如另单，大约有八件或十件即可敷用。最要者七号前必须交去（八九两日招待市府及各董事），方来得及陈列也。"看来，叶恭绰意在画卷的展出，他在给吴湖帆的另一封信中说："市博书展现缺卷子（柜的下层宜于摊开手卷），可否改调卷子，祈卓夺示复为幸。"除了书画，还要展出瓷器、玉器、熏炉，叶恭绰在给吴湖帆的信中亦多有提及。

上海市博物馆在建设及展品陈列的过程中，叶恭绰所关心的不只是书画、瓷器、玉器等藏品的搜存与汇集，事无巨细，都会过问。举凡人员配备、编目等具体意见，登记表发放，藏品征集及至徽记、包装、签条，如参加茶会的人请不请吃饭，叶恭绰认为"有请吃饭有不请吃饭，是否妥当？如果全请则所费过多"，连请多少人吃饭，他都提出了意见。如对图书分类，叶恭绰提出只分大类还不行，必须细分，"如典籍类应再分志乘、谱牒、撰述等是也，仅以'四部'区分恐不甚妥，不如分志乘、谱牒等，凡善本则标出其版刻或内容之优点，望同仁再研讨"。某拍卖公司曾拍卖《叶恭绰筹建上海市博物馆丛札》，保存完整，丛札中涉及上海及江苏许多地方，如浏河、奉贤、青浦、松江的史料，亦涉及许多名人、社会名流，动员他们为建设上海市博物馆献策献力，如蒋吟秋、王佩诤、陈子清、吴湖帆、潘博山、郎静山、孙伯渊、王云五、徐森玉、易孺、周湘云、张元济、陈小蝶等人。

上海市博物馆于 1935 年落成，1937 年 1 月正式开馆，叶恭绰任董事长，胡肇椿为馆长，上海市市长吴铁城等政界知名人士担任董事，内设历史、艺术两个部七个陈列室，开馆后即举办了上海文献展览会和古玉展览会。上海抗日战争事发，他又将博物馆的文物转移到上海郊区保存。

1946 年 2 月 16 日，叶恭绰又致信上海市市长钱大钧（慕尹）推荐杨宽任上海市博物馆馆长，信中有言："市博物馆筹复之初，教育局顾局长商之于弟，拟觅前此熟手主持，适杨君宽伏处八年，不为利诱。其人在前此馆中，极为得力，方拟向他方执教，因留之在沪，介与顾君。任事以来，虽形式上有委员会等主持，但一切筹划进度，统由杨君负责，此为众所周知之事实。"因之"如能即令杨君长馆，似正符为事择人初旨，于馆务必有裨益，尚祈卓夺施行为荷"。（原信存上海市档案馆）

十六、避难香港：举办广东文物展

1937 年 8 月，日本侵略者的炮声在上海响起，淞沪战争爆发。11 月 12 日，上海失陷，汪精卫组织伪政府，梁鸿志出面邀叶恭绰做伪政府的交通部部长。本来，叶恭绰正准备到广东去扫墓，听到这个消息，立即离开上海，去了香港。叶恭绰到了香港仍未尝一日自逸，或与朋旧渔畋、艺苑鼓吹词坛，或表彰先贤保全古物，盖发掠怀旧之蓄念，即隐以唤起民族之精神。所以，叶恭绰到香港不久，即到香港大学中文学会演讲中国诗词曲之演变及将来的发展。他对这个问题的研究用时二十年，曾与蔡元培、萧友梅、易孺等组织音乐艺文社互相探讨。

1939年，叶恭绰与简又文、陆丹林、伍伯就、许地山、陈仿林等三十余人发起组织中国文化协进会，讨论教育艺术等问题，举行文化座谈会，整理广东文献，讨论粤剧的改革，并组织了大型的广东文物展览会。推定执行委员：叶恭绰、许地山、简又文、陆丹林、陈君葆、邓尔雅、黄般若等九人，叶恭绰为主任。

广东文物展充分表现了广东地区的特色，所陈列的物品都和广东的历史有关；在征集到的两千多件文物中，都在这个范畴之内。展品征集也非常广泛，除了展览会的执委、筹备委员各方面收藏家接洽出品，还在《大公》《华侨》《星岛》《国民》《大风》等报纸刊物上登载广告，并随时发表展览会的新闻。经过三个多月的准备，于1940年2月22日在香港大学冯平山图书馆举行开幕典礼。当时的新闻记者描述了展览会开幕的情景，会场内外，布置一新，门口高搭彩楼，中间挂一个彩门，垂了一条红色丝带。彩门上方，挂着一块蓝地金字花边直匾，写着"广东文物展览会"几个仿宋体字。两旁挂着两个大圆灯笼。门的两侧分挂着朱联，是叶恭绰所写"高楼风雨，南海衣冠"八个大字。入口的左旁红朱木架上插着两块高脚牌，一块写着"研究乡邦文化"，一块写着"发扬民族精神"，可谓大会宗旨。

叶恭绰为《广东文物展览会》题联

开幕典礼时，叶恭绰到会致开幕词。他说：本会在此国难时期，举行这次展览会，实有深远意义。参观诸君，当须深切认识，应对本会所提出的"研究乡邦文化，发扬民族精神"十二个字有所努力，这是国人最大的希望。叶恭绰在讲话中特别强调，粤省旅港学生有十二万人左右，我们有为青年对于本省文物更应有真切的认识，望能多来参观。

简又文在开幕式上也做了讲话，他着重地阐述了"研究乡邦文化，发扬民族精神"这一展览宗旨的意义。他说：文化发展，不是凭空创造，必须根据旧文化改善进步，掺和新分子而演进新文化，故对古代遗传文化，固不能墨守先前规矩，泥古不化，也不能毁灭废除"绝圣弃智"。我们应当研究探讨，宗旨在研究乡邦文化，发扬民族精神。在国难当中，检点劫后所剩余者几何，加以研究，以为将来复兴的准备；使侨胞睹此衣冠文物，亲炙先贤先哲先烈的遗容、遗作、遗物，而发扬爱乡爱国的精神。

简又文在讲话中，特别提出"广东精神"。他说广东先贤先哲先烈之忠于民族，崇尚气节，刚正廉介义勇坚毅者，代有其人。而富于冒险性、奋斗性、创作性、革命性，则尤为粤人之特质，是所谓"广东精神"之表现也。表扬此精神，则是此展览会之大目的也。

广东文物展览会于 2 月 22 日开幕，这天正是元宵节，到会的人特别多，展览会现场特别拥挤。展览会的前一天，正在忙于陈列和审查出品时，忽下小雨，陆丹林说，这真是"高楼风雨"，你们看窗外路上戴着篦帽、穿大襟衫的青年，都是"南海衣冠"啊，都是应了叶恭绰写的红联。有人说，这是天时地利人和的集会。

广东文物展览会到 2 月 26 日结束，共展出五天，参观者达四万人，实为香港空前之举。广东文物展览是在广州已经失陷的情况下举行的。孟子说"毁其宗庙，迁其重器"，可见自古以来的战争，攻入对方土地之后，一方面把它的重要建筑物破坏，一方面就是迁移它的重器了。日军入侵华北局势紧张的时候，故宫博物院文物南迁；"八一三抗战"发生前几天，上海市博物馆文物连夜运出市中心；浙江省图书馆、常熟铁琴铜剑楼及其他机关所藏珍籍，也都事前运置异地。日军侵占大亚湾时，广州几位藏书家把善本赶紧运出广州。当日军到了苏州、杭州、嘉兴时，即逐一到各地收藏家家中点名要求交出某几件藏品。这一切叶恭绰有着亲身经历，有着切身感受，他平时即主张"玩物而不丧志"，此时更是利用乡邦文献，激发人们爱家乡爱国家的观念，实在是"玩物壮志"了。

广东文物展览会展出品共有图像、金石、书画、手迹、典籍、志乘、文具、器用、古迹、制作、太平天国文物、革命文献等几大类，可谓无所不包。其中既有历史名迹，也有极为普通而颇具文化价值的藏品，因为此为文物展，故侧重于文化的含义，而不在其经济价值。再者，展览会也有花边新闻。开会的一天，有一位老翁拿了一条辫子来，说是康有为的辫子，可以陈列给人看看。办事人员说这辫子没有办法证明是老康的，而且也不知归于哪一类，婉辞不收。老翁说老康是保皇党，又是复辟党，他却把辫子剪去。但有些遗老，还留着辫子，不知是何用意。这当然是一则花絮，也可以说明当时的展品参差不齐，引起人们不同的评论。故广东文物展览会执委会对展出的文物做了说明：这次展览绝不是古董摊，也不是古玩商场。因之有许多文物在玩赏古董的人看来，是不值一文的，但是在历史研究方面看来，却是很重要的实际的直接资料。文献和古董的区分，就是如此。还有一些善本，或精本、秘本的书，在普通人看来，其功用绝没有比一把柴刀来得实用，但在研究经典的人看来，比十万八万的产业更加珍重。

叶恭绰（左三）在广东文物展览会开幕式留影

对展出的作品，也有参观者发出不同的声音，提出批评意见。如梁佩兰、陈恭尹、屈大均并称"岭南三大家"，展会都有他们的作品展出。由明入清之后，屈、陈二人隐居不仕，而梁佩兰则是顺治解元、康熙翰林。展览会展出梁佩兰的作品十五件。署名"宝筏"的作者在《评广东文物展览会》一文中说："像梁佩兰这样的贰臣汉奸，'标明发扬民族精神的广东文物展览会，把这等汉奸的作品画像等陈列了出来，恐怕不足以观感吧？'"宝筏的文章还对在明代做过三朝宰相的何吾驺，做过崇祯河南兵巡道的伍瑞隆（两人都在清攻陷广州时降清）、太平天国将领叛降投清的张国梁、保皇党康有为等人的作品参展，也都提出了批评意见，认为和展览会的宗旨不相称，虽有保存价值，但不应该在展会上陈列。

陈恭尹（独漉子）的作品有隶书立轴多幅，最受人称赞的是那幅《咏夹竹桃》七绝二首："傲骨雄心岂易消，为花不逐岁时凋。入林高士能同醉，前度刘郎尚可招。""碧色映竹阑个个，声兼红雨共潇潇。他年更有天台约，短杖相寻过石桥。"这次展览会的执行委员也都有藏品参加展出。关于白玉蟾字卷，叶恭绰在展览期间向人介绍说：宋道士白玉蟾，琼州人，书法造诣甚高。书迹传世仅三，一存北平故宫，一存关伯衡家，一存其沪寓，均作行草书，字大寸许，笔势酷肖宋道士陈抟。

李文田（若农）为清咸丰探花，是叶恭绰很尊敬的人。叶的藏品中有几件是李文田的墨迹。这次展出的是李氏的一副对联"因逢淑景开佳宴，孤负香衾事早朝"，观者都以为是友人写的新婚对联，但联旁有叶恭绰题的跋语："此为李若农先生手书京邸门联，其时方值光绪甲午中日开战，先生被命为团防大臣，无械无兵，先生告亲友，故只有殉职而已。时台谏有劾先生遣妻子出京者，先生之不辩，但书此揭于门，遇者咸瞩目焉。余少时即知有此联，今得睹真迹，何胜欣幸。"这次展出的还有李文田手批抄卷。叶恭绰辑录的《清代学者象传》二集中的学者画像，也有多幅展出。

叶恭绰推崇屈大均、陈献章、陈子壮、黎简，并对他们的作品多有收藏，这次展览也把他们的作品陈列了出来。屈大均由明入清不仕，被称为有气节的民族诗人。陈献章由宋入元，在元朝保有民族气节。他用茅龙之笔，写苍劲文字，以生涩医甜熟，以枯峭医软弱，岭南书风为之一振。

陈子壮拥永明王于肇庆，图复明室，兵败被俘，誓死不屈，惨遭清兵肢解，他也是叶恭绰很尊敬的人物。这次展出了他的扇面三帧，用笔豪爽，学米董，扇面之一书永明王，很受称赞。

黎简展出隶书二屏及设色绢本山水十二条屏，观者称之为"粤中盟主"。邝露诗轴："独寻春色上高台，草棘萧萧野岸隈。今朝多情惟我到，无人解惜为谁开。平章风月诗千首，收拾云烟酒一杯。雪艳冰肌羞淡泊，海天何处鹤归来？"叶恭绰题跋曰："先贤遗物，飘零海外，辽东皂帽，同此歔欷。"

陆丹林的展品为梁鼎芬的楹联诗，叶恭绰藏之多达百余件。康有为书联"天地坦忧毕，关山拭剑行"；黄节书联"白鹤在天青松存性，秋花爱雨晚竹知凉"；叶佩玱书联"神仙见说趋阴德，山水曾游是故人"。

广东文物展即将结束，而叶恭绰写的红联"高楼风雨，南海衣冠"，八位执委都想留下作为纪念。但是对联只有一副，而且又先被简又文取去。后有人建议，另请叶恭绰加写几副，每人一对。叶恭绰说写字不难，最难的是磨墨。馨斯小姐说，她来磨墨。结果每人一对，皆大欢喜。

叶恭绰在香港，也可以说轰轰烈烈地做了事业，但清苦的生活则鲜为人知，只有在给知交写信时，才偶尔透露出来。他写信给夏敬观说："此间用度高昂，十分竭蹶，幸去春办一书画展览，利用其时亲友资助，集有成数，支拄到今，然瓶亦罄矣。此三数月来，香港商务一落千丈，亲友濡沫已枯，月得一二百金已属例外。盖本地住户不谈风雅，所恃惟各地人流，今人流亦坐食山空矣。承属自无不为力（当随时与吴君接洽），但殊无把握。外间不察，或以为弟之题品或有吹嘘之效，其实正退之所谓就所凭依乃所自为，弟恰作一帽子而已。弟借此亦稍得互助，故不必否认，实则连推波助澜尚不够也。大千素有神通，亦已再衰三竭，去秋在澳门与弟合展，所得尚不及千。弟近月恃售藏品（亦将罄矣），亦极不易，日用之书都已陆续易米，他可知矣。弟年来眼昏手战，精神日衰，仅尚能行坐，故从不出门，老态可厌。"

在寂寞的生活中，只有侧室钟启明（永持）相伴在叶恭绰身边。叶恭绰曾作《鹊踏枝·偶感示永持》词，后又作诗赠钟氏，可谓患难姻缘。叶恭绰先后有三位侧室，为净持、善持、永持。潘善持留在上海，后受人唆使，提起诉讼与叶恭绰离婚并争夺财产。

十七、不忘乡情：保护广东文物

广东文物展览会结束之后，又集资编辑出版了《广东文物》，分上、中、下三巨册，叶恭绰于卷后写了跋，呼吁："窃以为广东省之急务盖有四焉：曰，设图书馆；曰，设博物馆；曰，编印丛书；曰，纂修方志。此四者，久为主持文化教育事业者所应有事，而在吾粤，则尤为急要者也。"

《广东文物》不只是广东文物展的延续，使身处异地不能亲临参观展览的人，手此一编有如目验度，而且对广东文化有了更为深入的研究，对广东的地理交通、历史人物、文艺、学术的成就以及鉴藏，除了有专题的学术研究文章，还分了许多细目，撰述者多为学者专门人才，远远超出了文物展览会的范围。由广东学人冼玉清撰写的《广东之鉴藏家》都为广东鉴藏家列了小传，介绍了他们的重要藏品。冼玉清在《引言》中说："收藏鉴赏，与文章经济绝不相关，故史传甚少记载。大抵秉笔者以为无足重轻，遂略之也。然贤哲遗泽，摩挲把玩，诚有足以启发兴起者。且制度款识，每足为订讹考古之助，顾安得以玩物丧志视之。况金石书画，岁久耗散，文人艺士，不复更生。而风雅之好，耳濡目染，亦可近于博雅之林。其胜于侈靡服食多矣。"

《广东之鉴藏家》为作者根据记载及采访写成，得鉴藏者五十人，始前明终近代，如广东潘氏收藏，世代相传，尽收其中。潘有为之看篆楼，藏古泉、古印、书画、彝鼎；潘正亨之风月琴樽舫，藏物除书画外，以周鬲叔兴父篡为有名；潘正衡之黎斋专藏黎简手迹；潘正炜之听飒楼，藏有李昭道《山水卷》、李唐的《采薇图》、王诜的《万壑秋云图》、巨然的《晚岫寒林图》、赵伯驹的《仙山楼阁图》、夏珪的《观潮图》、王蒙的《万松仙馆图》；潘仕杨之三长物斋，藏有周叔兴的父篡，为其父遗物，及唐拓《张曲江碑》、宋双砚；潘仕成之海山仙馆，藏有亚形父丁角矩樽、汉钩戈夫人、婕好妾赵玉印、碑版旧拓。

其他如吴荣光之筠清馆、坡可庵，藏有北魏造像等，宋拓五字不损本《定武兰亭》、周文矩的《赐梨图》、李唐的《伯夷叔齐图》、苏轼题文与可的《竹卷》、赵孟頫的《轩辕问道图》、王蒙的《松山书屋图》；何吾驺之元气堂，藏有商父庚卣、宋元山水人物册十二幅，后归潘氏听飒楼；邝露之海雪堂，藏有唐武德年制琴绿绮台，南风琴乃宋理宗宫中物；孔广镛、孔广陶之岳雪楼，藏有宋拓《礼器碑》，为傅山旧藏，另有阎立本的《秋岭归云图》、倪瓒的《竹溪清隐图》、黄公望的《华顶天池图》、王蒙的《秋山暮霭图》等；罗天池之宝澄堂，藏有传为南唐拓本《澄清阁帖》、董源的《山居图》，倪瓒和王蒙合作的《听雨楼图》，黄庭坚书《王长者传》；伍元蕙之南雪斋、迁庵，藏有米友仁的《烟光山色图》、黄筌的《蜀江秋净图》、赵孟頫行书《望江南净士词》等；李文田之泰华楼，藏有秦《泰山石刻》及汉《华岳庙碑》断本；颜钟骥、颜世清之寒木堂，藏有苏轼的《寒食帖》、颜真卿的《竹山连句帖》、黄庭坚的《经伏波神祠诗卷》；李宗颢之萧庵，藏有米芾灵璧石砚山；盛景璿的澹园，藏有李公麟的《花卉卷》、王诜的《蜀江秋净图》、曹知白的《溪山无尽图》、李唐的《采薇图》、王翚的《江山万里图》；辛耀文之芋花庵，藏有钱选的《纸本梨花卷》、董其昌的《秋兴八景图》、罗聘的《鬼趣图》。文玩则以扬州八怪之印章为雅趣。

从《广东之鉴藏家》所记五十位鉴藏家传记及其所藏，广东虽地处岭南，但传统文化底蕴丰富，而且保存完好，所以许多历史巨制才能在广东鉴藏家手中流传，而且为时不短，为研究鉴藏之源流传递会有帮助，更可以看到广东鉴藏家爱好趣尚及文化品位，亦有助于对岭南文化和鉴藏史做深入的研究。回顾叶恭绰对广东文献的搜集整理、举办广东文物展览所产生的深远影响，可知其学术意义重大。

1940 年，郑振铎等人在上海秘密发起组织"文献保存同志会"，在上海抢救古籍善本运往香港。在香港的叶恭绰虽然处于困境之中，仍是尽心尽力尽职，把运往香港的数千册古籍善本尽行保护转运，使珍贵的中国文化遗产没有散失或落入敌人之手。

1940 年，上海沦陷之后，暨南大学校长何炳松、私立光华大学校长张寿镛等都给中英庚款董事会写信，说上海有大批珍贵书籍，如不抢购，就要流入异域。其时敌伪华北交通公司、美国哈佛燕京学社、日本三井会社等机构以及梁鸿志、陈群已经在开始收购。中英庚款董事会董事长朱家骅决定收购，教育部次长顾毓琇代理部务，赞成朱家骅的意见，决定在上海成立收购小组，并派蒋复璁来上海办理此事。"文献保存同志会"成立之后，蒋复璁即回重庆复命。

徐森玉妥善安排故宫文物南运后，本拟在贵州的山洞住下来，整理故宫南迁文物，但他受命再度出山，经香港私密到了上海和郑振铎、张寿镛抢救古籍版本。郑振铎说："森玉先生为版本专家，有许多事乘便向他请教，诚本事也。"他们遍访了刘氏嘉业堂、邓氏群碧楼、沈氏海日楼、潘氏宝礼堂等藏书楼及张芹伯等私家收藏。徐森玉的弟弟徐鹿君在海关任职，唐弢在邮局任职，再加上各种社会关系，在上海多收购的文献古籍才运到香港，由叶恭绰、许地山接收安排，藏香港大学冯平山图书馆。后来，运送到香港的书，有一部分运往重庆，有一部分在香港；经叶恭绰和胡适联系，有一部分要运往美国。叶恭绰把运往美国的书都改装木箱，内附铁皮套箱焊封防水。这批书运到美国后，由胡适商洽存入美国国会图书馆，但太平洋战争爆发，这批书即失踪。

叶恭绰曾有致郑振铎信，谈了这次图书运抵香港的情况。

西谛先生：

一周前所上一书，计达。兹因整理在港运书各文件，欲奉告数事：

1. 在港装箱赴美之书，弟处目录尚在，惟此目录限于运美各箱之书。其由沪运港之书的总目，大约尊处必有之，将来须由尊处除去其中运美各书，即为尚应存港平山图书馆之图书。可向该馆询查，是否尚在该馆（馆中经手乃马季明、陈君葆）。

2. 运美各书之目录，当时编制匆促，不及查注版本等等。弟尚拟向尊处补查补注，以为向日本索回之据。此项工作或由尊处办理，更为省便，因诸书皆经公看过，且有底册，易于复接也。弟已觅人将各箱目录再抄一分，以备尊处应用。

3. 此运美各书又闻仍在港，但并无确据，尊处曾否得有何项最近真实消息。

4. 蒋慰堂（复璁）要自运美各箱中抽出之书，经弟托人带渝，以为途中失去，兹查尚在香港，无恙，特此奉慰。但此部分之目，弟处无之，须候收回时点对方能明白，然必不出尊处所收者之外也。

读《求书日录》，不胜感触，故贡近况，以备参考。有人见赠《蜀笺谱》，知公所好，谨以奉贻，余不一一，即承安善。

绰上，十一月七日。

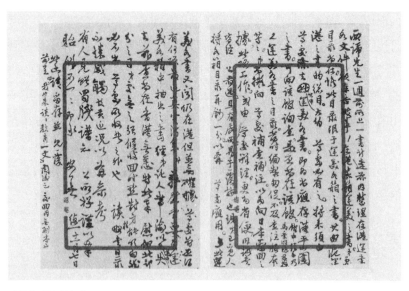

叶恭绰致郑振铎信

抗战胜利之后，这批本打算运美而失踪之书在日本，王世襄代表中国去日本将这批书索回，交国立中央图书馆，现藏中国台湾。

十八、守护毛公鼎

1937 年 8 月，日本侵略军的炮火已在上海郊区燃起，北边的浏河、吴淞已在激战中，南边的川沙炮火剧烈，火车南站被炸，叶恭绰已在考虑何去何从的问题。但他仍从容不迫，七夕刚过，叶恭绰在家中设宴，请吴湖帆、冒广生等共饮。庆贺南唐后主李煜千岁诞辰，席间冒氏填《虞美人》词索和，吴湖帆、叶恭绰均有和作，感叹"容易春花秋月一千年"，"仓皇杯酒对填"。他们对千年前李煜的亡国之痛，抒发着自己的亡国之殇。

叶恭绰曾致信周庆云，欲售毛公鼎，信中有云："世界驰名之毛公鼎，近有出手之耗，公有意否？此为国之重器，若出海外，甚可惜也。"

1926 年，叶恭绰欲购毛公鼎，但经济不裕，是福开森借款给叶恭绰，促其购买。于是，叶恭绰和郑洪年、冯恕合资买下毛公鼎。1930 年，郑洪年和冯恕卖出他们的所有权，毛公鼎即归叶恭绰一人所有。

1937 年 11 月 27 日，叶恭绰带着战火中的隐痛离开上海，去了香港。到了香港，叶恭绰仍然热心于文化事业及词学活动，与简又文、陆丹林、伍伯就、许地山等发起组织中国文化协进会，讨论教育、宪法、艺术等问题，举办古玉展览，做词和歌之美的演讲。

1941 年 12 月 8 日，日本向美、英两国宣战，太平洋战争爆发。日军的炮火袭击了香港，叶恭绰寓居九龙尖沙嘴，炮弹往来如雨，他的邻居前后被炸，举家多成齑粉，叶恭绰却屹然不动，安全无恙。9 日，叶恭绰收拾行装，欲携家人飞往重庆。当飞机到桂林中转时又有搭机者上飞机，他因行李超重，只好将条幅书画的轴头、册页的木板封面裁去，再待登机时，方知自己的座位临时为某权贵占去，遂不能成行。在桂林滞留数日，去重庆无望，叶恭绰只得仍携家人返回香港。

叶恭绰回到香港后的情况，《叶遐庵先生年谱》中记载颇详：日军入港即拘集我国人士多人，爰及先生，先生方小疾，坚卧不理。一夕有日军官来称奉命请往司令部。先生谓余病不能行，有何言语，可由君传达，如必须面谈或请司令枉临亦可，军官亦未相强，因是遂失自由。先生自是不出卧室一步，大暑中坚闭门窗，以窗外日兵杂沓也。时经济窘甚，仅恃售印章、石砚以给朝夕。不久有人来，以组织文化协会相劝者，先生拒之，复有人劝任广东省长，又有人主于广东别立华南政府，花样百出。先生遂锁却大门并名片不纳。先生因感冒遂患疮癣及肾脏炎，因缺医药，殊以为苦焉。

就在叶恭绰去香港避战期间，不料后院起火，上海家中为毛公鼎事起了风波。叶恭绰之所以能成为声震南大的大收藏家，是因为他藏有一些国宝级的藏品，毛公鼎就是其中的一件。

毛公鼎为西周宣王时代的彝器，清道光二十三年（1843），由陕西宝鸡岐山岐家村村民董春生从田野里挖出，古董商闻讯而来，以三百两白银购得。但运鼎之际，被另一村民所阻，没能运走。后几经周折，古董商才把毛公鼎运出岐县，几经辗转落入另一古董商苏亿年之手。咸丰二年（1852），金石学家、收藏家陈介祺才从苏亿年手中购得毛公鼎。陈氏将此鼎藏于密室，鲜为人知。陈介祺病故后，1902年陈氏后人将此鼎卖出，归江西总督端方所有。民国期间，端方后人家道中落，将毛公鼎抵押给天津华俄道盛银行。英国记者辛浦森欲向端家购买，但因价钱问题而交易失败。此事社会风闻，呼吁保护国宝，遂毛公鼎为时任铁路总长的叶恭绰购藏。叶恭绰退官之后，即携其所藏毛公鼎等文物寓居上海。

毛公鼎体呈半圆形，立耳高大，兽蹄形足。口沿下饰大小相间的单行连续式鳞纹，其下辅一道弦线，十分简朴。内壁铸铭文四百九十余字，是商周青铜器中铭文最长的一件，内容记述了周宣王册命毛公之事。

1934年，吴湖帆为毛公鼎拓本题跋，亦可见此鼎流传之过程。跋语云："三代第一吉金文字。毛公厝鼎。""潍县陈簠斋先生旧藏海丰吴子苾阁学辑《攈古录》以此鼎文字最多，列最后。沈阳端忠敏得于陈氏，辛亥后乃归番禺叶遐庵丈。甲戌元日试笔记。吴湖帆。"（王叔重、陈含素《吴湖帆年谱》，第168页）

　　抗日战争爆发后，上海沦陷，叶恭绰准备避难香港。临行前，秘密将珍藏的七箱文物寄存在公共租界英商美艺公司仓库，其中一箱就是毛公鼎。民国二十九年（1940），他的侧室之一潘善持为财产纠纷，大兴讼事，并向日本宪兵队透露了毛公鼎藏在上海的消息。叶恭绰闻讯，急电在昆明的侄子叶公超去上海主持讼事，并谆谆嘱托："毛公鼎不得变卖，不得典押，决不能流出国土。"日本宪兵得到消息，突击搜查叶宅。毛公鼎已转移，没有找到，倒查出两把手枪。叶公超因此被捕入狱，后由其中间人具结作保出狱。叶公超早年毕业于天津南开中学，后又去英国、美国读大学，最后师从著名现代派诗人艾略特，毕业于剑桥大学，

叶公超与叶崇范

毛公鼎拓片

曾主编《新月》杂志，做过清华、北大的英美文学教授。毛公鼎终于没被日军掠去。后来，此鼎还是叶家散出，为商人陈咏仁收藏。

以器物铭文证史对历史研究起到开拓作用，自毛公鼎出土之后临摹该鼎的铭文一时成为风尚。青铜器研究学者陈梦家临摹了毛公鼎的一段铭文赠给叶公超，并题：公超先生家藏毛公鼎，至宝。然不能守，为之耿耿。因检予昔年摹本以赠，聊慰相思云耳。梦家记。

陈梦家与叶公超同为新月派诗人，又同在西南联大任教。两人多有交往。

抗日战争胜利后，叶恭绰即致信呼吁寻找毛公鼎并交南京中央博物院保存，文曰：

吾国三代毛公鼎一器，为周初制作，没土二千九百余年，清末始于关中发现，流传有绪，考证极多，为宇内彝器之冠，战前美国博物馆欲购未成，战后散失民间，几为寇掠，幸赖商人陈咏仁不避危忌，设法收藏，掩护颇艰，至今完好。经战乱未失，实属幸事，拟请特予发交中央博物院保存，以昭郑重。

因此，寻找毛公鼎的重任就落在身为上海市立博物馆馆长杨宽的身上。经过周密调查，杨宽终于找到毛公鼎的下落，为军统局所藏。按理说，军统局无权收藏毛公鼎，应该移交敌伪产业管理局。杨宽到该局咨询，资产组的人士告知，他们并未接到此物，应该向杜美路七十号军统局询问。杨宽拜访了战时文物接收委员会京沪区代表徐森玉。徐森玉说此物确在杜美路七十号军统局，徐氏曾与军统局交涉，有关人士说只要有行政院的命令即可交出。得到这一确切信息后，杨宽到了军统局，该局派代表接见，说该物已运往南京军统局本部保管，须向南京马台街二十二号军统局本部接洽。杨宽随即向教育部报告，请函告南京军统局本部洽商接收办法，或派员前往面洽。教育部遂派杨宽赴南京面洽。

吴湖帆致信叶恭绰谈毛公鼎拓片

十九、《曹娥碑》完璧归还张大千

"朋友遍天下"，以此来形容叶恭绰的友情交往并不为过。他的朋友大致有两个群体，一是他的长辈及为宦时的上司、同僚。对这一群体，叶恭绰都是以亦师亦友视之。他们生前，常趋而问道解惑；他们逝后，即编辑刊发其遗著行世，先后有胡焕（眉仙）的《江上晚晴楼诗稿》（1920年）、曾刚甫（习经）的《蛰庵诗存》（1928年）、罗瘿公（惇曧）的《瘿庵诗》（1929年）、文道希的《文道希先生遗诗》、梁节庵（鼎芬）《款红楼词》。此外，他还为已逝友人的诗文集作序，以抒发和朋友的死生聚散之感。

叶恭绰的另一个朋友群体多为书画诗文界人士。他们除了以书画诗词寄以情怀，又有着生死与共、相濡以沫的深厚情谊，交往时间长达半个世纪之久，生死不相忘。今天常为人们所乐道的要数他和张大千的交往了。

　　叶恭绰到上海居住不久，即移居苏州网师园。此园 1919 年就被张锡銮买下，前后有三进院子。第二进院子为园主张锡銮的后人张师黄居住，张善孖、张大千租赁前院，叶恭绰租赁第三进院子，故此可以朝夕相处。叶恭绰和张锡銮系旧交，前文已提及宣统退位诏第一稿就是张锡銮起草，交叶恭绰修改，后因故未用。叶恭绰在上海已有几处住宅，为何又去苏州赁屋而居？他在给吴湖帆的信中道出了移居苏州的原因，信中说："弟七年居沪，费力已甚，故此有迁居吴门之意，亦冀请人搏节，较易支持。吴门寓公甚多，且人情尚未离谱，以是深愿良友之易于聚首也。"叶恭绰和张大千在网师园结邻而居多年，后来购了汪甘卿的十亩园，修葺为凤池精舍，但他们仍无三日不相过从。

　　1935 年，叶恭绰和张善孖、张大千兄弟居住在网师园期间，何澄的同学、藏书家傅增湘与江庸、周肇祥、邢端、邢震，游黄山北归，于 6 月 5 日来到网师园相聚。叶恭绰即作《旧历端阳与亚农、善孖、

叶恭绰（左一）与王秋湄、张氏昆仲摄于苏州网师园

大千、秋湄、恭浦，小集网师园适傅沅叔游黄山归同集既为图以志因书此写怀》：

> 百年一日意何任，寥落兹辰感独深。
> 思水鱼烦愁呴沫，巢林燕瘁几哓音。
> 椒焚孰识行吟痛，帆谢空余竞渡心。
> 辛苦醯鸡能共舞，瓮天闲处一相寻。（《遐庵汇稿·中编》）

叶恭绰在苏州广结友朋，并参加正社举行的书画活动。正社书画会，1933 年由苏州籍的吴湖帆、陈子清、彭恭浦、潘博山等人发起成立，主要成员有吴湖帆、陈子清、彭恭浦、潘博山、叶恭绰、谢玉岑、王秋湄、孙伯渊、张善孖、张大千、何澄等人。何澄因年纪最大，而且是"南北要人"，所以被推为社长。叶恭绰也曾参加了何澄在北京举行的"正社"同人书画展。

何澄，字亚农，出身于清代科举世族，祖居山西灵石两渡镇，故别号为两渡村人。何澄早年留学日本，后又转入清华大学，曾参与推翻帝制和建立共和，离开政坛后即在苏州定居下来。因为他的妻子王季山是苏州的名门闺秀，名其居为两渡书屋及灌木楼。何澄和王季山所生之女何泽慧，是居里夫人的学生、核物理学家钱三强的夫人，我曾访问过。何澄在住进网师园之前，经常到这里走动，和张善孖、张大千、叶恭绰、吴湖帆交往日深。叶恭绰得知何澄好收藏，对山西乡贤傅山的书画收藏颇丰，就打算把自己的藏品《傅山傅眉父子手书诗词册》赠给何澄，并先后作了两则题跋。

叶恭绰的第一则题跋曰：

> 公子佗父子手书此册，藏遐庵有年。其书法正所谓散僧入圣，教外别传。同时犷野甜熟两派皆在下风矣。所录各诗，复多为集中所无，尤可矜贵。亚农先生于乡贤哲遗墨素所爱重，尤折服傅氏乔梓，因举以奉贻。遐庵叶恭绰。

叶恭绰的第二则题跋曰：

网师园近闻已加修建，以此为东震溪堂藏物，尚不至减色，书此心已驰于读画楼矣。

叶恭绰写了第一则题跋，于 1937 年 11 月 27 日悄然离开上海赴香港避难，没有来得及将傅山父子的诗册交给何澄，就带去了香港。后来何澄购进网师园加以修葺保护。1940 年，网师园还未修竣，何澄即赴香港与罗良鉴会晤，趁此之机去看望老友叶恭绰，叶氏又写了第二则题跋，才把此册交给何澄。

叶恭绰逝世数年后，他的妹妹叶恭绍、侄子叶公超，将其书画辑印成册，请张大千为之作序，曰："遐庵先生归道山倏忽逾岁矣，殁不能哭诸其门，葬不能临诸其穴，中心哀疚，无时或释。"并称他对叶恭绰以丈人行尊之。叶比张年长十九岁。1929 年，蒋梦麟主政教育部时，筹划第一届全国美术展览，他们同时任审查委员，开始交往。

20 世纪 20 年代，上海诗钟博戏已成风气，有文化的人常以此为乐，江紫宸（又名江紫尘）为清两广总督端方的"文巡捕"，在上海经营古董买卖，举办诗钟博戏之社，设于上海孟德兰路家中，当时老一辈的陈三立、郑孝胥、夏敬观等常在社中。张大千亦是社中常客，无日不往，但胜少负多。某日，张大千当夜入局，屡战屡负，赌资用尽，又向局主江氏借二百金，才下注数局，又输得精光，数贷数负，瞬间输了千金。张大千藏有其曾祖遗珍《曹娥碑》（全名为《唐人右军曹娥碑前后题名卷》）。张大千说："江丈索观，携共赏焉。"即向江紫宸出示该帖。江氏说："此卷其归我乎？"张大千无奈只好以祖上藏品抵债，《曹娥碑》落入江氏之手。

《曹娥碑》墨迹本（今藏辽宁省博物馆）又名《曹娥诔辞卷》，为东汉卜虞县长杜尚为孝女曹娥所写的诔辞，文章作于东晋穆帝升平二年（358），书心字体扁方，作者佚名，南朝即入萧梁内府。唐人前后题名者甚多，前为崔护、崔实、冯审、韦皋四人，后为杨汉公、王仲纶、薛包三人，再后即有宋高宗赵构，元虞集、赵孟頫、乔箐成等人题跋。赵构（损斋）题曰："右杜尚曹娥诔辞，蔡邕所谓'黄绢幼妇，外孙齑臼'者也，虽不知为谁氏书，然纤劲清丽，非晋人不能至此，其间草字一行，则浮图怀素题识也。自古高才绝艺而隐没无闻于世者多矣，岂独书耶？"

张大千以《曹娥碑》唐人题名卷抵债，又向江紫宸借款二百金。张大千悔恨感叹，说："以是径归江丈，而予以轻弃先人遗物，心中悔恨，从此绝迹赌肆。"以后有关《曹娥碑》的流传，记载颇多，几乎成了传奇故事，张大千曾有如下记述：

《曹娥碑》拓片

　　阅十年，先太夫人病居皖南郎溪家兄文修之农圃，予与仲兄仍居吴门，每周轮次往侍汤药，太夫人病势日笃，忽呼予至榻前，垂询祖传之《曹娥碑》唐人前后题名，何久不见之，殊欲展阅。予惶恐极，不敢以实告，诡称仍在苏寓。太夫人谓次周必须携来小慰病情，予亟唯唯。此卷闻江丈早已售出，展转不知落于何所，心中如焚，将何以复老母之命。迨归网师园，先生（叶恭绰）与王秋斋（王蓬）即来省问，予当以病笃告，又以此最痛心事，并将此卷经过历历述之，倘此卷尚可求获，将不惜重金赎之，即送郎溪，使老母得慰。先生即自指其鼻曰："这个么，在区区那里。"予喜极而泣，即拉秋斋于屋隅而求之曰："誉虎先生非能鬻文物者，予有三点乞与商求之，一、如能割让，请以原值赎。二、如不忍割爱，则以敝藏书画资其检选，不计件数以易之。三、如两俱不可，则乞暂借二周，经呈老母病榻一观，而后归璧。"秋斋即以予意转告先生，先生曰："乌是何言也！予一生爱好古人名迹，从不巧取豪夺，玩物而不丧其志，此事大千先德遗物，而太夫人又在病笃之中，欲一快睹，予愿以原璧还大千，即以为赠，更勿论值与以物易也。此卷不存履道园，弃之上海，明日往取，三日内即有以报命。"予与仲兄闻之感激泪下，趋前叩首谢。太夫人弥留之夕，幸得呈阅，予罪孽深矣！先生风概，不特今人所无，求之古人亦所未闻也。

张大千去敦煌、榆林临摹壁画，也是受到叶恭绰的指点。张大千写道：

遐庵先生归道山倏忽逾岁矣，殁不能哭诸其门，葬不能临诸其穴，中心哀疚，无时或释。先生长予十九龄，予以丈人行尊之。先生与予初见，时在民国十七年先生与予同肩审全国第一次美展之任。先生激赏予画，且谓："人物画一脉自吴道玄、李公麟而后已成绝响，

张大千《叶遐庵书画选集·序》局部

仇实甫失之软媚，陈章侯力矫其弊，堕入诡谲。有清三百年，竟无作者。"力劝予弃去山水、花卉，专攻人物，振此颓风。厥后予之西度流沙，寝馈于汉（莫）高、榆林两石室者，近三年临橅魏、隋、唐、宋壁画几三百幅，皆先生启之也。

但张大千收藏的此件祖传《唐人右军曹娥碑前后题名卷》，究竟是何物？除了张大千的自述外，未有其他著录或影印本，仅见于1944年3月在成都举办的《大风堂藏书画展览目录》中，此卷今不知仍存于天壤间否。

收藏家视藏品为生命，特别是稀有的珍贵名迹常藏秘阁，不轻易示人，即使给识者观赏，也都是时间有限，更不用说请别人作题跋了。像张大千这样的绘画名家，又是收藏大家，除了他自己把观感鉴别的意见题之画端，请他人作题者亦不多见，而叶恭绰能在张大千收藏的古画名作上题跋。现藏在美国大都会艺术博物馆的董源《溪岸图》，叶恭绰题："南唐后苑副使董源画，张氏大风堂供养，叶恭绰题。"

现藏故宫博物院的顾闳中绘《韩熙载夜宴图》，为绘画史上的名作孤本，为张大千旧藏，叶恭绰在香港时作题。起始，叶恭绰题了诗，但他仍感言犹未尽，在卷尾作了数百字的长跋，跋语的开端写道："此卷留舍下经旬，既为题咏，觉其中名物制度足供考证者不少，兹叙之于下，亦所谓不贤识小欤。"在题跋中，叶恭绰对人物的服装、饰品、化妆、饮食、坐姿等于风俗的演变提出了疑问十余条。这则题跋小收入《矩园余墨》中。

美国纽约大都会艺术博物馆藏赵孟頫的《九歌图册》，是张大千旧藏，称为赵孟頫真迹。叶恭绰题跋洋洋数百言，从"画神仙鬼怪易，画人物难"，讲到汉魏六朝石刻画，顾恺之的《女史箴》、阎立本的《历代帝王图》、宋代的李公麟、梁楷、石恪、龚开"自成一格"；明代唐寅、仇英"已成后劲"，陈洪绶、曾鲸"濡染欧风，亦别出手眼，可称二雄。然三百年来，能继轨陈、曾者寥寥。三数名家，仅拾元、明余唾，号传龙眠、鸥波统绪而已"。叶恭绰在题跋中讲了人物

叶恭绰为《韩熙载夜宴图》题跋

的起始、发展演变、成熟与衰落的历史之后，才把笔锋转向张大千，说："故人物画之今日，已达穷变通久之期，第无人克肩此任。大千收藏既富，功力尤深，近方肆力于人物，不知睹此而深有触发否？开径独行，当非异人任也。"

像张大千这样聪明的画家，还需要叶恭绰在自己的藏品中题写人物画发展的历史吗？细揣此跋，叶恭绰是以长辈的身份和口气写成的，他认为自己是张大千画人物的开导者。张大千或许也是这样认为的，那它就不是普通的应酬题跋了。所以张大千没有把叶恭绰的题跋割去，一直与《九歌图册》相随，直到后来转卖他人。

二十、为友人辑刊遗作

老朋友易孺（大厂）去世后，叶恭绰的另一位朋友吕贞白写了一封颇为伤感的信，说："大厂身后的情形甚可念，近拟速为营葬，了此一生，无余可言者。"易家无钱购置墓地，由郑韶觉捐赠。丧事再俭，也需要四千元，"尚代筹，只有各尽其力"。办完了易氏的丧事，叶恭绰再给吕贞白写信，说："大厂遗稿事（刊资）近颇有眉目，惟荟选乃为急务。"叶恭绰信中所言"遗稿事"是指出版经费问题，经叶恭绰的筹划，已经解决，他希望吕贞白把易氏存在其处的遗稿"检齐交下，以便汇编"，虽有所印行，但逸稿仍有不少，"务望全数集中为要"。在这封信的最后，叶恭绰写道："昔人曾云：刻人遗编，筹于掩骼埋胔。传为至论。弟则谓骨肉皆有形之物，掩埋固佳，然尚不如著作为心血所凝，毁失更为可惨也，故平生对朋友遗作皆重视之。至郭象、杭大宗之所为，更不足道矣。"

吕贞白有鹤山易孺诗："忍辞领海客江南，惘怅情怀有不甘。醉后狂呼挥万纸，风流不减赵悲庵。"吕贞白与叶恭绰为世交。叶恭绰在致吕贞白的信中屡问吕父的健康。吕贞白的父亲谢世，对其营葬事，叶恭绰在信中说："鄙意苏杭均属适宜，沪非善地也（地卑水湿）。"叶恭绰在"文革"中逝世，1980 年，其冤案得到昭雪，召开追悼会时，吕贞白有诗：

曾依岛国听潮声，缩手同吟海上山。劫运几能逃世网，寇深相与叹特艰。胸怀韬略殊难尽，笔底风操孰可攀。精舍凤池余茂草，低徊赢得泪潺潺。

诗前有序云：

叶丈遐庵与寒家世谊弥笃。在中日战争之际，戊寅年间，贞与叶丈俱客香港。所居山顶，相距咫尺，朝夕遇从。香港为日军沦陷后，迫反上海。丈则闭门不出，画竹石以自娱。解放后，丈奉召赴京任职，并兼文史馆副馆长、国画院院长，居东城头发胡同。不幸在丙丁浩劫中弃世，距今已十三年矣。今岁元宵节，北京书画院为丈举行追悼会。北地南天，相距甚远，未能临吊，惟有临风挥泪而已。微闻丈生前所珍藏金石书画等文物，亦俱散失尽矣，可叹可叹。丈在吴门置有别墅，榜题凤池精舍，今鞠为茂草，慨叹何极。

笃于风义，叶恭绰一生尊师重友，和他交往的文坛名流如文廷式、梁鼎芬、曾习经、陈衡恪、潘飞声等的诗文集，都是在作者逝世后，经叶恭绰整理筹划出版的。叶恭绰都为这些诗文集写了序跋，除了勾勒作者的事迹行状、师承关系和文章风格，也表露了叶恭绰的真情。

梁鼎芬是叶恭绰的祖父叶衍兰的学生，叶恭绰与之为忘年交，且交之莫逆。叶恭绰在《节庵先生遗诗续编·序》中叙述了对梁氏的难以忘怀之情，说："光绪之季，绰教授武昌，谒丈于武昌府廨。旋以书来，云：'违别廿年，相见悲喜。闻太夫人葬日，文从即归，为之怆恻。'嗣令讲学于两湖师范及西路小学，抚爱甚至。"梁节庵逝世后，叶恭绰搜集其词作，编成《款红楼词》，并为之作跋："余今岁还乡，于李芳谷处得其稿，是否全璧，未敢定也。丈殁不十年，藏书星散。诗之未定稿者，亦复多归散佚，仅由亲友掇拾付印。余惧此稿亦沦于毁灭，故亟付梓人。丈少日入燕，即寓先大父南雪公米市胡同宅，从南雪公学词，与先伯伯蘧公、先严仲鸾公、本生先严叔达公，日相唱和。今丈词集中，尚有存者。独惜先严昆季所作，竟无一存，遗泽就湮，掩卷增痛。至先生词笔清迥，极馨烈缠悱之况，当世自有定评，因毋庸区区重为扬榷也已。"

文廷式是清末的文章大家，是清末维新运动的重要人物，又是叶恭绰祖父的忘年交。光绪十八年（1892），叶恭绰十二岁时，曾随任知府的嗣父叶佩玱到江西，在鄱阳之瑞洪镇从杨蔼楼读习八股。此时文廷式家中藏书甚富，即命其子永誉与恭绰为友，并允许恭绰尽览所藏。文廷式湛深地理掌故之学，相与切磋濡染，使叶恭绰终身受用，因之对文廷式执弟子礼。文氏生前诗文强半散佚，所刊者唯《云起轩词》，朱希祖称他的词"拔戟异军"，"兀傲故难双"。文氏逝世后，叶恭绰越十三年的搜集，编成《文道希先生遗诗》刊行。叶恭绰为序，说"师之诗……盖信乎非世之诗人之作也"。文廷式之子公达逝世，叶恭绰"欲为刊遗著，亦迄未成，尤所疚心也"。

为文廷式编诗文集时，叶恭绰还屡屡为朋友写信，请赐予帮助。如他给《青鹤》杂志编辑陈灏一即写信多通，其中有言："兹送上道希先生《南轺日记》《旅江日记》二种，望校后见还。[因恐尚有误字，望校而后录。]"又一信言："属书便面奉上，苦不能佳。文道希先生笔记如已钞竣，乞交来手。"又一信说："文先生著述兹上《知过轩日钞》一种，其中讹字不少，乞详校乃付印为

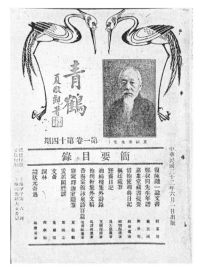

《青鹤》杂志封面

幸。前奉还《睇响斋经图》计已得收，未曾道及，深虑有误也。"

易培基亦很关心文廷式诗文集的出版，其致信叶恭绰："文道希遗著在长沙时收到数十册，惟《诗文集》、奏议尚全，余均有缺。均留宛平，拟暑假后北行，或便中携来，再与公商刊行办法也。"待易培基把文廷式遗著运到上海，再致信叶恭绰，说文氏抄本十八册已运至，"其余日记各书前月送归沪邸，日前移居江湾水电路，家人不辨，杂入群书中，紊乱不堪，非弟自归清理，不易获绪，请稍待当奉呈也"。

叶恭绰还将所刊印书籍寄赠吴宓（雨僧），吴即撰新闻或短文发表于《大公报·文学副刊》。吴致信叶恭绰："只以学殖未足，且诸务交迫，发稿急促，故多未尽其说，或所论有误，不待高明指示，亦已自知。"其中有一篇是评论文廷式的诗，吴宓在信中说："文道希先生诗评一篇，虽系宓作，但皆取黄节先生面授之说（宓未尽赞同），不免一偏，《北京晨报》亦有指误。异日当求慎重精确。"吴宓此时致力于《学术》杂志的编辑，没有稿酬，叶恭绰还是常为之撰文支持。吴宓深为感谢，致信说："得悉先生治事之切实，取与训教之严，更觉其与本志所崇奉之理想适合，故不揣冒昧，拟恳请先生对《学衡》赐

予赞助。"有人要为文廷式编年谱，叶恭绰致信夏敬观："龙榆生来函云有人编文道希先生年谱，对其生卒年月日及其夫人家世不明。弟意近人编此必多疏舛，吾辈宜有以助之，但有许多琐事须另查询，不知文霞浦及啸樵近在何处，可访寻否？此外尚有何人可询问也？其夫人乃湖南陈氏，但说不出乃岳之名字（系任某处之知县者），公知之否？"（《上海图书馆藏叶恭绰致夏敬观信札》）

画家陈衡恪（师曾）为陈三立之子，是范当世（肯堂）之婿。叶恭绰十九岁时与他相识于南昌，"同盛气跳荡，以诗歌相倡和"。陈氏去世三年后，叶恭绰从其家中得遗诗两册。陈师曾与蔡公湛是知交，陈三立在《蔡公湛诗集·序》也说公湛"尤喜与大男衡恪游，后偕聚京师，切磋文艺，唱酬尤夥，荏苒相望数十年"。叶恭绰又从蔡公湛家中找到陈师曾诗集及遗墨数种，故诗集中多有和蔡公湛唱和诗句。请吴眉孙进行整理，吴眉孙又请其弟媳江采手录付印。叶恭绰作序。序中说，陈衡恪生活在百怪所萃、奸谲穷奇的北京二十余年，对此"若无所闻见，敝衣草食，破砚故楮，二三良友，歌啸盘礴，以自得其乐，而艺乃益进"。叶恭绰评论陈衡恪的题画诗和一般诗人之诗不同，"君之诗，盖纯乎写胸中之逸气者也"。谈到陈衡恪首倡文人画，序中说："君以文人之画而发为画家之诗。探之胸臆，而师乎造化，虽无意与苦吟者较其短长，要大异乎纂绣镂刻之徒，存形貌则可信也。"陈衡恪诗集印成，叶恭绰题诗相赠："刊集阴功侪掩骼，出群诗笔久低头。清宵斗柄萦情处，弹指人间三十秋。"致信夏敬观："陈师曾诗已印成，敬奉一册，中多与兄酬倡之作，谅深感叹也。"（《上海图书馆藏叶恭绰致夏敬观信札》）

叶恭绰辑《陈师曾先生遗诗》

《说剑堂诗集》是潘飞声的诗作，由潘飞声自己选定。潘氏在自选诗集时，曾去姚虞琴处，商榷再四方定稿。归后的当天晚上即中风，叶恭绰在致夏敬观的信中说对其诗稿"鄙意可删成两册，庶几流传，不知高见若何"？潘飞声诗集又经叶、夏删节定稿，方由他的学生谭敬独力刊印。

潘飞声，名兰史，广东番禺人，是叶恭绰的同乡。青年时就读于越华书院，与冒广生、姚伯怀同门，从叶衍兰学诗。驰名当时诗坛，虽年逾古稀，仍写作不辍，饮酒谈诗，宛如壮年。但晚景凄凉，1934年因病去世时，由于其子不闻不问，停尸两个月不能发讣入葬。时人感叹"縻土家风，萧寥堪念"。由叶恭绰、褚德彝、夏剑丞、潘明训、吴湖帆等二十多人组成纪念会，方使他入土为安。所以叶恭绰在跋文中说："世变方亟，人生多艰，先生所处之境，或非人所堪，而先生不改其乐。""吟咏之间，所谓天人合籁。"谭敬的母亲唐佩书聘请潘飞声为家庭教师，教谭敬学习诗文，后经其师兄汤安的引路，成为上海收藏界异军突起的人物。谭敬开始收藏，大收藏家张葱玉成为他的掌眼人。张发生经济危机时，谭敬出手相救，使之渡过难关。张则以所藏宋元名迹相让。即使向庞莱臣购画也是点名要赵孟頫一门所画的《三竹图卷》，谭敬扬言"因今日虚斋（庞莱臣）落伍，葱玉（张珩）无力，上海之收买宋元字画一门，谁与我敌"。叶恭绰在上海出售如黄庭坚的《经伏波神祠诗卷》、赵孟頫的《胆巴碑》等宋元作品，多为谭敬所得。

依据曾习经整理本出版罗惇曧《瘿庵诗》。罗惇曧即罗瘿公，也是近代"岭南四家"之一，与叶恭绰是挚友，曾与叶恭绰、黄濬（秋岳）同任职于邮传部，与袁世凯甚友善，但从不接受袁氏所赐禄薪。与"皇二子"袁寒云、易哭庵、何鬯威、闵葆之、步林屋、梁众异、黄秋岳等结吟社于南海流水音，请画师汪鸥客作《寒庐茗话图》，时人目为"寒庐七子"。听歌之余，尝作杂记，为近代掌故名家。贫病交困，殁后，其夫人患精神病，不知瘿庵病亡，不久亦逝世。夫妇逝世，家遂荡然。叶恭绰为之营卜墓地，葬于北京西山秘魔崖前，与侧

幻住园中罗瘿公夫妇墓

室张净持之墓相邻。叶恭绰与张氏相识于罗惇曧借居的四印斋中，而此时又要将罗、张两人之墓相邻，应该是叶恭绰苦心安排的。故他在《瘿庵诗·序》中有云："余昔丧其所爱，瘿公为诗述离合因缘甚悉，所谓'旧梦吾思四印斋'者。""顾念西山之麓，幻住之园，风清月白中，若有闻诗人之吟啸者。其亦恍然'四印斋头问字时'光景否耶？"月白风清之夜，能聆听罗瘿公诗吟歌啸者，恐怕也唯有张净持了。

罗惇曧入葬时为初夏，恰逢雷雨大作。黄濬、曾习经、夏敬观等都参与其事，袁寒云作挽联："七子又弱一个，沧海横流，孰堪青眼；十年哭二瘿，秋风邻笛，我亦白头。"注云：哭庵、香威，墓木久拱，今瘿师又逝，溯念昔游，能毋腹痛耶！当光绪丙午、戊申间，予侍居沽上，日从瘿师及吴彦复葆初，方地山师尔谦游，忘年志相得也。吴文亦号瘿公，时人称二瘿焉。吴丈以癸丑春卒于上海。

黄氏有诗记之："有雷填临岩，有雹动榴土。吁嗟山之阿，啜泣杂灵雨。"罗氏生前曾留下遗言，以"诗人"表其墓，可见他对自己诗作的珍视。叶恭绰整理出版《瘿庵诗》，即是遵从友人遗志，实现友人遗愿，这样可以"永君之精神"了。叶恭绰在序中，述评罗诗的三个发展阶段："光绪庚、辛前，导源温、李，于晚唐为近。逮入北京，与当代贤俊游，切磋沈伐，意蕴深迥，复浸淫于宋之梅、苏、王、陈间。鼎革以还，寄情放旷，意中亦若有不自得者，所为诗乃转造淡远，具有萧然之致。"

《蛰庵诗存》为曾习经诗集。叶恭绰入京师大学堂即与曾氏相识。在罗瘿庵落葬时，友人见他"容颜瘁槁"，不久即逝世。《蛰庵诗存》是曾氏自定诗稿，手写两册，交给梁启超、叶恭绰属为刊印。叶恭绰在序中言其昔日卧病于罗瘿公寓所，孑身无仆，卧病榻上不能起，室中寂若僧寮。曾氏每日归家后，则来叶恭绰住地，"冠四品冠，衣袍褂，蹀躞厨下，为余烹药，情景宛在心目"。梁启超与曾习经相交甚厚，尝题其遗像云："卓荦之才，而示物以无兢。介特之操，而予人以可亲，其施于政事者，文理密察而不损其器识之俊伟。其发为文辞者，幽怨悱恻，而愈显其怀抱之清新。"

叶恭绰为朋友编刊遗集，付之以真情，发之以感慨，虽然是人之一生，瘁其精力，"结集于此区区之简册，其事本不为世之所重"。但诗毕竟是"默而思焉，艺而游焉，托而寄焉，淡悒郁而写所怀，以是为吾生之别一宇宙"，可以作为一个人的历史而留存。

叶恭绰对朋友情诚，亦常见于为朋友的诗词文集写的序跋中。诸如胡焕的《江上晚晴楼诗稿》，胡氏早年随张百熙游，叶恭绰由张氏主考广东童子试时，和胡焕有一面之缘，那时胡还是"英俊少年，轩矗秀拔，目光扑人，阴识之。以关防严，未由晋接"。后来两人在赴潮州考试途中的船上相识订交，几近终生。其他如裴伯谦的《睫闇诗抄续集》、蔡可权的《蔡公湛诗集》、王蓮的《摄堂诗选》、陈协之的《颙园诗集》、李希圣的《雁影斋诗存》，叶恭绰都助其刊行或作序，使朋友的诗不致湮没，得以传播。

为故旧友朋诗词集作序，叶恭绰都是动之以情，持之以理，心怀伤感。在为诸宗元（贞长）《大至阁诗》作序时，他对友人的苦恋之情漾溢笔端，"曩者晨夕谈艺之乐，一逝不可复得。日月易迈，往昔盛年，各随尘浪以俱去"。他又写道："三十年中，哭桂伯华、刘玉珩、沈筱宜矣；继又哭陈师曾、梅斐漪；最近复哭诸贞长与刘未林、文公达。余幸稍识生死无常之理，不至以此伤性，然情怀则可知也。""然第求稍获世间名利、恭敬，以窃自慰其非虚生浪死，其事亦至复不易。呜呼！人生之多艰，文人之无命，殆不信耶？"

在与朋友交往时，叶恭绰很能把握分寸，注重气节。如民国初期和汪精卫等人的交往，其关系都相当密切，亦有文翰的往来。但是当这些早期的朋友失节之后，在叶恭绰留存的文字中再也找不到他们的踪影，但从他们的文字中，仍能看到叶恭绰与他们的交谊。黄濬（秋岳）的《花随人圣庵摭忆》中有他和叶恭绰供职于邮传部，合作共事，结伴相游的记载；在其《吟风篍诗》集中，和叶恭绰的唱和亦不少见。可举者有《玉甫招集江亭作展上巳未圣分均得初字》《玉甫招集北海为展上巳余未至分均得富字》等，他们曾结伴同去崇效寺看牡丹、颐和园看桃花、戒坛寺赏古松、西山听泉，他们还有共同结交的朋友。但在 1937 年事变后，黄氏因通敌变节被处决。汪辟疆在《光宣诗坛点将录》中评黄氏"有杜、韩之骨干，兼苏、黄之诙谐"；陈寅恪题《花随人圣庵摭忆》诗云："世乱佳人还作贼。""今日开编惜此才。"但在叶恭绰自编的诗文集中，与他们过去的交游、唱和往事都消失无痕了。

袁克文是袁世凯的第二个儿子，自诩为"皇二子"，署名很多，有豹岑、抱存、抱公，获宋王晋卿的《蜀道寒云图》，得物志喜，署名寒云。寒云生平好古，所得佳品甚多，如宋刊李长吉、鱼玄机、韦苏州集，集有各国钱币，汇集各国邮票，堪称京华收藏大家。

光绪十六年（1890）袁寒云生于朝鲜汉城，比叶恭绰年少九岁，卒于 1931 年，享年四十二岁。他们两人共同生活在北洋时代，同时都爱好收藏，在佛像及钱币方面有共同的收藏情趣，又有共同的朋友，如罗瘿公、黄秋岳、梁众异等，加之叶恭绰和袁世凯关系密切。但无论是从叶恭绰还是从袁寒云的著述文字中，不只看不到他们有藏事的往来，亦不见两人之间的友情交往，这是不是有意避忌，还是两人的关系向来如此。

这应是近代人物关系及收藏史上的难解之谜。深究下去，可能是因为两人的收藏观念不同。叶恭绰以守护的精神对待文化遗物及自己的收藏，有着强烈的责任感。袁寒云则是一位"玩"家，视收藏为身外之物。他的朋友丹翁在《袁寒云》一文中说，袁寒云对收藏只是"偶供消遣，兴尽则视若浮云。或以质钱，或以易物，虽贬价受亏，亦所弗记"，有的则"廉价让人，或赠诸友好"。对自己的藏品视作把玩之物，毫无眷恋之情。在这一点上他与叶恭绰大不相同，也是叶恭绰无法办到的。也可能是因为在收藏方面两人"道不同"，所以不相往来。

第三编

鉴藏生涯

一、鉴藏理想：写一部《中国美术史》

人之爱好，无非来自两个方面，一是天性，与生俱来；一是后天影响，如家庭及社会环境，逐渐养成某种爱好，终生不逾。叶恭绰好收藏，特别是对书画的爱好，可以说是他的天性与家传的影响相结合而成。他生长于官宦读书世家，睁开眼睛环顾四周，看到的即是书画、典籍。特别是他少年时期生活在祖父身边，祖父的收藏使他受到很深的影响。他说："余童年侍几砚间，遇春秋佳日，曝晒时，恒以得展玩为乐。"家藏明末邵弥的《仿古画册》，由他的祖父传给他的伯父，在庚子之乱中此画被毁，多年之后，他回忆起这幅画时，清逸绝尘的画风仍在眼前，未免有"至今惜之"的感叹。

对收藏的兴趣来自先天及后天的影响，叶恭绰自己也说过这样一段话：

> 余对文艺艺术，本有先天之遗传，故书、画、古物之鉴别，似颇具只眼。且余恒秉爱憎与是非不能并行之说，如人好酸味，不能谓酸乃正味，故品评一切，颇得虚心之誉。此外，土、木、竹、骨、玉、石、漆之雕刻、抟塑、丝、棉、麻之织绣，音乐、戏剧、歌谣、金石、碑帖、建筑、营造、诗歌、词曲、篆、隶、真、草，虽未敢云悉有心得，亦庶几具体而微。盖四十年精力，至少三分之一耗于是矣。（《四十年求知的经过》）

此文写于 1937 年，抗日战争前夕，正是叶恭绰收藏的高峰时期。这样广泛的收藏固然来自他的广博学养、多元的兴趣及雄厚的财力，亦取胜于他的毅力，收藏之乐是从收藏之中得来的。细说其藏品，无不从忧患艰困中得来，每件藏品当未能得到之时，则带着思慕之情而去求索；一旦得到之后，又要考虑装裱庋藏，不使虫蛀、霉变而损坏。在动

叶恭绰摄于五十八岁

乱的年代，流离颠沛，历尽艰险，风云氛侵之中，兵火炸弹之下，"护持之劳苦甚若子女，相依之亲切尚逾妻妾"。他体验到一个收藏家比一个艺术品的创作要辛苦许多倍。所以他说："余昔为文，别所藏书画，意谓作者之劳，而藏者出其精神、劳力、资财，从事搜求、购置、藏护，复萦怀得失，多所憧憬，劳倍作者。"

论其收藏，叶恭绰初始阶段以收藏书画为主，其藏品有不少是来自祖上遗存，如赵左的《雪窦山图卷》、张纯修的《仿米山水小卷》、罗聘的《鬼趣图》等。收藏家生涯是从他退出政坛后开始的，他说："余厌弃政治生活，而为艺术生活，业将二十年。"以后兴趣渐广，收藏品类也在逐渐扩大，可以说是无不包含。从其藏品及著录来看，作为收藏家的叶恭绰与历史上的或和他同时代的收藏家不同。别的收藏家还没有超越一个"赏"字，为了这个字，他可以集中收藏某一作家的作品，或某一作家同期的其他作家的作品，而且在把玩上会搞出许多花样，玩出一些学问，故人们多称这类收藏家为"玩家"。叶恭绰是一位有理想的收藏家。叶恭绰在收藏上除了赏玩，所持的观点则是史学家考据性的，对那种单纯的赏玩多有贬义。他很称赞王国维、罗振玉对古物所做分析研究的治学风格。下面的两段话即可表明他的收藏理念：

我国人对于古物之收藏，其动机多由于玩赏，而非研究，故古物之出土，往往不详其时地及四周状况，致一切联属关系之痕迹，末由追求，价值因之顿减，此实为最大憾事。

余维余之搜集一切，本非如往昔藏家徒矜博雅，供玩赏。盖自少颇有志于史学及文艺，感二者自昔径域之未闳深；研究之缺统系，考订之多疏舛，兼以时代不同，见地复异，故恒有从事述作之意，而先以搜罗资料及实物为准备。(《书遐庵藏书目录后》)

无论是书画收藏或其他收藏活动，叶恭绰始终都坚持奉行这种精神，把收藏作为撰写美术史的初级阶段，他的收藏理想是写一部《中国美术史》。1948 年，叶恭绰写了《纪书画绝句》，卷首即是两首七绝，表现出自己的收藏志向，犹嫌其言不明，还在诗后写了附注：

藏珍本意供研索，聚散奚烦苦刻舟。著录烟云聊鉴影，本无一物更风流。

神州文物散如烟，大地纷流费简编。惆怅吉光搜片羽，白头把笔尽忘年。

余昔收书画，本为拟编《中国美术史》借供研考，故标准颇与人殊。三十年来，变乱频仍，十九不能保有。顷病中无俚，偶就忆及者，各为绝句，聊以自娱，不足以云述作。他日公私藏家有所编著，或可取资。余别有《遐庵清秘录》，纪述较详，堪以互证也。

叶恭绰有关艺术方面的著作首推《矩园余墨》。该书分为序跋第一辑和序跋第二辑，所载均为古籍、碑拓及书画题跋。两辑共收题跋一百七十九则，多为对古籍、碑拓及书画品评的文字，点评之品有叶氏自藏及经眼之藏品。

《纪书画绝句》虽载入《矩园余墨》中，应该是叶氏品评书画的独立著作，也是他要写《中国美术史》的缩影。从王献之（传）的《鸭头丸》到清初书画家的作品，凡经眼者都以诗句记之，并附以注语，述其流传之绪。

《遐庵谈艺录》所谈多为文玩，如绘画工具、毛笔等。所谈藏砚甚为丰富，苏轼诗碑断石砚，以及鲜于枢、王绂、黄道周、黄任、李渔、石涛、王铎等文人书画家用砚，亦有马湘兰、顾二娘、顾太清等女性用砚，有端砚、歙砚、澄泥砚等，砚石造型各异。

从叶恭绰的《矩园余墨》《纪书画绝句》《遐庵谈艺录》及《遐庵汇稿》等文字中，可以清晰地看到作为收藏家的叶恭绰，在文化事业上是有理想、有情怀之人。他想通过个人的收藏撰写一部《中国美术史》，想在美术史研究领域做出一番贡献。但是他所处的时代战乱不止，又过着颠沛流离的生活，其藏品或毁于兵燹，或出售易米，撰写《中国美术史》的愿望终究未能实现。他由此感到著述无成，多藏为戒，年逾花甲，十九转手，人生无可眷恋，也只能写《纪书画绝句》，以此留下雪泥鸿爪而已。

叶恭绰和其他收藏家不同。他收藏不是以占有欲为支撑点，而是胸怀坦荡，一切藏品都公之于众，不但自己研究，也供他人研究，甚至将有些藏品化私为公，奉献于社会。1943年，叶恭绰寓居上海懿园时，将所藏之地方志、山寺志、书院志、寺观志、古迹志乃至文献考古的函札图片都捐给了上海合众图书馆。此后，该馆将叶氏捐献图籍做了一个关于地理类的编目，共计地理类图籍九百六十种两千二百四十五册。以后又陆续将其藏于法宝馆的八百四十七种做了捐献，又把十四箱山寺志捐给合众图书馆。双方约定此图书不能转让或出售，并要在一年里编出提要。

叶恭绰的收藏观中还有一点值得注意的是对可以流动的文物，如书画、瓷器、青铜器、雕塑、壁画，极力予以保护，反对流失到国外，对已流失到国外的，他非常痛惜，想方设法使之回归。读他的题跋或书札时可发现，这种观点可谓屡见不鲜。对不可流动的文物古迹，特别是考古发掘，他主张与国外的学术机构和学者合作，利用外国的科学技术和资助资金进行研究。他提出："自中外棣通，外人踪迹遍宇内。彼挟其强毅之精神、深邃之科学、充裕之财力，所至，辄撮其精英以去。复加以整理、探索，公布于世，以供学者之参考。"叶恭绰的意思很清楚，中国研究古迹古物，主要是依靠自身，但也可以寻助外国的学术力量共同研究。

叶恭绰抢救敦煌经卷，保护大同石窟及筹划西北考察团的行动，在当时遭到某些人士的反对，认为这是破坏甚至是出卖"国粹"。但也有人认为："此中国之古迹、古物，幸而遇某国某氏之发现，而贡献于世。否则，且毁灭、湮没矣。"（《遐庵小品》，第221页）叶恭绰撰文辩论，他列举了提出各种不同意见的理由：（一）中国文物古迹繁多，与文化艺术有极紧要的关系，但是国人不知保存、研究，一任天、人、物之毁坏，而不之问。其间，文人墨客偶尔摩挲传写，亦只以供玩赏而已。（二）政府当局及民间既乏力为保存之设施，社会又不明白此为古代文化精华所寄，劲揭"破除迷信"的旗帜，盗窃毁坏而不感到惋惜。故历代古物，若陶，若骨，若金，若石，若玉，若绢，若纸，如潮以涌出国外。有志之士徒瞠目束手，咨嗟太息而已。

二、藏品之渊源

叶恭绰经眼之书画，主要收录在《矩园余墨》《纪书画绝句》《遐庵谈艺录》及《遐庵清秘录》中，多有跋语和评论，经眼千百，令人羡慕而浩叹。叶恭绰的藏品多有跋语及鉴藏印，跋语中有对作品的品鉴，有记录某件作品的来源。和叶恭绰同时代的郑逸梅见多识广，他认为叶恭绰的收藏"不亚于昔之项子京天籁阁，今人庞莱臣虚斋"。其书画藏品有

宋徽宗《祥龙石图卷》

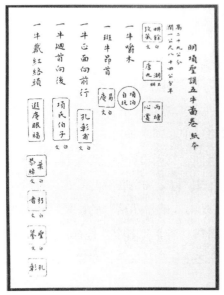

叶恭绰收藏著录《遐庵清秘录》

晋王献之（传）的《鸭头丸》，唐褚遂良（传）的《大字阴符经》、高闲的《千字文》（残卷），五代石恪的《春宵透漏图》，宋文彦博的《三札卷》、米芾的《多景楼诗帖册》、王安石的《天童溪上绝句诗卷》、宋徽宗的《祥龙石图卷》、黄庭坚的《经伏波神祠诗卷》，元赵孟頫的《胆巴碑》、杨维桢的《溪水诗》。还藏有著名的毛公鼎以及古籍、香炉、古尺、印章、碑帖，而且藏古墨颇富，是当代四大藏墨家之一。

张伯驹在《北京清末以后之书画收藏家》一文中，认为清末民初北京收藏家中，清末重要收藏家为景朴孙，其后民初则有杨寿枢、关冕钧、叶恭绰、颜世清、汪士元等人，而后尚有宝瑞臣、袁珏生、溥心畬、衡亮生、邵禾父、朱翼庵等。其中颜世清、杨寿枢均无藏品著录，叶恭绰的收藏被张伯驹引入民初收藏家之著者的行列，并称其藏品为"唐宋元明清名迹可观"。

张伯驹在文章中提到的关冕钧，字伯衡，既是叶恭绰的下属，与叶恭绰又有亲戚关系，叶恭绰的一位妹妹嫁给了关冕钧的儿子。关冕钧曾代表交通总长叶恭绰主持同蒲及山西省境内的铁路事情，和阎锡山进行谈判，述及山西境内之铁路和境外联系的重要性，打通阎锡山独立经营的同蒲铁路，这条铁路除山西外，须经陕甘川三省。他对阎锡山说："若仅就山西一方面勉强将同蒲分段进行，银行公司能否洽商就范是一个问题，陕甘川亦提倡此论调，必起分裂，大动交涉，亦宜顾虑。"他因此劝阎锡山"为督军着想，不宜身当其冲"。(《上海图书馆藏关冕钧致叶恭绰信札》)

叶恭绰早期书画收藏，多得于北京收藏家景朴孙、颜世清。景朴孙即完颜景贤，为清皇室宗亲，著有《三虞堂画目》。颜氏从景朴孙处获得的书画珍品颇多。1921 年，颜氏在一跋语中有云："余藏董北苑、李龙眠、夏禹玉，可以雄视北方。况有东坡《寒食帖》，山谷《伏波神祠卷》，米家沧江虹月，吾无多让。"可谓志得意满。叶恭绰的许多收藏购自颜世清，颜氏也以旧藏相赠。颜氏身后，藏物星散，叶氏在跋语中颇多感慨："千秋万岁名，寂寞身后事，可为慨叹。"景朴孙与颜世清的关系非同一般，在鉴定的眼力上，颜似乎又在景之上。傅增湘藏有燕文贵山水，景朴孙早已望眼欲穿，必欲得之，但傅增湘权衡之后，还是将此画让与颜世清，而没有让给景朴孙。后来，景朴孙收藏的燕文贵《武夷山色图》亦归颜世清，颜世清的藏品又归叶恭绰。收藏界这种十年河东、十年河西的事经常有，是一种良性循环，当今传世之多，也因此种循环规律才保存下来。叶恭绰的收藏活动正处于清帝逊位时，清宫文物通

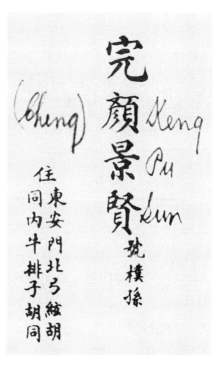

景朴孙的名片

过赠赐、盗卖等多种形式流出宫外，进入市场。但叶恭绰的藏品中却很少有清宫流出之物。有的虽购自琉璃厂，但多不是清宫旧藏。这在现代书画鉴藏史上也是颇为奇特的现象。

叶恭绰有《冯表兄公度今年七十七寄祝其生日》诗，诗曰："汉树燕云似目前，晚成梗偶名华颠。缝衣永渍劬劳泪，压线能忘作嫁年。阅世梁炊真是梦，藏身橘奕尚疑仙。何时握手长安陌，与子重寻未了缘。"诗中忆及与表兄冯公度少年时的交往，几多感慨，诗后有注："余孩提后于武昌与公度重相见，今四十年矣，两人皆已丧母。"冯公度即冯恕，叶恭绰的生母俞太夫人是冯母的嫡堂妹，他也是比叶恭绰年长十四岁的表兄。

冯恕早年科举屡试不中，生活艰辛，以售卖书报、假馆课徒维持生计。后转向实业，参与创办电灯服务公司，乃为其发家之始。冯恕是北洋时期的著名书法家，其书风是刘墉的一派，又善治印，因之在琉璃厂建立了人脉关系，后成为北京文物市场的要人，多从事中介工作，是福开森收藏活动中的重要人物，也是叶恭绰在北京购藏的支持者与合伙者。这在叶恭绰的《遐庵谈艺录》及书画的题跋中屡屡可见，如《宋米元章虹县诗帖》著录中写道："民十三，朴孙将售所藏书画。余与冯公度合购其宋元作品多种。"唐高闲《千字文》（残卷）即为景朴孙所藏，叶恭绰在此卷跋语中写道："朴孙谓债多，非七千金不能了，且言此卷早质于人，须四千金乃能赎出。往返久之，卒以六千金成议。余力竭，乃分期以付。"

论其所受的影响，从颜世清那里得到的最多，这也可视他与颜世清有同乡之谊有关。叶氏所藏名品多是颜世清相让相赠。叶恭绰在诸多题跋中也表现了对颜氏的尊重，对颜氏的收藏，推崇之语甚多。叶氏作画以兰竹相伴终生，亦是受到颜世清的影响。在叶恭绰来上海之前，颜世清就劝他："谓画中以画兰竹为最难，且论及与书法相同之理，且劝余试为之。"

颜世清，字韵伯，号瓢叟，是叶恭绰的同乡，广东连平人，榜其居为寒木堂。其父颜钟骥在同治年间捐官后，由江西知府擢升至浙江布政使。颜世清在清末最初以副榜捐后补道。袁世凯任直隶总督期间，他曾任总督处文案，对清朝之约章及外交条约做了汇编工作。1907年，清廷宣布东北建行省，颜世清赴任长春道尹，开发长春商埠，筹备发电厂，抵制日本建设"满铁"的选址。民国建立后，任直隶都督府外交厅长，总统府军事参议，井陉矿务局督办及奉天巡按使署高等政治顾问。民国六年（1917）掌财政部印刷局，又编印《财政部印刷局整顿局务公牍辑要》。看来他擅长编辑文献书籍。这位小小的官僚仍不失名门望族的遗风，有着收藏书画的风雅，多为巨制名迹，是当时有名的大收藏家。

现根据叶恭绰有关著录，对其中部分藏品简介于后。

宋文彦博（潞公）手札卷。此卷原为粤中旧家所藏，后归端方陶斋，再归景朴孙。后由叶恭绰与友人合资购藏，最后归叶恭绰。其感叹云："惜余老病，日在颠沛中，不知复能保有几何时耳。"这里的"友人"即冯恕。文彦博是北宋晚期著名政治家、书法家，嘉祐年间封潞国公，传世墨迹极稀。

宋苏东坡《寒食帖》、黄庭坚《经伏波神祠诗卷》。叶恭绰有记宋苏东坡的《寒食帖》、黄庭坚的《经伏波神祠诗卷》云："《寒食帖》

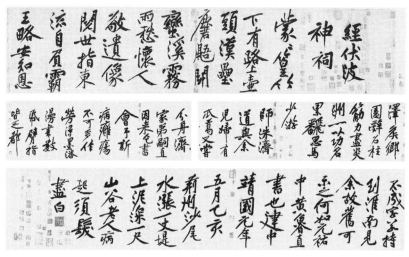

宋 黄庭坚《经伏波神祠诗卷》

由清内府转入恭王府，老恭王故后流出，为颜韵伯所得。同时黄山谷《伏波神祠》真迹亦为颜所得。"此二帖初归颜氏时，叶恭绰都曾先睹为快。叶恭绰说"颜欲以让余，余性不夺人之好"，没有接受。1925年，黄庭坚的《经伏波神祠诗卷》归叶恭绰。同时，颜又将刘墉（石庵）致成亲王（永瑆）信札见赠，此信的内容为成亲王以天籁琴与刘墉易此卷。抗战期间，叶将此卷携往香港，"经济甚窘，乃与他物皆售与王南屏"，王氏"仍以售与外人"。

黄庭坚的《经伏波神祠诗卷》书唐人刘禹锡《经伏波神祠》诗，汉代马援为伏波将军。叶恭绰在《北宋黄山谷录伏波神祠真迹·跋》中又说："余以此卷归之谭和庵。"和庵即谭敬（又号区斋）。这和"售与王南屏"似有矛盾。检阅张葱玉的《木雁斋书画鉴赏笔记》知："此卷为遐庵丈藏物，后以巨值归于区斋，继又流落香港。辗转数姓，为大千得所，今又流入日本矣。"今藏于日本东京永青文库。

古书画的鉴藏、递传历史，也为美术史研究的一个重要课题。叶恭绰所说的苏东坡《寒食帖》的递传历史要复杂得多。

元丰三年（1080），东坡被贬谪到黄州。《寒食诗》云："自我来黄州，已过三寒食。"可知此帖书写时间应在元丰五年（1082）。《苏轼年谱》中有记元丰五年："寒食，雨，作诗。"元符三年（1100）东坡离儋州北返，行至湖南零陵得黄山谷信云"至青神省姑"。山谷在四川青神访旧，旧友张浩携东坡诗帖三件到青神见山谷，出示索题，《寒食帖》应是其中之一。山谷在青神还为蔡子华的孙女题了东坡诗，其颇为感慨云"当东坡诗后十一年"。蔡子华为东坡的好友。

宋　苏轼《寒食帖》

《寒食帖》经黄庭坚题跋，也就成了张氏的传家宝。七八十年后，张浩的侄孙张缜在山谷跋后写了长跋，历述其祖辈张浩三兄弟与山谷的交游并题跋《寒食帖》的经纬，说明该帖此时仍在张家。张缜为南宋隆兴元年（1163）进士，淳熙九年（1182）为夔州漕运使，官至大理少卿。《寒食帖》从张家散出后，曾入"荆湖南路转运使"收藏。此卷至元代，曾经张金界奴（1296）收藏，后入元内府收藏，卷上有"天历之宝"可证。至元末，此卷当一直藏于内府中。

以后，研究者从帖上的题跋、印鉴等考察其流传之绪：朝代的更换，元内府的收藏，大多转入明内府。至明代中期，此卷流出宫外，为什么流出，记载缺之。后经董其昌—韩世能、韩逢禧父子—清初孙承泽—纳兰容若—安岐等诸家收藏，安氏曾著录于《墨缘汇观》，此卷仍在民间。大约在乾隆十年（1745）前后直到咸丰年间，此卷都藏在清内府。

咸丰庚申（1860），圆明园遭英法联军之劫，帖端即遭火劫。此卷劫余，流落民间，曾一度流落广州，北京琉璃厂论古斋萧某以五百金得之，以后为裴景福—盛昱—景朴孙—颜世清所得。在颜氏收藏时，叶恭绰与其失之交臂，留下遗憾。颜氏携往日本，为菊池惺堂购得。次年，关东大地震，菊池收藏毁失殆尽，但此《寒食帖》被菊池抢救而出，而免于火灾。据说此帖曾回流过上海，唐云先生曾告诉我说，抗日战争胜利后，钱瘦铁曾给他送来东坡先生《寒食帖》，卖主索价八万元，他无钱购藏。钱瘦铁曾旅居日本多年，朋友较多。后为王世杰从日本藏家手中购得。东坡《寒食帖》最终入藏台北故宫博物院，结束了它在民间流传的故事。

《寒食帖》自问世以来，曾数遭失劫，帖上虽残留伤痕，但仍不失其光彩，可谓奇迹。珍贵文物自有其生命力和灵性，天人呵护总能化险为夷，发生了诸多不可思议的传奇故事。

北宋燕文贵《山水卷》和《武夷山色图》。燕文贵此两卷山水均为叶恭绰收藏。但均未署款，有李雪庵、詹景凤二家的题跋定为燕文贵作品，前卷得之于颜世清。叶氏钤"玩物不丧志"印，前卷定为南

燕文贵《山水卷》及叶恭绰题跋

宋摹本；后一卷为景朴孙旧藏，今定为元人摹本。1941年，叶恭绰居香港履道园，重展二卷，题曰："余于与古人书画佳品享受已多，深惟厚亡之戒，复遇板荡之秋，时时有易安居士之惕。"

宋龚开《洪崖出游图》。龚开真迹，流传于世者只有三件，一件为庞莱臣藏《中山出游图》，后为美国人所得；一为《骏骨图》（又名《瘦马图》），为颜世清所藏，已流散到国外；一为此《洪崖出游图》，为着色画，历经变故，叶恭绰藏之多年。

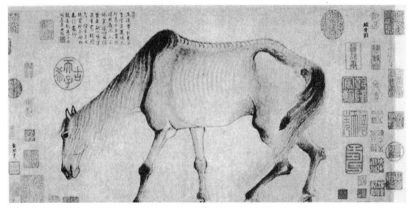

宋　龚开《骏骨图》，原藏于圆明园淳化轩

元　方从义《云林钟秀图卷》

元鲜于枢书《道经卷》。此卷为清末陆恭松下清斋旧藏，叶恭绰于此卷末有跋记流传始末。钤有"遐庵珍藏"，卷后有颜世清（瓢叟）题跋两则，云："伯几书余藏有三卷。"后由颜归叶。叶恭绰《纪书画绝句》云："伯几劲淡胜沤波，评比应知语不诬。色目一般堪竞爽，不知世论谓如何。"此诗自注云："伯几此类字，固可令沤波失色也。又草书诗卷，纵横恣肆，似均非子昂所及。"

元方从义《云林钟秀图卷》。叶恭绰于1925年春得之于上海。叶氏云："此卷画真而跋有疑义，其真跋必取以隶赝画，故姑购之。"此卷传世计有三品，其上品一为蔡伯浩所藏，叶氏曾见之；一为宣统溥仪赏其弟溥杰，叶氏未曾得见。

明薛素素《兰竹图》。民国十五年（1926），叶恭绰得之于天津。叶恭绰此外还藏有蔡玉卿的《孝经》、邢慈静白描的《观音》、李因的《花果》、黄媛介的《山水册》，明末清初闺门之作，皆属罕见之物。

对于黄媛介（皆令）、程汝捷书画合璧册，叶恭绰曾作四题，主要讲黄媛介，对黄媛介用印题曰：此牙章于乙丑得之于沪上，不知

清　张纯修　《棟亭夜话图》　吉林省博物馆藏

何人手刻，三百年来完整如新，置行箧中，忽忽又经年矣。适检画簏
得此册，因钤如上，亦延津之偶合也。共和丙寅（1926），遏庵。另
一则题跋写道：皆令才高不偶，而画笔流传极少，此作高简清逸，
何减当时九友。余每读之，辄为骏公惜也。余珍藏散尽，此册仍在
箧中，正以识者少耳。秋窗展阅，辄题数语以念后之得者，非作衒
玉想也。想皆令亦有同感耶。叶遏翁时年八十有四。叶恭绰题语中
骏公即吴梅村，曾作《画中九友歌》，曾在嘉兴鸳湖为黄媛介诗集
作序。

清张纯修《棟亭夜话图》。《棟亭夜话图》记画家和曹寅、施世
纶在曹寅读书处棟亭夜话，谈及纳兰容若往事，张纯修（号见阳）作
图记之。曹、施均有题咏，又别征同时诸名士题咏，图中三人均为纳
兰容若好友，此时容若已去世，故为图以志怀旧之念。施世纶为施琅
之子。叶恭绰所居小麻线胡同传为施琅故宅，宅中原有小亭曰"思
郑"。此图共五卷，其中四卷为张伯驹所藏，叶恭绰于1933年得此
一卷。

清朱彝尊、年羹尧《太湖诗画合璧卷》。年羹尧（双峰）本雍亲
王旗下人，然颇睥睨诸王间，故始终不免于雍正疑忌。年氏能画，知
者颇少。此图为年作于贬浙时，从图题识可知作于雍正二年（1724）。
次年，年氏即受迫害而亡，可知此卷不但为孤本，且是绝笔。叶恭
绰于1927年前后得之于北京厂肆，尘封架上，无过问者，以好奇
购之。

棟亭夜話 見易

宋赵孟坚《画兰卷》。此卷得之于京城。1937年，叶恭绰曾将此卷携往香港。在得此卷之前，叶恭绰藏有赵氏《水仙》二卷、《春兰》一卷。叶氏叹曰："一时遂有子固四品，恐海内无能与抗衡者。受用已过，他事之遭阙陷宜乎。"叶氏于赵孟坚画钤四印："第一希有""番禺叶氏所藏""遐庵铭心之品""遐庵珍秘"。

明尤求《白描高士传全卷》。此卷画高士九十七人，卷长逾二丈。全卷用笔简洁，得李公麟白描人物神髓，足可与仇英抗手。叶恭绰云"深得龙眠遗范"，"庆遐庵秘笈之增尤物也"。叶氏往岁得之于故都。

明谢时臣《金阊佳丽卷》。谢时臣是明代苏州著名画家，私淑戴进与沈周。叶恭绰跋云："余收藏书画，于供鉴赏者外，喜搜采有关文献之物，此卷亦其一也。古人写实之作，如上林、羽猎、晋阳、渭桥、兰亭、莲社之类，不但考见一时风物，且建筑之位置，习俗之变迁，多资推证。如平斋所云'记兴衰之感者，抑尚其末也'。"此跋足证叶氏收藏之旨趣，故录之。

明高攀龙手书诗文稿。叶恭绰1932年得之于苏州，无题识，根据笔墨及涂改之处观之，为高攀龙真迹无疑。十几年后，叶恭绰重展此卷云："敬念昔贤，造次颠沛，蒙难艰贞，守死善道之概，令人兴起。"

明李日华《仿巨然秋山萧寺图卷》。此卷为明末李日华（竹懒）中年精力弥满之作。叶恭绰曾前后四次为之作跋，足见其对此画卷的

宋　赵孟坚《墨兰图》

喜爱。其第四跋中有云："余于明末画家姚云东、孙雪居及竹懒，皆喜其特有逸致，亦性之所近也。"

明黄道周《手书召对分注卷》。此卷1932年得之于吴门。黄道周（石斋）记与明崇祯帝之召对记录。清雍、乾以前无题跋，可能是清初深藏内府之故。全卷书法端劲，与倪元璐可称双璧。叶氏还得黄石斋夫妇所书《孝经》及《诗卷》。

明马湘兰《画兰卷》。此卷为颜世清所赠，与其旧藏顾横波的《画兰》相配。横波画兰经乱后失去。叶恭绰还藏有王稚登（伯谷）赠马守真（湘兰）小砚，王凤江为马湘兰所制铜手炉。叶氏于1947年冬题云："乱后兴致萧索，藏物亦多以易米，且饫闻圣谛，深以流转文字海为戒，故一切渐等云烟过眼，无复如往时之笃好矣。"

清《马蕃侯像赞册》。叶恭绰早年得之于北京，册中有诸多苏州人及旅苏人士题咏，后将此册赠予顾廷龙（起潜）。叶氏跋云："起潜道长博学好古，究心乡邦文献，因以贻之。"后顾廷龙将之捐赠上海图书馆。

明末《南园诸子送黎美周北上诗卷》。此卷为黄节旧藏，黄去世后，遗族甚窘，由王秋湄作缘，以一千银元归叶恭绰，然不久燕夫楼空。叶恭绰对此卷极为珍重，在他七十三岁时题曰："此卷余因重乡邦文献及故人之托，十年来流离转徙，护如头目，虽其他藏物星散，此终在行箧中。其美周画幅及二乔《莲香集》亦俱仅存，诚幸事也。"

元王振鹏《金明池图卷》。此卷为景朴孙旧藏，叶恭绰得之于津门，纸本墨笔。叶氏查《大观录》亦有此卷的记载，为粉本，图章亦不合，疑此为一画两绘。或为粉本，或为作伪者割去印章以附赝品，一时难以断定。后南下旅居香港，查《式古堂书画汇考》，亦载有此卷，所记画本，题与本卷相同，多了邓文原、袁桷诸家题跋，遂论定《大观录》著录本"割真跋以附赝本，信不诬矣"。后来朱启钤又送叶一绢本："着色，而无题字，画稿完全本此，则出摹绘无疑。"

元吴镇《画竹卷》。叶恭绰于1949年题识曰："藏此卷已廿年，余五十学画竹，今将七十，读此方略有悟入，一艺之难如此。"此为残卷，叶氏仅得两段，但屡见著录。

明姚公绶《诗竹真迹卷》。叶恭绰对此甚为欣赏，除钤收藏印数枚，并三次题跋，一次题："如此方足当一逸字。遐庵所藏画竹上品之一。"一次题："昔人谓画兰竹有别才，其实精神所寄，不拘绳墨则有之，若谓不假师承，且无事技巧，夫岂其然。如云东、雪居二人作品，醇雅天赋，仍极精能，即其证也。"一次题："一九五一年端午日，晨起展视云东老人此卷，不觉兴发，遂为续貂。虽略得潇洒之致，其醇雅处终不可及，愧服书此。"

元　王振鹏《金明池图卷》（局部）

明邵弥《仿古山水册》。此册为颜世清所赠。绢本十帧，叶恭绰逐帧写题语，并于册后跋云："先大父旧藏瓜畴（邵弥）画卷，清逸绝尘。余童年侍几砚间，遇春秋佳日晒晒时，恒以得展玩为乐。嗣先伯携以入都，毁于庚子之乱，至今惜之。昨承瓢叟以此见贻，神明焕然，顿复旧观，不胜今昔之感，辄志墨缘如右。"叶恭绰还收藏有邵弥晚年所作《山水长卷》，有清人金圣叹跋，汪洋超隽，亦其本色。

三、收藏中的金钱、友情与政治

收藏活动看起来是风雅之事，其实没有那么简单。收藏首先是金钱，没有钱就没法买书画，售购交易的过程中还有谈钱论价的事情，卖方与买方都有着分文必争的心态。其中也不免友情相让或友情相赠，也有人情的温暖，所谓政治即国宝级书画不能流出境外，称之为爱国精神，在中外收藏界也是屡见不鲜的。在叶恭绰的收藏题跋及诗文中，关于爱情和爱国之情常见之于笔端，很少能看到谈论价钱给他带来的困境与折磨。即使是他和颜世清这样主要的交易对手，所谈的也都是友情相让与友情相赠的温婉可亲。这可能是因为他奉行传统的道德观念，谈钱就失之风雅，再者他不愿意讲他的朋友在这方面的不足。但是，我们从颜世清致叶恭绰的信札中，能看到他们在书画交易中的真实情况。

在收藏书画活动中，颜世清给叶恭绰写了不少信，其中一信云：有一批画已送到交易市场，为"获利起见"，价钱都未谈成，还是"欲公得之"，但买画的人"十二时即到行，用特告知，恐彼设法用他话求公奉让，谨此密布"。另一封信则是谈燕文贵画事，信中说："示悉，今晨大雨如飞瀑悬檐际，书画箱不能出门，当可伴我一二日，惟各箱钥匙昨已先交去，承询燕画，此件于民九以四数购自沅叔（傅增湘），当时正拮据，款尚系分三次交。携之东瀛，日人诧为得未曾有，小川阿部岸均欲以三万为交易，当时豪迈不之许，且以燕画在本国仅仅有数之物。此外如北苑、米元章、赵子昂胆巴碑、秋郊瘦马（元人题极多）、揭曼硕（侯斯）千文元人四贤像、元人揭钵图、沈石田溪山深秀（较□□□卷更佳）、文衡山寒原宿莽种种，不胜枚举。前日与犬养阅者，皆在出脱之列。惟巨然以画佳而一无题跋，当代赏鉴家纯以耳为目，故留之，不欲使伧×展观裂绢，此外留挂者仅石溪大幅，广州南园三四幅，余皆付之东流矣。倘公当欲贾其余勇，星期一上午十一时准送汇业，我公可下午预约，祖恩玉行楼上绝观选择（按目而择），彼楼上自用之屋，甚僻静也。"隔日，颜世清又致信叶恭绰："前函送出，即知不在汇业，目录之列一语，我公不解，盖我自行记账也，缘仇山村、石涛、松圆三件未载，送出

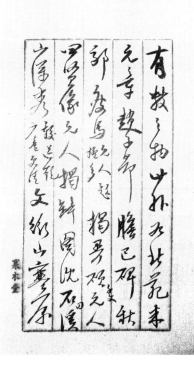

颜世清致叶恭绰信

之目合计二千六百，仍请予我此数方合。昨云二五亦□，此款在公处已同第一批付完。清欲于燕赵二卷数目追降耳。最好（在此二字旁画圈以示重要）今明日送下，有急用耳。牧溪卷俟晤岱杉时，以语打动之，或当不甚难。珏生（袁励准）当购我之揭侯斯元四家耶律一卷，此时不能下手，容徐图之。然渠偶有急需时或可攫得。"再一封信谈钱的问题，信中说："共计减除总共一万一千三百，连前函五件三千五百，共一万四千八百。倘公分三月期亦无不可。原此款存作度日，非有他用，惟节关在即，函需拨归银行数千元，公能以七八千元即付，下余分两月无不可者。如公今明日不去津，即将检抽，一律送呈。"

接着又一信，云："顷细思，仇、揭二卷、程孟阳之轴，公似应留，盖仇、揭至为难得，可谓孤行本，程画高冷，归之俗人真可惜也。（清虽割舍颇有欲得其人而归之）好在为数仅三八耳。尊见以各为如何？"

叶恭绰去信表示，所示各件他都留下。颜世清又致信云："示件均收悉，深纫厚意所至，将来只付五四正是如此。"信中还批评其他收藏家"未尽诚（意）"，"其实件件精华，彼辈特不识耳"。颜世清一下散出这么多收藏，经济上虽所得，心中不无失落之感，故在信中说："一切从此斩断，雅缘顿变俗物矣。"

从颜世清致叶恭绰的这几封信中，可知颜的确是清末的大收藏家，所售者多为名迹巨著，颜、叶之间的买卖也不像传闻中那样风雅，彼此讨价还价者有之，诱卖亦有之。叶恭绰虽为高官厚禄，但正在收藏的兴头上，即使一时拿不出那么多钱，还是强打精神把颜出示的画全部买下，此可知他的藏品之来源。

但书画既然进入市场，谁出的钱多就卖给谁。颜世清虽风雅，但也免不了落入金钱为上的俗套，他把九件东西卖给日本人之后，感到有负叶恭绰。所以又致信叶氏，云："数日以来，闻公小恙，极以为念，而清亦以胃病，久不出门，今夕勉赴开明，邀伯老观晬华西施，归来奉手示，足征爱我者残年垂念，敝藏书画非不欲保守，无如两年处此恶政府，既不欲观韵事，人又无图存之法，只好忍痛稍稍舍去数种，米老所谓泪滴蟾蜍也。承示山谷、法能二卷，东邻曾以重价要求不佞尝唾羁罗，廉不敢步其后尘，且非嗜利者，虽穷亦不能将数百年仅存珍秘流入海外，公既欲之讯得有归，清亦释然。黄卷购自潍县陈氏四数，清能得之韵古之教，倘公归还本即以奉上，亲自携来。或公来此小盘桓，亦可面交，但此之数日需款甚殷，免向他处乞贷，则受赐多多矣。又旧欠公四千元，每一思及，如芒刺背。竟欲将李公麟《蕃王礼佛图》抵此一款，原物四数购来，恰符此数……闻迭托人函致公，此实未经阅历，殊属冒昧，有负期许。"信中所讲山谷应是黄庭坚的《经伏波神祠帖》，黄卷应是苏轼黄州帖，即《寒食帖》。书画之流踪，常变幻莫测，说明这两件珍秘之物，都曾为颜世清所收，叶恭绰为此与颜世清发生了纠结。

与东坡的《寒食帖》、山谷的《经伏波神祠帖》失之交臂，两帖均流散去日本，使叶恭绰抱恨终生，恐怕重要原因是钱的问题。当时对购买中国古代书画，日本人出的价钱比中国人出的价钱要高，不只是苏、黄两帖，其他也有类似情况，这在颜世清致叶恭绰的信札中也有所表现。颜致叶有一札云："近日想尊体安和，欲一晤，以何时为宜，示悉趋诣。恭□除平复帖、苦笋帖，尚有颜书告身，韩幹照夜白，惟一时未易使之送出，奈何。东邦有人在京搜索宋元书画，主者不出面，未审系何人。"（《上海图书馆藏颜世清致叶恭绰信札》）这几件国宝级书画，都是叶恭绰想收藏但未能如愿，此中有没有难言的经济问题呢？颜真卿的《诰身帖》、韩幹的《照夜白图》流散去了日本，《平复帖》为张伯驹从溥心畬手中购进，《苦笋帖》流散到上海为巨商周湘云所得。

古书画是叶恭绰平生诸多的收藏之一，其中煊赫名迹固多，然亦不乏存疑之作，如褚遂良的《大字阴符经》、米芾《多景楼诗帖》等。但今人不应予以苛论，因为现在的文献信息和图像资料，已远远超过前人，所以不必为此过于夸耀，所谓"今之视昔，犹后之视今也"。而了解之同情，才是当今鉴赏者应有之襟怀。

从收藏目录中不难看出叶恭绰对明清的闺秀之作颇有兴趣，他自己也说："以明末清初最夥。"其中有宋代朱淑真的《璇玑图》，元代管道昇的《墨竹图》，明代薛素素的《兰竹图》、邢慈静的白描《观音》、马湘兰的《画兰卷》、黄媛介的《山水册》、李因的《水墨花鸟卷》，对粤籍歌女张二乔的绘画尤有兴趣。

这里所记及人们所注意的多为叶恭绰的书画收藏，其印章、印谱、拓片等文玩收藏，多不为人们注意。他在《遐庵清秘录》中写道：日军侵占上海后，他"谋生无计，始斥售若干，以给朝夕。其中有不少未经纪载者，其端一开，金石碑帖以至文玩相次而散"。对叶氏的这一部分收藏，知者甚少。某年，叶氏亲属曾经嘉德拍卖公司出售《三研斋金石拓本》《听涛室钟鼎释篆》《海山仙馆吉金文字》《海天楼印谱》《旧拓右军兰亭诗》等，可见他在有些方面收藏之一斑。其中最为引人注目者为秦始皇诏铜版。秦始皇统六国、书同文、车同轨，同时又统一了度量衡，秦诏为稀见之物。秦始皇诏铜版呈长方形，有四个钉孔，这是为了嵌在权量上的随形特制，诏版五行四十一字，内容曰："廿六年，皇帝尽并兼天下诸侯，黔首大安，乃立号为皇帝，乃诏丞相状、绾、法度量，则不壹，歉疑者皆明壹之。"字体均为标准的秦篆。叶恭绰视此为珍宝，制一锦盒装之。史学家认为这块诏版文字是秦始皇统一度量衡的物证，有着以物证史的作用。

对藏品的分析、比较、研究，使之从经济价值拓展到学术价值，以学术注入藏品新的生命。叶恭绰不只对他所爱好的书画，几乎对所有藏品，包括文玩器物都是如此。1934 年，叶恭绰从市肆购得一尺，质为象牙，经土蚀，不甚光泽，全身完好，染作绿色。尺的正面一边镂作行龙形，并涂红、黑、紫三色。每寸之中心，均有绿松石为钿，圆形，如米粒大小。

叶恭绰得此尺后即拍照，把照片寄给古文字学家刘半农，请他进行研究。刘半农在信中比较详细地介绍了他研究的结论：福开森得一铜尺，与骉羌钟同时出土，马衡鉴定并定名为骉羌钟尺；据《隋书·律历志》周尺即莽尺，亦即晋前尺，今既证明骉钟尺与莽尺之价值相同。而尊尺又与此两种尺之价值相同。刘半农的结论是"但无论如何，弟以为屬尺、莽尺、尊尺必同为一系统中之物"。刘半农对此尺研究的论文发表于《国学季刊》。刘半农逝世后，叶恭绰又作《得尺记》一文，除了赞同刘半农的研究成果，更做了进一步探索，畅抒己见："器嵌绿松，商、周即有之，非止汉、晋。其雕刻古劲画龙之线条，略同《五瑞图》中略带纤丽，又似不逮汉以前。故不妨假定为汉器也。"（《矩园余墨·序跋》）

四、藏 墨 大 家

和书画一样，叶恭绰的藏墨也广为人知，他和银行家张绚伯、化学家张子高、文博家尹润生并称现代"藏墨四家"。他们在 20 世纪 50—60 年代，都生活在北京，每月相聚两三次，以谈墨为内容，赏奇析疑。除观赏实物之外，更参考前人的有关资料，墨谱拓片，精研细酌，各抒己见，并筹划出版《四家藏墨图录》，大家委托叶恭绰作序。序云："墨为吾国特产，且关于文化、日用者极巨，自五代、宋、元、明以来，良工辈出，各以品质、体制相竞，高者，至等黄金。其制作之精，又于美术工艺中独树一帜。"张子高是化学家，对墨的用料研究尤为精深。他认为我国旧

叶恭绰题"四家藏墨图录"

墨之所以驰名世界，今犹争相求取，实缘墨质中胶烟各料制造时内涵成分既力求轻清细腻，益以捶捣之工，动云万杵，故能融合无间；浓淡咸宜，用于纸绢，纸绢虽敝，而光彩犹腾，试用于砚石，砚石纵坚，而刚柔相济，其间暗合现代科学之处，可一一分析说明，非世之粗制滥造者，苟求充用而实不能致用可比。

《四家藏墨图录》中收录了叶恭绰藏明墨二十丸的拓片。叶氏给每一拓本都写了一段题跋，记述该墨的重量，描述墨的形制、品质，有的还记录该墨的流传及自己得之的经过。程君房的"龙膏烟瑞"为盛伯希藏墨，伯希为藏墨大家，其藏品多以墨名对偶，事属玩艺，并非以定墨品之高下。伯希用金泥在墨上题曰：甲故人赠金，辞之再四，客卿翩来，遂移初志。呜呼，先生是为墨吏，己卯小除，王莲兄以六十金馈岁，峻却不受，适贾人以此墨来，心好之，而卒岁方无余资，竟以此金得此墨焉，因铭以自讼。这段题跋说行贿要投其所好，在藏墨界传为佳话。盛伯希去世后，叶恭绰的朋友袁励准（珏生）争购此墨而未得，引以为恨，结果还归叶恭绰收藏。

程君房为明代制墨高手，制墨工艺代代相传，至清末已发展为数支，但所制墨之质量则一代不如一代，其八世孙程香如、十世孙程秉文为同治、光绪时制墨名家。程香如制"墨精"墨，上有题字"合肥李季荃选烟"，季荃即李鸿章。藏墨大家周绍良评之曰："墨质平常，形制亦粗俗，似是同、光间制品，毫无先祖遗风。"由此事说明，叶恭绰藏程君房龙膏烟瑞墨为不可多得之品。

朱一涵的"青麟髓"墨，叶恭绰极为宝贵，其题跋云："朱一涵墨传世极稀。"此墨面楷书阳文"青麟阁"，下作两行"考古斋朱一涵监制"，背镂龙翔凤舞图案，细如丝发，全体漱金，侧款"海阳汪尧受镌"，亦楷书阳文，叶恭绰认为"盖刻模者而署名，足证刻工之精"。周绍良《清墨谈丛》中亦收此墨之拓，并说："造型极工，审是明墨。"朱一涵由明入清，制墨下限并不止于康熙九年（1670）。但墨质极粗，青麟之风雅全失，鉴者不详，即把清墨当作明墨，混为一谈。

在叶恭绰的墨友中，多人藏有叶向荣制墨。叶向荣为明代墨工，安徽婺源人，叶恭绰认为是他们叶氏同宗，与休宁叶玄卿一派别树一帜。叶恭绰藏叶向荣"文嵩友墨"，墨面"文嵩友"为阴文，另下有两行朱文"叶向荣珍藏"，并钤方印，一侧有阳文"万历丙辰年造"，顶有阳文"大千氏"。丙辰为万历四十四年（1616），属万历晚期。周绍良认为款署"大千氏"当是叶向荣后人，叶向荣制墨绝不会另加字号于墨上，这种形式，多出自子孙之手，以为世系。张子高藏有叶向荣制"文嵩友"墨，呈方形，一侧款为"叶向荣监制"，一侧款为"青黎斋珍藏"。周绍良藏有叶向荣"风云际会"墨，题"徽婺叶向荣监制"。这说明叶向荣制墨为藏墨家共同所好。

藏墨亦是文化活动，以藏名墨工为名家制墨为荣。叶恭绰藏有吴长儒为陈眉公制"紫金光"墨，墨的一面写"紫金光"，另一面阴文"眉公陈先生制"，"吴长儒"三小字在陈先生款之旁，非细看不辨。张子高亦藏有"紫金光"墨。这种墨稀少，叶恭绰做过研究，但搞不清楚是吴长儒有墨肆，还是经别的墨肆为陈眉公制墨。张子高考证吴长儒有二子闻诗、闻礼，皆非墨工，闻礼且好藏墨。他们经常交流研究心得。

叶恭绰另藏吴闻礼赠钱牧斋墨。此墨有"羽吉"阴文印，款为秋水阁，另一面则题"门下闻礼上，牧翁老师真赏"。张子高亦藏此墨。叶恭绰说："余与张子高先生先后得此墨及长儒赠陈眉公墨，亦属巧合，如能获得闻诗所赠牧斋墨亦佳话也。"闻礼为崇祯进士，清初举兵抗清殉难。张子高得此墨后，叶恭绰曾写词祝贺。

除了藏墨，叶恭绰对有关墨的著作也进行了整理研究，就像吴昌绶（印丞）写《十六家墨说》、陶湘写《涉园墨萃》印梓，他也编著了《诸家关于墨之论著拟目》《墨籍汇刊详目》之类的文章，并写了《墨谈》，说："世局演变，万事趋于简单、实用。此后之墨，势不能皆为佳制，盖亦经济关系使然。故旧存佳墨，益觉可珍，用一枚少一枚矣。近日，同、光制墨，已成古玩。等而上之，可想而知。然书与画，欲求称意，实非用旧墨不可。书画家对此，咸感束手。"这是他的经验之谈。文章又说："盖旧法制墨，必旷日持久，积计工资，实太昂贵。但余意，未始无补救之法。"例如，制墨求烟与胶及药料三者之融化，利在多为春研。其实，春研未始不可用机器以省人工。又如取烟之法，是否可以改用廉价之油及改良取烟之工具，以轻成本，此中大有研究余地。叶恭绰还提出，为了取携之便，可以研求制墨汁、墨膏，利用科学，价廉物美。几十年后，叶恭绰的制墨理想都一一变为现实。

五、鉴 藏 情 怀

清张纯修的《楝亭夜话图》，在绘画史上不占什么地位，在叶恭绰的藏品中也算不上名品，但绘画题跋及绘画背后的故事，却引起了收藏家的兴趣。叶恭绰对此藏品也寄以深情，作了很长的题跋，说："《楝亭夜话》本事，似其本事为见阳、楝亭及施世纶三人夜集，谈及纳兰容若（成德），张为图以纪，而曹、施均有题咏，又别征同时诸名士题咏。此图共有五卷，其四卷在张伯驹处。余所收此卷，殆首卷，故张画及曹、施题咏均在。"张伯驹收藏的是《楝亭图》，曹雪芹的祖上曹完璧任江宁织造时，曾于署中亭子旁植楝树一株。曹完璧殁后，其子曹寅任苏州织造，再任江宁织造，见楝树犹存，遂请当时的画家戴本孝、禹之鼎、恽寿平等作图十幅，并请人题咏，名之为《楝亭图》，因图中涉及《红楼梦》许多资料，赵万里建议张伯驹让给北京图书馆。张伯驹到吉林省博物馆任副馆长时，才将叶恭绰藏《楝亭夜话图》为该馆购进。

康熙三十四年（1695）秋，曹寅任江宁织造，张纯修任庐山知府，施世纶任江宁知府，三人相聚于江宁织造衙署书斋，秉烛夜话。卷后除了曹、张、施三人，还有顾贞观、王楑、王蓍、王方岐、姜兆熊等多人的题诗，多述及纳兰容若，此时纳兰容若逝世十年。曹寅题

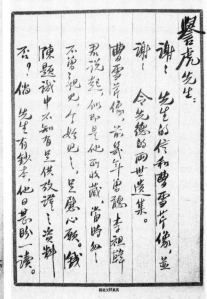
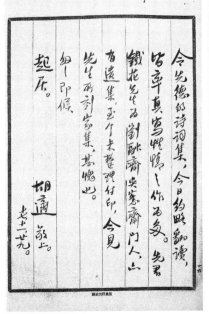

胡适致叶恭绰信谈曹雪芹像

诗结名为"家家争唱《饮水词》,纳兰小字几曾知。斑丝廓落谁同在,岑寂名场尔许时"。叶恭绰对此图曾作三题,说:"卷中曹所题诗,似三人与纳兰容若均有特殊关系。"

叶恭绰对《红楼梦》颇有兴趣,收藏了一些和《红楼梦》有关的资料,曾和胡适通信讨论《红楼梦》的有关问题。叶恭绰把收集的《曹雪芹小像》寄给胡适,胡给他写信表示谢意,并说:"曹雪芹像,前几年曾听李祖韩君说起,似即是他所收藏,当时匆匆不曾亲见,今始见之,足慰心愿。钱、陈题识中不知有足供考证之资料否?倘先生有钞本,他日甚盼一读。"叶恭绰将先辈两世遗集寄给胡适,胡适读后在信中说:"令先德的诗词集,今日约略翻读,皆率真写性情之作为多。先君铁花先生为刘融斋、吴窓斋门人,亦有遗集,至今未整理付印,今见先生所刻家集,甚愧也。"

他们由《红楼梦》讨论到佛教问题,净众一派是佛教的一支,《北山录》多记述这一教派的稀有资料。叶恭绰曾将《北山录》整理

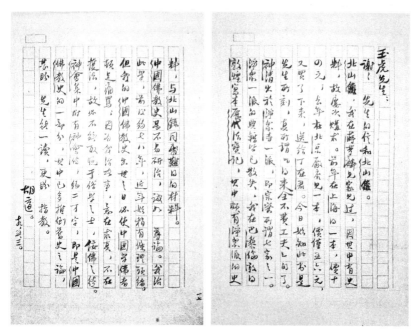

胡适致叶恭绰信谈佛学

印刷出版，寄给胡适一册。胡适得之甚是高兴，并致信叶恭绰："《北山录》，我在蒋梦麟兄家见过，因其中有史料，故屡次购求。前年在上海得一本，价十四元；去年在北京厂店见一本，价仅五六元，又买了下来，送给丁在君。今日始知此书是先生所刻，真所谓'得来全不费工夫'的了。神清出于净众寺一派，即密宗所谓七家之一。净众一派的典籍皆已散失，我在巴黎、伦敦得敦煌写本《历代法宝记》，其中颇有净众派的史料，与《北山录》同属难得的材料。中国佛教史甚不易研治，诚如尊论。我治此学，前后约七八年，近年始稍有条理头绪。但我的《中国佛教史》出世之日必使中国学佛者顿足痛骂：因为我治此事，意在求真，不在护法，故必不能取悦于俗学之士、佞佛之徒。《神会集》中附有《神会传》，约二万字，即是中国佛教史的一部分，其中已多推倒旧史之论，甚盼先生能读一读，更盼指教。"（《上海图书馆藏胡适致叶恭绰信札》）

"神清"是叶恭绰修身养性的重要内容，他热心于《北山录》的刻印与此不无关系。他和蒋维乔多次通信，求教讨论如何方能进入"神清"的境界。有段时间，叶恭绰"心情烦闷""精神不贯"，"未敢下笔"作文，乃至"病未痊，仍卧床"，向蒋维乔求教"不知静坐功效能否治慢性肾脏炎"？在致蒋维乔的另一信中又说："新病夹杂，甚委顿。""所患久不愈，欲一请教静坐方法，知公甚忙，敝寓又僻远，不拘何日请拨冗惠谈，可胜感荷。"按照蒋维乔的"神清"的指导做了一段时间，有了些效果，叶恭绰又给蒋维乔写信说："惟每次胸次皆觉舒畅，不复饱闷，有时亦出微汗耳。"叶恭绰病情好转，很高兴地致信蒋维乔："弟近日静坐似稍有所得，故胃口略好，腹涨少发，亦公之赐也。"

行文至此，由《红楼梦》论佛，讲到《北山录》的"神清"，以及叶恭绰的养心之道，其实和纳兰容若的内心所追求的"神清"是一致的。旧红学派认为《红楼梦》中的贾宝玉就是纳兰容若的化身，因之，叶恭绰有兴趣探讨纳兰公子和清代大收藏家安岐的关系。他在《〈墨缘汇观〉书后》一文中，论安岐的父亲安图本是纳兰容若的父亲明珠的家奴，开始只供劳役，后因帮助明珠经营盐运赚了大钱，就成为明珠的心腹。这样安岐与纳兰公子的关系也就非同一般了。叶恭绰说："安氏之交结士大夫，殆亦有使之者。纳兰容若与徐健庵之三十万金，或亦安图盐余之款。安图之子如安岐者，因之结纳名流，收藏书画，则更在意中矣。"

叶恭绰对纳兰容若的偏爱在《纳兰容若致张见阳手札书后》一文中，就更加充分地表露出来。纳兰容若致张纯修（见阳）手札二十九通，由叶恭绰友人武进赵㷸黄（药农）收藏，后归夏衍，现藏于上海博物馆。还是在赵药农收藏时，叶恭绰作了一千五百言的长跋，其中有言："容若所作词殆冠清代，手迹向所稀见，余曩者得其自书词二首，遭乱失去，今获见此长卷，如遇故人，复有风流阒寂之感也。"

跋语中谈了纳兰容若与《石头记》的关系："余少时即颇信容若与《石头记》关系诸说，但未得确证，以是欲续蔡孑民之《索隐》亦迄未下笔。有一点为研究容若身世事迹所不容忽者，则容若言行中似对清朝若有隐憾是也。此说余昔闻之文道希丈廷式，文则闻之盛伯羲。"蔡元培（孑民）于民国十一年（1922）著有《石头记索引》问世，把《石头记》中的人物与清初官场人物一一对号，并称此书为"悼亡朱明"的政治小说，在社会上颇为流行，红学界称之为"索隐派"。叶恭绰感到蔡元培的著书言犹未尽，要继后而作，也是情理之中的事。

叶恭绰在跋中叙述了容若家族与清初王朝的关系。容若"先代叶赫那拉本为辽东一部落，至其祖金台吉与爱新觉罗族构怨，致为所灭，几珍其族，其存者殆以俘其女为后，故留少数人编入旗下，明珠以次皆孑遗也"。两个部落的"仇怨之深，盖可想见"。顺治入关定鼎，明珠以外戚显贵，由明珠软化汉族诸名，使之尽忘前恨。明珠将大收藏家高士奇（江村）荐引，入参机要，又令其子容若拜徐乾学（健庵）为师。容若受其师徐氏的影响，乃不觉为"芝兰之化"。徐乾学是明遗民顾亭林的外甥，徐氏兄弟显贵之后，常邀其舅入京。叶恭绰在跋中叙述了这段历史，不无感慨地写道："观于顾亭林、屈翁山诸人，与仕清诸贰臣情好不匮，殆以因此。"

叶恭绰的跋中还写道："及顾梁汾乞容若救吴槎客诸事，皆有蛛丝马迹。"这又是一段很长的历史，简言之，吴骞（槎客）和顾贞观（梁汾）、张纯修都是好友。吴骞因科考案充军宁古塔，在关外生活了二十年，备受艰辛。寄诗与顾梁汾，顾因感作《金缕曲》一阕，以词代书寄给吴。顾同时又将此词寄给容若。容若读后，深受感动，即通过父亲明珠把吴骞救了回来。

叶恭绰得《棟亭夜话图》于民国二十二年（1933），而《跋纳兰容若致张见阳手札》是1953年，他仍然不忘《棟亭夜话图》，在跋中说："余藏有见阳手绘《棟亭夜话图》，乃纪容若殁后曹棟亭与施世纶及见阳三人话容若旧事者。三人皆汉军，施则琅了也。中有顾梁汾长跋，语甚凄咽，与此卷可相印证。且棟亭与《石头记》及容若三方面之关系，亦研究红学者之好资料也。又余曾藏见阳所刊《饮水诗词集》初印本，雕镂极精，墨钉犹在，并有梁汾'积书岩'藏印，惜为六丁收去，附志于此，以供编订容若事实者之参考。"

在该跋的结语中，叶恭绰写道："遐庵叶恭绰志于北京东城芳嘉园，即那拉氏母家故邸之邻舍。芳嘉园世称为凤皇巢，以其曾诞二皇后也。"思绪万千，乃动情之跋语。

六、收藏与信仰

叶恭绰对佛学研究颇为深入，除了前述保护敦煌经卷、抢救大同佛窟胜迹、重塑庙宇的泥塑木雕佛像，亦注意收藏与佛教有关的绘画及僧人书画。他曾致信吴湖帆，说："午节已近，苏地有何书画出现？弟颇欲收关于佛教之物品，书画外如铜、玉、磁、漆、角、骨、竹、木，以逮石刻木雕，均无不可，切乞代为留意。"叶氏自云："余平生尊藏佛像，不下五百通，恒欲建一精舍，为宝弆之所，卒未如愿，谨书此以当息壤。"其中比较有名的书画作品如下。

唐高闲《千字文》（残卷）。高闲为唐朝僧人，书有《千字文》一卷。叶恭绰收藏的虽然只是残卷，但视之为铭心之品，钤有"第一希有"收藏印。此卷原为景朴孙所藏。景氏曾托人向叶恭绰出售，"以其居奇，无法谐价"。在数年后，景氏亦托人求售，谓此卷早质于人，非四千金不能售，几经商洽，遂以六千元成交。叶恭绰一下也拿不出这么多钱，后分期付清。抗日战争时，叶恭绰将此卷携往香港，后又带着此卷回到上海。1948 年 6 月，叶恭绰暇日展观，写了题跋，不无感慨地说："此卷置手笥中，廿年来流离转徙，幸未失去，而余则既老矣。"

宋僧人法能画《五百罗汉卷》。此卷自清宫散出后为颜世清收藏，叶恭绰于 1925 年购得，卷末署款云："沙门法能于景祐改元甲戌元旦发心闭关敬写，成于宝元二年己卯浴佛日。"益以六年之功成此。叶

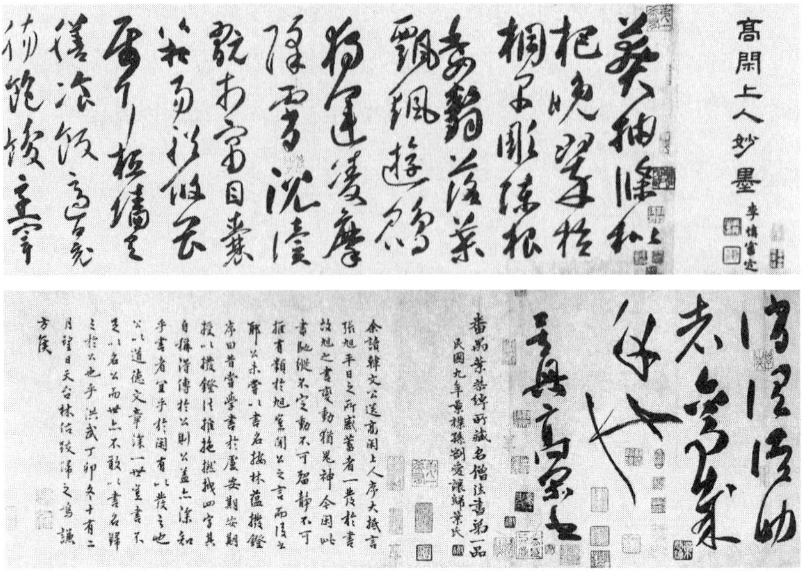

唐　高闲《千字文》（残卷）

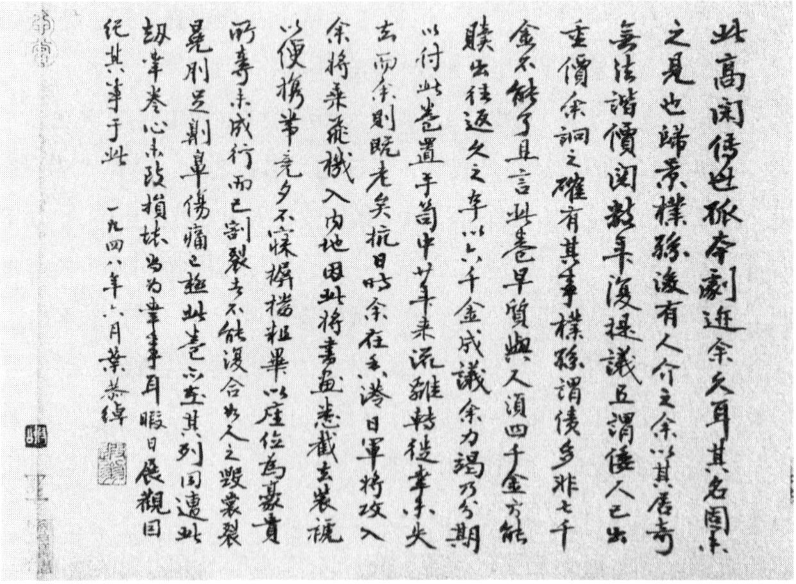

叶恭绰为《千字文》（残卷）题跋

恭绰称此卷"为遐庵所藏各佛象之冠"。

宋佚名《揭钵图卷》。此图无款，叶恭绰题跋认为此图"笔墨高浑，可决为北宋人作"。包首有中峰法师题签，叶氏认为"中峰法师手书尤为稀有之宝。余藏有管仲姬手绣罗汉象，有中峰题识，笔意与此正同，可相证也"。

宋李公麟《蕃王礼佛图》。钤"番禺叶氏所藏""玉甫藏象记""遐庵铭心之品"诸印。此卷钤颜世清题跋两则，并钤有"颜世清印""颜大手稿"两印。叶恭绰未记如何得之。当时内务部古物陈列所亦藏有李龙眠《蕃王礼佛图卷》。叶恭绰曾随周肇祥去武英殿观此卷，以辨真赝异同，认为武英殿卷为赝，两卷跋相同，而名字不同，"乾隆鉴赏""三希堂玺"亦相同，但叶卷无李公麟款。叶恭绰观后认为武英殿本"笔力蹇弱，都无神采，纸亦非宋代物"。

元温日观和尚《葡萄卷》。温日观画葡萄传世只存数本，叶恭绰得其一卷，乃颜世清旧藏。叶氏视此《葡萄卷》"与昔所藏法能《五百罗汉》孤本，堪称双绝"。叶恭绰游杭州西湖时，屡过温日观出家之玛瑙寺，访参蓼泉时曾见温日观画的葡萄，因无缘奉接，没有得到，现在有了这卷藏品，"益切皈依"，心为所动，想出家当和尚了。他在为此卷作题时又说："余广收名僧翰墨，将构灵宝馆以藏之。"叶氏另为此图题写七绝一首，诗后跋语中有言："江海沉冥，所谓中有不得已之故在者非欤？"这是在感慨出家人也有内心的苦恼。

元雪庵和尚《草书石头和尚草庵歌卷》。溥光（活动于13世纪至14世纪初），字玄晖，号雪庵，大同（今属山西）人。金元时期僧人。俗姓李，由赵孟頫推荐，拜昭文馆大学士，赐号玄悟大师，善山水、墨竹，为诗冲淡粹美，擅真、行、草书，尤工大字。此卷署款"玄悟老人书"。石头和尚为唐时僧人希迁，俗姓陈，著有《草庵歌》。此草书卷亦叶恭绰铭心藏品。此卷字大三寸，墨光如漆，郁律遒逸。此卷为朱文钧（翼庵）旧藏。叶曾另见雪庵和尚书韩愈"山石荦确"一诗，称之"与此可称双璧"。

宋　李公麟《蕃王礼佛图》

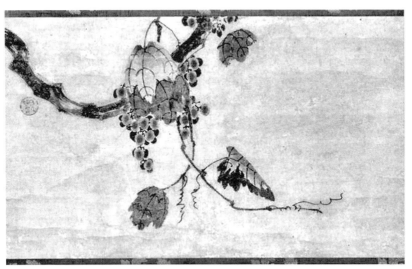

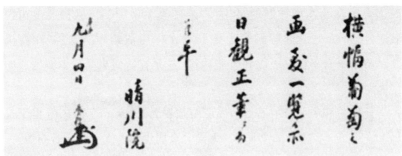

元　温日观《葡萄卷》

　　明憨山大师字卷。憨山和尚的文章"沉着痛快，所谓针针见血，此卷语尤真切，可谓苦口婆心"。从此跋语中可见叶恭绰得此卷时的心情跃然纸上。后来，叶恭绰隐居上海，又得憨山竹根印章一枚，又从广东南华寺得憨山遗体摄影，他说："他日拟均归之湛山寺。"湛山

寺在青岛，为憨山和尚出家之所在。

明僧珂雪《春景山水卷》。叶恭绰跋记此卷之来由，其中有云："余好藏方外书画，非止以信仰故，盖识田所蕴，与众不同，且手眼攸殊，炉锤别具，斩关夺隘，翻海移山，皆视作寻常，故不为时习所囿，今之寄人篱下，扶墙摸壁者，安足知之。偶展此卷，因书所见于此。"

叶恭绰还筹建佛教法宝馆，还请盛秉筠篆刻"法宝馆章""法宝馆收藏经典法物之印记"，并细心关照"以朱文玉箸篆为宜"，对印石还要求"价不必高"。

宋人《渡海罗汉图真迹卷》。卷末有小字一行，已漫漶不可识，印章亦不可辨。陈继儒（眉公）识为梵隆笔，董其昌识之为贯休。叶恭绰审视左角有小玺"政和"，此为梵隆年代所未及，识为董其昌的鉴识更可靠些，因之曰："明代人鉴别书画眼力甚高，而往往疏于考证，亦习尚使然也。"

收藏有着兴趣与信仰的双重意义，叶恭绰还为佛教慷慨解囊，向寺庙捐助，今日可见的有虚云、谛闲、圆瑛诸法帅为他写的捐款收据，亦可见到他为寺庙化缘求助的诸多信函。今抄录他致戴季陶的信于后："兹有陈者：数年来公之为佛法外护，竭尽心力，知无不为，至矣尽矣。""弟等役于尘劳，又乏学识，自亦不敢从事，遂成虚愿。月前有友介绍能脩法师来晤，知其在宣化山中创立法会，业有数年，从不宣传，故无人知。其会中规制办法极堪玩味，以弟愚见，吾国目下办道各方面尚无能似之者。能师本黑龙江世家，弃家奉佛，苦行有年，近则专任弘法，为接引供养之事。比缘资粮告竭，又不欲为俗习募化举动，千里来商。鄙意此等大事因缘，非善知识如公者难以了解。各地善信虽众，弟不欲向之启齿，盖做此事了无世间名利恭敬可得，未易得人乐助也。惟此会却实有维持之必要，弟愧绵薄，不能独力挡当，故冒昧奉陈，以求喜舍。伏望勿以等闲视之，幸甚！幸甚！附上法会愿文一份，阅之便悉其异常矣。"读了此信，深感像叶恭绰在政治上长袖善舞又身兼文化名人，能这样谦恭求助，足见对信仰的一片诚意。如果仅仅为私欲，想他断不会这样做的。

七、弘法利生的宗教观

叶恭绰的生命似乎与佛结缘，在十六岁时，他因受梅光羲、桂赤等友人的影响，开始研究佛学。他不信佛，也不是佛门弟子，他收藏了有佛内容的画，也交了不少佛门高僧为朋友。其侧室张净持病逝，叶恭绰即潜心研究佛学，而且食素，反对宰杀牲畜。他一生都在"以弘法提生为事，故修养有素，不以贫富贵贱夷险易其志"。说明他都是为探索另一种精神世界。1920 年，叶恭绰在交通大学校友会上做演讲，谈了文明的三个组成部分，即宗教、道德和哲学。在演讲中，他特别谈了自己的宗教观，他说：

人生根本之修养必有赖于宗教之信仰、道德之范围、哲学之学理。宗教信仰议者或疑为迷信。然亦视宗教之性质，信仰之界限何如耳。宇宙之现象，科学足以解释之。科学所不能解释者，哲学足以解释之。至于宇宙之本原，殆不可从宗教之解释。人类皆有求知之本能，复有信仰之惯性。宗教信仰诚有确乎其不可废者。况各教教义皆含至理，中人以下得而涵濡泳味之，足以为处世持身之指导，未可忽也。（《遐庵汇稿·下编》）

对芸芸众生来说，宗教是不可缺少的。但是，当看到佛法衰微，僧伽无学且堕落时，他与萌寿枢居士出资创办观定弘法社，并在宁波观宗寺创办学舍，请谛闲法师为主讲，仁山法师为副讲，为僧人讲经，"努力于祖庭之兴复，经典之流通，课程戒律之修明，宗风结习之医正"。僧人中成才者甚众，在佛学界享有声望的如禅定、根慧、可端、授松、妙祥、戒莲、式慧、广修、智谷、常幌、哩庵、从宗、妙真、宝静等法师。对当时的"稗贩狂驰之病，尤所痛绝"，故只与南北谛闲、印光、普照、虚云四位僧人结契交往，从事弘法利生活动。

富有慈悲心肠的叶恭绰提出：我国开化最早，人民夙以仁爱为怀，物与民胞古已有训，唯晚近人心浅薄，残风日炽，或贪口腹之欲，或图役使之利，不惜以种种残酷手段加诸无抵抗之动物，殊非仁民爱物之道。因此与吴炯、王震、黄涵之、屈映光等发起组织动物保护会，并被公推为理事长。动物保护会曾上书法院，要求在法律上增加禁止虐杀动物的条文。基于这样的理念，遇到机会，他就会宣传保护动物的意义。

动物保护会是基金制，吕碧城亦投资加入。后来动物保护会因时局动荡，无法维持，吕碧城致信叶恭绰，拟抽回所投入之基金，提出以港币结算。叶恭绰在致吕碧城的信中说："若左右必谓该会已经停办，势必徒生争论，转滋误会也。再该款前经开会议决购入公债，期收益较多，今即使交还，亦无法复旧，至能否按港币核算，更说不到，此亦应附带声明者。总之，捐款出自盛意，无论如何必不愿令左右有何不满。但事实所在，亦望左右能以照察。"叶在致吕的长信中还说："来书斤斤于停办与停顿之殊，似疑弟以未停办为口实，不欲交还，此乃大笑话，请勿如此轻量天下士。弟虽穷困，似不致为该会舍不得奉还此款。须知该会若承认停办，则以后要执行会务，尚须另起炉灶，此为任何会友所不能承认者。"纵观叶恭绰的一生，无论办大事或小事，都会遇到许多烦恼，受此烦恼折磨，没有韧性，难以支持。

叶恭绰为《护生画集》第三集配文

1949年，叶恭绰又为丰子恺《护生画集》第三集配文书写。"护生者，护心也。去除残忍心，长养慈悲心，然后拿此心来待人处世。"基于这种观念，1927年秋，弘一法师和他的学生丰子恺共同酝酿绘制《护生画集》，弘一题写诗文，丰子恺作画。《护生画集》已出两集，要出版第三集时，弘一法师去世，文字由叶恭绰书写。叶恭绰书写了唐白居易的《鹦鹉诗》、宋苏轼的《戒杀诗》、清周思仁的《戒杀诗》及缘缘堂主的诗文。

1934年，叶恭绰还应青岛市市长之邀，赴青岛建立湛山寺，从设计、筹款到推荐名僧皆由叶恭绰主持。青岛素无佛刹，崂山有明海寺（华严庵）遗址，系憨山大师所建，其时释道两教曾起大纠纷。青岛本拟以海印为寺命名，叶恭绰则避开宗教矛盾，以为不必袭其迹，以新建寺在湛山，故名湛山寺。叶恭绰这时居青岛两个月，为青岛十大风景点命名题匾，总名为"青邱十景"。叶恭绰在青岛期间，曾有崂山之游，故致信蒋维乔，谈了开进山之路，其中一路可由华严庵为中心，可至各山。信中说"华严庵清苦，食宿勉可敷衍"。叶恭绰崂山之游，作有《青邱游屑》，刊于《旅行杂志》。

八、收藏资金之谜

收藏家有三点大多是秘而不宣的，一是所得藏品的来源，二是购买藏品的价位，三是收藏资金的来源。和其他收藏家相比，叶恭绰还是开明的收藏家，对前二者写在著录中公之于众，但对收藏的资金来源都是保密的。

叶恭绰初入邮传部时，津贴银一百两，俸禄银三百四两，收入虽然不低，由于家庭负担重，连侧室张净持想游杭州西湖、湖南洞庭湖，以赏湖色山光的愿望都无法实现，当然亦无法涉猎收藏。以后当了交通次长及总长，俸禄有所提高，经济状况有所改善。他的前任梁士诒和曹汝霖拥有的资产分别达到三千万和五千万，以此来考证叶恭绰的收入不会低于他们。这时叶恭绰的经济来源有二：一是除了俸禄之外，尚有两家实业的入股。北洋政府鼓励官员参加办实业，叶恭绰在北票煤矿及到东北考察，地方办了许多实业，叶恭绰都应该有投资入股。二是在许多金融机构任顾问、董事长、帮办，也应该有一笔收入。这些收入都无具体数字可查，但从他在北京收藏众多的宋元名迹中可以看到他的经济实力雄厚。

叶恭绰购藏虽然资金雄厚，但从他的著述可以看出，他还是有力不能举的时候，对一些虽然欢喜而有研究价值的书画、古物，只能量力而行，失之交臂，无法购得，他没有张伯驹那样一掷千金的豪情。史上著名晋人陆机《平复帖》，原为安岐旧藏，后入藏清宫内府，乾隆时赐给成亲王永瑆，后由成府转归恭亲王奕䜣。入民国后，恭亲王府藏物散出，溥心畬欲将唐韩幹画《照夜白图》一并售与外国人。后有书画中介人将此事告知叶恭绰，溥心畬亦将这两件书画让予叶恭绰，索价五万，叶恭绰说："余以数巨，没有购买。"后又把价钱提高到十万，叶恭绰辗转多日，未能购买。张伯驹得到这一信息后，《照夜白图》已入外国人之手，他一方面设法阻止此画外流，亦想法购买《平复帖》。溥心畬要价四万，张伯驹没有还价即购进。后日本人购买《照夜白图》者得知此事，愿以二十万元购《平复帖》，但此时帖已入张伯驹的收藏。

应该说，叶恭绰虽在上海定居，虽然说是远富近贫，但他还是带了一些积蓄来到上海。刚开始，还可以看到他收藏一些书画，以后他就渐渐地放弃了对书画的收藏，转向收藏瓷器、玉器、宣德炉、角杯、旧墨、名砚。叶恭绰的藏品中之所以有那么多文玩杂件，一方面固然出于他的兴趣及拟撰写美术史的需要，另一方面也因为这些藏品价位不高。从一些朋友致他的信中可以看出，大家都在帮他寻找这类藏品，如一位朋友在信中说为他找到了镏金彝炉、泥金錾花鬲炉、黑漆古炉、棠梨色冲天耳炉、洒金冲天耳炉、王旭款钵炉，这些古炉都没有标明价钱。另一位朋友为他购了一些杂件，并附以目录，在信的末尾说："加鉴谅，勿再论价，至祷、至祷。"有些杂件是朋友购买后送给他的。另外他曾致信梅光羲，要梅从日本购书。不久，梅即回信称"业经觅得"，并开列书籍目录有《大藏经法宝标目》十卷、《至元法宝勘同总录》十卷、《出三藏记集》十七卷、《隋众经目录》五十六卷、《武周刊定众经目录》十四卷、《开元释教录》三十卷、《古今译经图记》四十一卷，梅光羲在信中告知以上各书邮费在内共日金六十二元。

他隐居上海，开始时还有些积蓄，但毕竟官俸没有了，又不见他有公开的经商活动，而收藏的兴趣不减，他自己说在力所能及的情况下，收藏一些自己认为有价值的文物、书画。有不少研究叶氏收藏的人都会提出他的资金来源的问题。

从叶恭绰致朋友的信札中，我们可以知道他隐居上海，经济上还是比较拮据的。叶恭绰是要面子的人，不大谈自己的窘困情况，但对自己的经济状况，他还能坦言，说："近贫困未到如洗，但已不能量入为出，盖虑蹈大千诸人之辙也。今岁支出已超过预算太多，所事愧无余力，望婉为限。"可能是慈善事业求他相助，一般情况下他都能慷慨解囊，此时也不敢勉强应允了。叶氏在给吴湖帆的信中说："弟此数月支出太多，如木器售出，可还弟数千金，则顿形松动，方易他顾。"托朋友为他照理卖木器以作家补，希望吴湖帆见了这位朋友加以促进，可见他须用钱之急。这时他的书法已经有些名气，可以卖一些钱，他说："卖字亦有生意，足维持旅费矣。一笑。"荣宝斋向他收购扇面，他就与吴湖帆合作两三件，或由吴作画他写字，或由吴画木石，他补竹，这样卖的价钱会好一些。他此时虽定居上海，还要旅行，外出探亲访友，都需要花钱。

有时叶恭绰不得不出让自己的藏品来维持生活，或进行新的收藏。叶恭绰给周庆云写信，表示拟出售毛公鼎，信中说："近有出手之耗，公有意否？"还表明其他如第一大秦权、第二大秦权、新莽量、大和钟四件也出售，售价为七千元；《宋贤题名徐铉篆书卷》、杨叔谦画《赵松雪小照》及松雪小楷卷、赵松雪小楷书《汉汲黯传》，三件共售价七千元。

这样，他在购买书画器物时就不得不考虑价钱，出售藏品价钱就要得高些，购进时也要挑价位低的买。蒋汝藻之子蒋毅孙要向他购南宋版《东南进取舆地通鉴》一书时，他"近因缺款，可以出让，拟实价拟五竿"，五竿即五十两黄金，并说"对外索价决不如此，缘系孤本，此数不为昂也"。

在购进藏品时，他当然也不会像过去那样一掷千金了。叶恭绰喜爱明代的宣德炉，有的从日本购回，藏品丰富。他在隐居上海时遇到宣德炉，就有些望而却步了。此时遇到藏家出售宣德炉，希望他能收进，他对吴湖帆说，炉或一般而质量不好，如果价钱不高，可以取几件以备一格，并说："弟于宣炉，等于兄之隋碑，势不能多出高价也。"他希望吴湖帆打听价钱再告诉他。有的藏家要出售宋克的书法，送他看过，他虽想买，但价钱未定，藏家又来询出价若干。他说：最多不能超过五百元，超过这个价，就不能再添了。

叶恭绰自述：余曩者广搜宣德铜炉，所得越四百事，因署斋名曰"宣室"，有意广搜莽器，又别署曰"新室"，今宣德炉已悉以易米，余吴湖帆所书宣室一额，而新室尚存，然亦未必能长保也。

从一些零碎的资料来看，叶恭绰退居上海期间，也可能从事书画经营活动。吴湖帆购进张大千仿制的《睡猿图》，今有人认为是张大千、吴湖帆、叶恭绰三人合演的一出戏。20世纪30年代，张大千、叶恭绰都居住在苏州网师园。张大千以宋人牧溪的《睡猿图》赝制了一幅，书梁楷款，又伪添了贾似道门客廖莹中题写"梁风子睡猿图神品"，并仿制了名家鉴藏印钤于画上，然后请苏州人周苍龙做旧。托人将此图携至上海出售时，又恰巧为鉴藏家、画家吴湖帆收藏。后来有人认为，以吴湖帆的眼力，应该能鉴别出此图的真伪。

可是吴湖帆收藏后，请叶恭绰作了长跋，并在诗塘上题了"天下第一梁风子画"几个大字，叶氏建议吴湖帆影印出版，这样可以"使艺林得沾法乳"，谁能"不惊为河汉"？此时叶恭绰忘记了自己藏有梁楷的《布袋和尚》，写诗并跋，只写了"衣褶粗笔，面容减笔，神态欲活"，并不像对《睡猿图》做如此精心描述："纸莹如玉，墨黝如漆，光彩竦异，精妙入神。"并把画上的题识、印记都一一记述清楚，这显然是有备而为之。对这幅画的如此操作，不只是叶恭绰和吴湖帆，连同张大千，三人之间有一种不为人知的隐情。《睡猿图》后来转卖给外国藏家，今藏于美国檀香山艺术博物馆。

另一件是收购王蒙名作《青卞隐居图》（今藏上海博物馆）。《青卞隐居图》为狄平子从父亲狄学耕那里接受的遗藏。狄平子和叶恭绰的关系非同一般。狄平子在上海编报纸、办杂志时，叶恭绰还在湖北教书，狄平子特聘他为报纸杂志采访新闻，撰写评论，使叶恭绰稿费可观，以渡过难关。狄氏后人委托叶恭绰代理此事也在情理之中。

《青卞隐居图》是声震上海收藏界的名迹，吴湖帆得到这一消息后，非常想收藏，因当时开价二十万元，他一时没有这么多资金，

张大千赝制《睡猿图》，叶恭绰题，吴湖帆藏

就和朱朴（后改名朱省斋）商量两人合购此图，朱朴也乐意和吴湖帆合购。后来听说叶恭绰也想购《青卞隐居图》，吴湖帆就把这一消息告知朱朴，他们都认为不宜与叶恭绰竞购，就此罢手。一个月后，吴湖帆又得一个令他震惊的消息，叶恭绰已将《青卞隐居图》以二十万元作价卖给上海滩法租界闻人魏廷荣。叶恭绰将售款二十万元如数交给狄家，同时又将钱选《山居图》以及唐寅、仇英、董其昌等十多件，开价二十万元售与魏廷荣，自己留了一幅喜欢的吴镇《墨竹》。这十多件画是狄氏旧藏，连同《青卞隐居图》一共作价二十万元，还是叶恭绰自藏，随《青卞隐居图》"捎带"售与魏廷荣。此事见陈定山《春申旧闻》一书中，陈定山是叶恭绰、吴湖帆的好友。叶恭绰在准备写《后九友歌》时，陈定山也名列其中。但他所说，不知是否小说家言。

陈子清早年同叶圣陶、吴湖帆共读于苏州草桥中学。1924年与吴湖帆在上海嵩山路合办"陈子清吴湖帆书画事务所"，经售张大千、张謇、溥伒、冯超然、王师子、吴湖帆等当时名家的书画，还有吴大澂所藏金石拓片。从中也可看到叶恭绰销售自己的作品及经营情况。他首先关注的

元　王蒙《青卞隐居图》

是自己作品的润格问题，在致陈子清的信中说："沪市书画纷纷加润，左右自亦可比例增加。弟新订润格附供参考。"另一札说："奉书快慰，画已照转，唯定价不知若干耳。"叶恭绰的书法功力深厚，自成一格，深受藏者欢喜，一时供不应求，他给陈子清写信说："示悉款收。弟本是月之十五后方始收新件（因积件太多），兹遵属提前写寄，墨太劣，可愧。尊定润格与此间各人不相上下，宜多托熟友及熟店张罗，弟当为力。"又云："闻达法师大联诺之多年，自必照书。"书画要装裱，他又致信陈子清"王卷包首待用，望催刻丝者速织为荷"，售书画款空白收据也要陈子清提供。叶恭绰从杭州找来《墨梅册》、童二树《写梅诗》、王月钮《自锄明月种梅花图咏》，送到陈子清店中出售，并在信中嘱咐："三物罕见，祈属当事者加意珍护为奉此。"

叶恭绰的书法售价如何，且看他在1937年元旦手订润例：

学书卅年，垂老少进，疲于应索，迎拒两难，复以灾祸荐臻，力穷拯济，爰订润例，以应急需，海内亲知，幸祈鉴助。

联四尺以内十元，六尺以内十五元，八尺以内二十元，长联边跋均另议。

屏条二三尺以内十元，四五尺以内十二元，六八尺以内十五元。横披同中堂照屏条加倍，横披同。

扇十元。册一方尺以内十元，一方尺以外依次递加。匾额一尺以内每字五元，二尺以内每字十元，三尺以内每字二十元。

寿屏不书。墓志传记等每字一元。题跋及作文另议，墨费加一，先润后墨，约期取件，劣纸不书。

民国二十六年元旦订，沪上各大笺扇店均可代转。

自清末到抗日战争前夕，上海滩大藏家云集，以租界为屏障，栖居其中。尤以古书画收藏达到高潮，如庞莱臣、周湘云、张葱玉、吴湖帆、叶恭绰、张大千亦居其间，其他虽然称不上收藏大家，但藏品丰富，甚为可观。1933年1月，张大千和吴湖帆相见，均感到谈论古画，海上几无人可谈，他们就收藏家、古董商及书画家三类人的鉴定水平交换了意见："收藏家之眼光以名之大小为标准，一画以题跋之多寡、著录之家数为断，画之好坏不论也。古董商之眼光以纸本之洁白、名字之对否为标准，画之有无意义不懂也。书画家之眼光以合己意为标准，附和买画者以耳熟习闻为标准，此画之有无价值不识也。"吴湖帆的《丑簃日记》中记录了他们对三十多位收藏家、画家的鉴定水平的意见（《吴湖帆文稿》一书中未收录），其中有云：

庞虚斋：有经验，乏学识，自信莫当。

叶遐庵：胶柱鼓瑟，于画理不甚明了，完全以理想鉴别耳。

赵叔孺：黏腻而质实，无推测判别。

冯超然、宣古愚：偏见自信，强词夺理，有时精能皆到。

蒋毂孙：大处有胆量，小处无真判断力。

夏映庵：直学者之见，无鉴别经验。

潘博山：有学识，略少经验。

袁珏生：一味夸大，刻而不精。

褚松窗：深于世故，不落边际，旁人闻之，真伪莫明。

高野侯：杂而不精，杭人喜夸。

陈小蝶：能而不精，有意识，少经验。

江紫尘：极有经验，所差自己不能画。

孙伯渊：小有经验，大缺学识。

周湘云：只凭耳食，仅为自豪，一些不懂好歹耳。

九、鉴定书画的眼力如何

张大千和吴湖帆对叶恭绰的书画鉴定水准，显然持批评态度。但张大千和吴湖帆的一些重要藏品还是要请叶恭绰题跋，有的是一题再题，看来这是非常矛盾的事情。笔者认为收藏家或鉴定家，在鉴定书画作品时，做出误鉴是很正常的事。能实事求是地鉴定，对同一件作品初始时判断错了，将真看假或将假看真，再经过一段时间的思考，改变了原来的看法，这都是很正常的。如果一位鉴定家总以为自己的鉴定是对的，不失鉴，无失误，那倒是值得讨论了。即使像张大千、吴湖帆这样见多识广的画家兼收藏家，学识、眼力俱佳，但有时也难免失误，他们的藏品中也不乏伪作。叶恭绰也是这样，他的藏品也是真伪皆有，但这并不影响他成为大收藏家。即使像张大千、吴湖帆藏品如此丰富的藏家，亦需要像叶恭绰这样的"文化闻人"相帮衬，从而提高藏品的身价。

叶恭绰对自己的鉴赏水平有这样的评述，他说："余从事（书画鉴赏）六十载，犹多未到之处，仅十得七八耳。奉天李文石看书画，一展而知何人所作，一座皆惊。余于书法解之，明清两代画则未敢自诩也，然缘书证画，固亦一法。"叶恭绰的这段自我评价，还是符合他个人实际的，"以书证画"也是其他鉴定所常采用的方法。

且举几例来看叶恭绰对所藏古书法的品鉴。

唐　褚遂良《大字阴符经》真迹书影（叶恭绰题签）

唐褚遂良（款）《大字阴符经》。册页装，分上、中、下三篇，九十六行，四百六十一字，末题："起居郎臣遂良奉敕书。"此书久负盛名，书体特异，线条粗细变化丰富，提按顿挫随笔势而书，张弛有度，流传甚广。帖中有"建业文房之印""河东转运使印""邵叶文房之印"，册末有宋人邵周、王镕、苏耆、扬无咎及明清人夏厚吉、施闰章、姜宸英等人的题跋或观款。此册清末为曾任陕西学政的嘉兴人沈卫（1862—1945）所得，后由陶湘中

介转售与叶恭绰。叶获得后，题
签"唐褚遂良写大字阴符经真
迹"，请沈尹默作题，题语有云：
"公超先生持送见示，附来一笺
述遐翁意欲余跋尾，因得留值斋
中，审谛展玩，获益实多，此生
为不虚矣。欢喜赞叹而为题记。
三十六年十一月廿三日于沪东寓
斋吴兴沈尹默。"

唐　褚遂良《大字阴符经》真迹内页

　　1949年，叶氏又将其转赠
其侄子叶公超。公超卒后，其后
人将其寄存于美国堪萨斯的纳尔
逊·阿特金森博物馆，现又转归旧金山亚洲艺术博物馆收藏。册上钤有
叶恭绰收藏印"第一希有"及"番禺叶公超所藏"二印。

　　对此帖的真伪历来有争议。叶恭绰、沈尹默认为是真迹，启功、
徐无闻等则认为是伪作。台湾学者李郁周认为古人题跋题识皆伪，今
也有人认为："观纸张及纸张的纹理，唐本无疑。""应是出于晚唐写
经生中高手所为。"诸鉴藏印亦皆伪，或是晚明人所钤。书法伪作也
有它的艺术价值，故直到今天人们还在临学它。

　　米芾《虹县诗帖》和《多景楼诗帖》。《虹县诗帖》为景朴孙所赠。
在乾隆之前，《虹县诗帖》的流传没有著录。乾隆末藏于英和家，至清
末，由英和的后人出售，为景朴孙所得。民国十三年（1924），景朴孙
拟将所藏书画出售，叶恭绰和冯恕想合购其所藏宋元名迹多件，因议
价未妥而没有谈成。后来，袁励
准询问叶恭绰是否下了决心要购
诸品，其中就有《宋文潞公手札
卷》。此卷本是广东收藏家的旧
藏，后归端方，再后归景朴孙。
事成后，袁氏对景朴孙说，此事

米芾《虹县诗帖》（局部）

叶恭绰为《虹县诗帖》题跋

非叶恭绰不能成功，建议景朴孙以《虹县诗帖》赠叶恭绰，以示酬谢。1936年，此帖又由叶恭绰手中流出，为周湘云所得。

叶恭绰得米芾《多景楼诗帖》多年后，曾游览多景楼故址，写了一首诗："鼠璞王羊一笑中，叶公终自豢真龙。伤心第一江山景，兜率华胥可再逢。"诗后有题记说："北宋米芾《多景楼诗帖》册。（纸本）帖经秦桧及熺旧藏，可与《天水冰山录》中物同视。书法劲秀而不犷，大三寸许，与《虹县诗帖》相仿。余得此已二十余载。闻邵某家亦有此帖，且诋余者为伪，余求得其摄影对勘，则笔势塞乱，迥非一手。曾因游多景楼故址为诗辨之，有叶公真龙语，以邵某曾以叶公之龙见诮也。"邵某即常熟收藏家邵松年之子邵福瀛（海父），叶恭绰对邵氏评论他为"叶公好龙"颇耿耿于怀。

邵氏所藏米芾《多景楼诗帖》归吴湖帆。吴湖帆还以米氏多景楼诗境写了北固山风貌，一则题跋说："米南宫《多景楼诗》真迹。《梁永阳昭王敬太妃双志》和孤本又宋刻《梅花喜神谱》，元吴仲圭《渔父图卷》真迹，为吴湖帆所藏文物四宝。"足见吴湖帆对此帖的珍重。

叶藏本和吴藏本米芾《多景楼诗帖》上的鉴藏印和所钤的位置相同，宋人何执中、平显二跋也相同，墨色、纸质都相近，几乎无法辨别其真伪。类似这种情况，鉴定界称为"双胞案"。要深入鉴别其真伪，鉴定家常常要在这件书画的流传历史上做文章，行话所谓"流传有绪"。

吴湖帆在一则题跋中讲了此图的流传经过。北宋崇宁元年

（1102）何执中跋为米芾作，入南宋为秦桧、秦熺、秦埙祖孙三代递藏，明代为黔宁王子沐素轩所得，清代经曹溶、梁清标、安岐、弘历、永瑆等人收藏，吴湖帆跋语中有"清代为常熟邵志斋大丈所得"，此邵志斋即叶恭绰题跋中所说的"邵氏"，邵志斋号渔父，他在题跋中谈到吴荣光在《辛丑消夏录》记："非一卷也，此亦（知）别有一本，都中人士大抵见之，所谓叶翁之龙也。"此跋语中"别有一本"即叶恭绰藏本，邵氏跋语中有"所谓叶公之龙也"，故叶氏题诗中有以"叶公终自豢真龙"做回应。

《多景楼诗帖》由邵氏转归吴湖帆收藏后，叶恭绰得观赏此本，并写了一段跋语云："米氏此书与《虹县诗》同称剧迹，曩藏虞山邵氏，今归湖帆，可称得所，《虹县诗》则在周湘云所，与《向太后挽词》并峙。近日佳书画颇聚沪滨，亦时局使然也。"叶恭绰在跋语中未提及自藏之米芾《多景楼诗帖》。周湘云所藏米芾《向太后挽词》亦为景朴孙旧藏后由袁励准所得，再归周湘云收藏。

宋人李结《西塞渔社图》。此图上有"大风堂珍藏印"，原为张大千所藏，后归顾洛阜，现藏于纽约大都会艺术博物馆。李结，名次山，为官清廉，久怀隐退之志，要在霅溪边筑一渔社，安度晚年，遂以张志和的"西塞山前白鹭飞"词意作此图。但李结清贫想筑也不能宏壮，他与朋友说要盖也只能粗盖一下，以娱暮年；要盖一座像样的渔庄，只好等河清之时，朋友遂笑他，说这渔社只不过是"画饼充饥"。此《西塞渔社图》其实也只是李结纸上的理想而已。

李结同时代的友人都为这一理想之居所吸引，范成大、洪迈、周必大、王蔺、赵雄、阎苍舒、尤袤等七人作了题跋。第十二次即为叶恭绰作题，他被此图表现的意境所吸引，还是在张大千收藏时，写了两则题跋，说："此图重以诸名贤题识益增声价，余中年后卜居无地，屡欲于吴越间为小筑，均未遂，读此增慨，因题二绝以念大千。"诗云："青卞何缘赋隐居（余祖籍湖州），石林旧址感凋疏。买山问舍都无计，白首沉吟展此图。""艺事精深俨作家，能回光景到桑麻。不须怅忆春莺啭，一卷还珍蝶恋花。"

宋　李结《西塞渔社图》（局部）

　　《西塞渔社图》无画家款识，主要依据是范成大的长跋。范成大为绍兴二十四年（1154）进士，到安徽歙县做官时，李结"主簿休宁"，两地相去不远。这时范成大有"宦情便簿，日思故林"的感慨，李结亦有同感。十年后，范成大退居故里，卜居石湖，李结为昆山主宰，亦表示将在云间经营居所，又二十年，"始以渔社图来"，请范成大作跋。范氏在题中未讲李结作画的事。后人将《西塞渔社图》定为李结所作，即以范氏此跋为依据。而董其昌的题跋则说："王晋卿山水，米海岳谓其设色似普陀岩，得李大将军法，余有《梦游瀛山图》，与此卷相类，宋元名公题赏尤夥，可宝也。"叶恭绰另一题跋也说："董思翁一跋乃图为王作之证，旧装于画幅后，极有意义，有骑缝印可以为据，不知梁蕉林何以改装于诸跋之后，岂以时代之故耶？不知宋代诸跋未言及王画，乃一漏洞。董题适在隔水，固不宜移之后幅，亦千虑之一失矣。"

　　2017年夏，笔者在纽约大都会艺术博物馆得观此图。此图为工

笔青绿山水，图的上半部是山
林，不见天际，右为渔社，中
间有一小溪相隔，中以小桥相
连。图的下部为主流，杂树相
间，莲叶栩栩，图的右边有一
小船，船家摇楫，有一高士观
景。叶恭绰为此情景触动，故
写了题跋，从董其昌之说：此
图为王晋卿所作。

　　读了以上诸图的题跋，我
们可知叶恭绰鉴定书画时的确
是很用功夫，言之有据、有
理，并不是随波逐流，这也正
是他的可贵之处。以今天对书
画鉴定的条件和眼光来看，叶
恭绰当时的鉴定意见有所失
当，也是可以理解的。很清
楚，此图为"招隐"之作。中

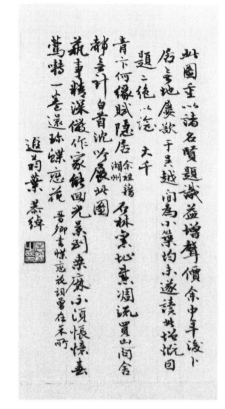

叶恭绰为《西塞渔社图》题跋

国知识分子的传统精神"有道则仕，无道则隐"，也都是举着"招隐"
的牌子，或作诗词，或作绘画，明目张胆地宣传自己的主张。这样
"招隐图"在绘画史上多有所见。如王维的《辋川图》、李公麟的《龙
眠山庄图》应该都是"招隐"的画作。赵令穰所绘的《湖庄清夏图》
（现为美国波士顿博物馆藏），可以说是图、题俱全的"招隐图"。标榜
自己隐居园林，享受"隐"的生活。在他们的实际生活中并不一定有
真实的园林所在，只是作图来倾诉这种生活的理想。叶恭绰当年恳请
吴湖帆画《凤池精舍图》，除了纪念祖上所居，也包含着"招隐"的意
思。在他为李结所绘《西塞渔社图》所作的题跋，更明确表达了他的
隐居想法。

　　《四朝宸翰》卷。此卷为南宋高宗、孝宗、光宗、宁宗四位皇帝

叶恭绰为《四朝宸翰》卷尾题跋

的书卷，有翁方纲对题，王禔引首"奎章睿藻"。此卷为清末广东收藏家伍元惠、潘延龄旧藏，后归古董商人程琦收藏，并携往日本。潘仕成曾刻入《海山仙馆藏真》。此卷最后落入日本藤井有邻馆，2017年出现于拍卖市场。卷尾有叶恭绰题跋：

　　此南宋御书扇面，向为吾粤潘伍诸家所藏。第一幅乃德寿宫暮年笔，已臻浑穆之境，最精采为第三幅，依余所考，盖宁宗所书，非光宗笔也。德化蔡氏藏宋宁宗己未所书扇面"浅沙平有路，流水漫无声"十字，笔法韵味，以至尺寸，悉与此同，可以为证。又粤东何氏田溪书屋所藏南宋御书扇面，有"潮声当画起，山翠近南深"十字一扇，亦同为宁宗作品，且亦曾经潘氏收藏，是否与此四扇由合而分，无从悬断，如能为延津之合，亦佳事也。中华民国廿五年秋日，番禺叶恭绰获观因题。

　　叶恭绰称赞的第三幅即"蓼岸飞寒蝶，汀沙戏水禽"，翁方纲题"此盖光宗手书也"，他认为此幅"非光宗笔也"，为宁宗所书。徐邦达在《宋四朝宸翰集锦卷》一文中评论说："我现在姑将它附入理宗名下。"鉴定，特别是古代书画鉴定，常常是见仁见智，有的可能要成为历史悬案，永久地争论下去。

　　赵孟頫山水三段卷。此卷原为吴湖帆收藏，今藏于上海博物馆。本卷共四段，山水三段，第一段后有"赵孟頫"印记。第四段为管道昇所画墨竹，有印记，但不是管氏手笔。山水三段为《秋林远岫图》《江岸乔柯图》《江深草阁图》。第三段《江深草阁图》有龚开半印。吴湖帆初跋此三段山水为赵仲穆作，再跋又说："此第三幅初以为出仲穆作，细审笔法，定为亦雪松画，非仲穆能到。"张大千题："此幅为松雪翁师北苑之作，非仲穆所为者。"叶恭绰题曰："吴兴书画雄秀天真，继宋开元，其价不待再论，此卷仍其本色。窃谓第三幅虽气象小异，然笔墨如出一手，仅前二幅较流丽耳，或者第三幅为晚年笔，故显老健，亦未可知。仲穆虽早慧，与龚圣与年辈略相悬，似未必珍藏所作。质之湖帆，以为何？"在张大千、吴湖帆这样的鉴定大家面前，叶恭绰亦能持独立见解，不随波逐流，其鉴定风范也是颇可贵的。此三段图，今定为元人作，非赵孟𫖯或其子赵雍（仲穆）之作；亦有研究者认为是王蒙之作。

十、相知相惜的吴湖帆

《凤池精舍图》是吴湖帆为叶恭绰画的怀乡之作，历时数年方告完成。图成后，叶恭绰作了长题，其中有句云："冀后之得此者珍视此卷，知吾与湖帆交非恒泛，且画笔迥出时流耳。"表明他和吴湖帆非是泛泛的交游，是长久而广泛，从艺术到生活各个领域中都有着广泛的交游。他们的友情在彼此藏品的题跋、日记、信札中都有记载，多为文字之交。

吴湖帆原居苏州，1924 年迁居上海。叶恭绰 1928 年结束了二十多年的宦海生涯，南下上海隐居。此时叶恭绰年四十八岁，两人开始交往。两人的年纪虽然相差十三岁，但不妨成为相知相惜的至交。从 1928 年秋天初识，中间经历了几个时代的变迁，到 1968 年 7 月至 8 月，先后一个月时间里，两人相继去世。虽不是同年同月生，却是同年同月死，可以说是中国知识分子的君子之交的典范。

叶恭绰和吴湖帆都是官宦世家兼收藏家的子弟，少年时代即受家庭影响，沐浴在中国传统文化的氛围中，底蕴深厚，在古籍、诗词、书画鉴赏方面都打下了良好基础，好染墨翰，气息相通。吴对叶以丈人辈尊之，或者直称"遐庵姻丈"，自称"小侄"。这不是一般称呼，其中因缘，要从他们的先辈说起。吴湖帆的祖父吴大澂于光绪十二年（1886）至光绪十四年（1888）任广东巡抚，此时叶恭绰的祖父叶衍兰已辞官回乡，主讲越华书院，两人此时应该有些交往。再者叶恭绰的嗣父叶佩玱中举之后，由山东巡抚张曜把他调至山东治水。张曜是吴大澂的密友，这其中究竟有什么关系，现在都无法查考。再有中国传统文化中亲友间盘根错节，节节相连。叶恭绰的生母为俞氏，吴湖帆的曾外祖母亦姓俞；叶恭绰有一妾为潘氏，和苏州潘家又有什么关系？这诸多线索虽无法查证，但吴湖帆称叶为"遐庵姻丈"，或是有所根据，但又终究是一个难解之谜。最实际的还是从叶恭绰和吴湖帆的信札中，来探索他们之间的关系。

《叶恭绰致吴湖帆尺牍》现藏于上海图书馆，经该馆研究员梁颖整理，辑录信札、诗笺一百八十五通，装订成两册，吴湖帆签署曰"积玉集"，题"叶玉甫先生手札附诗笺"，册后有沈尹默题记："昔日金文今叶吴，从来翰墨总关渠。风流未觉前贤远，异代同珍积玉书。湖帆尊兄集玉甫先生尺牍成册，依文衡山、金元玉故事，亦名之曰'积玉'，属尹默书之，实艺林佳话也。因题一绝奉教。"所署时间为1936年。其实，这两册信札的前后秩序比较凌乱，且信札多未署年月，无从判断信札的准确日期。叶恭绰在信札中，与吴湖帆几乎无话不谈，涉及内容极其广泛，有书画、碑帖、古籍、古董鉴赏及交易，笔墨纸砚，身体和精神状况，问讯友人消息，还有两人之间的经济往来等。因为这些信札都是他们私人之间的往来，其中有许多是叶恭绰对吴湖帆的真情流露，从前文引用的叶致吴的一些信札中，可看到叶恭绰的另外一面。

叶恭绰在为吴湖帆《佞宋词痕》作序时即说："嗣于一九二八年秋南下居沪，始识吴君湖帆。"叶、吴相识后的交往，见之于文字的有 1929 年，吴湖帆为叶恭绰校刊《淮海集》所作的题跋。第一届全国美术展览会也是在这一年开始做筹备工作的，叶恭绰、吴湖帆都参加了筹备，他们经常在一起开会商讨展览事务，挑选作品，接触频繁，交往也就多了起来。

在叶、吴所处的时代，收藏家的交往都是开放的，常在诗酒之际相聚，各自携带新近收藏或珍品，向朋友出示，观者无忌，发表各自批评的意见。或者约三五好友去朋友家，赏鉴其藏品。每有这样的际会，叶、吴总是同行，或者一起去书画市场，彼此为购进的书画发表意见，叶、吴两人的相往也就更加频繁了。1933 年 1 月，吴湖帆的日记中就记下数则：

十一日，午，叶誉虎、梁众异来，同至中国通艺馆。

十二日，叶遐庵招饮于觉林，同座者宗丈子戴、邓丈孝先、夏丈剑丞、梁众异、黄公渚二兄、姚虞琴先生也。

十五日，叶誉虎、何亚农、陈淮生、张大千来，假大千董香光《仿荆关山水》，临一角。

十九日，访叶遐庵，观黄山谷书卷，有吴文定、李西涯两跋，隔水绫有王觉斯一跋，极佳，惜前半失去耳。

廿六日，叶遐庵丈来，携北平友人取来旧纸颜料，为之检择，皆属常品，无出色者。

在叶、吴的往来中，多为叶走动看望吴的机会较多。而对古代书画的题跋则相反，吴湖帆请叶恭绰写跋语的较多，且多为吴湖帆收藏中的珍惜之品。

一是宋刻《梅花喜神谱》，一是雷峰塔所藏《一切如来心秘密全身舍利宝箧印院罗尼经》(简称《宝箧印经》)，这两件珍贵文物都是吴湖帆早期藏品。前者为潘静淑三十岁生日时，岁逢辛酉，与宋景定刻《梅花喜神谱》干支相合，其父潘祖年即以家藏《梅花喜神谱》二册相赠，吴湖帆遂额其室为"梅景书屋"，使其成为梅景书屋的镇宅

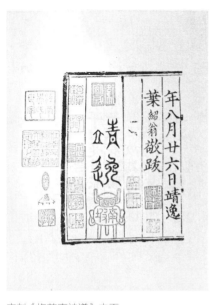
宋刻《梅花喜神谱》内页

之宝。叶恭绰题了调寄《疏影》长调:"香南雪北。尽化身亿万,声影非隔。月地重寻,天水遗珍,雕琼自涌虚白。迦陵永劫同心护,禁几度、罗浮轻谪。只素娥、笑证前因,称付玉苔双翻。　休问枝头幻否,未开那有谢,行解深密。彻骨奇寒,殢梦疏香,揽镜由来无物。相看一段西来意,好折讯、圣湖残客。漫等闲,忘了冬深,把卷恨萦羌笛。调寄《疏影》。湖帆仁兄世大人暨静淑夫人以所藏宋椠《梅花喜神谱》索题,偶有所感因赋。叶恭绰。"

《宝箧印经》为五代时吴越国秘藏千年的经卷。1925年,吴湖帆以五百元银洋从杭州陈曾寿手中购得,引为至宝,请陈巨来刻"双修阁"收藏朱文印两方,取佛家"福慧双修"语意。后来吴湖帆请叶恭绰作了长题,其中有句云:"此经未入各藏,不知所据何本。他处亦从未见之也。"又云:"此刻本手工精湛,与开宝大字藏相类,而此小字,尤为难得。敦煌所出沙州刊版各经咒约与此同时,但粗率殊甚,较此有珉玉之别。"叶恭绰经眼过许多敦煌经卷,故有鉴别比较的意见。吴湖帆以家藏《商王之母黎方尊》易得黄公望《富春山居图》残卷——《剩山图》,视之如生命,在包首题签称之为"画苑墨皇,元黄子久《富春山居图》真迹。烬余残本"。潘静淑题为"吾家梅景书屋所藏第一名迹"。叶恭绰先是看了此图的摄影,题为"焜耀古今剧迹",后来看了《剩山图》原作,再题:"一卷重开历劫前,眼明惊见旧山川。情尘不障三千界,画派能追五百年。定论漫教真宰诉,微生傥借画人传。秋山石壁从渠较,洗髓应知骨已仙。

湖帆得此卷后，摄影见寄，因为前跋。今秋来沪，始见真面，如睹天人瑞相，非野狐所能妄拟。风雨如晦，吾辈犹得于颠顿之余，有此赏析之乐，可胜厚幸。书此以志欣慨。民国三十一年一月，遐庵叶恭绰。"就今日所见，吴湖帆收藏的书画中，有许多都留下了叶恭绰的题跋。

同样，叶恭绰有了珍贵的藏品，也请吴湖帆题跋。叶氏藏有谢时臣《金阊佳丽图》，是一件写实作品，写苏州巷间之事，原为吴平收藏，对画中建筑之位置、民俗及风物都做了考证，叶氏收藏以作文献参考。用周邦彦韵题了《西河》词，首句即是"佳丽地，金阊旧事还记"，想象图中的情景。后半阕就直接写自己的感受和经历了，词云："我曾载酒问旧事，只逡巡穷巷芳里。蔓草不愁人世，剩丹青缀饰繁华，犹对城郭娉婷，垂杨里。"表达了他对苏州往日繁华的眷恋之情。

叶恭绰藏有项圣谟临本《五牛图》，其在《遐庵清秘录》中对项氏旧本亦有记载，对此卷的高、阔及五牛嚼木、昂首、正面向前行、回首向后、戴红络头的姿态都有详细描述。韩滉（723—787），历经玄宗至德宗四朝，从地方官做到宰相，《五牛图》是他官居宰相时期的作品。《五牛图》问世之后，一直藏于宋内府。宋亡后为赵伯昂收藏，赵孟頫在田师孟家中看到此图，即向赵伯昂打听，赵伯昂即将此图送给赵孟頫。赵孟頫有长题记录得到此图的经过。赵孟頫暮年为太子侍读，在御书房看到太子将《五牛图》赏赐给广东行政长官唐古台，百感交集，亦可能是赵孟頫将此图献给太子的。1751 年，乾隆南巡，扬州大盐商汪学山将《五牛图》献给乾隆，后即一直藏于内宫。1900 年八国联军洗劫紫禁城，《五牛图》被劫流出宫外，被商人吴蘅孙购得。1950 年，吴氏在香港面临破产，决定出售《五牛图》。周恩来得知即命文化部派专家赴港，以六万港币购回，后入藏故宫博物院。

1936 年正月，吴湖帆借叶恭绰藏项圣谟临本画了《五牛图》，题云："唐韩晋公《五牛图》，丙子正月。吴湖帆手临。"又题："唐韩滉

叶恭绰收藏的项圣谟临韩滉《五牛图》

韩滉原本久在清宫庚子之乱为皖人吴纫陵以贱值得之余曾获观吴氏所藏书画仅此但尔甚加宝爱也项氏此临本固不及原作之古厚然意致尚能仿佛盖非易事孔彰子山水花鸟均致力甚深乃于走兽亦臻斯诣可谓多能余在沪购此价尚日印于吴氏所购韩本足徵癖嗜矣民国二十五年秋日遥盦叶恭绰记

韩画尺寸较小但尔为师本同笔颇拙

叶恭绰收藏的项圣谟临韩滉
《五牛图》卷后题跋

《五牛图》真迹旧藏内府，光绪庚子役，为夷兵所获，售于同郡吴氏，明项易庵有一临本，今藏番禺叶氏，余得寓目，因假摹一本云。丑簃识于梅景书屋。"看来吴湖帆并没有看到韩滉《五牛图》真迹，而是根据项圣谟的临本再临摹。叶恭绰题于民国二十五年秋日，此年为丙子年（1936），而吴湖帆临于1936年正月，看来叶氏对此图尚未题跋。究其原因，叶恭绰初得此卷，因破损太甚，即送到吴湖帆处，请刘定之重新装裱，"项卷送至，乞属定之整治"，故叶致吴的信中有此一说，吴借此机会，临摹一卷，叶氏题跋当是经刘定之整治完工之后。

吴湖帆临摹古画中的动物，除了项圣谟临的《五牛图》，还有临摹赵氏三代子昂、仲穆及彦徵画马图卷，题曰："乙亥（1935）九秋，假蒋氏密韵楼藏赵氏三世画马卷对临一本，并记。原题款识于后，王蒙等跋亦录入云。"叶恭绰为此卷写了引首"赵氏三代画马，湖帆临

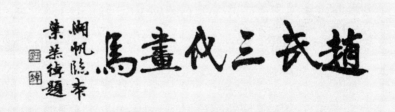

叶恭绰题"赵氏三代画马"

本。叶恭绰题"。吴湖帆的夫人潘静淑去世，对其遗作《绿遍池塘草》，叶恭绰题调寄《卜算子》："半偈世缘空，永恨家山绕。梅景凄清似隔年，短梦随春老。调苦曲难终，泪浥香盈抱。莫问他生与此生，绿遍池塘草。"

吴湖帆对叶恭绰以丈人辈尊之，叶恭绰对吴湖帆除了在书画、鉴赏方面投以敬佩之意，也常常以长者的身份，在生活、精神上对吴湖帆寄以关怀和爱护。叶恭绰是梅景书屋的座上客，每隔三五日即登门常谈，"今日扶病奉谒，因欲面商一事，值高卧未敢惊寐，故以函达"。类似这种造访不遇，即顺便写上一封信致以慰问。

1935 年，吴湖帆因家事、经济都处于窘境，遂写信向叶恭绰求教，请其指点。叶在回信中说"得书数日，以精神困备不能作答"，虽然如此，他还是给吴写了一封长信，说"今日四海困穷，已至穷奇浑混，倒行逆施之会，何处容吾辈生活"，但"终不能束手待毙，则惟有择其所可者而勉强从事"。他们的朋友中有人去大学教书，依靠薪金维持生活，吴湖帆也未尝不可这样做，但叶恭绰说："但公之情况，恐非一百八十之月廪所能敷衍，且亦未必能坐拥皋比，则此路又复不通。如仅恃丁薪，岂成长策？"必须"节省支出以图持久"。因此，他向吴湖帆建议一是将房产一律

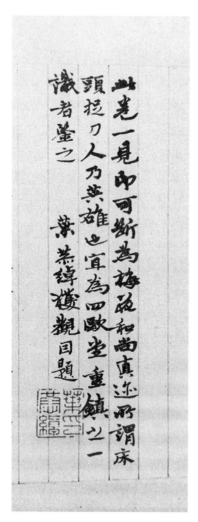

叶恭绰为吴湖帆藏《吴镇山水卷》题跋

售去，"古物多出少入"；二是"迁回苏地（其实无居沪之必要），额支至少可省一半"；三是世俗应酬，"可省则省之，不必问习俗如何"；四是吴湖帆为鸦片瘾君子，叶则建议"痛予涮涤，度亦非至难事"。叶恭绰在信中告诫吴湖帆："前途荆棘可想而知，失今不图，悔益无极。"叶恭绰的建议可谓真人快语，但他怕引起吴湖帆的误解，信中又说："辱相知久，不能说谎，又素好贡其戆直，故此怄缕，即不谓然，度亦不致怪责也。"在这封长信的结尾，叶恭绰写道："鄙意以迁吴较可持久，非谓从此不图进展，不过宜谋进可以战，退可以守耳，勿误会。"吴湖帆当然不会听从叶恭绰的建议而行事。

吴湖帆胃纳不佳，经常发胀吐酸水，叶恭绰亦甚关心，把自己的养胃经验告诉吴，服陈皮、白芍或旧普洱茶亦甚有效，饵沙仁、豆蔻亦有效，须从养肝及胆入手，治胃无用。对治疗胃酸，叶恭绰在信中说，依弟之经验，则治理尚极难。第一须慎选食物，万不可任意偏嗜，凡寒滞及易发酵之物，一概戒绝，每饭宜食陈米、炒米及煎炒小菜，内皆加姜汁，以及陈皮、洋山芋、白薯等宜切戒，豆芽宜戒，花生少食，甜橙等少食，凡水果宜熟食。清茶切戒，能不饮茶最好，否则以炒米炒麦代茶。食青菜必加姜，面包勿多食。此外做柔软运动，戒气恼亦极要。平常每日推拿亦有用，手指不灵不可听之，须多摩擦屈伸，总之多劳力少劳心。叶恭绰在信中还谆谆告诫："吾人不可自视太高，然亦不可太低。五百年名世挺生，千万人翘然独出，皆非易事，如此倏忽，殊有对不起天地父母之感。"

看来，叶恭绰对自然、政治、人生都能运用自如。他为人处世的原则一是向来敬业，二略能排解，三遇事退一步想，且打穿后壁，照理他不应该再有烦恼了。其实不然，他遇到的麻烦似乎比吴湖帆和同侪更多一些。诸多烦恼，在他给吴湖帆的信中屡屡可见，不无感慨。友人王秋湄逝世，使他伤怀，致信吴湖帆："年来故交之去如风扫叶，此亦四序相推必然之理，曹子恒所云'既伤逝者，行自念也'。因此万念皆灰，待尽视息。"信中又说："平生流转孽海，无一日不在悲苦中，一切思之烂熟。前谈售物事，不专为愚打算，亦冀兄有所警悟也。兄秘藏过我，将来作何安顿？虚斋毫而因循，恐成天籁之劫。（宣）古愚、（刘）翰臣前车可鉴，如何如何。"

谈到家事，他给吴湖帆的信中说："人生眷属聚合本系因缘，缘尽则离。所谓缘者，本兼善恶恩怨，儒家以齐家为要道，故希望父慈子孝、兄友弟恭，造成和美之家庭。此自有其理，然事实能办到者有几？加以思想潮流之激荡，经济环境之诱逼，处今之世，已决无理想家庭之可言。"谈到自己的经历，他很伤感，说："愚三十年来视家居如旅舍（本来亦旅舍耳），故一切尚勉能忍受，第心绪恶劣，已难言宣。窃谓世局如斯，只求身心稍为安乐，他可不必认真。至于财产，乃至嗜好收藏，皆身外物，付之行云流水耳。"他一妻三妾，况又与妻不和，家事纠纷，心情郁结肯定在所难免。

十一、向张葱玉逼债购画

上海博物馆藏叶恭绰友朋信札，笔者曾见到蒋祖诒致叶恭绰信一通，是用乾隆年仿明代纸写的，信中谈到叶恭绰购买张葱玉所藏书画事，云：

葱玉事过期已久，曾来商谈数次，诒曾告是以速了为上，张氏兄弟叔侄性皆迟延，无决断力，其家失败，未必不因此也。丈能以半数取物，当代其他处筹款以了之，事半功倍，易于着手也。渠所藏字画外，更无他物，若令其开单，恐佳品未必列入，不如丈指名取之，价格方面，诒当其从实而行。鄙见如何，请示进止。

可能是蒋祖诒把叶恭绰开单的要求告知张葱玉，张果然开一要售的书画目录。蒋祖诒接到目录后，再致信叶恭绰说：

昨得示，谨悉尊旨。项葱玉来，开单送上，内元明古德、静春堂、四相卷三件尚在情理中，余则价似不值也，雪斋竹要万元，不能谈。古玉，渠处无之，其家叔伯间猜忌颇深，叔驯用伯款甚多，他日以不了了之耳……单中须看者请示知。

张葱玉开出所拟售之书画目录及标价：

元文宗《永怀拓本卷》二千元,《元明古德册》二千四百元,《静春堂题咏双卷》二千四百元, 刘贯道《人物卷》

蒋祖诒致叶恭绰信谈购张珩藏书画事

二千元, 赵大年卷四千元,《四象图卷》二千四百元, 王孤云《揭钵图卷》二千元,《宋人题跋卷》四千元, 宋吴允文《诗卷》二千元, 刘元《梦苏小图卷》二千元, 欧阳圭斋《杨公墓铭卷》二千元,《元明善诗卷》一千元。

蒋祖诒，又名縠孙，号显堂，又号岘翁，是藏书家蒋汝藻之子，与张葱玉同为浙江南浔人。蒋汝藻，字孟苹，是张家的亲戚，蒋汝藻的姐姐（縠孙姑母）蒋汝芝嫁张家东号张弁群（增熙），张葱玉为张家西号。蒋汝藻为藏书世家，到他这一代藏宋版书八十八部，曾以两千银元买了周密《草窗韵语》，随将祖传藏书楼"传书堂"改名"密韵楼"，蒋祖诒后来沿用之。蒋縠孙和张葱玉是同乡、姻亲，又是童年朋友，两人经常结伴访画、寻书、交易、游乐。

蒋祖诒信中谈到的张叔驯（乃骥）是张葱玉的七叔，是钱币收藏大家，世有"南张（叔驯）北方（地山）巴蜀罗（伯昭）"之称。

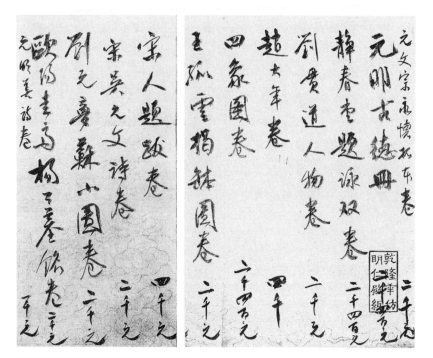

蒋祖诒为叶恭绰开的购张珩藏书画目录

1938 年，张叔驯全家移民美国，张葱玉 1938 年 6 月 14 日的《日记》有这样一段记载："七叔以宋人《睢阳五老图题跋册》、梵隆《白描罗汉卷》《唐人草书写经卷》、文徵明《寒林钟馗卷》、文嘉《山水轴》、文伯仁《云山待隐轴》、陈沂《山水轴》、石溪《山水轴》、卞文瑜《山水轴》、罗两峰《佛像轴》，汤雨生、瞿木夫合作《竹石轴》，抵予旧欠万元。"

　　张葱玉和张叔驯的确有过一笔旧债，但已经结算清了，即使还有其他债务，此时也都不了了之。但是蒋祖诒致叶恭绰信，谈到购买书画事，似乎也是因债务引起的，张葱玉欠了叶恭绰的债，叶向张讨债也是想以画相抵。但只凭蒋祖诒的这两封信，还无法证明笔者的猜想。

　　叶恭绰在给吴湖帆的信中，亦提到张葱玉提供抵债的书画目录，信中说："弟并非以放款为业之人，亦向不营谋人之藏物，此事因兄说及，故姑且从事。其实弟并无此余款，可不待还也。时局如斯，身边不能一无现金，故极望此次能收得若干，此系弟之内容，并无对人意味，自亦无所谓苛迫，弟深企兄助弟能解此困难耳。"信中又说："月前因闻葱玉近况，不得已想出两全之法，希望其归还一半，在弟已甚竭力。如不能办到，则只可另商。再：渠拟出让之品，可否请其先示一单（望多写几种，亦不限于在弟处者，且不必限于书画也）。因或有友人可要，则一举可以两得也。"

可能是对叶恭绰的一些要求，张葱玉感到无法接受，一时没做回答，叶恭绰致吴湖帆信，说："葱玉处未知有无复音？弟意最低限数将《元明古德册》作为抵付欠息，余再商议，免得牵丝攀藤。望洽，但不必明告前途也。"信中的"前途"，应该是他们在信中对张葱玉的代称。

蒋祖诒将葱玉藏品的第一批送去之后，应叶恭绰的要求，又送去第二批藏品。由于这两批藏品不中叶恭绰之意，债务之事还无法了结，叶恭绰致信吴湖帆，一方面对自己的做法做了解释，也想请吴湖帆从中说项。他在信中说："葱玉之件迄未告一段落，日前榖孙来取，续后送阅一批物件，弟已还之，但留《古德》书札一册，名为留阅。兄前此曾有以此件作为清结欠息而另行转期之说，弟并无异议。但前途乞不履行，此册作价千金以外，已为不廉。如前途不愿，则请另定一办法，或先（以现金）还息款，或刻日清还本息，或如何抵还本息，均无不可，总期有一结束。须知种种提高皆系弟不愿执行契约，如照原据文字，此刻本无须有何商榷也。幸共明鄙意为荷。此上湖兄。"

张、叶之间的债务终于了结。叶又致信吴说："葱玉事兹附上一帐，为计算根据。事已至此，弟决无苛求之意，不过弟向不会做生意，故购件有入无出，非目下经济状况所许，不知兄与榖老有无妙计，可以双方顾全？（是弟欲收得现金若干，此现金不定，望前途自出，或有转换之策最好。）"这封信说明叶恭绰购进张葱玉那些书画，共计多少价钱都已经谈清楚了。但叶恭绰此时需要的不是书画，而是现金，这些书画如何转换成现金，请吴湖帆、蒋毂孙帮助想办法。同时他又希望张葱玉能根据这些书画议定的价钱，转换成现金付他，能付多少，由张葱玉自己定。

张葱玉对叶恭绰的不停讨债颇有不满，传言到叶恭绰耳边，叶又致信吴湖帆，说："弟非放款为生，亦非钱多为患，更无巧偷豪夺之意。不知葱玉何以必昵就市侩，甘受其抑勒，殊所不解。"可能是因叶恭绰提出的条件过于苛求，才使张葱玉求助于书画商人。

可以从前述诸信的内容猜测，张葱玉对叶恭绰以画抵债的行为有些不满，故对叶恭绰购其藏品的要求，暂不作答，拟通过书画商出售，但书画商狠狠杀价，使张葱玉再转求叶恭绰，遂打电话给叶恭绰。叶将此事写信给吴湖帆，说："昨晚葱玉电话述及某之冥顽，同深发指，今而后知钱是好东西也。葱玉云一切已托兄办理，弟明晨八时即上船，今日希望一切办妥交弟为荷。"

1936 年 7 月，叶恭绰赴青岛参加全国图书馆协会及博物馆协会联合年会。在会议期间，心中仍然惦记着张葱玉的书画。前事以画抵债虽然尚未结束，但他还想购进张葱玉的更多收藏，写信给吴湖帆，希望吴湖帆从中撮合，说他新近出售了天津地产，可以挪用买画，此事进行要快，否则卖地款要别用了。叶恭绰要买张葱玉的哪些藏品呢？他在致吴湖帆的信中提出所要购书画目录，说："至各件以'九友'易项、董及《化度》，当无不可。不知《郁台》六段卷可否易以宋元明大德（各高僧）手翰？如此则一李息斋、二《妙严寺》、三元四家、四大德手翰、五'九友'轴，其他条件均易商榷。兄或者径函葱玉详述一切，抑由兄面商葱玉，均候裁酌。弟不甚愿捐客经手，徒长刁风。如兄认为非此不可，亦不坚持。其实友好间何事不可面议耶！"

在另一封致吴湖帆信中，叶恭绰写道："画中九友前途前后来九件，尚缺其一（梅村、龙友、尔唯、僧弥、孟阳、檀园、烟客、润甫、香光）。葱玉前曾云廉州付裱未竣，当以他廉州充之，大约行程匆遽忘之耳，附闻以资接洽。顷承电示，李息斋及四像均在尊处，弟思不如归沪后再取，故未来迎。"另一封信说"所居背山面海，尚能静养，然惊弦喘月，心绪可知"，并表示"一时未必他往，望来信稍慰寂寥为幸"。此时，张葱玉亦在青岛，他们在海滩上不期而遇，叶恭绰在给吴湖帆的信中谈到此事，说："在海岸曾见葱玉，未谈话。"他又给张葱玉写信，葱玉不做回答。叶又给吴写信，说："葱玉处前日去一函，亦无回音，不知以弟为何如人，有何善法。"叶恭绰想让吴湖帆帮他想出善法，购进张葱玉的书画。

张葱玉和叶恭绰虽然在债务上有着如此多的波折，但仍履行约定，将叶恭绰想购的书画送到吴湖帆那里。1937年6月29日，吴湖帆日记："张葱玉携至《元明古德》字册，大半为安岐旧藏，至精。"叶恭绰念念不忘的《元明古德册》，1937年仍为张葱玉收藏。7月4日，吴湖帆日记又记："葱玉携示《元明古德册》，凡十二页，其中一页为宋吕夷简，非元僧也。（一）大䜣、（二）夷简（《甘露帖》）、（三）梵琦（楚石）、（四）良琦、（五）智纳、（六）守仁，以下明（七）来浚、（八）宗泐、（九）道衍、（十）普庄、仁毅（各半）、（十一）克岐、怀渭、（十二）憨山。"

叶恭绰最后从张葱玉的藏品中得到哪些书画作为抵债之物，我们没有看到明确的记录。是否因为抗日战争爆发，叶恭绰去了香港，无暇再顾及买张葱玉藏画之事？叶恭绰在致吴湖帆的信中提出的所要诸件，都是刊入郑振铎编辑的《韫辉斋藏唐宋以来名画集》中的作品。

《九友轴》应该是吴梅村《画中九友歌》诗中的人物作品，载入郑振铎帮张葱玉编的《名画集》中，有吴梅村的《为舜公作山水》、董其昌的《山水》、杨文骢的《仙人村坞图》、程嘉燧的《孤松高士图》、李流芳的《山水》、卞文瑜的《山水册》、王时敏的《山水》、邵弥《贻鹤图》等。《四像图卷》即元人画的《名贤四像图》，画中四贤为吴澄、虞集、欧阳玄、揭傒斯四人。刘元《梦苏小图卷》即金代刘元《司马樉梦苏小图卷》，后流散到美国，见于卢芹斋的展品图录。李息斋即李衎《墨竹图》卷二页。

在叶恭绰欲以张葱玉藏书画抵债时，这批名迹仍在张葱玉手中。1947年，郑振铎在帮张葱玉编辑《韫辉斋藏唐宋以来名画集》时，这些名迹都选入册中，并已照相、制版、印刷。但是到了"装帧可期"、成书在望的时候，张葱玉陷入困境，这批书画逐渐流散出去，有的可能成为叶恭绰的抵债之物，遂使郑振铎有"沧江虹散之叹"。

张葱玉也投资银行业，但在抗日战争前夕，银行业已经开始走向衰败，叶恭绰购画应在张家事业处于低潮的时刻。可能在这个时期，张葱玉通过吴湖帆向叶恭绰借款。抗战胜利之后，张葱玉任董事长的银行，由于金融风暴，处于风雨飘摇之中，银行需要扩大，即要招募新股东。张葱玉虽是大股东，但他的朋友都是收藏界人士，除了玩赏字画，对银行的经营情况一无所闻。在金融圈谁的钱多谁就是老大。在招募新股东后，张家虽然占了一定股份，但董事长的位置已变为他人。张葱玉是一个要面子的富家公子，他感到受不了，遂决定从银行撤资，干脆将他名下的股份卖掉了结。1946年9月，张葱玉立下字据，把六十万股份全卖了，其他的权益也不要了。张葱玉因此失去了银行董事长的位子，还因此欠了不少债。

可能就是在这样的背景下，由吴湖帆从中牵线，张葱玉向叶恭绰借了一笔巨款，以解资金之急。

吴梅村《画中九友歌》中所题咏的九位画家，其年龄皆长于梅，如董其昌长梅村二十八岁，程松圆（嘉定）长梅村四十四岁，李檀圆（流芳）长梅村三十五岁。从年龄上来看，都是梅村的长辈，有人评论梅村这样称前辈为友，似稍近有标榜扬己之实。而近代收藏家都以画中九友的作品为真，都盼望能收全为幸事，如庞虚斋、过云楼虽几经努力，但都未能全收，而以得邵弥之画更难，吴湖帆所藏也独缺邵弥的画。他仿了画中九友的画以自慰。在诸藏家中，只有张葱玉收全了画中九友诸图。叶恭绰虽然没能得张葱玉所藏，但他难以忘怀，遂仿吴梅村写了《后画中九友歌》。其歌云：

湘潭布衣白石仙，艺得于天人不传，落笔便欲垂千年。（齐白石）新安的派心通玄，驱使水石凌云烟，老来万选同青钱。（黄宾虹）映庵长须时自妍，胶山绢海纷游畋，已吐糟粕忘归筌。（夏鉴丞）名公之孙今郑虔，闭关封笔时高眠，望门求者空流涎。（吴湖帆）更有嵩隐冯超然，俾夜作画耘砚田，画佛涌现心头莲。（冯超然）王孙萃锦甘寒殚，子固大涤相后先，上与马夏同周旋。（溥心畬）越园避兵穷益坚，有如空谷馨兰荃，妙技静似珠藏渊。（余越园）三生好梦迷大千，息影高踞青城巅，不数襄阳虹月船。（张大千）昙殊风致疑松圆，日视纸墨宵管弦，世人欲杀谁相怜。（邓诵先）

杜甫有《饮中八仙歌》，吴梅村效其体而为《画中九友歌》，叶恭绰又效之而为《后画中九友歌》。叶恭绰本拟再作《续画中九友歌》，已经选定萧屋泉、陈定山、汤定之三人。因人选之不易，未能作成《续画中九友歌》，终未能超越前人，他自己也为此感到惋惜。在致吴湖帆的信中说："意中人物本不止此，然扩充名额则又不足动人，故去取极费斟酌，梅村同时画家亦本不止此，当时亦仁兴之作耳。在今日作此诗，人将疑为含有评骘之意，易生是非。弟意或再作一首，名为《续画中九友歌》，而将日前所作称为《今画中九友歌》，亦一法

叶恭绰手书所作《后画中九友歌》

也。但再觅七人（连萧、陈而九）亦颇不易。鄙意汤定之可入（如连已故者，则尚有三数人也）。君意中尚有何人乎？邓非孝先，乃粤中邓芬，号诵先者，今日粤画家中惟此人最有望，惜其性情疏纵，故有世人欲杀之语，若群碧楼则语不相称矣。以上望示复为幸。"

十二、壮怀不再，白首维艰

1940年11月，恰逢叶恭绰六十岁寿诞，远在上海的吴湖帆还与友人陈子清、陈定山及其弟子王季迁、徐邦达、朱梅邨、徐玥、叶逸分别作画，绘成《祝寿图》册页，以示祝贺，吴湖帆题云："学曹贞素笔，寄祝遐庵姻丈六十眉寿。庚辰十月，吴湖帆画。"叶恭绰作题："六十岁生日请画家见贶画册。遐庵。"并题七绝："此是天机集锦图，江山灵气未蓁芜。回天身手凌云笔，展卷方知身不孤。"后再致信吴湖帆："前承赐书并寄画册，诸公盛意非言可谢，祈先一一代致鄙忱为幸。画笔皆精，伟士兄先未闻作画，殆以近日所习耶？二少年尤喜有进步。所惜季迁夫人无山见惠，弟向赏其笔力挺纵，可以大成也。"吴湖帆亦作词《忆旧游》相祝。

吴湖帆又为叶恭绰六十寿作《忆旧游，叶遐庵丈六十寿，次周清真韵，庚辰在粤》：忆十年话雨，两地行云，回首春宵。墨舞豪飞处，有松风谡谡，竹影萧萧。正愁幻却离感，家国突飘摇。料扑面惊心，公将髯换，我已形消。　迢迢。阻千里，念海上题襟，吴下连镳。此日先期约，待湖山还旧，尊酒重招。笑谈劫余情味闲步赤阑桥。只寄语花神，罗浮梦觉齐献桃。

这一年，吴湖帆之子吴孟欧结婚，叶恭绰致信问及婚礼日期，信中谈到他在香港的状况："此间物价之昂骇人听闻（鸡蛋每枚五六角，即法币三元左右，余类推），势将不能再居，而环境尚未许他适（他处亦无可居者），不久度成枯鱼……平生极困之时，尚未历过此境……且尚有不少亲友须接济者，奈何奈何！闷极。惟有念佛出世之念因之益炽。"吴湖帆本拟请叶恭绰为儿子证婚，但叶恭绰在另一封信中说："证婚极所愿，但势恐难以成行。""道远无以为贺，有便当检赠一二小品为欧郎存念耳。"信中还道出他此时的心情："自前岁家庭之变，损失无数，至今未能清查，已确知失去者亦不少。烟云过眼，不欲过萦怀抱，惟近颇欲售以自给，势非检点不可。乃病躯及环境殆并此不能，转不如君之晤言一室，犹可目击道存也。伤哉！神昏心痛，不能多写。"

1942年，叶恭绰由香港返回上海，无以为生，随即将一所住宅及苏北田产若干亩，以及所藏古墨、古砚、宣德炉等变卖。因沪邸已卖，只得租屋而居，杜门坚卧，极少再与外人往来。在整理旧物时，发现一柄张净持早年画扇，感触之余，遂写下两首七绝："余香婉转萦怀袖，空谷沈霾足自怜。欲拾余尘仍自怯，负他三十二年前。""风枝露叶弉孤根，淡到无言玉一痕。留取禅心与枯木，未亡空有不亡存。"张净持孤高淡雅的形象，仍然鲜活地留在他的心中。

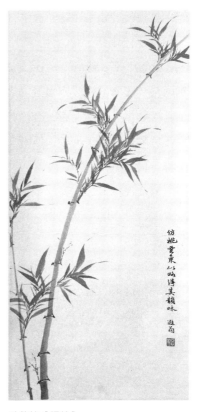

叶恭绰《绿竹》

侧室钟永持也随同叶恭绰一起回到上海，两人相依为命，过着清寒的幽居生活。1944年1月底，上海大雪，他和永持以雪烹茶，围炉话旧，苦中作乐。生活无计，叶恭绰以卖字卖画卖文为生。钟氏见他画竹大有进步，甚为高兴，但又担心他虚弱的身体。叶对她说，书画与健康，或

叶恭绰为《梅景画笈》题签

是两者不可兼得。苏东坡、金冬心皆说竹可医俗，但他们仍然喜食肉。因而赋诗一首，"且慰永持"。诗中有云："遐庵居士不食肉，却有三竿两竿竹。既求医俗又求肥，齿冷贪吃苏玉局。不如一概空所有，手写笼笱聊悦目。小楼弄笔意森然，未碍幽居在空谷。敢云直节从来瘦，一室清风聊自足。"凭叶恭绰的声望与资历，如果他当时愿意出来为汪伪政府或日本人做点事，哪怕是挂个闲职，也应该可以衣食无忧，但他绝不愿为之。

吴湖帆五十岁（1943）生日，梅景书屋众弟子为祝贺其寿辰，精选收录其佳作五十幅，用珂罗版精印而成《梅景画笈》、叶恭绰题写签"梅景画笈。恭绰"。引首"烟云供养。恭绰"，又为画笈作序："湖帆画名久震海内外，人多疑为耆宿，不知齿固未也。年五十，其门弟子乃印其作品之殊尤者，合一集以为寿。余维古无摄影制版诸术，故原作一毁，即绝于天壤，所谓寿世者，正自有限。自美术演进，一可化身千亿，流传之广远，实迈往者。诸君之印此集，湖帆之精神将与为无穷，视世俗之称觞祝嘏为远过。抑诸君各衍师传，立宗开派，前途方未可量，则斯编之出，视为传衣授之证，可也。遐庵居士叶恭绰漫言。"

他给亲友写了一则《启事》，随信寄给了吴湖帆，似是在征求吴的意见。这则《启事》有没有向亲友公布，现在无从查考，但它的确记录了叶恭绰当时的心情，兹抄录于后：

余今年六十四矣。少承仲鸾公之训，向慕昔人志不在温饱之语，服官从政，凡四十年，未尝一日不兢兢自持，恶衣菲食，痛自刻励。先人素无遗产，民五以后，余以一身肩同祖以下三房赡养、教育、婚嫁、丧葬之费，亦既竭其绵力，加以资助社会慈善、文化教育诸需，以迄量助亲朋，所耗亦巨。中岁蹉跎政海，备历艰虞，向不治家人生产，流转颠沛，损失益多。素耽禅悦，民十五迁沪后，本拟于浙江杭州风景地得一栖隐之区，便谢绝人事，一意清修。不料世变迭生，家庭多故，菟裘离卜，横逆纷乘，托迹九龙，几死于炮火之下。今者精神日愈，已无复用世之心。薪水所资，恃售文字，虽穷困颇甚，犹能自食其力。未为盗贼与乞丐，即此生之幸也。四十年来积资有限，所存书画古物本以供研求考索之资，著述无成，多藏可戒，近亦强半易米。余无子，又未立嗣，燊女近况可念。弟侄辈皆殊清苦，同族之房孤寡及妹辈散居各地。值时局纷扰，生计良艰，恒深轸注。余向不主亲友凭借权势以营私利，故咸处脂而不能润，咸郗挚好多患窭贫，静言思之，亦殊愧怅。今将剩余书画古物设法出售，以供养老追远及刻书济人之用，或别定保存计划，以后再行定夺。以前江北薄田、沪上房地，前已售应急需，吴门一宅，弃同敝屣矣。望请亲友以后各自努力，视余为已死，断离形神上各联系，令余得安心修持，打叠己事，余从此不再问世务及家务矣。昔诸葛亮有言："不使身后有余赘。"六祖则云："本来无一物。"年逾周甲，撒手便行，此后可无所恋，惟拟之庞居士沈财物于江流，犹有愧耳。

日寇投降，叶恭绰高兴了一阵子，但时间不长，就心冷了，这种心情在他的诗中可见。赋诗云："竹松影里小禅斋，叶落归根好自埋。齿冷邯郸多一梦，地炉芋火早成灰。豹皮留处虚增业，雁影沉时一落空。好把多生诸结习，一齐收拾劫尘中。"回首前尘，皆成邯郸一梦，回忆往事，掩书弹泪，只能是"五十年中翻复事，白头留此数章诗"。

叶恭绰在上海生活得并不愉快，遂移家南下，暂居广州。他到了广州之后，本拟杜门，不见亲友，以省烦扰。可是此时恰逢省政府选举，这就引起了误解，以为他就是为了参加竞选才移居广州的，无形中给他带来麻烦和苦恼。所以他写信给吴湖帆，说："闻沪上尚有以弟作政治活动相撺者，此真怪事。弟非毫无政治资本之人，廿年来因不欲活动，备受苦痛，甘之不悔，岂至今日始为阉宦思春！且放浪多年，今日之舞台岂吾辈所能搬演？弟虽愚昧，何至并此不解。"叶恭绰在信中还指责沈尹默："沪上谰言不知何自，闻尹默且如此说，则真不知我矣。"又说："如尹默以为居乡尚属不宜，则请以朋友之谊示一方针。"

叶恭绰本来自广东，又回到广东，一切都很适应。但是在经济上遇到了许多麻烦。他在信中说："此间经济市面极呆，一无生发，字亦难卖，阴历年将过不去。"因政治烦言，他本拟避居香港、澳门。他感到居港既多不便，居澳更生活困难，"且缺乏医药，遂成坐困"。他给吴湖帆写信："弟因广州无寸田尺宅，来时本拟改向港澳卜居，嗣察知不宜，遂暂中止。然居此大感纷扰，已致进退维谷。"

叶恭绰在给吴湖帆的信中谈到自己的痛苦，几不欲生，他说："弟三年久病，已濒于死，一切是非毁誉利害均可不计，但如未死，不能不生存。目下但求不饿及病不加重，已甚苦矣。本欲往南华寺出家，但吃不了那种苦，且土匪遍地；欲往南洋西洋，均无此力，奈何！"

广东住不下去了，叶恭绰又移居香港，日子仍不好过，他致信夏敬观提及"已数年不出门，一年未下楼"的苦日子，虽然夏敬观的信及所寄的庐山画片，使他重温第二故乡的温暖，心怀乡情，精神有所寄托，但仍然无法解

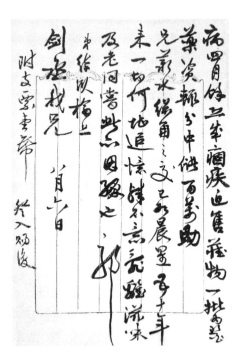

卖藏品以支持生活困难事

决经济困难的窘况，所以他在给夏敬观的信中说："弟归广东，本欲为首丘之计，嗣察知群昏情况，知必招祸，故前年冬到香港，非去岁始来也。此间用度高昂，十分竭蹶，幸去春办一书画展览，利用其他亲友资助，集有成数，支持到今，然瓶亦罄矣。此三数月来，香港商务一落千丈，亲友响沫已枯，月得一二百金已属意外。盖本地住户不谈风雅，所恃惟各地流人，今流人亦坐食山空矣。承属自无不为力（当随时与吴君接洽），但殊无把握。外间不察，或以为弟之题品或有吹嘘之效，其实正退之所谓就所凭依乃所自为，弟恰作一帽子而已。弟借此亦稍得互助，故不必否认，实则连推波助澜尚不够也。大千素有神通，亦已再衰三竭，去秋在澳门与弟合展，所得尚不及千。弟近月恃售藏品（亦将罄矣），亦极不易，日用之书都已陆续易米，他可知矣。弟年来眼昏手战，精神日衰，仅尚能行坐，故从不出门，老态可厌。"

政治上受到冷落，经济上处于贫困，尤其是经济上的困难，平常大手笔无法再施展，使叶恭绰感到无所适从，失去了自由。失去自由的叶恭绰颇感人生的寂寞与绝望，一是出家为僧，以求精神解脱；一是苦不堪言地苟且生活。

叶恭绰向王南屏出售大批书画当在此时。

叶恭绰的收藏由高潮走向低潮，最后有一部分书画由他得之又由他遣之，散落于尘世，他的经济危机在抗日战争前已见端倪，把所藏重器抵押在银行，无力赎回。他虽然订了润例，并自言"以鬻书为生"，实际上收入是有限的。他和吴湖帆的交往中也少不了书画的买卖，但留下的文字记录很少，今天能见到的只是他们之间的风雅之交。再有向张葱玉逼债，使张葱玉只能以宋元书画抵债，这里也不免有叶恭绰放高利贷之嫌。最为有案可查的是他以出售藏品为生，零星出售已无从可考，有记录在案的一是向谭敬出售宋元名迹，二是向王南屏出售书画，其数量也相当可观。

王南屏是无锡富商王有林之子。王有林在常州开设华林染织厂，颇好收藏，当时就以收藏家著称。迁来上海后，又与叶恭绰隔路相

此卷余得自颜韵伯又得自景樸孫以前藏家不可考矣農村
耆籍所印記葉然已足泰證不必以其他題識為重也
民國三十二年夏日 葉恭綽

叶恭绰自藏赵孟坚《墨兰图卷》题跋

望，多有往来。由叶恭绰作缘，王南屏购得米友仁《潇湘奇观图》。王南屏由此进入宋画收藏。叶恭绰对藏界的后辈王南屏甚为赏识，先后向王出售的有：赵孟坚的《墨兰图卷》、王诜的《蝶恋花》书卷、顾安的《新篁图》立轴、杨铁崖的《草书轴》《王阳明与郑邦瑞尺牍》、陈淳的草书《千字文》卷、黄道周书法卷、钱牧斋书法卷、姚绶的《紫芝图》轴、李日华的《荷花图》轴。

王南屏和谢稚柳都是常州人，谢稚柳对王有林以表兄称之。王南屏藏有《王文公文集》《宋王安石书楞严经旨要卷》。1981年，谢稚柳赴香港中文大学讲学，王南屏向他提出要把王安石这两大珍品捐献给上海博物馆，但有条件，他在上海家中收藏的明清字画要允许二百件出境。虽然还未经过鉴定，但谢稚柳对王家的收藏了如指掌，认为这个要求不高，可以按这个条件进行。

王南屏去香港时，没有把这批书画带走，仍藏于上海家中。"文革"抄家时暂归上海博物馆保管。"文革"后抄家物资归还时，谢稚柳已从四百件藏品中挑选出元杨铁崖《行书诗轴》，明仇英《人物山水轴》、明徐端本《山水轴》、明徐渭《杂画册》，清髡残《书画卷》，宋拓《张从申玄静碑册》、宋拓《清华寺碑》、宋拓《阁帖》等一、二级品七十二件出让给上海博物馆，尚余明清书画三百件仍退还给王氏。虽然如此，谢稚柳和钟银兰还是又对这三百余件书画做了一次鉴定，从中挑选二百件允许王南屏带去香港，其中有的曾经为叶恭绰收藏。

《王文公文集》是宋刊龙舒本，20世纪30年代，叶恭绰曾托徐森玉购藏此书，后流出到日本。在此书流出之前，徐森玉曾将全书拍成玻璃片收藏于故宫博物院。流出到日本的《王文公文集》为七十卷残本；另一部是七十六卷残本，从内地流散到香港，徐森玉和谢稚柳即托王南屏为上海博物馆代买下来。王南屏购得即发生十年"文革"动乱，此事遂作罢。徐森玉还是把当时拍摄的玻璃片从故宫博物院调出，与日本所藏残卷合成全卷，由中华书局上海编辑部影印出版。宋刊《王文公文集》的珍贵之处还不限于是孤本，而在《王文公文集》背后皆宋人书简及宋代公牍，为宋代实物文献，可补宋史之未详。

王南屏的收藏，多与叶恭绰有着不解之缘。

叶恭绰的钱币收藏甚为丰富，而且他对钱币多有研究。1936年由丁福保、叶恭绰、张叔驯等发起，成立中国古泉学会，并创刊了《古泉学》季刊，广交藏泉界的朋友，除了丁福保、丁惠康父子，还有宣古愚、罗伯昭、戴葆庭、郑家相、陈仁涛等。叶恭绰和张绚伯不但是藏泉之友，也是藏墨之友。抗战期间，叶恭绰到了香港，还收到一枚古泉"大齐"。"大齐"为五代

叶恭绰题《古泉学》

十国齐国初立时的纪念之品。世上存"大齐"仅两枚，一为戴葆庭得之于江西，后转归张叔驯。张叔驯得此品即标斋名为"大齐"。一枚即为叶恭绰得之于香港。叶恭绰得"大齐"赋绝句二首，刊登于罗伯昭主编的《泉币》上，其一曰："梦冷人间造孽钱，奇珍突降画从天。贫儿压岁堪夸富，尤物摩挲九百年。"其二曰："浙戴空传破大齐，黄巢制作语无稽。天成广政应相拟，他日相逢试品题。"

叶恭绰的藏品有一部分归女儿叶崇范，一部分归侄儿叶公超。公超所得部分入藏美国旧金山市亚洲艺术馆，还有少数分赠朋辈和学生袁复礼、俞诚之等。

吴湖帆的收藏中也有叶恭绰的赠品。不过，这些赠品为数不多。叶恭绰收藏尽散，写下了《祭别书画作者文》，"六祖云：本来无一物。然则，物予我何与乎"？留下一纸感叹，似乎真的大悟了。

十三、北洋遗民的咏叹

北洋时期从袁世凯小站练兵开始，到北洋军阀寿终正寝。叶恭绰的腾达于交通，在政坛叱咤风云，直到他退出政坛，开始寓公生涯，基本上是与北洋时代相始终。本来，他对前辈或朋友在清末上演的遗民悲剧并不放在心上，而此时遗民悲剧又映现在眼前，遗民情绪又浮上心头。所不同的是，他不是清朝遗民，而是以北洋遗民的目光，重新审视明清之际遗民的情怀。

风云际会，时移世进，每当新旧王朝更替时，总会有旧朝士人转入新朝生活，有的人入仕新朝，升官做宦；有的谢绝尘世，放浪山林，啸歌咏怀。世人把后者称为"遗民"，最早的遗民是伯夷、叔齐，由殷入周，不食周粟，饿死于首阳山，他们自称"吾殷之遗民也"。孔子称他们是"逸民"，无论是"遗民"还是"逸民"，他们作为有节气的义士被颂千古。南宋灭亡，蒙古人建立了元帝国，有更多的知识分子怀道抱德，终生不肯仕元，在浙江浦阳、桐庐，江西庐陵，福建建阳、崇安，广东东莞等，形成了遗民群体，出现了谢枋得、谢翱、林景熙、汪元量以及郑思肖等遗民诗人和画家。他们的创作以歌吟而注风雨，慷慨中出真知，留存于诗歌史上的一股天地元气，把遗民文化推向高潮。

明朝灭亡，一批由明入清的知识分子，以顾炎武为首的屈大均、李颙、冒襄、余怀、傅山、阎尔梅、王夫之、黄宗羲、陆世仪、陈恭尹等数十人，都以明人自居，虽然不免有征召之烦，但他们都保持晚节，拒绝入仕清朝。他们以南宋遗民为榜样，组织诗社，广泛交游，以诗歌、绘画寄托遗民情怀。更为突出的是卓尔堪，其父是抗清的靖难忠臣，他自己生于顺治年间，虽是隔代遗民，但他仍以遗民自居，编辑了同代遗民诗集，收录遗民姜埰、吕大器、徐枋、黄宗羲、傅山、余怀、阎尔梅等人的诗文。

有清一代的知识分子，一直带着明代遗民的情怀生活着，到了清末民初，尤其是在"革命与君宪"的辩论中，明清易代的历史记忆扮演了重要角色。

但是，在这支清朝遗民的队伍中，都不见叶恭绰的身影。叶恭绰的祖父叶衍兰是咸丰丙辰进士，翰林院庶吉士，任职于户部，退职之后主讲越华书院。光绪三十一年（1905），清廷设邮传部，叶恭绰二十四岁入职邮传部，到1912年清朝末代皇帝宣统逊位，他已经做了七年的清朝官员，也可以算是清朝遗民了，但他没有加入清朝遗民的队伍，而是和梁启超、杨度、梁士诒等迎接袁世凯再度出山，在清廷和革命党之间进行周旋。后来袁世凯在北京就任民国临时大总统职，他执笔为袁写了就职誓词。无论从所处的政治环境或个人心境来看，叶恭绰都没有把自己当作清朝遗民。1925年，他辞去执政府交通总长一职，1928年移居上海做了寓公。大隐隐于市，叶恭绰的遗民情怀才逐渐显现出来，不是大清朝的遗民，而是以民国遗民自居。这一方面显示出他对孙中山时期的中华民国一片赤诚，矢志不移；另一方面也表示他想以此来洗刷奉事清朝与支持袁世凯的那一段历史。

作为民国遗民的叶恭绰和清末遗民一样，都是以明遗民的酒杯，浇自己胸中的块垒。叶恭绰除了出版明遗民诗文集，吟其诗句，更多的是收藏他们的书画、信札、遗藏，并做考释纡之于世。

叶恭绰的朋友赵药农藏有明末遗民王山史致友人的信札册，共收有信札三十九通。叶恭绰对此做了一番研究，写了这样一段题跋：

> 如顾亭林辈，固至可贵，然降清诸二臣及入清登第，如周栎园、沈绎堂辈，亦杂厕其间，虽诸人皆有其文采、风流，然以山史之孤介，何取与诸人推襟送抱，情好敦笃，且山史同时诸遗老亦多如此（观诸遗老之遗著可证之），殆所谓"贞不绝俗"，抑有所不得已耶？

对清初文坛的这种复杂现象，叶恭绰做了客观的分析，他认为之所以会如此，不外数种情况：其一，清初文网尚疏，而明代姻、世、年、乡谊素重，势难遽断关系。其二，诸人虽然热衷于仕清，或亦仍怀观望，诸遗民与之联络，不免意有所图。其三，当时清廷欲安反侧，或借诸降臣之手以结清流，遗民亦借此以资掩蔽。其四，郑成功、吴三桂失败后，诸遗老似对东南、西南已经绝望，复转而寄志于北方。而于陕、晋、鲁、冀、察、绥尤为重视，屈大均、阎尔梅以至于朱彝尊辈，皆曾游历边塞，似乎别有所图，非纯为流连风景者。叶恭绰对明末遗老做了贰臣的行径虽有所分析和体谅，但对贰臣的行为仍持否定的态度，而对顾炎武、王夫之、黄宗羲等人的晚节贞恒，仍然是景仰推崇的。家本素封的王弘撰（山史），以东道主的身份留住顾炎武；傅山以富户隐于医药，以财主和谋主的双重身份参与反清的斗争，叶恭绰均赞叹有加。

叶恭绰的遗民情结多从他对遗民的信札的题跋中表现出来。阎尔梅是由明入清的遗民，阎自崇祯十七年（1644）国变，破家结客，擒叛从军，开始参加史可法的军队，继之又参与太湖反清组织及山东榆园之役，屡被追捕，九死一生，无一日不在艰险中度过。如此十余年，流离辗转，是与朋友的肝胆之交，得到朋友的帮助，才使他化险为夷。和顾炎武、傅山等人相仿，阎尔梅有时也不得不委曲求全，与新朝朋友相往还，而终无损其气节。叶恭绰从朋友给阎氏的信札中，感受到赴汤蹈火、出生入死之余痕，与史实可相印证，亦足以证阎尔梅之坚贞不屈，始终一致。

搜存乡贤诗文，主编《广东丛书》，以寄怀念。《广东丛书》所选为明朝粤籍士人之著作，计有：

陈子壮《礼部存稿》
黎美周《莲须阁文钞》
梁朝钟《喻园录》
黄佛颐《广州城坊志》
屈翁山《皇明四朝成仁录》
屈大均《翁山文钞》

广东文物展览会云腾雾涌，盛极一时，叶恭绰受到很大的刺激，他要"永其绩，扩其效"，遂编了《广东文物》一书。叶恭绰在《广东丛书·序》中说："《广东丛书》之编印，亦缘以先生焉，始余于展览会期间，有感于地方文献保存之需要，曾为文公责编印广东文献丛编之意见，赞成者甚众。"编印《广东丛书》之起始，拟以民间集资出版。后来，广东省政府主席闻知

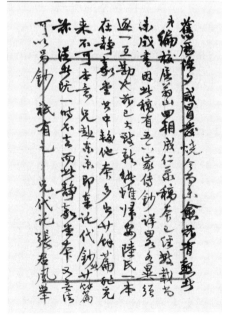

叶恭绰致徐森玉手札

此事，慨斥巨资出版，叶恭绰也认为"始基既建，又事属大众，不如归之公营"，遂商定由中国文化协进会主持此事。

叶恭绰崇敬其乡贤屈大均、黎美周的遗民气节，集其诗文，立传颂扬。对他们的只字片纸，亦视之为珍宝。屈大均有《南游见闻录》一册，在屈的著述中并不占有重要地位，但叶恭绰发现书中所记"皆明末清初大事"，"惟其中颇有异闻，足资参证，且多关粤事，故过而存之"。叶恭绰得到屈氏这一著述，颇感安慰，他说："翁山遗著，经历次收集，大约遗者已属无多，亦足慰翁山于九原矣。"在编辑《屈翁山四朝成仁录》时，叶恭绰付出了艰辛，因翁氏稿本有五六家传抄，详略各异，须逐一互勘。当他发现归安陆心源藏本较其他藏本多出二十多篇文章时，非觅不可，但此书藏在日本静嘉堂。徐森玉要去日本，他即请徐氏代为誊抄，但徐森玉未能成行，又请徐氏代托张凤举代为抄出，并附上二十余篇文章目录。

明末《南园诸子送黎美周北上诗卷》，黄节旧藏，秘不示人。黄去世后，由王秋湄介绍归叶恭绰。黎美周为广东明末遗民，加之乡情，叶恭绰对此卷特别珍视。抗日战争爆发，时局变迁，叶恭绰流徙香港，所藏书画，历经离乱，毁失殆尽，而对此卷爱如头目，抱持未失。由香港而上海，再到新中国首都北京，此卷始终藏于箧中。叶氏对此卷曾题数跋，因时代变异而感慨不同，但却含有深沉的遗民情结。1954年端午，叶恭绰七十四岁，重理此卷作了最后一次题跋云：

余老且死，并无归骨故乡之念。遗令将安息于京西翠微山麓。固非恋恋于一丘者。特以历史名迹，一旦荡为飘风，意安能无动？故述记于此。后之见此卷者，当有同情焉。

六年前在广州，值端午，有一绝句："日午临江渡鼓喧，稍欣丰稔淡烦冤。虚舟我已心无竞，独坐空斋念屈原。"今时人争礼灵均，不知三闾大夫亦知数年前，有一憔悴忧伤，同情于彼之一人否也？呵呵！遐翁。

该卷中有广州校书张乔题一首七绝："春雨潮头百尺高，锦帆那惜挂江皋。轻轻燕子能相逐，怕见西飞是伯劳。"有题诗云："名士倾城同命笔，风微能不忆张乔？"叶恭绰在此卷中浓墨重笔写了张二乔之事。张乔又名二乔，与粤中名士陈集生、黎美周相交往，十九岁病卒，葬白云山麓处曰"百花冢"。抗战期间，叶恭绰避寇香港，曾作《百花冢》一曲，又于张二乔生日，集诸诗人墨客祀以酒脯。其时，全国多陷于倭寇，以民族气节激励同侪。叶恭绰说："《百花冢》一曲，于并时人物固多推重，对二乔遗蜕，亦三致意焉。今若此，将徒增慨

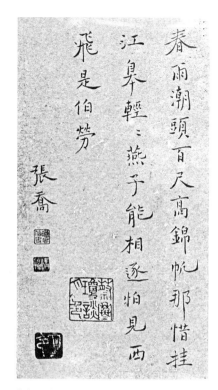

《南园诸子送黎美周北上诗卷》上的张乔七绝诗

想，为之奈何！"表现了他那百无寂寥的遗民心境。四年后，叶恭绰又展卷题跋，云："今年七十七矣，偶展此卷，感怀万端，因题一律。后之览者，当知余书此时心绪何若也。遐翁叶恭绰。时右目昏暗，故字不如前。"

叶恭绰还藏有《清初诸人题赠苏昆生诗画卷·跋》，苏昆生将朋友的题跋汇集付诸装池，题赠作品的最后纪年为顺治十三年。卷中题赠者有周亮工（栎园）、曹容（洁躬）、侯方域（朝宗）诸人，强半做了清朝的官，其时南明永历皇帝仍在。叶恭绰在题语中不胜感慨："剩水残山，回顾六朝金粉，已属黄粱一梦。《桃花扇》乐府，似已出世，不知卷中诸君曾见之否？朝宗之遨游吴地，又何为也。展卷之余，不胜怅触，因漫赋小词。"叶恭绰在题跋末云："比年兵灾剧烈，山陬海澨，藏物多列于市，亦觇世变之一例也。"

叶恭绰分析清兵入关之后的政策之得失，"马上得天下"，而不是"马上治天下"，采用"潜消反侧，奠定初基"，汉人地方官员也多"以劳来安集为事"，"以救军政之暴"，使"粤民得稍喘息"。所以他说："吾常见清初诸遗民，间或与当道往还，致遭吹毛之责，私意其中必有不得已之故，所全度必不细，亦论世者宜知其所鉴别焉。"

叶恭绰藏清初僧人书画，其中不少僧人"皆圣贤豪杰，以儒门淡薄，收拾不住，遂归于佛，此诚透网之见。但今日法门衰敝如是，此圣贤豪杰者又归之何所？"

明末清初不愿降服异族者，多遁入空门，时文网尚疏，寺庙尚得开堂辟室为收纳地，如苏州之灵岩，杭州之灵隐，粤北之丹霞、鼎湖、海云诸寺，则事迹尤胜，且与各省大刹皆通声气，而各地当道充为护法，保护了清代遗民知识分子。正如清末遗民借明朝遗民诉说自己的心事，叶恭绰是以明遗民来诉说自己的遗民情结。

十四、书画艺术成就

北洋时代是中国现代历史转变时的过渡期。随着国家政体由帝制向共和制的转变，一切也都处在变革之中，旧文化向新文化的转变，尤其迅速、激烈，成效也最为明显。书法风格的转变即是其中的典型代表之一。书法风格的转变最具有时代的烙印。抛开史前时代石器、骨器及陶器上的刻画符号，甲骨、青铜器铭文、印记、封泥、竹木简牍，虽是文字或者称之为书法，其功能还是实用。一旦笔、墨和纸绢的结合而形成了纸绢书写，它就具有了双重性。一是实用性，一是艺术性。艺术性的书法可供书写者张扬个性，陶冶性灵，供人欣赏，成为一种文化奇观。但漫长的帝制文化之中，书法的实用性却伴随文化人终生，从孩提时代的描红，到科举应试，到办公文案及朋友间的交流，都无法离开它。在实用的书写中，也不乏被后人称之为艺术性的作品。科举应试的字体都是有标准的，形成了特定的规则，发展到明清两代，人们把符合科举应试的字体称为"馆阁体"。自隋朝实行科举应试制度以来，中国书法就一直沿着"馆阁体"及艺术书法两条路线并行发展，每个时代都有一些追求个性、才气横溢的人冲破"馆阁体"，开拓个人风格的书法境界，虽然获得成功，但在整个书写群体中仍然只是少数。但是到了晚清，士人提倡碑学，以写碑的叛逆精神向"馆阁体"寻求突破。继之又有帖学兴起，开始与碑学协同作战，冲击的目标都是"馆阁体"。随着清朝灭亡，科举制度被废除，"馆阁体"渐渐退出了历史舞台，原先热衷碑学的书写者也逐渐转向帖学。叶恭绰就是在碑学和帖学的夹缝中成长起来的书法家。今人邹典飞在《民国时期的北京书风》一书中，把叶恭绰列为民国政坛要员中的"首席书法家"。

叶恭绰的书法幼承家学，祖父叶衍兰受金石学的影响，所作书法是以篆隶、金文字等为多，其嗣父叶佩玱则宗法邓石如，书风接近金石碑刻中的拙朴之气。他对"台阁体"明确地持否定态度，在李东阳的《行书曹馆舍联句》诗卷跋语："此卷乃中年笔，尚未极纵横之致，然诗字渊秀，固已不是台阁体矣。"尽管叶恭绰强调"根于篆隶"，但从他众多的书法作品中很难找到"篆隶"之形。上海钱币收藏家丁福保办《古泉学》杂志，叶恭绰题签"古泉学"，是用篆书形体，但看不出他在篆书上花过多少精力，仅似依样画葫芦而已。他所题写的几幅匾额、对联亦复如此。再说，他正处于由旧向新的大变革时代，又没有专门从事学术研究，注重的是实用新学，对古文字也只是赏鉴。

郑逸梅所说"曾题四绝"，即是叶恭绰的《写字漫兴》那几首诗。第一首："灯昏腕脱未曾闲，久客佣书亦强颜。莫讶频年甘食蓼，白头深恐负钟山。"第二首："小时了了老何曾，平揖元明尚未能。涂径渐明功夫欠，一花何处觅传灯。"第三首："传家并非官奴笔，乞米方惭饿隶书。莫与时贤较优劣，卢前王后果何如。"（《遐庵汇稿·中篇》）这几首诗是他学书经历的纪实。"小时了了"证明他和张中行说的自己写字小时候并未用过功，不是谦虚之语。他的书法是家有所传，但所学的并不是"官奴笔"的"台阁体"，而是有着自己风貌的书法艺术。"饿隶书"说明他是不善隶书。"久客佣书"表明自己学书走过弯路，有摸索的过程。"传灯"乃是佛家语，讲书法的传承。"灯昏腕脱"是晚年还在练字。"甘食蓼"语出《新唐书·李景昭传》"景昭至，节用约己，与士同甘蓼"，意指辛苦。"卢前王后果何如"语出杜甫"纵使卢王操翰墨"。杨炯、王勃、卢照邻、骆宾王为初唐四杰，叶诗中卢是卢照邻，王是王勃，意思是追求古人，但仍然是"白头深恐负钟山"，"钟山"即昆仑山，意思是到了晚年，还没把字写到一定的高度。叶恭绰的这几首诗，写出了练字规律、自己书法的来历及晚年时的心情。

北洋时代是现代历史上一个值得研究的学术课题。从大总统到洪宪称帝的袁世凯及各路军阀的首脑，他们虽然穷兵黩武，但炮火并没有掩盖其翰墨之气，除了争论对中国是用"武力统一"还是用"文化统一"，他们仍然不忘读书写字。袁世凯不但能写诗，字也写得不错。直系首领吴佩孚虽然极力主张"武力统一"中国，但在军阀中有"儒将"之称，其书风以行草见长，在率性随意中，大开大合，颇见骨力。"文治总统"徐世昌，对叶恭绰甚为倚重，是光宣诗坛的诗人，涉猎"二王"等诸家行草，对自己的书法颇为自信，自云"深得其中三昧"，但难免俗气浅薄。

除了这些政坛上顶尖的人物，叶恭绰与之往来的政治盟友或政敌，其中不乏以书法见长并名世者。杨度与齐白石是王闿运门下的师兄弟，以大字隶书见长，书风近清代伊秉绶，用笔遒劲有力。朱启钤是叶恭绰的好友，书风出自颜真卿，对《祭侄稿》用力最多。有"北洋三杰"之称的朱汝珍，虽无才气，但他把欧阳询和柳公权融而为一，是帖学书法的代表。陈三立与叶恭绰少年时即相识，叶恭绰深受其影响，其书是"二王"和苏东坡的结合，形成了自己的风格。其他的清朝遗老，如深受叶恭绰尊敬的梁鼎芬，以柳公权为主，兼写各家；郑孝胥，上自晋唐、下至清末的书风到他这里融为一体，创造出面目独具的"郑体"书风，梁士诒、叶恭绰创办交通银行，即由郑孝胥题行标；康有为的字虽然写得不能算好，但"康体"书风对后世影响不小，私淑者甚多；"犯险拓境"的沈曾植，和叶恭绰也有交往。其他还有许多树帜开派的书法家。可以说，北洋时代是出现书法家最多的时代，可谓群星灿烂，超过书法史上的任何一个时期。

　　叶恭绰生活的北洋时代，他身边有许多名书法家，但他能独树一帜，超群拔萃，是何原因？或者说他到底受了哪些书家或哪些书风的影响？郑逸梅说叶恭绰："对前人作品，绝不以人废言的态度。如藏阮大铖书法二件，他又看到秦桧手书《楞严经偈》，力称其书极似颜平原与蔡家兄弟，曾题四绝。因此他早期所书，是踪迹秦桧的，因秦桧佞人，学其书法，难免为流俗所讥，不欲宣白。"吴湖帆的学生任书博也说叶恭绰的书法"最得力的是他藏有秦桧字帖孤本，平时经常临摹，都不为外所知"。显然，郑、任等的说法都属于私人推测。古书法的收藏对其创作可能会有影响，但不一定对其所藏进行刻意临摹。的确，叶恭绰在题《楞严经偈》时说过"秦子极似平原，与蔡京兄弟相似"，叶恭绰也确实藏有阮大铖的两件作品，也称赞"阮字劲拔，排戛一时"，这是鉴定家所做的客观之言。纵观叶恭绰一生的书风，其实极少受到阮大铖、秦桧书风的浸染。

　　叶恭绰的书法意境向往高古，对赵孟頫及董其昌两人的整体书风都有些不以为然。叶恭绰的侄子郭大章曾有过这样的回忆：叶恭绰要他每天临两张颜真卿，后来他想临赵孟頫，叶说："赵的字没有骨气。"对于董其昌，叶恭绰赞赏其摆脱束缚而呈现个性的书风。他晚年跋王铎《琅华馆帖》中说："有明末遗书家不为香光笼罩者，二水（张瑞图）、觉斯（王铎）而已。"跋黄道周《召对分注卷》中说："石斋字与倪鸿宝于明末可称二杰，香光、觉斯皆不及也。"有一点值得注意，与叶恭绰颇为亲近的徐世昌、梁鼎芬、郑孝胥在学书的过程中，都曾取法苏轼和黄庭坚，叶恭绰也是如此。这倒并非因为他藏有黄庭坚《经伏波神祠诗卷》真迹，观赏过苏轼《寒食帖》，而是北洋时代的书法家大多弃学元、明，而取尚宋人及至唐代颜真卿、柳公权、欧阳询、褚

叶恭绰书画扇面四帧

清 王铎《琅华馆帖》局部及叶恭绰跋

遂良，更远者可上溯到魏晋。除了那个时代书风的影响，叶恭绰又亲自赴大同考察，组织西北考察团，发掘竹木简牍，并亲自组织敦煌经卷的抢救，他的这种得天独厚的经历、阅历，无疑会渗透在他的书法之中。另外，叶恭绰收藏有唐摹本王献之《鸭头丸》、褚遂良《大字阴符经》、宋文彦博《三札卷》、米芾《多景楼诗帖》、王安石诗卷、黄庭坚《经伏波神祠诗卷》，赵孟頫《胆巴碑》、黄道周《孝经》等，刻意对其中某一件作品用功临摹，对他有着潜移默化的影响，也奠定了他个人书法的底蕴。从黄宾虹寄给叶恭绰的回信，可以看出叶氏对书法的关注。黄宾虹在信中说："尝于字原画法，二者时存研虑。近年出土六国文字，不关甲骨钟彝。上承古籀，下启苍雅。清吴愙斋、丁佛言、罗雪堂诸氏言之简略，舛误尤多。窃谓绍绩周秦古书，苟博郑东周古文，正讹匡谬，谅在不少。闲集圣教四千余字，已屡易稿，抄揖成快。"

另外，叶恭绰对书写的工具也极讲究。据他的侄女叶崇德回忆，她暑期去青岛避暑，曾帮助叔父理纸、磨墨、备笔，看到叔父用的笔，无论大小都剪去笔尖，他认为毛笔留尖写出的字，表现不出腕力。古人写篆隶，常以火烧笔锋或束笔端使笔锋较短。叶恭绰把写篆隶的用笔经验借用于写行草。此法虽有些取巧，但他的书法具有力度和骨气，使作品更具魄力。他又是藏墨家，对用墨也特别讲究，观看叶恭绰的书法真迹，仍可见墨气内敛，在沉静中闪亮。

叶恭绰不只是实践性的书法家，而且是一位书法理论家。他的书法理论亦散见于诸多题跋中。笔法指腕的运用，一直是古今书法家津津乐道的事情。作为受新学影响的知识分子加上受到修筑铁路现代科学知识的训练，叶恭绰把古人及自己的书写经验，用数学和力学的原理加以提炼，诠释了指、掌、肘三者的用力关系：运肘者力最大，运腕者次之，运掌者又次之，用指则不足论矣。但运腕最为重要，运腕之周径愈大，则凝于笔端之力愈大。他说："盖运肘一周，可能直径至三尺。在三尺以内大小之字，决不致撑不开，站不住。此为书法第一要义。"他认为力要能达到笔端，得靠肘、腕运用而手指紧抓住笔，这就是他提倡"指死掌活"的写字法门。

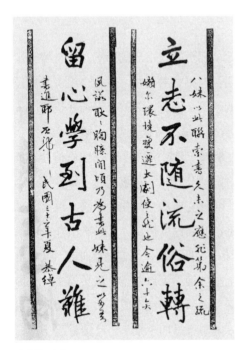

叶恭绰对联

叶恭绰的书法自少小时代习书即远离"馆阁体"，主要取法颜、柳，先后临了《多宝塔碑》《颜勤礼碑》《玄秘塔碑》《神策军碑》，进行了正规的唐楷训练，打下坚实的基础。及长，取法诸家，转益多师，对所藏《胆巴碑》真迹临摹至勤，笔法虽取诸赵字，但避短扬长，淘汰了赵字中某些柔媚甜俗，笔墨丰韵又得颜氏之骨，一变而成挺健刚劲。其结体又参考《大字阴符经》，在严谨中求变化，平稳中见险绝；勾画细微之处，行笔流畅而姿态秀美，似乎又有写经书体的影子；转折处似乎又见北碑的影响。当今有人评论叶恭绰书法，魏晋小楷秀润可见，可贵的在行书，他能运用自如。这就恰如叶恭绰对书法的要求："字字有气势，务使大字如细字，细字如大字，大字缩小固有气势，小字放大亦有气势。"实现了他对书法艺术的追求："盖以盈尺之势，缩之一粟，自然气象不凡。凡一切虚法，板滞之弊，扫除净尽矣。"

　　叶恭绰的书法是"碑力帖韵"，他的行草中碑帖并蓄，形成了自己的个性。既有碑之稳健，又有帖之灵动，于圆实凝重中充满了放纵自信。书如其人，他拿得起放得下的品性在书法中充分地彰显了出来。叶恭绰的书体虽然很少有变化，但他的气势至老不衰。黄苗子说："六十岁以后更是得心应手，达到炉火纯青的境界。特别是二尺以上的大字，写得神采飞扬，气势饱满，一直到八十多岁，写小字手还不发抖，通篇精力充沛，结构浑成。"

　　邹典飞对叶恭绰的书法有着概括性的评论：民国时期，叶恭绰因其在书法上的卓著贡献而成为帖学复兴的重要人物，他出入政界，富收藏，善交友，勤著述，诸多身份和优势把他的书法推向了一个新高度。和同时期帖学名家相比，叶氏书法在格调上较沈尹默更为高雅，在笔法上比溥心畬更为随兴，在气势上精悍过于白蕉，所以叶氏书风可雄瞻20世纪帖学书坛，为真正意义上的"无冕之王"。故民国时期久负盛名的书法家郑孝胥，将叶恭绰书法推为国内第一。（邹典飞：《民国时期的北京书风》）

　　其实研究书法，不能离开书法家的学术背景。叶恭绰对传统文化的研究、作诗、填词都有着较高的成就，看书法，就是看学问。如果把叶恭绰的书法和他的文章、诗词相比较，可以看到其中的一致性。他的诗宗杜甫，以写实记事见长，端庄多于抒情。文章亦如此，没有浮华空泛的议论，取法于韩愈，更多的是受归庄的影响，也是庄重深沉的一路。他的书法受魏碑的影响，更多的是宗法于唐褚遂良、颜真卿。写字时多有读帖的习惯，浏览诸家，领略其气韵，并不定于摹某一家某一帖。

叶恭绰墨竹，徐悲鸿补石

除了书法，叶恭绰也画墨竹、松梅，偶尔写墨兰或山水，其中尤以墨竹最多。叶恭绰曾致信傅抱石询问画竹之诀窍，傅回信说："以公书法之超迈，写竹极易成功，盖写竹必用中锋，与作字用笔相通故也。拙篇书法要录第二篇中有写竹一卷，印出后当先鉴正。故欲免僵滞，不外多画，画时提腕亦可免僵滞，大约每日写十纸，半年后便趋纯熟，纯熟则僵滞之病去矣。"他画竹初仿学顾安（定之）、夏昶（仲昭），认为风竹唯元人吴镇最得神韵，拟学吴之风竹、雨竹。叶恭绰曾自述云："余习画竹十年，仅略明钩勒布白。滞香港日为日寇拘系，卧室中不出，乃画竹自遣，始稍窥蕴奥，然心手苦不相应。又为之数年，方觉挥洒自如，且未随清人窠臼，而吾技已穷。"一般画竹都有着"高风亮节"、虚中生白，清高绝尘以寄情，而叶恭绰画竹似乎纯属自娱消遣，不做其他过多的寄托。他有一首诗题："永持喜余画竹有进，而忧余体之瘦，余谓此殆不可兼得也。苏子瞻、李竹嫩、金冬心皆以竹医俗为当言，而古代者仍食肉，此适形其障重，不可为训，固赋此自解且慰永持。"只不过是"手写篔筜聊悦目"而已。评论家都论说郑氏画兰不画土，似寄托漂泊无定的亡国之痛。叶恭绰则认为："余画竹恒不画土，盖丹青本悬拟之物，心神所聚，何物不现，不必定从地起。"郑所南画兰无土，虽亦一说，然当大地平沉，山河毕竟有无，正无庸于梦中再说梦耳。叶恭绰为夏敬观画一幅墨竹，并致信："画竹一帧承命贡丑，画竹不难迅利，兹略有拙致，尚不落窠臼，法眼必能辨之。外一纸乞画莲，叨扰为丑。以此遗细君，聊胜东方割肉耳，一笑。"和书法一样，叶恭绰画竹亦换取笔润，他写诗自嘲云："画竹三竿换百竿，遐庵风致足清寒。"并说："余画竹一幅，售得五百番，因购竹百本种之斋前，兹为之写真，复售之，画去竹存，不知其孰寿也。"叶恭绰画了一幅《枯木竹石》，题中有云："寓简于繁，由淡得逸，似别有蹊径。此轴流入市肆，为大千爱而有之。"他对自己画的竹，似乎颇为得意自信。

十五、托后事于朋友

1948 年，中国处于新旧交替的重要历史时期。叶恭绰住在广州，还不时与身居上海的徐森玉通信，讨论北平文物流散的动向。他对李盛铎所藏敦煌经卷的流失，亦念念在心中，在给徐森玉的信中说："木老敦煌经卷兹又有一批到沪，且较前益胜，弟前曾劝慰堂专收北平图书馆以补藏珍，未知渠对此批尚有意否？或别人能以收藏，盼与来人细商一切。弟近年已主聚不如散之说，然终希法物之得所，不致毁灭。"李氏所藏经卷有一批流散到广州，叶又致信徐森玉说："比者北平书画古物之流散，弟颇劝亲友合资往购，但应此寥寥。木斋所藏精品却有人购了来粤，晋人写经于帛上兼有佛像，又晋人写《道德经》一卷，乃索统所写。金山寺被焚，藏经悉毁，金、焦同遭浩劫矣。"叶恭绰关心之二即是他在上海的一批藏品的处理。他有一批铜佛像藏上海法宝馆，粗精不一，希望徐森玉拨冗前往鉴别，对一些精品小件，可送上海博物馆，或其他寺院，请徐森玉代为处理。还有法宝馆弘法用房，请徐森玉和顾廷龙、赵朴初商量处理。

1937 年 3 月，简照南的后人，将简氏上海南园让与有志于清修之佛学家为聚居之所，每人以廉价得地一区，叶恭绰参与其事，并在所得之地上建法宝馆，以利于从事佛教图书文物的搜集和保存，以供研究佛学事迹和中西交通史研究者参考。

在建筑过程中，资金遇到困难，叶恭绰致信张寿镛求救："法宝馆之建立，弟不自量度，独立从事，今建筑告竣，款已罄矣。目下设备及一切器具暨以后经常维持费均无所出，弟力亦已竭（共已用去两万三千余元）。惟有恳求同人鼎助之一法。此馆乃社中公共建筑，亦可称吾国文化建设之一，或佛教文化建设之一，敢乞竭力募集，借免功败垂成，不胜企盼。"但筹备之后，遭抗日战争而停顿。抗日战争胜利后，因社会秩序不稳定，亦未能开展活动。

据《上海近代佛教简史》介绍，该馆结构洋房式，内分两幢三层楼房，中间建梯直上，馆内二楼至三楼，分设法物部、图书馆部，收藏古代法器、法物及宋、元名画、佛像和明南北二藏与各种版本的佛经。还有邳县平山端山寺所藏明代正统年间印的《大藏经》一部，亦藏于该馆。但是《叶遐庵先生年谱》则说："从战事起，未能充实内容，先生恒为耿耿焉。"由此可知《上海近代佛教简史》所描述的法宝馆和叶恭绰筹的法宝馆还不是一回事，叶氏年谱还说："以无资建屋，将址让人，而捐地价于园中，建一法宝馆，专储佛教文物。"

1949 年后，叶恭绰更无力顾及，遂与徐森玉、顾廷龙等商议，叶恭绰致徐森玉信说："前谈法宝馆房事，已分函起潜、重知，并由林初函游矣。我意最好将弘治所借之房统归合众继用，望晤朴初时，再切实嘱其紧，属游照办。因弘治内容亦复杂，虑多歧也。"恭绰存法宝馆还有一些佛像，故在致徐森玉另一信中说，"弟存法宝馆铜造像一批，其中精粗不等，现须分别处理，但钱重知不能区别，可否请兄拨冗往一看，应分送何处为妥？弟仿佛记得有些小件精品，但以如何办法为宜，方免糟挞。弟既不能遥揣，又急欲了此首尾，故惟有仰仗鉴别一法，非故为兄添麻烦也"。叶恭绰于1958年将法宝馆及法宝馆所有图书文物全部捐归上海图书馆。

叶恭绰对于《广东丛书》念念不忘，能否出续编，他已感到无能为力："可待后人为之，弟不能从事矣。病躯勉强支撑，终不得养，亦只可听之，此吾心也。"此时的叶恭绰已经处于进退维艰的困顿境地了。

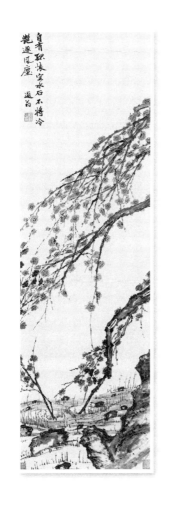

第四编

仰止亭畔落梅花

自有暗香窣翠水石不将冷
艳远风尘 遐昌

一、"身佩六国相印"

　　1949 年，毛泽东与周恩来等在新中国成立前夕，邀请一批民主党派人士和社会各阶层名流，到北平共商国是，叶恭绰也在被邀之列。周恩来通过章士钊，把这一信息传给了在香港的叶恭绰。自孙中山逝世之后，叶恭绰已退出政坛。他对以蒋介石为领袖的国民党政府更是失去信心，自知跟随蒋介石没有出路。他对共产党接触不多，在其领导下的解放全中国的战争虽然胜利在望，但对在共产党领导下将要建立的新政府也不甚了解。因此，他于 1948 年移居香港，静观时局的变迁。叶恭绰接到邀请之后，经过一番慎重考虑，决定北上参政议政。当时有人劝阻他不要北上，理由是：北京新政权是穷人政权。叶恭绰笑说："我现在也不富啊！"叶恭绰愿意北上的消息传出之后，周恩来很是高兴，说："好啊，誉老回来，我们非常欢迎！"1950 年 3 月，叶恭绰在周恩来的周密安排下，从香港到了北京。周恩来派代表齐燕铭和民主党派人士章士钊、章伯钧等到火车站迎接。叶恭绰此时已近七十岁了。

　　新中国成立之初，政务院下设四个直属委员会：政治法律委员会、财政经济委员会、文化教育委员会、人民监察委员会。回到北京的叶恭绰即被中央人民政府任命为文化教育委员会委员。文化教育委员会主任为郭沫若，

叶恭绰摄于六十六岁

主管全国的文化、教育与卫生事业。同年 7 月，叶恭绰又被聘任为中央文史研究馆副馆长。中央文史研究馆是一个统战性和荣誉性兼而有之的文史研究机构，是毛泽东亲自倡议设立的，馆员都是老年硕儒。第一任馆长便是毛泽东早年的老师符定一，副馆长分别是叶恭绰、柳亚子与章士钊。后来，叶恭绰曾任代馆长。文史馆馆员都有固定收入，叶恭绰晚年的生活也算有了保障。他在文史馆读史读书，或者著书立说，或写字绘画，或者和朋友吟诗唱和，和他往来最多的要算章士钊了。

叶恭绰和章士钊何时相识，并没有明确的记载。1906 年，岑春煊任邮传部尚书时，叶恭绰也在邮传部任职。章士钊是岑氏的智囊人物之一，后来随着岑氏下台，章也一度退出政坛。叶、章两人的相识是否就在这个时候，已无从考证。此时在京的叶、章经常有诗唱和。1952 年，章士钊在《昨寄伯鹰诗疑过衰飒，补句壮之，兼柬遐庵》诗中云："人到忧危愁日堕，友来规劝好龙真。"句旁有注："吾昨填观荷词，遐庵嫌太萧飒。"1954 年，他们同游北海，赏菊赋诗。今存章士钊写在石佛山房制笺上的《偕遐庵北海看菊花作》一通四纸中，可以看出他们游赏的情况，并赴地安门外嘉兴寺吊念齐燕铭之父齐景班（中央文史研究馆馆员）。

章士钊读完周寿昌（自庵）的《思益堂词钞》后，写了一首诗寄给叶恭绰，诗云："齐年双鬓各髯髯，觌面翻疑卜丧朋。药石不时趋郑缓（指君常年医郑河先），菩提无计踵南能。荒斋寂寂嫌人到，公论森森有鬼凭。八十痴儿应自了，未须辛苦作聋丞。"鬓发稀落，面色不好，可能又有朋友去世了。如今老态龙钟，念佛又有何用，诗中充满了伤感。《调遐庵》一诗是步叶恭绰的诗韵，诗中以叶诗作解，其中如叶的来诗："池荷阶菊犹前度，怅忆山翁把酒时。""行吟袖手浑无俚，且向东篱问落英。（'秋花不落'本永叔句，君必知之。）"诗中还写叶恭绰用司空图诗《菊》中句"且随幽蝶共徘徊"，又写了他们去嘉兴寺凭吊齐景班之事。从章士钊引用的诗句中，我们已经可以领略叶恭绰的诗中之意。令人颇为感动的是，在章士钊的遗物中，有几件是抄叶恭绰的语录，为学生讲课的讲义，及致朋友信件的内容，如《节录遐庵致蔡公湛书中语》《叶恭绰复曾履川书》《遐庵弟子记纲要》。在叶恭绰的《语录·学问》一则中，记下了叶恭绰的话：

> 学问要能博，所谓常识也；要能精，所谓专家也；与其博，勿宁精，致用则非精不可。
>
> 学问最后阶段必须从经验得来，否则非学问之极轨。
>
> 学问只讲师承而不讲创造，此非真学问，所谓青出于蓝而胜于蓝者，方有此境界。
>
> 学问重在归纳及演绎，盖能归纳与演绎，始可与言发明，若徒讲究文字非学问之本体也。
>
> 学问要有条理，治学更然。
>
> 学问之本领在恒勤苦三字。
>
> 学问靠兴趣，尤靠抱负。
>
> 学问要富主义性、时代性。

像章士钊这样的人，能对叶恭绰的述说做这样的抄录，只能以"真"和"诚"二字来解释。

章士钊写了《遐庵书来笔力甚健喜为此咏》，诗曰："天将雨雪仰同云，九十高年世稀闻。漫把登庸方削迹，未妨示疾暂离群。自身成佛虽孤愿，举国从风亦所欣。静抑平生飞动意，梦中蝶定落纷纷。"

到了北京的叶恭绰，积极参加各种政治、文化活动，但卓有成效的还是在文字改革方面的贡献，这也是他一直关注的事情。他早年就著有《论现代文字体制之应革新》，主张文章体制之革新"应从小学教育及报章、文牍、杂志、广播着力，树之模范，自可转移风气"。叶恭绰此时任中国文字改革委员会委员，参加中国大陆简化和整理汉字、推广普通话、制订和推行《汉语拼音方案》等三项重要工作。1953 年元旦，他在《题松江急就章拓本》写道："余维急就章简体之初造本用以教学童，其时代先于草及行楷，审其嬗变之迹，殆大小篆及分隶点画繁复，体势方板，不急于用，故不久辄变。"章草由于实用，是"以教学童以制之变，其后仅为文人学士固书？能而传习，致几乎湮灭"，"近千年一切政治文化学术多形荒落，论者恒谓文字亦当与任其咎，余心谓然，故介主音符及先整理汉字，余皆赞和之，且有所努力于拟行简体时，并颇采用章草，以其简明易辨易习，且造字本义当存其廓，便于过渡也"。此时，叶恭绰即主张汉字简化，以章草作参考，其实简化了的汉字，有许多是取自章草。1月，中国文字改革委员会召开第七次常务会议，由吴玉章推荐秘书长、副秘书长名单，叶恭绰任汉字整理组主任。6月，叶恭绰发表《汉字整理和汉字简化》一文。10月，在教育部和中国文字改革委员会联合召开的全国文字改革会议上，叶恭绰代表文字改革委员会做《关于汉字简化工作的报告》，回顾了汉字简化的历史，并说明《汉字简化方案修正草案》和《第一批异体字整理草案》的制定经过。1954年7月，《常用汉字简化表草案》第四稿经汉字整理组第十二次会议通过，会议并请叶恭绰等人再加以修改。1954年10月，叶恭绰任中国文字改革委员会常委；1955年，任中央标准语普及工作委员会委员；1955年10月，代表中国文字改革委员会在全国文字改革会议上做《关于汉字简化工作报告》。1956年7月13日，国务院全体会议第三十八次会议通过成立"汉语拼音方案审订委员会"提议，叶恭绰被选为委员会委员。经过委员会审定，现行的《汉语拼音方案》于同年10月获得通过，颁行全国。

叶恭绰大半生笃信佛学，并热心于佛学的普及与推广。1952年11月15日，他与佛教界著名人士虚云、巨赞、赵朴初、法尊、喜饶嘉措等人一起，发起组织中国佛教会。次年5月，中国佛教协会在北京成立，叶恭绰被推举为第一届理事。1953年，叶恭绰写了《由旧日译述佛经的情况想到今天的翻译工作》一文，主张出版总署应设立一个译学馆，专办佛经译述工作，并提出了选拔录用译员的标准。

叶恭绰身兼数职，工作繁忙异常。有友人曾与他开玩笑说，他是"身佩六国相印"，但叶恭绰深知这"六国相印"的责任和使命之重大。

二、致信毛泽东

对袁崇焕墓的守护和维修，也是叶恭绰此时的心中大事。1952年，北京市人民政府为了整顿市容，拟将北京城内的全部坟墓迁到城外，位于广渠门附近的袁崇焕墓亦在被迁之列。叶恭绰得知这一信息后，认为袁崇焕是民族英雄，其墓不应迁走。5月14日，叶恭绰与柳亚子、李济深和章士钊等人联名上书毛泽东，提出袁崇焕墓不应当迁走而应该连祠堂一同修复，以提倡民族气节和爱国主义。毛泽东很重视叶恭绰等人的意见，收信后即批转北京市市长彭真，不久又给叶恭绰回信：

誉虎先生：

数月前接读惠书，并附萨镇冰先生所作诗一首，不久又接读大作二首，均极感谢。萨先生现已作古，其所作诗已成纪念品，兹付还，请予保存。近日又接先生等四人来信，说明末爱国领袖人物袁崇焕先生祠庙事，已告彭真市长，如无大碍，应予保存。此事嗣后请与彭真市长接洽为荷。

顺致
敬意

毛泽东
五月二十五日

最终袁崇焕墓不仅没有被迁出城外，北京市人民政府还拨专款予以修葺。

1953年，叶恭绰与朱启钤、章士钊等特地致函毛泽东，对人民英雄纪念碑的设计提出意见。毛泽东极为重视，即将此信批转给彭真，说："彭真同志，此件请委员会讨论，并建议三人参加。"

叶恭绰还将自己的书法、绘画赠送给毛泽东，多为祝寿等吉祥语。叶恭绰继其祖父遗志，费多年心血编辑《清代学者象传》第二集。1953年影印出版两百部，即寄赠一部给毛泽东，并附信一封：

主席钧鉴：

恭绰年来渥承光被，稍获新知，然结习未忘，曩时所业有可供参考者，仍随宜掇拾，冀附轻尘之助。兹印成《清代学者象传》第二集一种，方始出版。谨上呈一部，期承乙览之荣，并赐训诲。

附致崇礼

叶恭绰敬上

八月五日

信后，叶恭绰还附注道："制版时各家姓名有误注处，更正如下：谢兰生与徐松互易，谭莹与谭献互易。毛主席赐存。叶恭绰敬上。"

毛泽东收到叶恭绰寄来的书后即回函：

誉虎先生：

承赠清代学者画象一册，业已收到，甚为感谢！不知尚有第一集否？如有，愿借一观。

顺致敬意。

毛泽东

一九五三年八月十六日

《清代学者象传》第一集还是叶恭绰祖父编著的，1928年出版，此时一册难觅，叶恭绰只好将自藏本赠给了毛泽东，并特意在信中说明：

主席钧鉴：

奉示敬悉。《清代学者象传》第一集，舍间存书已悉毁于变乱。

兹另觅得一部，奉请存阅，不必交还矣。

余致崇礼   叶恭绰谨上

廿一日

　　毛泽东收到《清代学者象传》第一集后，爱不释手。他立刻告知叶恭绰，感谢他的复赠之情，并在书的首页上钤盖了自己的藏书印"毛氏藏书"。另外，叶恭绰呈送毛泽东《清代学者象传》第二集时，在该集的扉页上已写了跋语：

　　一九二八年，余影印先祖南雪公所手自绘写之《清代学者象传》，曾风行一时。其时余即拟续辑第二集，经廿年之久蒐集，又得二百人，以时局不定，资力又窘，且各人传记不易着笔，故迄未付印。解放以来，从事文史，方温旧业，而精力已衰，恐及今不为，后无可托，不但已集诸象，虑致湮没，有乖夙愿，且无以慰。频年亲友相助之劳，因斥卖烬余藏物，以各象先付影印，其传则待续。藐躬编行，短景所能为者，仅此亦聊备治近代史者之参考而已，略例具于左方，敬希同志指教。

叶恭绰

一九五三年四月

　　1953年，叶恭绰将《清代学者象传》第二集书稿寄来上海，委托顾廷龙筹备刊印，有小像共二百八十六幅。经顾廷龙预算，印工每页一分半银元计，照相每张两角，五尺宣纸七十三刀六开，每刀一元五角，以此约略估计总需银币八九百元。顾廷龙在给叶恭绰的信中说："为数相当大，恐难筹措。"顾廷龙此时亦是无可奈何，故他在信中又说："河清难俟，做得一分是一分，时会如斯，草率亦应原谅。"

　　叶恭绰的本意是把《清代学者象传》第二集印成宣纸本，以求与第一集达到统一。但是顾廷龙感到资金困难，他在信中告诉叶恭绰："宣纸既难得，不如用道林纸。""市上所有夹贡均不能与第一集同样，单面用纸多，价甚昂，两面印，不好看。道林纸可单面印。"经过顾廷龙的精打细算，花费时价一千五百万元，用道林纸印了九开本《清代学者象传》第二集两百部，叶恭绰送给毛泽东的即是其中一部。

三、字字千金《鸭头丸》

从香港回到北京的叶恭绰，开始从事文教工作，虽然还算文教部门的高层官员，但是在资薪上远不如民国时期的官俸，所以不得不出售一些藏品，以应付日常生活所需。徐森玉是叶恭绰的老朋友，深知叶氏收藏中重品之所在。徐氏此时又主政上海市文物保管委员会，为充实上海文博系统和博物馆的藏品，对叶恭绰所藏王献之的《鸭头丸》时刻放在心上，随时注意此件名迹的流传去向。徐森玉作为文博大家，自然有着不掠他人之美的风范。既然知道老朋友叶恭绰要出售自己的一些收藏，何不将他收藏的《鸭头丸》收归上海博物馆呢？

叶恭绰藏王献之书《鸭头丸》

王献之《鸭头丸》（唐摹本）是写给他的一位朋友的短札，全文为："鸭头丸，故不佳。明当必集，当与君相见。"这封短笺是写给谁的，已经无从可知。但《鸭头丸》的传世资料，最早见于《淳化阁帖》，当时藏于宋太宗的秘阁内，后又见宋徽宗《宣和书谱》中著录，南宋时仍在宫廷内府。以后为元文宗收藏，天历三年（1330）赐予奎章阁博士柯九思。明代时入藏内府，神宗皇帝总是带着它出入。万历年间流出宫外，为安徽新安收藏家吴廷（用卿）所得，刻入《余清斋帖》中；万历四十年（1612）陈元瑞又刻入《玉烟堂帖》中。崇祯年间入吴新宇家。清光绪时为长沙徐叔鸿所得，遂名其斋曰"宝鸭斋"，后辗转归叶恭绰收藏。

徐森玉认为办理此事最理想之人是谢稚柳。谢稚柳带着徐森玉的使命去见叶恭绰。谢稚柳与叶恭绰是旧相识，谢稚柳对叶恭绰向来以前辈尊之。见面之后，先从叶氏最关心的宋徽宗的《柳鸦芦雁图》谈起，因为谢稚柳刚从北京为上海博物馆购进。然后又谈到叶恭绰几次向上海博物馆出让的书画。此时叶恭绰仍然愤愤不平，认为上海方面是有意压低收购价格。

谢稚柳此时做了一些试探："遐翁，您藏的《鸭头丸》是否有意出让？"

叶恭绰有些不高兴地说："上海文管会诸鉴定家，连画的等级价值都没有标准，《鸭头丸》到了那里，还不知被评成什么劣等呢？！"

谢稚柳连忙接口说："遐翁放心，这次由森老说了算。"

叶恭绰说："这种东西我能卖吗？字字千金，即使我想卖，你们文管会也不敢收。"

谢稚柳立即说："遐翁，您可是一言九鼎，虽是字字千金，我们也买，这个家我当了。"

叶恭绰只是说气话，"字字千金"，也仅是随口说说而已。但《鸭头丸》到底能卖多少钱，他的确也没有想过。叶恭绰看看谢稚柳，问："你这个'字字千金'算什么样的价钱？"

谢稚柳顺口说："就照遐翁说的，一个字一千元。"

叶恭绰沉吟了一阵，接着说："你这种点名买东西，叫作'挖别人的眼珠子'。你们既然要挖眼珠子，那就让你来挖吧，反正这东西早晚要被挖走的。今天不是你挖，明天还可能有别人来挖。"

就这样，王献之的《鸭头丸》最终归了上海市文管会，后来入藏上海博物馆。

鸭头丸为一种丸药，见于唐代王焘的《外台秘要方》、明代李时珍的《本草纲目》等医书，是一种利尿消肿的药。从这一帖的语气来看，应当是有人服用过鸭头丸，但感到效果不好，因此写信告诉王献之这个情况。王献之服后，觉得果然如信中所说，所以回信约这位朋友第二天聚会并将求教。这是一件极普通的日常琐事，但由王献之写出，却成为一件传世翰墨名迹。

接着，谢稚柳又为上海市文管会收购叶恭绰视为"所藏名僧法书第一品"的唐代高闲和尚草书《千字文》残卷。叶恭绰的《纪书画绝句》中有曰："此卷纸白如新，纵横沉着，足以继轨藏真。闲师墨迹虽古今著录曾有数事，而传世者唯此而已，末署'吴兴高闲读昌黎赠序'，可想见其人。"前文已记述叶恭绰得此卷颇经周折。高闲为晚唐的著名书法家，湖州（乌程）人，唐宣宗曾召入宫，赐紫衣袍，圆寂在湖州开元寺，笔法得之于张旭。韩愈曾作序送他，盛称其书法之美妙，遂名闻于世。此草书《千字文》墨迹虽是残卷，但也流传有绪，曾经宋赵明诚，元鲜于枢，明方鸣谦，清卜永誉、安岐等人递藏，且笔势浓重，坚挺纵放而不失规矩，给人一种墨气淋漓、酣畅痛快之感，历来评价都很高。

谢稚柳向叶恭绰收购此卷时，叶氏颇有感慨地说："昔日景朴孙氏为生计所迫售此卷，今老翁亦为生计所迫售此卷。而归公有，不再有此劫矣。"

四、铭心之作《见心莲》

1952年夏天，叶恭绰以中央文史研究馆副馆长的身份，先后两次招待文史馆的同人陈半丁、邢端、邢之襄、王冷斋、黄复、夏仁虎、梁启勋、陈云诰、齐之彪、刘孟纯、陈祖基、钟刚中、孙人和等人，去北京嘉兴寺赏盆荷。陈半丁画《莲社评茶图》及《清凉世界》荷花相赠，并在前一图题款"壬辰闰五月写呈遐翁馆长指政"。叶恭绰于画作两跋："去夏同馆友人谈及京师各池荷以清菌故已悉掘去，曩时盛赏不复可得，只嘉兴寺盆栽尚有佳种，因先后约请同好临观，并以姜白石词'念桥边红药，年年知为谁生'十一字分韵，赋诗词，仍请陈半丁翁图其事，因装成一卷，以存陈迹，卷中或言十人，或言二十余人，乃指先后两会，非一日事，后之观者无因此聚讼也。一九五三年四月叶恭绰补记。又第二集乃续用白石词'二十四桥仍在，波心荡，冷月无声'分韵。"

1953年，叶恭绰又作古风长诗《见心莲》二首：

京师近多新卉，有名反面莲者，心突出而瓣皆后反，故名。余赏其形态，以为名不相称，改题为见心莲。呜呼！心固不易见，欲人之能见，亦岂易哉。

见心莲，汝叶何田田。汝心赤如火，汝色殊澄鲜。汝根虽薄弱，汝性弥芳坚。不争水土美，不竞桃李妍。耻敷萧艾荣，谢与藤蔓缠。剩秉一寸心，朝夕唯拳拳。惟为尘沙掩，冀邀天日怜。蕊须因笑出，花瓣还翩翩。七窍尽显露，胸臆浑洞然。我心本匪石，将剖群众前。如人不见何，真相迷方圆。石碑似含口，藏写奚能宣。吁嗟乎，见心莲。

汝心虽可见，见者灼知否。目或迷五色，眩转难深求。亦或障翳多，烟雾蒙双眸。汝纵沥肝胆，熟视谁为收。剖之难自明，涕泗空横流。何况汝薄植，原为管蒯俦。不登大雅堂，分宜沟壑投。阳春无私荫，小草乃见搜。未陟千仞冈，徒望百尺楼。大地自溥溥，岁月方悠悠。勉旃崇令德，式好无相尤。

此系五三年作，不知所感云何，业已忘之，录供一笑。遐庵。

此帧《见心莲》诗册，何时所写，写给谁，供谁一笑，都无从可知，但册页的左下角有一方"周颖南家珍藏"印。周颖南是新

见心莲

叶恭绰书《见心莲》诗

加坡收藏家，20世纪80年代曾活跃于北京、上海，收集名家的书画。叶恭绰于1968年逝世，尚未见他逝世前和周氏交往的资料，似乎不是写给周氏的，而应该是写给他的故友知交，应是对他很了解的人。

《见心莲》是叶恭绰自身的写照，他自己就是见心莲。跋语中云："不知所感云何，业已忘之。"这应该是诗人的曲笔，不愿说明内心情感曾经有过这方面的经历。像这样记录心路历程的诗，不是一般的赏花品卉，不但不会忘记，而且知道所感为何，难以磨灭。1952年，"思想改造运动"在全国展开，"向党交心""脱胎换骨"，是思想改造运动中最为流行的口号，知识分子正是处在这种压力的重重包围之中。叶恭绰所在的旧知识分子集中的中央文史馆也不是世外桃源，像叶恭绰这样的北洋时代的官僚，交游广泛、经历复杂之辈，人们不会让他置身于"思想改造运动"之外。目前暂未见到叶恭绰的思想改造的材料，不知他是如何"交心"而"脱胎换骨"的，或许《见心莲》与当时的背景有关。可以设想，当叶恭绰见到"反面莲"时，触目惊心，必定怦然心跳，自己不就是"反面教材"吗？但他毕竟是一位智慧老人，来一个偷梁换柱，弃旧从新，把"反面莲"重新命名为"见心莲"，改名之后，只能发出"呜呼"的感叹了。他以莲花拟人，表明自己"心赤如火"，把自己的心"解剖群众前"，对新社会以"拳拳"报之。虽"志坚"而"根薄"，先天不足，背着沉重的历史和精神上的包袱，虽然"胸臆浑洞然"，但"见者灼知否"？虽然如此，仍然守着"不争水土美，不竞桃李妍"的知识分子清高绝俗的底线。《见心莲》应该是叶恭绰的自我剖心之作。

宋人周敦颐的《爱莲说》，称莲"出淤泥而不染""中通外直"，叶恭绰的《见心莲》也有这么一层意思。在叶恭绰的性格中，对莲的确有所偏爱。1934年冬，时任民国交通部部长的叶恭绰偶然得到一方古砚，见砚的背后刻有《并蒂莲》诗，并且注明此莲出东亭（今江苏昆山玉山镇）。东亭为元代名士顾阿瑛的园林，时人称为"玉山佳处"。顾氏所植双萼并蒂莲为稀世名品，据说来自印度，当时江南一带名流墨客均曾来此赏莲歌咏。元代诗人杨维桢（字廉夫，号铁厓，又号铁笛道人）的诗句中，常见他与顾阿瑛等吴中名士结伴乘画舫游吴中风景，并在顾氏名园"玉山佳处"雅集联句，与他们同游者有京兆姚子章、淮海张叔厚、匡庐于彦成、吴兴郯九成、清河张师贤、汝南袁华、河南陆仁等，都是一时才俊。联句中吟咏顾园风物："湖吾傀偏深，江洿吴淞狭。地形九曲转，峰影千丈插。斜川万桃蒸，小径五柳夹。"亦吟咏池中的莲花："白戟鱼乍到，红莲米半锸。""左芙蓉，右杨柳。"杨维桢兴起铁笛横吹，声穿云表。

叶恭绰当即冒雪乘火车，来到正仪访莲。地方人士在叶恭绰的倡导下，成立了"顾园遗址保管委员会"，筹集资金，对荷池遗址做疏浚修葺，在并蒂莲池塘以东再辟一池，植白莲，与并蒂莲媲美。次年 7 月，并蒂莲盛开时，叶恭绰乘坐快车，专程前往正仪（按：与下文真义、正义为一地多名）东亭赏莲。随同而来的有摄影家郎静山夫

观赏并蒂莲旧影一

妇、雕塑家江小鹣夫妇、书画家姚虞琴夫妇以及多位新闻记者。叶恭绰此次顾园之游，写了《五彩结同心》词，序中说："昆山真义镇之东亭子为顾阿瑛玉山佳处故址之一，今岁池荷盛开，重台骈萼并蒂至五六花。余偕姚虞琴、江小鹣、郎静山临赏，以其叶小藕窊而不结莲房，又花瓣襞积卷如蕉心，正与吴中华山刘宋造象中所刊千叶莲同，因断为即天竺传来之千叶莲。盖花中如海棠、海石榴、山茶，凡舶来种，恒现多层，此殆同例也。元末明初迄今已六百年，沦落荒村中，今始幸邀吾徒之一顾，感赋此阕，以属阿瑛兼示同人。"叶恭绰等人来真义（与正仪、正义为一地多名）探顾园时，东亭子尚在，而西亭子已成荒野。两亭子相距十华里，可见此园之大。朱元璋建立明朝，对元朝之名士如沈万三等相妒，顾阿瑛亦被赶出玉山佳处，徙迁于濠梁。叶恭绰从写词《五彩结同心》到写诗《见心莲》，其身世沧桑、情感跌宕可见一斑。

叶恭绰这次访莲，《申报》《新闻报》都做过报道，叶恭绰作《五彩结同心》并刊登，词曰："前身金粟俊赏，琼英东亭，恨堕风涡。六百年来事，灵根在，浑似记梦春婆。濠梁王气都消歇，空回首，金

观赏并蒂莲旧影二

谷笙歌。无人际，红香泣露，可堪愁损青娥。　　栖迟野塘荒溆，甚情移洛浦，影悟恒河。追忆龙华会，招花笑，禅意待证芬陀。五云深处眠鸥稳，任天外尘劫空过。好折供维摩方丈，伴他一树桫椤。"《向心莲》和《五彩结同心》是叶恭绰对莲花的欣赏、赞美，自标清高绝俗，有着一脉相通的情怀。

叶恭绰游顾园之后，致信吴湖帆求画荷花，信云："真义莲花又盛开，尊画尚未交卷，不识嫂夫人肯命笔为此花生色否？"又一信云："顾园千叶莲写真兹附上旧纸三张，祈公与静淑夫人绘（横幅）一幅，另一纸请转冯超翁，恳其法绘。弟拟请八人或十人各绘此莲一幅（集为一册），亦佳话也。"吴湖帆受叶恭绰所嘱，不但画了《千叶莲》，还填写了词《五彩结同心》，咏荷花之美，词中有句"愿化叶底鸳鸯"。

五、潇洒风雅中的谨慎

叶恭绰定居北京以后，时常与故友旧朋游园赏花，诗词唱和，晚年有过一段为时不长的风雅生活。从1954年2月末写给上海友人、书法家潘伯鹰的信中，似乎可以看到他当时的某些生活状态：

久未通书，奉示喜慰。所谓书画，兹抽暇写上。字又少变，画似亦有寸进，唯日西方暮，而所成仅此，亦自伤矣。近有一小事可奉告，京师崇效寺牡丹为数百年之物，已成掌故。比年因无人游赏，日遂萎败，已仅余卅余株，再阅数年，将绝种矣。上月，我偶为市府中人言之，劝其移入中山公园，业已如愿，并依我说，别辟一畦棱，曰："崇效寺移植牡丹。"此为近年来一受意事，喜为八绝句纪其事。孤桐翁兴发，和十六首，旋又继成八首，富哉之乎！然此题实值得一咏也。

如愿移栽崇效寺的名品牡丹，叶恭绰内心是喜悦的。叶恭绰把移植牡丹之事写信告知潘伯鹰，得到潘氏的复信后又致信说："兹事正如来书所论，暂告段落，再听下回分解耳。然其困窘自是真情，苦无响沫，殊形焦灼，兼近来专作文化打杂之役，目力足力皆苦不济，记性复逊，颇以为苦。"短短数语，亦可表现出叶恭绰此时的无可奈何的心情。1961 年，在香港的亲朋故友，为庆贺叶恭绰八十寿辰，编印了《遐庵谈艺录》五百部，是他一生大部分书画收藏的著录。他送了一部给潘伯鹰并写信道："在医院中，惠书未能即答为歉。《谈艺录》之编即系值冗病交乖，心绪寥落之际。以为死在旦夕，与其弃之垃圾桶内，不如姑且刊行，供人嗤然，此乃无聊之极。思等诸小报之有闻必录，何善述之可言？君欲以名山之业视之，希其合何规范？伤哉！"或许，叶恭绰心中，对此《遐庵谈艺录》并不十分看重，他如将未刊印的文稿悉数整理，应该可得此书的"三卷数"，而且比此书更有价值。他在信中对潘伯鹰说："此愿亦料其难遂，只有泥沙混合，列为一摊。"日西方暮，心绪寥落，唯有在书信中与天各一方的知心好友一述伤感。

　　在北京生活，叶恭绰此时的心情是紧张的，言行是谨慎的，就连生死与共相交几十年的老朋友徐森玉到了北京，他也没有马上见面。他在致龙榆生的信中说："森老来（京）尚未晤，因其又忙于考古工作会议也。陆亦有信来，仍以警惕为是。"有噤若寒蝉之感。

　　往昔，叶恭绰办事都是雷厉风行，可谓事想有成。此时则难与往昔相比了，从他给龙榆生的信中（张瑞田主编《字响调圆——龙榆生藏现当代文化名人手札展作品集》）可以看出，他当时办任何事情，都有些畏首畏尾，颇为无可奈何。龙榆生是词学专家，当年协助叶恭绰办《词学季刊》，可谓得心应手。但此时龙榆生写信请叶恭绰打听北京成立民族音乐研究所，叶恭绰心中明白，深晓音律的龙榆生应是最佳人选，而且龙也有意于此。但叶恭绰在回信中说："京音乐之谱，兹决定由弟出资钞一份，俟钞毕校妥方能摘其有流行词调者另钞寄供研究，难以求速。至民族音乐研究所已开始组织，似乎专任者无多，若仅为研究词曲调谱关系，恐尚非该所要旨所在，且兄舍彼就此，恐亦有许多问题也。"他在信中又说："文学研究所事，目下派系之见，绝非政策所许，但一般人思想改造有未彻底，故间仍难免偏差。"但龙榆生再致信，仍然坚持要去民族音乐研究所工作，叶恭绰回信说："音研（所）因迁京后远在西北郊，各人转少晤谈，弟又忙他事，故于详情不悉。"他干脆把龙榆生所求托之事推辞了。人民文学出版社要出古典文学书籍，龙榆生想赴北京参加词的整理工作，叶恭绰写信给龙榆生："关于词一部分，闻有将东坡乐府归兄负责之说，清真尚未有人。此项整理须对该书确有研究，且能为今后青年说法者方合，不一定必须来京。如能来京，或亦欢迎；或先将尊旨详示，以便有人问及，可以酌复。"龙榆生寄词索和，叶恭绰复信说："小词奉和，机杼日生，心灵亦窒，此调恐不能再弹。今后歌之运已兴，将沛然莫御，愚亦希有先见耳。"叶恭绰已有预见，革命歌曲将会代替传统词曲。

龙榆生欲择地而居，致信叶恭绰，叶氏回复说："莫干牯岭居大不易，宣传并不可信，黄山荒俭，恐于调摄并不相宜。鄙意宁波天童地幽而寺不贫，弟与其住持亦尚相识，如愿去，弟可为介，不过必须食素，否则弟亦不能介绍也。"

六、掌管北京画院

在政务院系统中，叶恭绰担任了许多职务，如同一顶顶桂冠戴在他的头上。当时曾有人同他开玩笑，说他"身佩六国相印"，其实都是闲职，没有多少实权。实至名归的还是北京中国画院（1965年更名为北京画院）院长的职务，他自己也感到深得其所，对北京中国画院的事做得很认真。但是，他任职北京中国画院不久，就感到事情并非他所想象的那样顺利。

1956年，叶恭绰与画家陈半丁等人提出"继承传统，大胆创新，成立中国画院"的建议，引起了国家领导人的重视。同年6月1日，周恩来主持国务会议，通过了文化部关于在北京与上海各成立一所中国画院的方案。经过一年的筹备，北京中国画院于1957年5月14日正式成立，国务院总理周恩来以及文化部部长沈雁冰、中共中央宣传部副部长周扬、中国科学院院长郭沫若、中国戏曲研究院院长梅兰芳等首都各界人士三百余人出席了成立大会。周恩来在会上发表讲话，指出中国画院是研究中国传统绘画、培养创作人才、发展美术事业、进行对外文化交流的学术机构。周恩来还特意说道："我也是喜欢写字的，但还不成体。不过郭老、叶老的书法是成体的，都是我国文苑里的名花，应该尽情地开放。"北京中国画院由齐白石任名誉院长，叶恭绰任院长，陈半丁、于非闇、徐燕孙、王雪涛、胡佩衡、吴镜汀、秦仲文、汪慎生、关松房、惠孝同等著名画家，都由文化部聘任入院。启功当时作为叶恭绰的助手，也进入了画院。

北京中国画院成立不久，就遇到了许多困难。他和陈半丁、于非闇、汪慎生、胡佩衡、秦仲文、吴镜汀、王雪涛、惠孝同、启功商量之后，于1957年3月31日给文化部副部长钱俊瑞写了一封信：

北京画院之筹办，时逾半载，至今一切尚有未定之天，究竟因何，无从悬断。前此大众期望，以为大部直接领导之特设新校，必有较好

梅兰芳画叶恭绰题字扇面

设施，足资振起，至少亦进行可期顺利，今则似渐失望，我自愧无能，不能促进观成，反致左支右绌，亦甚感无以副大部之委任，顾念设院一举，上关政府政策，下系国画前途，且内容比较简单，本不难于措置。但近据朱丹、崔子范二同志先后所传情况，似筹委会以前所定办法，尚续有变更，似其中不少曲折。按国画院本以国画研究及创作教课为职，又系国务院提议特设之机关，并经您于开第一次筹委会时，明示准绳，特加重视，与其他固有机关情形有别，若过于拘束，一切将无从措手，且原拟规模本甚狭小，若并此不能办到，不如暂停筹办，以待时机。转可正视听而资省节，免群众诸名揣测，致失政府威信，不知您意如何？再用人勿疑，昔有明训，今画院既悉创设，规模不大，若十羊九牧，又于院务委员会杂入院外人员，以分其权责，似非所以扶持维护之道，亦期明察，从大处着眼，速加决断为幸。昨与陈半丁、于非闇、汪慎生、胡佩衡、秦仲文、吴镜汀、王雪涛、惠孝同、启功诸君谈此事，意见相同，因特据实奉陈。

　　附致

敬礼

叶恭绰　启

一九五七年三月三十一日（原件存北京画院）

　　叶恭绰任过交通总长，又组织过不少书画社团，毕竟是干过大事的人，但对一个画院的"十羊九牧""杂入院外人员，分其权责"，使他无法适应，"无从措手"了。

　　1956年8月3日，成立上海中国画院筹委会，推选吴湖帆为院长，后来由于院长之争，举棋不定，直到1960年上海市政府才批准上海中国画院成立，由丰子恺任院长。由此可见，北京中国画院虽然成立早于上海，其实也是有名无实。

　　叶恭绰一生不私不党，可是到1957年却加入中国农工民主党，由无党派人士变成民主党派人士。是否因为寂寞孤独，想寻找知音，他才参加了民主党派呢？也可能是因为叶恭绰与该党创始人之一章伯钧的私交甚笃有关，叶、章两人均喜古物、书画收藏。但他的一些老朋友对此都感到颇难理解。

叶恭绰加入中国农工民主党不久，1957 年上半年，帮助中国共产党开展整风的大鸣大放运动。本来作为无党派人士的叶恭绰不须参加此类运动，但此时可能已经身不由己，他参加了农工民主党召开的鸣放运动，也参加过京剧界农工民主党党员座谈会。1957 年夏季形势发生了变化，1958 年叶恭绰就被列入右派分子名单中。

北京中国画院成立，叶恭绰任院长。与此同时，上海中国画院也宣告筹建，由筹委会成员选举，吴湖帆得票最多，公推他担任院长，他应是不二人选。如果叶、吴两人分别担任北京、上海中国画院的院长，实属众望所归，他们能各施其长，对他们来说应是赏心乐事。按他们的友情应该是相致问候与祝贺，但是并未见到他们有这样的表示。

叶恭绰被划为右派之后，心灰意冷。像他这种重友情又不甘寂寞的文化名人，有如此的心情变化，政治形势的变幻固然对他有所影响，更重要的是他的人生态度有了一些改变。这种改变从抗日战争胜利后就已经开始，在他和吴湖帆的关系中表现得尤为突出。原来，他还向吴湖帆倾诉内心的苦闷，在 1949 年之后，叶恭绰的老朋友吴湖帆、冒广生等还活跃于上海，诗词唱和，作书论画。可是他和吴湖帆几乎没有了通信，也不再相互倾吐心事，而是在各自的沉默中保持着心有灵犀。

1948 年，吴湖帆为弟子俞子才作《阿里山图》卷。这是吴湖帆绘画艺术的精致之作，轰动上海，不只是上海，连北京、广州的名家都竞相题跋，而叶恭绰只写了《吴湖帆阿里山图》签条，并简单题跋，不再作题咏。再有吴湖帆为龙榆生作《哀江南图》，以他和吴、龙两人的关系，他也应该有所题咏，但也不见再落笔挥毫。

叶恭绰五十岁时，吴湖帆次吴梦窗韵作《水龙吟》；叶六十岁时，吴次周清真韵作《忆旧游》为他祝寿。1950 年 10 月，叶恭绰七十岁，吴湖帆次苏东坡韵作贺寿词《大江东去》："叶遐庵丈七十寿，次苏东坡韵。庚寅在京。水流云在，看历劫多幻鱼龙游物。魂礴胸中浇不尽，曾立吴山题壁。骥伏江城，鸳栖香岛，蝶梦罗浮雪。长安车骑，旧踪犹认灵杰。遥指南极星移，倚楼回北望，荧光交发。老壮心怀齐墨论，慷慨匈奴谁灭。匜鼎调羹，新量易米，富贵轻豪发。花称人寿，十分圆照明月。"人生七十古来稀，读着颇有历史沧桑感的词句，应该是心弦为之拨动，可是叶恭绰却心如止水，未作答词，耐人寻味。

1953年，吴湖帆将《佞宋词痕》、潘静淑遗作《绿草词》和《佞宋词痕外编和小山词》合成一册刊印，章士钊、沈尹默、冒广生诸家或题或作序，叶恭绰应吴湖帆之请，也为《佞宋词痕》作序。序曰：

余少好为词。十五六岁时所作，谬邀文道希、易哭庵、王梦湘诸丈之赏誉。其后，执教、从政，荒所业者有年。

嗣于一九二八年秋南下居沪，始识吴君湖帆。吴君工书画，多艺能，与贤配潘静淑女士伉俪相庄，倡随文史，侔于赵、管。一日，以所藏宋刊《梅花喜神谱》属题。始为赋《疏影》词一阕。时余方触时忌，欲以文学自晦，因遂多填词，词亦少进。然湖帆时方专绘事，未甚为词也。

自是数年间，余得奉教于当代词宗朱古微先生，又与冒鹤亭、夏剑丞、林铁尊、潘兰史诸君结沤社，相唱和，复与龙榆生共编《词学季刊》。继又辑有清一代词为《清词钞》。余遂忝附声家之列，所作亦益多，湖帆，则仍罕命笔也。

抗日时，余避寇离沪，流徙数年，意兴牢落，所作遂稀。湖帆乃大肆力于词。今年，余居京。湖帆裒所为词，属汪君旭初选定，付之剞劂，来缄索序。计为卷五，为词二百五十有余。附以潘夫人遗作。余虽未窥其全，然以其所作之富及为之之专，见豹一斑，足概其余。噫，湖帆于此道，其有所成矣乎！

余近岁感于时局之变，以为为学应探其本，又夙持声文合一之说，谋韵文之能合乐，以为继词、曲后，应产生新体之歌，故罕为词，而所制之歌，又迄无成就。日月云迈，而余则既老矣。

自念屡变而终无成，视湖帆之锲而不舍，既愧且恨。因撮余所感者，著之简端，以复湖帆。亦以证一艺之成之匪易，如余之屡易所向，而终无成之可以为戒也。至湖帆之词之工，固不待余之扬榷矣。

一九五三年六月，时年七十又三。

《佞宋词痕》中有不少词和叶恭绰都有关涉，叶恭绰为之作序，应该有情长纸短之感，但他只能欲说还休，不论词，只谈了一些自己学词的经历。胸有同心结。对叶恭绰的萧散淡然，吴湖帆在内心深处是有所理解的。且看1958年，吴湖帆作《东亭并蒂莲》，并题曰："昆山正仪镇顾氏东亭并蒂莲，乃莲中珍品。戊戌长夏，对花写照。吴湖帆。"自己题签曰："昆山东亭并蒂莲。吴湖帆画，一九五八年七月。""对花写照"是否意味着吴湖帆去了正仪东亭对着并蒂莲写生呢？并蒂莲是吴湖帆画作中常见的题材，在此之前，他已经多次画并蒂莲，而在这个时候，他为什么又去东亭对花写照呢？前文已述，叶恭绰于1934年冒雪去正仪东亭维护修葺顾氏园林，对荷塘疏浚；次年7月再去东亭访莲，写下了《五彩结同心》。对这段往事，吴湖帆不会忘记，此时去东亭为并蒂莲写照，难道仅仅是忆往之作？如果把吴湖帆所画并蒂莲，与叶恭绰1958年被划为右派联系在一起，是否可以理解为吴湖帆此时作此画，应是别有一番滋味在心头呢？

七、期望归葬仰止亭

1959年初，叶恭绰脱去了右派分子的帽子，作为"特别邀请人士"被推选为全国政协第三届全国委员会委员。但是遭受政治打击后，加之年事已高，他基本上不再公开露面了。他生活在疾病和苦闷之中，在给老友徐森玉的信中，亦表达了他内心的苦闷："弟两旬来已发现血压陡高两次，坐卧不宁，迄未外出。陈叔（通）老两次来亦未能久谈也。国际气氛近仍紧迫，不知真相何若。都中天气甚劣，身体极受影响，因之转地疗养亦不能遂，终日在苦闷中，欲不为老朽不可得矣。《墨录》之墨亦已归公，一切藏物殆扫地尽矣，撒手即行无牵挂，此我所得也。新宝墨庄，均同泡幻，四十年回首，真所谓无有是处矣。"

虽然是"脱帽右派"，仍然没有行动自由，因生病要转地治疗，当然是不可能的了。除此之外，叶恭绰受到降职降薪的处分，十级干部的薪水虽然不薄，但对叶恭绰来说难免有捉襟见肘之困，常常要出卖一些藏品补充家计。他给徐森玉的信中说："年来日在病中，资用既窘，又虑藏品无可付托，自是彷徨，情绪之劣可知。"对一个收藏家来说，我自得之的时候，有着成功的愉快；但到由我遣之时，心中难免会升起缕缕离愁别绪。

叶恭绰处理自己的收藏，并没有寄望于北京的朋友或者北京的文博机构，而是寄望于上海的朋友及上海的文博机构。他在给徐森玉的另一封信中说："灵运带去十二件，经加以说明另寄与灵运，其中龚开和梵隆两件，望特为注意，梵隆一件实际乃北宋人笔，因其中有'政和'半印，又董跋亦云然，且笔墨极浑逸也。龚卷确系孤本，不妨评审，莱臣之《中山出游》售至美金一万，《瘦马》则日本八千，此卷应不至遭卞和之刖耶。"

叶恭绰托灵运带到上海的十二件藏品，经上海文物鉴定委员会鉴定后，由文管会收购八件，其余四件等待另议。徐森玉将这一鉴定情况写信告知叶恭绰，叶氏对这样的处理甚是不满，又致长信徐森玉，除了谈书画的价钱，还借题发挥地抒发了他内心的郁闷与愤怒。现将此信抄之于后：

森老赐鉴：

四月廿九日示悉。会议估价单除龚开、梵隆、罗昭谏、吴草庐四件候另议外，其余八件共人民币二千八百元，按我将文物迭次让出，大旨在物得所归，故定价一层向无争论。但此八件中，其真正价值可能是有些出入的（纯艺术或兼历史性）。如瞿式耜等一件定价似不必在高攀龙之上（以四百元为允），魏冰林等一件似亦以三百元为允，但黄石斋夫妇手卷似断不止值三百元（两件）。袁重其手卷中吴赤溟、潘柽章之字殆无第二件，似亦可值四百元。以上云云乃评价问题，非争价问题，故总数请不必变动，但望每件之价略有增减耳。如黄、蔡二卷众议不甚重视，则别出退还自无不可，因两卷非同时获得，而蔡卷我尤得意，因郑重其事尚未重装裱，而原装不精，正证明流离避匿之迹，恐闽中亦正难访求。颇意乃廿年前兵匪哄争时深山穷谷而出现者，我本意归之闽省博物馆，而迄今无对象，故遂置之。我素无乡土界，但注重乡邦文献，人有同情，故另谋所归亦好。前得叶台山字轴亦已赠与厦门大学矣（要离墓碣归苏州市博物馆，亦同此意）。老耄妄言，谅不呵斥。

至龚开等四件，龚画之见著录者，除故宫所谓山水不知

叶恭绰致徐森玉信函

去向外（在他国亦未发现），其余亦无下落，存世可靠者只《中山出游图》（水墨）已在美国，《瘦马图》已在日本，第三件即此，此乃昔年与颜韵伯换物所得，且因其以《瘦马图》售与日人，我切责之，故勉强以此归我。同时先后渠以东坡《寒食帖》让我，我不肯夺人所好，后闻其以《寒食帖》售与倭人，我亦切责之，且要以黄山谷《伏波神祠诗》归我，事亦相类。我今并山谷卷不能保，由王南屏归大千，大千不知如何仍归倭人。每一念及，心恒伤痛。龚卷如归公家，不要别无可归（朋妈诚收藏者已无之，且私藏均难持久），他日不饱蠹鱼即包花生米矣。又梵隆一卷，实北宋作品，因有"政和"半印在，即论笔墨亦非元明所能到（四十年前收得极少示人）。又众卷乃景朴孙所让与，亦可信为孤本。我平生对鉴别不为坚僻之论，更不至炫鬻求售，行同市侩。且四大本空，争持何益？但不愿传世之物至我而毁灭耳。如前此带沪各佛像中其油画一张，金画一张，如有识者皆万金以上物，而亦遭下和之刖，亦只有吞声而已。行年八十，心为物转，自是功行不济处。陈叔通日前来访，说及近日收藏似仍拘于有大名诸家而不能放开眼界，泯去町畦，仍蹈历代收藏家的小天地，且名望稍次者作品亦复不收，如明清间之戴岳荦、程清溪、邹卧虎、王觉斯、法黄石等，易遭屏弃，是纱帽气台阁体等仍深入骨髓，是安足与言鉴别？我因以担当画册示之，渠大为惊异，我因言今言收藏者至肯收石涛、八大为止，故新安派不知重视，他更何论。这样下去将蹈清初"四王"之覆辙，岂非笑话？此和文化跃进大有阻碍。弟终日困卧，与外界几无接触，言之亦恐徒招人谤议，自愧自伤而已。文化真谛固有所在，众望似在次风，尊意云何？闻尊体渐康，极为欣盼，我则别来一月，似更衰颓不振，只可听之耳。余不一一，此非公函，请勿外传也。（上海博物馆藏《徐森玉存札》）

信中所言"徒招人谤议，自愧自伤"，即是叶恭绰当时的处境与心情。"招人谤议"，语出司马迁的《报任安书》。司马迁受了宫刑,他的朋友任安（少卿）因言得罪了汉武帝,被定为死刑,此时被关在大狱之中,司马迁一腔悲愤给行将要死的朋友写下了满纸血泪的信,其中有:"且负下未居易,下流多谤议。"叶恭绰不正是处在屈居下流、易招谤议的环境中吗?这种悲愤只有向老朋友徐森玉倾诉。

除了要老朋友帮助转让自己的藏品,叶恭绰还把自己未竟的事业委托给老朋友帮助完成。1960年5月29日,叶恭绰又给徐森玉写信:

森玉先生:

速启者,绰衰病侵寻,平生未竟之业正在清理,每念廿年来所辑《五代十国文》及《全清词钞》各四十卷,迄未出版,又诗文笔记等亦未定稿印行,深为系怀,丞望知友能以协助进行,借副初志。兹推请台端和八位同志鼎力相助,附上凭函,敬请鉴照,此系分功性质,并无若何组织。将来一切由爱人钟永持与台端洽办,敬请指教是荷。余致敬礼。附上凭函一件。

叶恭绰
一九六〇年五月廿九日
（上海博物馆藏《徐森玉存札》）

信中所说的"凭函"即一份委托书,亦系叶恭绰晚年的重要文献,现全文录之:

余平生著述多未成,片段较大的纂辑却有《五代十国文》和《全清词钞》两种,各四十卷,为三十年来精力所萃。又《清代学者象传》二、三辑及诗文笔记杂俎等亦均无定稿,《五代十国文》及《全清词钞》因出版社情形复杂,迄未出版,《清代学者象传》二辑则有象无传,三辑尚未编成,而资料全在上海图书馆,此皆未竟之业,衰病恐不能待。兹请徐森玉、茅唐臣、顾起潜、潘伯鹰、黄雨亭、陆微昭、陆丹林、陈景昭、钟永持共九位分别主持进行,并专储人民币伍仟至一万元备作编印各费，敬希费神办理为荷。

　　此致

徐森玉先生

　　读了叶恭绰给徐森玉的信及对几位朋友的委托书，总感到是他在告别人世之前对朋友的嘱托，很不是滋味，心中难免升起一丝苍凉之感。还有更令人心情激荡的是，他在香港的亲朋为了庆祝他的八十诞辰，编印了《遐庵清秘录》两卷。这计划中的初编之著（未有续编），所收录的书画作品，从晋代王献之《鸭头丸》帖始，终于清代毕泷的《竹石图》轴。卷一为书法，收入书法及刻帖四十件，其中有一件是日本藤原皇后所书佛经卷。卷二为绘画、刺绣作品，收入七十九件（套），卷、轴、册均有，主要书画在前文中已有述及。该书按照古代书画著录通例，详细记录书画的材质、尺寸、标题、题跋、印鉴等。这部著录并非叶氏所藏书画全部，只是抗战时期避难香港行箧所携带之品的目录。其中有些已捐献公家或转让他人，或是分赠亲友。书中文字用小楷抄录，叶恭绰的《自序》中有言：

　　余昔为文别所藏书画，意谓作者虽劳，而藏者出精神、劳力、资财从事搜求购置藏护，复萦怀得失，多所憧憬。劳倍作者，其所得不过暂时之观赏、效法，乃至夸耀而已。故为计甚愚，而所损实大。此盖一时愤激之言，实则保存传统文物，凡人民皆应有所事，且含英咀华，远贤博奕，未可一笔抹煞也。……解放以还，当道对保存固有文物特为注意。于是翻然变计，一以归公为的，或捐或售，多不及详记。其已去者既不克索回详纪，而曩昔所录本非全璧，久置箧中，不复省视矣。既百病丛生，有同废物，不复能整理故籍，视此蠹痕雁影，概如幻梦。今岁八十，诸亲友主印此为寿，坚不可却，乃取而与之，默计入录者似不及原存之半，而百之九十余早不为我有，虽欲重取入录，已不可得。转幸当时留此残编，等于说食寻梦，自欺自慰而已。

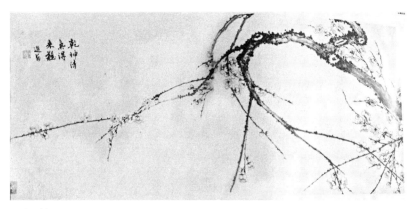
遐庵画梅

叶恭绰一生的收藏，到此全部了结，正好应了他早年的激愤之言："所得不过暂时之观赏、效法，乃至夸耀而已。故为计甚愚，而所损实大。"但叶氏毕竟是对传统文化有所担当的老人，他认为有了此编，"以供研究文艺史者之考索，亦终胜于灰飞烟灭。此或亦聊可解嘲，非同玩物丧志者欤"！

在处理身后事时，叶恭绰还把未竟的事业委托给朋友，表明他还没有绝望，而是带着期望生活着。可是到了1966年，中国大陆遇到了史无前例的灾难，他所委托的朋友中，也多数遭受了劫难，灰飞烟灭地消失了。叶恭绰也在劫难逃，摘去右派分子的头顶上又戴了"官僚资产阶级的老祖宗"的帽子。当叶恭绰正处在炮轰声中时，宋庆龄派秘书来看望他。当时，叶恭绰通过来者向宋庆龄表示："我追随中山先生多年，希望死后能葬在仰止亭旁，以在九泉之下陪伴中山先生。"这是叶恭绰生命中闪现的最后一束火花，是他人生中最后一个期望。

1968年，八十八岁的叶恭绰走到了生命的尽头。宋庆龄把叶恭绰逝世的消息告诉了周恩来，并转达了他的遗愿。周恩来批准了叶恭绰的请求。1970年4月，叶恭绰的门人茅以升派人将叶恭绰的骨灰安葬于南京中山陵仰止亭旁，为他立了一个横式墓碑，铭曰："仰止亭捐建者叶恭绰先生之墓"。无亲属在旁，只有他当年手植的梅花在绽放之后凋谢了。

叶恭绰墓

八、平反昭雪，恢复名誉

"文革"结束之后，中国进入一个新的历史时期，高层领导人经过对历史的反思，不只是对在"文革"中制造的"冤假错案"进行平反昭雪，为受迫害者恢复名誉；并对中华人民共和国成立之后所发动的历次政治运动进行清理，进行再认识，1957年的反右派运动更是如此。经过审理，叶恭绰是如何被打成右派分子的竟成了谜团。

1978年，夏衍写了《关于叶恭绰划为右派的经过》，摘录于后：

（一）美术片拟划右派名单中有叶恭绰、吴作人、廖静文、江丰等数十人。一次，我向（周）总理汇报情况时，总理指示："叶恭绰年老，又无斗争经验，故可以不让他参加斗争大会，即进行背靠背的批判。"（文化部）党组同意这个意见后，由我通知美术片，并要朱丹同志告知了叶。

（二）约两周后，在中宣部讨论文化部系统划右派时，我提出美术方面划为极右分子者过多，经讨论后吴作人、刘开渠二人不划外，叶恭绰仍定为极右分子。

（三）不久，总理同我和周扬审批右派名单时，指示："叶恭绰在旧知识分子中有影响，当过北洋军阀政府的代总长，其侄叶公超任台湾'外交部长'，如划右派对工作不利，故决定让叶写书面检讨，即可不划右派。"我将总理指示告知文化部党组书记钱俊瑞，决定不划右派，并由我找叶恭绰谈话，叶对总理指示表示感激，并写了检讨。

叶恭绰从 1957 年 7 月到 1958 年连续写了四份书面检查。可能是在批判他时，揪着他与时为农工民主党主席的章伯钧的关系不放。因此叶恭绰只得在检查中试图说明："我因年老多病，和任何人都很少往来，和章伯钧、罗隆基等从无历史关系，也并不认识，解放后来京，和罗隆基则更生疏。"

当时，有一位叫刘君礼的河北画家，受到一些冷遇，对国画界的宗派现象很不满意，就写了《国画界的小宗派》，让文化部负责人转交北京中国画院筹办负责人，提出了自己的看法。刘氏对国画界的艺术宗派现象的批评和反右派没有什么关系，也没有构成叶恭绰的错误。但反右派运动一开始，北京中国画院即把艺术宗派移用批判叶恭绰和徐燕孙（又名徐操）合流，和王雪涛、汪慎生等人搞反党小集团。1957 年 8 月，在北京国画界座谈会上，徐燕孙首先被当作右派进行批判，牵连到叶恭绰和启功。9 月，《人民日报》发表了《我们坚持文物事业的正确方向》，即公开点名批判叶恭绰。10 月，《人民日报》发表了《启功是徐燕孙右派集团谋士》，文中批判了叶恭绰、徐燕孙、启功联合在一起反对共产党的国画政策。

1958 年 3 月 24 日，文化部整风领导小组下达了把叶恭绰划为右派分子的决定：

右派分子叶恭绰的处分已经中央国家机关党组批准：撤销全国政协常务委员、中国文史馆副馆长、文字改革委员会委员、北京中国画院院长等职务，保留全国政协委员，由行政八级降为十级。

此件抄送北京画院整风运动领导小组。时任画院副院长的崔子范在旁批注："先在画院公布并转告画会。"与叶恭绰同时被划为右派的还有徐燕孙、王雪涛、汪慎生、启功（有关原件藏于北京画院）。

到底是哪一个机构或单位把叶恭绰错划为右派的？在后来的复查过程中，始终是无法得到答案之谜。叶恭绰虽然当时有多种职务，但他的人事编制隶属全国文字改革委员会。但是该委员会却没有叶恭绰在反右派运动中的相关资料；叶恭绰原为中央文史馆副馆长，但该馆也没有叶恭绰这方面的资料。和叶恭绰工作关系最密切的是北京画院，虽有崔子范、于非闇对叶恭绰的长篇揭发及其他资料，也没有找到把叶恭绰划为右派的正式文件或报告，这真是一桩咄咄怪事。

1979 年 10 月 3 日，北京市文化局党领导小组下达了《关于叶恭绰先生右派改正问题的通知》：

中共北京画院支部委员会：

你们报来关于《叶恭绰先生的复查结论》和《关于叶恭绰先生的复查工作报告》收悉，经局领导小组研究，并报市委批准，同意你们对叶恭绰先生在 1957 年反右派运动中被错划右派的改正意见。

1980 年 2 月 29 日，文化部在全国政协礼堂为叶恭绰举行追悼会，在会上宣读了为他平反昭雪的文件，为他招魂……

参 考 文 献

俞诚之等编撰:《叶遐庵先生年谱》,1946 年排字线装本

叶恭绰:《遐庵汇稿》,上海书店《民国丛书·叶遐庵卷》,1990
年影印本

叶恭绰:《遐庵汇稿》,1946 年版残本

叶恭绰:《遐庵谈艺录》,1960 年北京自印本,上海图书馆藏

叶恭绰:《遐庵清秘录》(二册),香港太平书局,1961 年 5 月版

叶恭绰:《矩园余墨》,辽宁教育出版社,1997 年 3 月版

广东文物展览会编:《广东文物》(三册),广东人民出版社,2013
年 8 月版

凤冈及门弟子编:《梁士诒年谱》(二册),广东人民出版社,2014
年 8 月版

杨权、姜波:《开拓近代交通事业的文化人——叶恭绰》,广东人
民出版社,2009 年 12 月版

北京画院编:《叶恭绰研究》,广西师范大学出版社,2020 年 12
月版

刘乃和、周少川、王明泽、邓瑞全:《陈垣年谱配图长编》(上、
下册),辽海出版社,2000 年 5 月版

王世儒编:《蔡元培年谱新编》(上、下卷),北京大学出版社,
2019 年 11 月版

顾廷龙撰 李军、师元光整理:《顾廷龙日记》,中华书局,2022
年 2 月版

王叔重、陈含素编著:《吴湖帆年谱》,东方出版中心,2017 年 8
月版

吴湖帆著 吴元京审订 梁颖编校:《吴湖帆文稿》,中国美术学院

出版社，2004 年 9 月版

叶恭绰、吴湖帆《往来信札》，上海图书馆藏册页

《叶恭绰友朋信札》，上海图书馆藏册页

马衡著 马思猛整理：《马衡日记》，生活·读书·新知三联书店，2018 年 7 月版

杨仁恺：《国宝沉浮录》，辽宁人民出版社，2020 年 1 月版

张晖：《龙榆生先生年谱》，风雨龙吟室丛书，2001 年自印本

傅杰主编：《夏敬观著作集》，复旦大学出版社，2019 年 7 月版

黄显功、严峰主编：《夏敬观家藏尺牍》，复旦大学出版社，2021 年 5 月版

黄濬：《花随人圣庵摭忆》，上海书店出版社，1998 年 1 月版

黄濬：《聆风簃诗》，台中高文出版社，2017 年 7 月版

陆徵祥著 王眉译：《回忆与随想》，上海远东出版社，2016 年 8 月版

[美]宝爱莲著 杨植峰、俞梦恬译：《民国群雄采访录——美国女记者与民初军政要人》，团结出版社，2015 年 6 月版

古蕡孙：《甲子内乱始末纪实》，中华书局，2007 年 4 月版

刘仲敬：《民国纪事本末》，广西师范大学出版社，2013 年版

陈星编著《民初纪元》，中国大百科全书出版社，2010 年 2 月版

邹典飞：《民国时期的北京书风》，故宫出版社，2014 年 6 月版

张瑞田主编：《字响调圆——龙榆生藏现当代文化名人手札展作品集》，中国作家书画院，2017 年 3 月版

《徐森玉存札》，上海博物馆藏

《名士风流侠士剑——章士钊致潘伯鹰及友朋诗稿、信札》，北京保利拍卖会刊，2017 年版

图书在版编目（CIP）数据

叶恭绰传：仰止亭畔落梅花 / 郑重著. —上海：
文汇出版社,2023.3
（文汇传记 / 周伯军主编）
ISBN 978－7－5496－3951－9

Ⅰ.①叶…　Ⅱ.①郑…　Ⅲ.①叶恭绰（1881—1968）
—传记　Ⅳ.①K825.72

中国国家版本馆CIP数据核字（2023）第022703号

（文汇传记）

叶恭绰传：仰止亭畔落梅花

丛书主编 / 周伯军
丛书篆刻 / 唐吟方
丛书策划 / 鱼　丽

著　　者 / 郑　重
特约审读 / 茅子良
责任编辑 / 鲍广丽
封面装帧 / 观止堂_未泯

出版发行 / 文匯出版社
　　　　　上海市威海路755号
　　　　　（邮政编码200041）
经　　销 / 全国新华书店
排　　版 / 南京展望文化发展有限公司
印刷装订 / 上海新文印刷厂有限公司
版　　次 / 2023年3月第1版
印　　次 / 2023年3月第1次印刷
开　　本 / 640×960　1/16
字　　数 / 425千
印　　张 / 23.75

ISBN 978－7－5496－3951－9
定　　价 / 88.00元